曾国藩嘉言钞

下册

梁启超辑

唐浩明评点

岳麓书社

曾國藩[illegible]

下册目录

治 学

治 家

治 世

治 政

治　军

治　学

所读《书经》不讲蔡传训诂

□原文

今日看《书经》,见蔡传训诂良多不讲,如以"敷言"为"敷衍之言"之类,宜致汉学家之指摘。

□译文

今天读《书经》,见蔡沈《书集传》中的训诂多不提及,比如将"敷言"解释为"敷衍之言"之类,当然要招来汉学家的指摘。

□评点

南宋学者蔡沈集数十年研究《尚书》之功,所成的《书集传》参考众说,融会贯通,是元代以后试士所用的标准读本。曾氏所读的《书经》,不讲蔡沈的训诂,故他颇有微辞。

温习《尚书》

□原文

温《召诰》,于古人"周情孔思"四字,若有所会。

温《书经·无逸》,用吴文正公纂言本,若有所会。

思《书经·吕刑》,于句法若有所会。

《吕刑篇》,于后世古文家蹊径最近,惜不能尽通其读。

□译文

温习《召诰》,对于古人“周情孔思”四个字,似乎有所体会。

温习《书经·无逸》,用吴文正公纂言本子,似乎有所体会。

思考《书经·吕刑》,对于句法似乎有所体会。

《吕刑篇》,对于后世的古文家来说,所走的路子最为接近,可惜的是不能完全通晓所读的内容。

□评点

《召诰》《无逸》《吕刑》是《尚书》中的三篇文章,作为读书人必读的《四书》《五经》中的一部,曾氏在少年时便一定对《尚书》滚瓜烂熟了,但中年之后身为军事统帅和地方高级行政长官,他仍在繁忙的军政事务中抽空温习,并能在温习中能有新的体会。“若有所会”,便是说的这种读书之感。常言说“温故知新”,曾氏没有写出所“会”的是什么,但我们可以想像得出,这种“会”一定是他过去读《尚书》时所不曾有过的。

喜戴震之说

□原文

余好读《吕刑》,而苦不能尽通其读。兹阅戴氏之说,有惬余心者。如“制百姓于刑之中”,“天齐于民,俾我一口”暨“非从惟从”等句,皆犁然有当于人心,欣赏无已。

读《顾命》《康王之诰》,喜戴氏治经与余所见多同,惜其生前未与㘡谈。

□译文

我喜欢读《吕刑》,却苦于不能完全通晓文章内容。阅读戴震的解说,有符合我的心意的,如对“制服百姓于刑法之中”,“上天治理百姓,暂时任用我”及“不服从的人也会服从”等句的解说,都深刻而能启发人,我欣赏不已。

读《顾命》《康王之诰》,对戴震研究经书与我的见解多有相同而喜悦,可惜的是我在他生前未能与他畅谈。

□评点

戴震字东原,是清乾隆年间的大学问家,曾氏对他很尊敬。在《圣哲画像记》一文中,曾氏对戴震的治学予以推崇。

乐观戴存庄之书

□原文

温《盘庚上》《盘庚中》,因戴存庄采宋元及本朝治汉学者之说,每多当人意处,故乐观之。

□译文

温习《盘庚上》《盘庚中》,因为戴存庄采用宋代元代及本朝汉学家的说法,每每符合读者的心意,故而乐于观看。

□评点

戴存庄为安徽名士,死于咸丰五年。曾氏咸丰十年五月在军营中接见戴的侄子侄孙,戴家送给曾氏戴之著作三部,曾氏送戴家银子五十两，作为营葬戴存庄的费用。但戴家似乎并未将这笔钱用于戴之丧葬，这有一年多后的曾氏日记为证："桐城方植之、戴存庄、苏厚子、文钟甫诸贤六人，乱后渴葬，余于五月出钱，令桐人甘绍盘玉亭买地葬之。"（同治元年闰八月十一日日记）

邵位西认为诗序为孟子等人作

□原文

邵位西言："《诗序》系孟子、万章之徒所作，《大序》与《小序》不当分而为二，所以记次第，非所以明章旨也，犹《史》《汉》《法言》之有后序尔！"其言奇而颇确。

□译文

邵位西说："《诗序》是孟子、万章等人所写的，《大序》与《小序》不应分为两篇，只是为了区分前后，并不是说明篇章的主旨有不同，如同《史记》《汉书》《法言》有后序一样。"他的话奇特但颇为准确。

□评点

《诗经》有《大序》《小序》。《大序》概论全部《诗经》，《小序》为每篇诗的主题解释。在《诗经》研究史上，一般从郑玄之说，认为《大序》为子夏所作，《小序》为子夏与毛公所作，或据《汉史》认为《大序》《小序》均为卫宏所作。邵位西提出新的观点，认为是孟子、万章等人所作，又认为不应分为两篇，故曾氏说他的观点新奇，但又对这种新奇观点作了肯定。

《诗经说》证据太少

□原文

阅子序《诗经说》，学有根柢，其用意往往得古人深处，特证据太少，恐不足以大鸣于世耳。

□译文

读吴子序著的《诗经说》，学问上有根柢，他的研究常常能探到古人的深层，只是证据太少，恐怕不足以在社会上产生很大的影响。

□评点

研究学问，一怕没有创见，二怕没有充足的证据来支持创见，看来吴子序的《诗经说》失之于第二点。

五十七岁通《仪礼》

□原文

自去年九月廿一日始读《仪礼》，至是粗毕。老年能治此经，虽嫌其晚，犹胜于终不措意者。昔张蒿庵三十而读《仪礼》，至五十九岁而通此经，为国朝有数大儒。余今年五十七岁，略通此经，稍增秉烛之明。惟蒿庵以前，明儒穷《仪礼》者绝少，能于荆棘荒芜之中独辟康庄，斯为大难。余生本朝经学昌明之后，穷此经者不下数十人，有蒿庵之句读，张皋文之图，康庄共由之道，而又有人以扶掖之，则从事甚易矣。

□译文

自从去年九月二十一日开始读《仪礼》,到今天粗略读完。老年能研读这部经书,虽然嫌此事做得晚了,还是比始终不做要胜过一筹。从前张蒿庵三十岁才读《仪礼》,到五十九岁而通晓这部经书,为本朝数得出的大学者。我今年五十七岁,略微通晓这部经书,稍微增加晚年秉烛读书的明智。只是张蒿庵之前的明代学者,穷研《仪礼》的人极少,能够在荆棘荒芜之中独辟一条大道,这是很难的。我生在本朝经学发达之后,穷究这部经书的人不少于数十个,有张蒿庵的句读,张皋文的图画,已有了一条大家都能走的大道,又加之有人在旁扶助,于是做起来便很容易了。

□评点

五十七岁的曾氏早已是大功告成,封侯拜相了,但他仍然如此看重读书治学。这就是曾氏与历史上其他将相的不同之处。

论俞樾《群经平议》

俞樾画像

□原文

俞樾荫甫所著《群经平议》之十四卷,论《考工记》世室、重屋、明堂之制,驳正郑注,思通鬼神,有超乎戴氏《考工记图》者。

□译文

俞樾(字荫甫)所著《群经平议》的十四卷,议论《考工记》世室、重屋以及明堂之制度,纠正郑玄的注释,他的思考与鬼神相通,有超过戴震《考工记图》处。

□评点

俞樾字荫甫号曲园，为近代大学问家，中进士时试卷出自曾氏手。相传俞樾试帖诗中有“花落春犹在”句，受曾氏激赏，认为此句咏落花而无伤感。俞樾很珍爱这句诗，他的等身著作遂以《春在堂全书》命名。

重批王船山《礼记章句》

□原文

夜又批船山《礼记》二条。余阅此书，本为校对讹字，以便修板再行刷印，乃复查全书，辨论经义者半，校出错讹者半，盖非校雠家之体例，然其中亦微有可存者。若前数年在安庆、金陵时，则反不能如此之精勤。此军营事简，老年差可慰悦之境，而流寇纵横，制敌无术，体衰目昏，学问无成，则又深为忧灼之境也。

□译文

夜里又批写王船山《礼记章句》两条。我阅这部书，原本是为了校对其中的错讹字，以便修改刻板再次印刷，于是再次查阅全书，一半精力用在与他辨论经义上，一半精力用在校出错讹字上，这不是校雠家的体例，但其中也略微有可值得保存的意见。倘若前几年在安庆、金陵时，反而不能做到这样的精细勤奋。此间军营事少，这是老年人勉强值得安慰喜悦的处境，但流寇纵横，制服敌人没有办法，身体衰弱目光昏花，学问上无成就，则又是深感忧虑焦灼的处境。

□评点

打下南京后不久，曾氏便设置金陵书局刻印王船山著作，同治四年十月完工，共刻印船山遗书三百二十二卷。曾氏在繁忙的政务之余,亲自校阅其中的《礼记章句》《张子正蒙注》《读通鉴论》《宋论》《四书》及《易》《诗》《春秋》等经书的稗疏考异等,订正讹脱一百七十多处。该书完工之前,曾氏即奉命离开南京北上与捻军作战。这段写于同治五年六月二十日的日记,记录曾氏在收到新刻印的船山遗书后重读《礼记章句》时的心境。

读张承华著《学庸臆解》

□原文

阅桐城张承华容溪所为《学庸臆解》三十四叶毕。其言《大学》,文须用古本而不烦补,传义须宗朱子而不取阳明,与余平日之说相合,余亦多独得之见。

□译文

读完桐城人张承华(字容溪)所写的《学庸臆解》三十四页。他说研读《大学》,文字必须用古本而用不着补充,传义必须以朱熹为宗而不取王阳明之说,与我平日所说的相符合,其他也多有独到见解。

□评点

曾氏读别人的著作,喜与自己的见解作比较,凡与他的见解相同者,则较为称誉,这亦是一种凡人心态。

《论语》乃善言德行之尤著者

□原文

孟子所谓"善言德行者",当为后世理学诸家之源;"善为辞令者”,当为后世词章诸家之源。孔子自谦不能辞令,而以善言德行自许,盖在己者实有盛德至行,而后能自道其所得也。《论语》一书,乃善言德行之尤著者,因默诵《学而》《为政》《八佾》三篇。

□译文

孟子所说的“善于说德行者”,应当是后世理学各家的源头;“善于为辞令者”,应当为后世词章诸家的源头。孔子自谦不善于辞令,而以善于说德行自许。这是因为在他自己身上实在是有着盛大的道德至美的行为,而后能够说出自己的心得。《论语》这部书,是善言德行的最好著作,因而默默背诵《学而》《为政》《八佾》三篇。

□评点

曾氏从《孟子》一书中悟出理学家的源头是善言德行者,词章家的源头是善为辞令者,这也是他晚年温习《孟子》的一个心得。衰暮之年仍然这样用心读《论语》《孟子》,实在难得。

读朱彬著《经传考证》

□原文

朱彬《经传考证》,其训诂考证亦与王伯申先生相仿;其言《书经》大字,多语助词,则前人所未发也。

□译文

朱彬《经传考证》这本书,其中的训诂考证也与王引之(伯申)先生所说的相近似。他说《书经》中的大字多为语气助词,则是前人所没有发现的。

□评点

朱彬是曾氏道光十八年中进士时的座师朱士彦的父亲。除《经传考证》外，曾氏在同治九年闰十月十三日的日记中还提到读朱彬所著的《游道堂集》，看来这位朱老先生亦是饱学著述之士。

读钱大昕《声类》

□原文

阅戴东原《序言》，阅钱竹汀《声类》。此书未刻于本集，其义例亦不分明。

钱辛楣先生《声类》一书，分释诂、释言、释训、释语、释天、释地、名号之异等目，皆因声得义者，足见古人先有声音，后有文字。余前有意为是书而未果。钱氏此书，亦未成之书，故未编入《潜研堂丛书》中。

□译文

读戴东原《序言》，读钱大昕《声类》。这部书没有刻在本集中，它的义例也不分明。

钱大昕先生的《声类》一书，分释诂、释言、释训、释语、释天、释地、名号之异等项目，都是因声而得义的，足见古人是先有声音，后有文字。我先前有志写这样的书，但未做到。钱氏这部书，也是未完成的书，所以没有编入《潜研堂丛书》中。

□评点

钱大昕，字晓徵，号辛湄，又号竹汀，乾隆年间著名学者，尤长于音韵训诂。曾氏对钱颇为推崇。

读陈澧《声律通考》等书

□原文

陈荔秋所送之陈兰甫澧著《声律通考》一种,《汉书·地理志水道图说》一种,略一翻阅,服其精博。

□译文

陈荔秋所送的陈兰甫(名澧)所著的《声律通考》一书,《汉书·地理志水道图说》一书,略为翻阅,佩服他的精深博大。

□评点

陈澧,字兰甫,与曾氏同时代的著名学者、教育家,主持广州学海堂数十年,著述丰富。曾氏所看的这两部书为陈之代表作。

乐律与兵事文章相表里

□原文

乐律之不可不通,以其与兵事、文章相表里。

□译文

乐律不可不通晓,这是因为它与军事、文章互相表里。

□评点

儒学很重视乐。孔子教学生的课程中乐占很重要的地位,因而能出现"洙泗之畔,弦歌不绝"的景象。《乐经》为《六经》之一。孔子说:"《乐》以发和。"意为乐起着调和的作用。曾氏正是从这个角度出发,认为乐可与军事、文章互为表里。

读纪泽著《音学考》《分韵说文解字》

□原文

纪泽作《音学考》,约近五千字,于考古及审音二者,均有所得,为之一慰。

泽儿呈所著《分韵说文解字》,略一翻阅,其法用《广韵》之次第、《佩文韵》之字数,抄录许氏注及大徐翻切。其有申明原注之说,则以夹行注之。其于注外则有陈说,则于翻切之下,夹圈以别异之。其《佩文韵》所有《说文》所无,则有楷文而无篆文,仍用篇韵各说以注之。其《佩文韵》所无《说文》所有者,则别为补编,仍依翻切,以分东、冬、种、江各韵。

□译文

纪泽写《音学考》,大约接近五千字,对于考古以及审音两点,都有所获得,为他感到一点欣慰。

纪泽儿呈上所著《分韵说文解字》一书,略微翻阅。他采用《广韵》的顺序、《佩文韵》的字数,抄录许慎的注解以及徐铉翻切。其中有申明原注的文字,则以夹行形式注明。其中对于注释之外的陈说,则于翻切之下夹圈来加以区别。其中《佩文韵》所有而《说文》所无的,则只有楷体字而没有篆体字,依旧用篇韵各说来注明。其中《佩文韵》所无而《说文》所有的,则另外作为补篇,仍旧依翻切,用来分别东、冬、种、江各韵。

□评点

曾纪泽的事业不在学问研究上,曾氏所阅读的《音学考》《分韵说文解字》大概都谈不上学术研究，只能说是关于音韵学方面的习作。曾氏以欣慰之心读儿子的这两份习作，足见他的舐犊之情。

读《五代史》《晋略》

□原文

读《五代史》，于欧公不伪梁一段不以为然。

阅周保绪所著《晋略》，赵惠甫所寄来者。周名济，荆溪人，著成于道光十八年，亦近世著作才也。

□译文

读《五代史》，对欧阳修不以后梁为伪朝这一段不以为然。

读周保绪所著《晋略》，这是赵惠甫所寄来的。周保绪名济，荆溪人，此书成于道光十八年，周也是近代一个著作之才。

□评点

曾氏平时不但要经常温习经典，还要阅读大量别人所推荐的书籍。这些书籍的作者绝大部分都是当代人，请曾氏读，一方面固然是想求一个知音，但更多的是抱有各种各样的功利目的：或借此求职，或借此结识从而加以标榜，或求揄扬，或求序等等。这也是曾氏的名人之累，高位之累。

自成一家与剽袭

□原文

诸子中惟老、庄子、荀子、孙子自成一家之言，余皆不免于剽袭。

□译文

诸子里面，惟有老子、庄子、荀子、孙子能自成一家之言，其余的都免不了剽窃抄袭。

□评点

近世湘中名士李肖聃先生很推崇曾氏的文章，但也指出曾氏为文的一个毛病，说“公作文，喜为断语而常过其实”（见《星庐笔记》）。此处所抄录的这句话，便是曾氏的一个“断语”，但恰恰又印证了李之说：过其实。老、庄、荀、孙，固然自成一家，墨子、韩非子等难道就不能算自成一家吗？李肖聃分析曾氏常犯的这个毛病，其原因是“皆由才大而心未能尽细也”。此话有道理。

读王念孙的《读书杂志》

□原文

王怀祖先生《读书杂志》所校《管子》各条，似不如校他书之精实。

□译文

王怀祖先生的《读书杂志》所校订的《管子》各条，似乎不如校订其他书的精确核实。

□评点

《读书杂志》是王念孙(字怀祖)的代表作。曾氏对王念孙极为崇敬,但对王的这部书却有所批评。无论怎样的学术大师,在学术上都有他的某些弱点,曾氏这句话表现出他的并不迷信大师的态度。

读《淮南子》的领悟

□原文

读《淮南子·精神训》,至"大禹竭力以劳万民"句,若有所感。

读《修务训》中"功可强成,名可强立",若有所会。《淮南子》本道家者流,而此篇之旨与《荀子》相近。大抵理之足以见极者,百家未尝不合也。

阅《淮南子·椒真训》,言"有道之士,亦须遇时",为之增感。

□译文

读《淮南子·精神训》,读到"大禹用尽全力为万民而劳累"句时,若有所感触。

读《淮南子·修务训》中"功可以强行成就,名可以强行建立"句,若有所体会。《淮南子》这部书本是讲道家学说的,而这一篇的宗旨与《荀子》相近。大致说来,将道理探索到极顶时,百家都可以互相吻合。

读《淮南子·椒真训》,其中说"有能力的人,也需要遇到时机”,为这句话而增加感触。

□评点

这三段话均为曾氏读《淮南子》的体会。曾氏为大禹的辛苦而感触,也为“遇时”一句而感触;又在比较《淮南子》与《荀子》在对待功名态度的相近处,领悟到倘若将道理的探索进行到极顶时,诸子百家便有许多地方相吻合。这是一个很有意思的领悟,它对后人亦有相当启迪。

《法言》不如《文中子》平实

□原文

扬子《法言》究不如《文中子》之平实,盖子云文学中人,非道德中人也。

□译文

扬雄的《法言》毕竟不如《文中子》的平实,这是因为扬雄是文学界人士,而不是道德界人士。

□评点

《文中子》又名《中说》,是隋朝学者王通的著作。曾氏将扬雄与王通作了比较,认为扬是文学家,而王是道德家,所以扬之作不如王之作的平实。此说颇有道理。

《正蒙》艰深不显豁

□原文

船山氏最推重《正蒙》一书，以余观之，亦艰深而不能显豁，其《参两篇》言天地日月五行之理数，尤多障碍。

□译文

王船山最推重《正蒙》这部书，以我看来，也是文字艰深而不能明朗，其中《参两篇》说天地日月五行的理数，尤其障碍很多。

□评点

这句话批评的是张载《正蒙》艰涩而不易懂的毛病。即便道理很深奥，说者也要做到深入浅出，如此，所讲的道理才易为人理解接受；反之，读都读不懂，再好的道理也传不开，著书立说也便失去其作用。

读《正谊堂丛书》

□原文

《正谊堂丛书》凡五十六种，张清恪辑刻，吴竹庄所赠也。因取《正谊堂》中清恪所辑程子二十篇读之，至晡时读毕，凡十卷。取《论语》二十篇之意，编采二程粹言，略分门类，颇为精当。

张清恪公所辑朱子七篇，每篇各分上下，仿《孟子》七篇之意。张公盖以程配孔，以朱配孟也。

□译文

《正谊堂丛书》共五十六种，张伯行辑刻，吴竹庄所赠送。抽取《正谊堂》中张伯行所辑的程子文章二十篇阅读，直到黄昏时才读完，共十卷。该书采用《论语》二十篇的体例，摘采程颢、程颐文字中的精粹，略为分门别类，较为精当。

张伯行所辑的朱熹七篇文章，每篇分为上下两部分，仿照《孟子》七篇的形式。张伯行是以程子来比附孔子，以朱子来比附孟子的。

□评点

张伯行是康熙时期的官员，官至礼部尚书，清恪是他死后的谥号。他编辑的正谊堂丛书，所收起自宋代的周敦颐、二程、张载、朱熹，迄清代汤斌、陆陇其等人的文章，并附有自己的著作，是一部影响较大的丛书。

读《聪训斋语》《澄怀园语》

□原文

读张文端公《聪训斋语》、文和公《澄怀园语》。此老父子学问，亦以"知命"为第一义。

□译文

读张英的《聪训斋语》及张廷玉的《澄怀园语》。这位老先生父子二人的学问，也是以"知天命"为第一要义。

□评点

张英为康熙年间的大学士，其子张廷玉亦官居大学士。父子俩的著作谈的多是顺其自然的道理,故曾氏说他们以"知命"为第一义。

读罗泽南的《极衍义》《姚江学辨》

□原文

阅罗罗山人《极衍义》《姚江学辨》等书,服其见理甚真,所志甚大,信为吾乡豪杰之士。

□译文

读罗泽南《极衍义》《姚江学辨》等书,佩服他对道理的见解很真确,他的志向很宏大,的确是我家乡的豪杰之士。

□评点

办湘军之前的罗泽南,已是湖南省城里的名教授。在书斋里可以坐而论道,进入社会可以干出实事,这是湖湘士人的特色,罗泽南是这一群体中的杰出代表。

读《钟涵斋迩言》

□原文

《钟涵斋迩言》,盖理学之绪余,而参以阴骘果报者。

□译文

《钟涵斋迩言》这部书发挥理学的余义,而参杂生死因果报应等内容。

□评点

曾氏对此书评价不高。此书没有流传下来，看来也是理所当然的事。

重读《圣武记》

□原文

《圣武记》又阅一遍毕，中有《嘉庆川湖陕靖寇记》八篇未阅，以昔年在京阅过，嫌此八篇叙事冗乱也。

□译文

《圣武记》又读完一遍，其中《嘉庆川湖陕靖寇记》八篇文章未读，因为先前在京城时读过，不喜欢这八篇叙事冗长且零乱。

□评点

魏源的《圣武记》，叙述自清王朝开国至道光年间的重要战事，是研究清代军事史的重要著作。曾氏是第二次阅读这部书了。

读《漫钞》等书

□原文

阅曾香墅先生《漫钞》及各种。香墅名廷枚，宾谷之伯父也。其书仿《困学纪闻》《容斋随笔》之类，特根底不深耳。

莫友芝（字子偲）交出何愿船二信，内有张石洲《蒙古游牧记》四本，又《朔方备乘》凡例数页，信为当世积学之士。

□译文

读曾香墅先生的《漫钞》及其他各种。香墅的名字为廷枚，宾谷的伯父。他的书仿照《困学纪闻》《容斋随笔》之类，只是学问的根底不深。

莫子偲交出何愿船的两封信，其中有张石洲的《蒙古游牧记》四本，又《朔方备乘》的凡例几页纸，的确是今世的饱学之士。

□评点

曾氏读这些应酬著作，一年中也要花去不少精力和时间，不知此老当年是发自内心愿意做，还是无可奈何。

论古文之道

□原文

古文之道，谋篇布势是一段最大工夫。《书经》《左传》，每一篇空处较多，实处较少，旁面较多，正面较少，精神注于眉宇目光，不可周身皆眉，到处皆目也。线索要如蛛丝马迹，丝不可过粗，迹不可太密也。

古人文笔，有云属波委、官止神行之象，实从熟后生出，所谓"文人妙来无过熟"者此也。

古文之道，布局须有千岩万壑、重峦复嶂之观，不可一览而尽，又不可杂乱无纪。

古文之道，亦须有奇横之趣、自然之至，二者并进，乃为成体之文。

古文之法，全在气字上用功夫。

为文全在气盛，欲气盛全在段落清。每段分束之际，似断不断，似咽非咽，似吞非吞，似吐非吐。古人无限妙境，难于领取。每段张起之际，似承非承，似提非提，是突非突，似纾非纾，古人无限妙用，亦难领取。

奇辞大句，须得瑰玮飞腾之气驱之以行。凡堆重处，皆化为空虚，乃能为大篇，所谓“气力有余于文之外”也，否则气不能举其体矣。

□译文

古文的法则，谋篇布势是一个最重要的工夫。《书经》《左传》，这两部书中的每一篇文章从空处说较多，从实处说较少，从侧面说较多，从正面说较少，精神贯注在眉宇以及目光中，但不可以全身都是眉毛，到处都是眼睛。线索应当像蛛丝马迹一样，但丝不可以太粗，迹不可以太密。

古人的文笔，有一种云属波委、官止神行的现象，实实在在说，这是熟练后所产生的，所谓“文人的奇妙无非是很熟练”，就是指的这个。

古文的法则，它的布局必须有千岩万壑、重峦复嶂的景观，不可以一览而尽，也不可以杂乱无序。

古文的法则，也必须有奇特横空的趣味、自然而然的走势，二者并进，才成为像样子的文章。

古文的法则，全在一个气字上用功夫。

写文章完全在于气盛，想要气势旺盛充足，则在于段落清楚。

每一段结束的时候,像是断裂又不是断裂,像是咽塞又不是咽塞,像是吞纳又不是吞纳,像是吐出又不是吐出。古人无穷无尽的绝妙境地,难以领悟获得。每一段开启之时,像是承接又不是承接,像是提起又不是提起,像是急突又不是急突,像是纡徐又不是纡徐。古人无穷无尽的手法,也难以领悟获取。

奇特的辞语宏大的句子,必须依靠瑰玮飞腾的气势来驱逐它运行。凡是打堆重叠之处,都化为空的虚的,才能成为大文章,所谓"气和力用之在文字之外",否则气势不能托起辞句。

□评点

此处所抄录的这几段为文体会,散见于曾氏不同时期的日记里,可以称之为偶得,或者可依诗话、词话之例,称之为文话。早在三十多岁时,曾氏便自认为已得古人为文的蹊径。对于其他方面的事情,曾氏少有自许,惟独在古文上,曾氏自信心颇强,并很想将它总结出来,以便他一旦撒手时,满肚子的古文经将不会成为广陵散。然而,他始终没有腾出一份时间和心境来做这件事,因此我们看不到一篇系统的曾氏古文写作论,留下来的也只是类似这般的三言两语式的为文偶得。

分析这几则日记,我们可知,曾氏独自探得的古文蹊径,约有这样几条:一,文章要有空有实,有正有旁,而且是空多于实,旁多于正。二,要多写,熟才能生巧。三,文章要有起伏跌宕,不能太平直。四,内容要有奇趣,而行文则须自然。五,文章在于气,气盛则文章好,气主要体现每段的收束与张起之间。有志为文者,可细细咀嚼体悟。

阳刚阴柔与喷薄吞吐

□原文

吾尝取姚姬传先生之说，文章之道，分阳刚之美、阴柔之美，大抵阳刚者气势浩翰，阴柔者韵味深美。浩瀚者喷薄而出之，深美者吞吐而出之。就吾所分十一类言之，论著类、词赋类宜喷薄，序跋类宜吞吐，奏议类、哀祭类宜喷薄，诏令类、书牍类宜吞吐，传志类、叙记类宜喷薄，典志类、杂记类宜吞吐。其一类中微有区别者，如哀祭类虽宜喷薄，而祭郊社、祖宗则宜吞吐，诏令类虽宜吞吐，而檄文则宜喷薄，书牍类虽宜吞吐，而论事则宜喷薄。此外各类，皆可以是意推之。

□译文

我曾经采取姚鼐先生的说法，将文章分为两大类，一类具有阳刚之美，一类具有阴柔之美。大致说来，阳刚类的文章气势浩大宽广，阴柔类的文章韵味深沉美好。浩大宽广的文章以喷薄形式写出，深沉美好的文章以吞吐的形式写出。拿我所分的十一类来说，论著类、词赋类宜于喷薄，序跋类宜于吞吐，奏议类、哀祭类宜于喷薄，诏令类、书牍类宜于吞吐，传志类、叙记类宜于喷薄，典志类、杂记类宜于吞吐。其中某一类里也略有区别的，如哀祭类虽宜于喷薄，但祭天地、祭祖宗则宜于吞吐，诏令类虽宜于吞吐，但檄文则宜于喷薄，书牍类虽宜于吞吐，但论事则宜于喷薄。此外的各个类别，都可以以此类推。

□评点

咸丰十年，曾氏完成一桩文学史上的大事，即选编了一本名为《经史百家杂钞》的书，所选之文皆出自经书、史书和诸子百家之作，分为十一大类，分别命名为论著、词赋、序跋、诏令、奏议、书牍、哀祭、传志、叙记、典志、杂记。这部书后来成为清末民初的一部畅销书,在士人中产生很大的影响。

这段日记在谈到文章的阳刚之美与阴柔之美的时候,以《经史百家杂钞》为例,指出何种文体宜以喷薄手法写浩瀚的阳刚气势,何种文体宜以吞吐手法写出阴柔韵味。至于阳刚、阴柔的体现形式,曾氏自有论叙,留待下面再来评点。

书牍鲜佳者

□原文

《类纂》所选书牍,有不尽厌于吾心者,未知古人书牍何者最善。

古文中,惟书牍一门竟鲜佳者。八家中,韩公差胜,然亦非书简正宗,此外则竟无可采。诸葛武侯、王右军两公书翰,风神高远,最惬吾意,然患太少,且乏大篇,皆小简耳。

□译文

《古文辞类纂》所选的书牍,有些不完全符合我的心意,不知古人的书牍哪些是最好的。

古文中,惟有书牍这个门类竟然佳作较少。八大家中,韩愈稍稍胜出一筹,但也不是书信的正宗,此外居然没有可采撷的。诸葛亮、王羲之两位的书信,风骨神采高远,最令我心情愉悦,但遗憾的是数量少,而且缺乏大篇幅,都是简短的信函。

□评点

这两段话谈的是古人书简。从文章学这个角度来看,曾氏认为书简这个门类,古人缺乏佳作,只有诸葛亮、王羲之两个人的书牍令他喜欢,但仍有遗憾,原因是二位的书信既少又篇幅简短。曾氏没有料到,他所撰写的数百封家书,在其身后却流传海内,直到今天仍为许多中国人所看重。莫非此老生前鉴于书牍类的这一缺陷,而有意自己来填补么?

《骈体文钞》分类繁碎

□原文

阅《骈体文钞》,将其所分类归并于吾所分三门十一类之中,嫌其繁碎,不合古义也。

□译文

读《骈体文钞》,将它的所分之类归并于我所分的三门十一类之中,不喜欢它的繁琐碎乱而不合古义。

□评点

《骈体文钞》系清代学者李兆洛所编,选录自战国至隋朝的骈文,共三十一卷,分上中下三篇三十一类。曾氏嫌他分得太繁碎,故而归并自己所制定的三门(即著述门、告语门、记载门)十一类中。

简编《经史百家杂钞》

□原文

余所编《经史百家杂钞》,编成后有文八百篇上下,未免太多,不足备简练揣摩之用,宜另抄小册,选文五十首抄之,朝夕讽诵,庶为守约之道。

□译文

我所编纂的《经史百家杂钞》,编成后收有文章八百篇左右,未免太多,不足以作为简练利于揣摩的用途而准备,宜于另外再抄文章五十篇,早晚阅读背诵,以求合符简约原则。

□评点

曾氏选编《经史百家杂钞》,后又觉得选得太多,不宜更多人阅读,也突出不了重点,故于次年(咸丰十一年)精选一个只收五十篇的简本,定名为《经史百家简编》。

古文八字诀

□原文

往年余思古文有八字诀,曰雄、直、怪、丽、澹、远、茹、雅,近于茹字似更有所得,而音响节奏,须一和字为主,因将澹字改作和字。

文章阳刚之美,莫要于涌、直、怪、丽四字;阴柔之美,莫要于忧、茹、远、洁四字。惜余知其意而不能竟其学。

尝慕古文境之美者,约有八言,阳刚之美,曰雄、直、怪、丽,阴柔之美,曰茹、远、洁、适。蓄之数年,而余未能发其为文章,略得八美之一,以副斯志。是夜将此八言者,各作十六字赞之,至次日辰刻作毕,附录如左。

雄:划然轩昂,尽弃故常,跌宕顿挫,扪之有芒。

直:黄河千曲,其体仍直,山势如龙,转换无迹。

怪:奇趣横生,人骇鬼眩,《易》《玄》《山经》,张韩互见。

丽:青春大泽,万卉初葩,《诗》《骚》之韶,班扬之华。

茹:众义辐凑,吞多吐少,幽独咀含,不求共晓。

远：九天俯视，下界聚蚊，寤寐周孔，落落寡群。

洁：冗意陈言，类字尽芟，慎尔褒贬，神人共监。

适：心境两闲，无营无待，柳记欧跋，得大自在。

□译文

往年我思考古文有八字诀窍，称之为雄、直、怪、丽、澹、远、茹、雅，近来对于茹字似乎更加有所收获，至于音响节奏上，必须以一个和字为主，因而将澹字改为和字。

文章的阳刚之美，重要的莫过于涌、直、怪、丽四个字；阴柔之美，重要的莫过于忧、茹、远、洁四个字。可惜的是，我知道它的意思，但不能深究这中间的学问。

曾经追慕古文境界的美好者，约有八个字，在阳刚之美方面，即雄、直、怪、丽，在阴柔之美方面，即茹、远、洁、适。在心中积蓄了几年，我没有将它发挥成为一篇文章，用来略微探索八种美境中的一种，证明我的追慕之志。今夜将这八个字中的每一个字用十六个字来赞扬，到第二天辰时写完，附录于左边。

雄：轩昂挺立，将故常完全抛弃，跌宕顿挫，摸一摸感觉到有刺芒。

直：如同黄河般虽曲折多但主体依旧直挺，又像如龙的山势，转换之际看不出痕迹。

怪：奇特趣味凭空生发，人与鬼都会惊骇眩目。在《易经》《太玄》《山海经》及张华、韩愈的作品里都可见到。

丽：如同春天里的大沼泽地，成千上万朵鲜花初吐花蕊，《诗经》《离骚》以及班固、扬雄的文章里都有这种美好的春光。

茹：各种含义都汇集着，蕴含者多而显露者少，独自幽深地蓄含，不想求得众人知晓。

远：站在九重天上俯视，人间万物如同蚊子聚集，日夜所思索大道理的周公孔子，显得孤独而不合群。

洁：冗长的内意陈旧的语，这类东西全部删除，笔底下的褒贬要谨慎,神与人都在监视着。

适:心与境两者都悠闲,不钻营不期待,如柳宗元的游记与欧阳修的序跋,因此而达到自在大境界。

□评点

曾氏很赞同姚鼐将文章分为阳刚之美与阴柔之美两大类的说法,并进而以四个字来表述阳刚之美,以四个字来表述阴柔之美,再进而模仿钟嵘的《诗品》,对这八个字予以四字一句共四句的阐述。虽然曾氏的表述不一定全面准确,但他对文章之道的努力探索,却很有意义。他的关于古文之境的八个字三十二句话,对文章写作也很有启发性。

古文古诗的八种风格

□原文

偶思古文古诗,最可学者,占八句云:《诗》之节,《书》之括,《孟》之烈,韩之越,马之咽,《庄》之跌,陶之洁,杜之拙。

□译文

偶尔想到古文古诗,其中最可学习的地方,随口念了八句话来表述:《诗经》的节制,《书经》的概括,《孟子》的激烈,韩愈的激越,司马迁的吞咽,《庄子》的跌宕,陶潜的高洁,杜甫的朴拙。

□评点

曾氏喜欢思索,也善于用简洁的文字将思索所得予以概括。这八句话是他对古诗古文中的八个(部)经典作家(作品)风格的概括,有的很准确如《孟》之烈,但也有的为了叶韵而显得有点勉强,如马之咽。

老年背《离骚》

□原文

《离骚》三百二十四句诵毕。老年读生书成诵,稍补少壮之缺陷,亦一乐也。

□译文

《离骚》三百二十四句背诵完毕。老年读过去没有熟读的书能够背诵下来,稍稍弥补少壮时的缺陷,也是一件快乐事。

□评点

道光二十四年三月初十日给诸弟家书中,曾氏在"熟读书"一栏中列有《屈子》一种,但此处又称《离骚》为生书。看来,这中间有一段很长时间,曾氏没有温习过《离骚》。相对于杜诗韩文而言,屈原的作品在此老的心目中要低一点。

质疑《狱中上梁王书》

□原文

邹阳《狱中上梁王书》千古传诵,余究不知其深处。太史公以邹阳与鲁仲连并列,余亦不知其所以相合之处。

□译文

邹阳的《狱中上梁王书》千古传诵,但我毕竟不知此文的深刻处在哪里。司马迁将邹阳与鲁仲连并在一起作列传,我也不知他们二人相吻合之处在哪里。

□评点

这是一段对前人质疑的话。读书时心中是应该多有疑点的，有疑然后再化疑，便向前进了一步。曾氏之疑，或许是一种不以为然的态度。不盲从前人，也是一种值得提倡的读书态度。

夜温《长杨赋》

□原文

夜温《长杨赋》，于古人行文之气，似有所得。

□译文

夜里温习扬雄的《长杨赋》，在古人行文之气这方面，好像有所收获。

□评点

曾氏很喜欢扬雄的文章，看重的是他文章中的气势，重温《长杨赋》，其目光亦盯在气字上。

舆中读《上林赋》

□原文

舆中读《上林赋》千余言，略能成诵，少时所深以为难者，老年乃颇能之，非聪明进于昔时，乃由稍知其节奏气势与用意之所在，故略记之。

□译文

在轿中读司马相如的《上林赋》一千多字,略微能背诵。少年时深感为难的事,老年却颇能做到,不是比过去聪明,而是因为稍微懂得这篇赋的节奏、气势与主题所在,故略为能记住。

□评点

弄清《上林赋》的节奏、气势与主题所在后,背诵起来就容易多了。曾氏的心得对于提高背诵能力颇有启发。《上林赋》只千余言,曾氏少年时背诵此文竟深以为难,足见他的记忆力平常。曾氏屡说自己天分不高,看来主要指的这点。

汉魏赋训诂精确声调铿锵

□原文

余近年最好扬、马、班、张之赋,未能回环朗诵,偶一诵读,如逢故人,易于熟治,但衰年读书,未必能久记耳。

汉魏人作赋,一贵训诂精确,一贵声调铿锵。

□译文

我近年特别喜爱扬雄、司马相如、班固、张衡的赋,不能反复朗诵,偶尔诵读,像是遇到熟人,容易融洽,只是暮年读书,未必能够长久记住。

汉魏人作赋,一是训诂精确,一是声调铿锵,这两点可贵。

□评点

曾氏之所以喜欢扬、马、班、张等四人的赋,原因是汉魏人作赋讲究训诂和声调。赋这种文体,也只有汉魏人运用得好,此后少有名篇佳节。

韩文与《六经》

□原文

古文之道,与骈体相通。由徐、庾而进于任、沈,由任、沈而进于潘、陆,由潘、陆而进于左思,由左思而进于班、张,由班、张而进于云、卿。韩退之之文,比云、卿更高一格。解学韩文,则可窥六经之阃奥矣。

□译文

古文的法则,与骈文相通。由徐陵、庾信而上溯到任昉、沈约,由任昉、沈约而上溯到潘岳、陆机,由潘岳、陆机而上溯到左思,由左思而上溯到班固、张衡,由班固、张衡而上溯到扬雄、司马相如。韩愈的文章,比扬雄、司马相如更要高出一格。理解韩文,则可略知《六经》的机奥了。

□评点

曾氏画出一条从汉到唐的文章演变轨迹,然后再将韩文与六经衔接上。"文起八代之衰"的韩愈是如何接续孔孟道统的,通过这条轨迹可以寻到着落。

对韩文的领悟

□原文

二日内,始悟昌黎诸文,皆学《书经》。

二日内,因读辛、刘词,又大悟韩文之妙,实从子云、相如得来。

二日内,觉于古人大有所得,乃悟韩文实从扬、马得来,而参以孔、孟之义理,所以雄视千古。

□译文

这两天里,开始领悟韩愈的各种文章,都是学的《书经》。

这两天里,因为读辛弃疾、刘克庄的词,又大为领悟韩愈文章的妙处,确实从扬雄、司马相如那里得来。

这两天里,自觉从古人处获得很多,于是懂得韩文确实是从扬雄、司马相如那里得来,又参以孔、孟的义理,所以能雄视千古。

□评点

这几段日记,说的都是曾氏读韩文的体悟:一是韩文学《书经》,一是韩文从扬雄、司马相如来。曾氏酷爱韩文,对韩愈研究较深,他所说韩文的这两个特点应有道理。

文章与情韵声调

□原文

韩文《柳州罗池庙碑》,觉情韵不匮,声调铿锵,乃文章中第一妙境。情以生文,文亦以生情,文以引声,声亦足以引文,循环互发,油然不能自已,庶渐渐可入佳境。

□译文

读韩愈《柳州罗池庙碑》一文,感觉到该文情韵不绝,声调铿锵,是文章中的第一等妙境。情韵催发好文章,好文章也可以催生情韵,好文章可以引发铿锵声调,铿锵声调也足以引出好文章,循环而互相引发,自然而然地产生不能自已控制,如此或许可渐渐地进入文章佳境。

□评点

曾氏认为韩愈《柳州罗池庙碑》是第一等妙文,妙在情韵和声调上。又由此而领悟到情以生文,文以生情,文以引声,声以引文的为文奥妙。这些体会足令喜为文者咀嚼。

韩文技进乎道

□原文

阅韩文《送高闲上人》。所谓机应于心,不挫于物,姚氏以为韩公自道作文之旨。余谓机应于心,熟极之候也,《庄子·养生篇》之说也;不挫于物,自慊之候也,《孟子》"养气"章之说也。不挫于物者,体也,道也,本也;机应于心者,用也,技也,末也。韩子之于文,技也进乎道矣!

□译文

读韩愈《送高闲上人》一文。所谓机巧与心相应,气不因外物而挫,姚鼐认为这两句话是韩愈老先生关于作文宗旨的夫子自道。我以为所谓机应于心,这是熟练至极的体现,《庄子·养生篇》中的说法;不挫于物,自我感觉很好的体现,《孟子》"养气"的说法。气不因外物而挫,这是本体,是法则;机巧与心相应,是运用,是末技。韩愈对于文章而言,是技巧已进入为文之大道。

□评点

《庄子·养生篇》中解牛高手庖丁说:"臣之所好道也,进乎技矣。"说的是道在技之上。曾氏所说的"技也进乎道矣",应化于此典。

进乎道的技乃至为高超的技艺，此时的技艺已与大道完全一致。

“周情孔思”乃为文之本

□原文

读《原毁》《伯夷颂》《获麟解》《龙杂说》诸首，岸然想见古人，独立千古，确乎不拔之象。

韩公“周情孔思”四字，非李汉知之极深，焉能道得出？为文者要须窥得此四字，乃为知本。

□译文

阅读韩愈的《原毁》《伯夷颂》《获麟解》《龙杂说》各篇文章，凛然想到古代的杰出人物独立千古，确实有不可摇动的气象。

韩愈老先生“周情孔思”四个字，不是李汉知道得很深透，又怎么能说得出呢？为文者必须要将这四个字研究清楚，才能说探知了本原。

□评点

周情孔思，指的是周公之情孔子之思，意为周公孔子的道统和他们用文章来传授道统的表述手法。曾氏认为，韩愈的这四个字道出千古文章的根本。

韩文的两篇相配现象

□原文

韩文志传中，有两篇相配偶者，如“曹成生”、“王宏”两篇为偶，“柳子厚”、“郑群”两篇为偶，“张署”、“张彻”两篇为偶，推此而全集中可以为偶者甚多。古人之文可为偶者甚多，惜不能一一称量而配合之耳。

□译文

韩文中的志传有一个现象，即两篇文章互为配偶，如“曹成生”、“王宏”两篇为偶，“柳子厚”、“郑群”两篇为偶，“张署”、“张彻”两篇为偶，以此类推韩愈全集中可以互为配偶者很多。古人的文章像这种可互为配偶者很多，可惜的是不能将它们一一找出来称量配合。

□评点

这是曾氏的一个发现，不过也只能算是一家之言吧。

气不在义理字句间

□原文

温韩文数篇，若有所得。古人之不可及，全在行气，如列子之御风，不在义理字句间也。

□译文

温习韩文几篇，似乎有所收获。古人文章中不可企及的地方，完全在行气这一点上，好像列子的驾着风而奔驰，而不在它的义理与字句之间。

□评点

气在义理字句之外。这是曾氏对于文章的又一领悟。

柳宗元山水记文境最高

□原文

柳子厚山水记，似有得于陶渊明冲淡之趣，文境最高，不易及。

夜阅古赋《识小录》。深有味于柳子厚之《囚山》篇。

□译文

柳宗元的山水游记，似乎从陶渊明的冲淡之趣中有所获得，文章的境界最高，不容易企及。

夜里阅读古赋《识小录》。在柳宗元的《囚山》篇中深有所体味。

□评点

曾氏也很喜欢柳宗元的文章，他所喜欢的是柳文的冲和淡静之风格。

苏东坡以文章为鼓吹

□原文

姚公谓苏氏学《庄子》外篇之文，实则诙谐处不逮远甚。

苏子由谓东坡晚年，以文章为鼓吹，真知文章中之乐境。余亦微知之，惜无宽闲岁月，竟其所学耳。

□译文

姚鼐说苏轼学《庄子·外篇》里的文风，其实苏之诙谐比《庄子·外篇》差远了。

苏辙说苏轼晚年将文章视为合奏器乐，这是真正懂得文章中的快乐境界。我也略微懂得，可惜没宽松清闲岁月，来完成为文的学业。

□评点

苏东坡是做文章的千古高手，从他的兄弟的话看来，他是将为文当作欣赏音乐一样，难怪能进入人所不及的境地。曾氏的叹息亦自有道理，倘若让他一辈子做太平京官，说不定为文技巧会大为不同，但文章能否流传下来，则是说不准的事。

归有光文不足以发挥奇趣

□原文

读震川文数首，所谓风尘中读之，一似嚼冰雪者。信为清洁，而波澜意度,犹嫌不足以发挥奇趣。

阅震川古文,遂并翻其四书文阅之。其深灏流转之气,乃更胜于古文也。

□译文

读归有光文章数篇,人们说身处宦海中读他的文章,好比嚼一块冰雪似的能使头脑清醒。的确他的文章是清纯洁静,但其文章的起伏意境等毕竟有限,还是觉得不足以发挥奇趣。

阅归有光的古文,连带翻看他的四书文。四书文中深广流淌的气势,更要胜过他的古文。

□评点

归有光字熙甫,人称震川先生,明代著名散文家。其为文长于叙事抒情,风格偏于清婉。曾氏文风与归有所不同。他认为归文不足以发挥奇趣,但因归之四书文(即科场中的应试文)中有深灏流传之气,转而又加以赞赏。

读《汤文正集》

□原文

阅《汤文正集》,惟传、状、碑、铭之类不惬吾意,余如语录、告谕、书牍之属,皆有诚意挟正气以行。学问本极渊博,讲学又甚公允,不可及也。

□译文

读《汤文正集》,只有传、状、碑、铭之类不合我的心意,其他的如语录、告谕、书牍一类,都充满着正气诚意。学问本来就很渊博,讲授学理又很公允,不可以企及。

□评点

康熙时官居礼部尚书的汤斌(死后谥文正)是一个理学家,曾氏对他很敬重,认为他的文章诚意挟正气以行,自己远远比不上。

读洪亮吉《上成亲王书》

□原文

程伯敷出示洪稚存《上成亲王书》,即嘉庆己未获咎发遣新疆者,当时直声震于天下,今观之,亦无甚触忌讳之处。

□译文

程伯敷拿出洪亮吉的《上成亲王书》,即嘉庆己未年获咎发配到新疆的那个人,当时正直的名声震动天下,现在看来,也没有很触犯忌讳的地方。

□评点

洪亮吉字稚存,翰林院编修,著名经学家、文学家。嘉庆四年,他上书批评朝政,后遭发配新疆伊犁的处分,不久又获得赦免回朝。时过境迁,不过几十年光景,曾氏再读当年使龙颜震怒的《上成亲王书》,已不觉得有忌讳之处了。

读梅伯言等人的文章书信

□原文

阅《梅伯言文集》,叹其钻研之久,工力之深。

至钱警石先生久谈,得见其族兄衎石先生家书数十封,携归一阅,实嘉道间一硕儒也。

阅钱衎石先生与其弟警石先生家信,服其学问精神,机趣洋溢。

阅陈秋舫、吴伟卿所作应制赋,气势流利,古不乖时,今不同弊,心赏其能,而自愧弗如也。

□译文

读《梅伯言文集》,感叹他对文章钻研的长久,工力的深厚。

到钱警石先生处久谈,得以见到他的族兄衎石先生的家书数十封,带回来一看,确实是嘉道年间一位学问广博的儒士。

阅读衎石先生给他的弟弟警石先生的家信,佩服他的学问精深广博,机趣洋溢。

阅读陈秋舫、吴伟卿所作的应试赋,气势流利,如同古赋但又不与时代乖违,与今人赋比又没有他们的弊病,心里很赞赏陈、吴的才能,而自愧不如。

□评点

这几段日记记的是曾氏读别人文字时的感叹,流露的是日记主人虚己心而善见人长的性情修养。

梅伯言即当时的著名古文家梅曾亮。对于此人的文章,曾氏的看法前后有很大的转变。赵烈文《能静居日记》同治六年八月二十一日记载:"涤师复来久谈,自言初服官京师,与诸名士游接。时梅伯言以古文、何子贞以学问书法皆负重名,吾时时察其造诣,心独不肯下之。顾自视无多蓄积,思多读书,以为异日若辈不足相伯仲。无何,学未成而官已达,从此与簿书为缘,素植不讲。比咸丰以后，奉命讨贼，驰驱戎马，益不暇。今日复审视梅伯言之文，反觉有过人处，往者之见客气多矣。”这段话可作为此处所抄日记的佐证。

读左宗棠等人的文章

□原文

吴竹如文集，方存之代为编出者，计十二卷，粗阅数十叶，于儒、释、朱陆之辨，剖晰最精。

阅吴南屏《柈湖文录》数十首，叹其少而能文，老而不倦，为不可及。

左季高信内寄祭胡润帅文稿一篇，情文并茂，殊为杰构。

□译文

吴竹如的文集，由方存之代为编辑的，共计十二卷，粗略阅读几十页，对于儒学、佛学以及朱熹、陆九渊两人的学问异同，分析很精当。

读吴南屏《柈湖文录》几十页，感叹他少年时便能文，到老来仍不倦怠，这一点为我所不可及。

曾国藩手书联语

左季高信里夹寄祭胡润帅文稿一篇，祭文情感与文字并茂，真是一篇杰作。

□评点

读吴廷栋、吴敏树、左宗棠三位朋友的文章，一如读别人的文字样，曾氏总是抱着以揄扬为主旨的心态。

读冯桂芬《校邠庐初稿》等

□原文

冯敬亭名桂芬，寄《校邠庐初稿》二册，共议四十二篇。粗读数十篇，虽多难见之施行，然自是名儒之论。

窦兰泉近作辨论十余首，多阅历之言，而文义未能入古。

与次青论古文之法。次青天分高，成就当未可量。

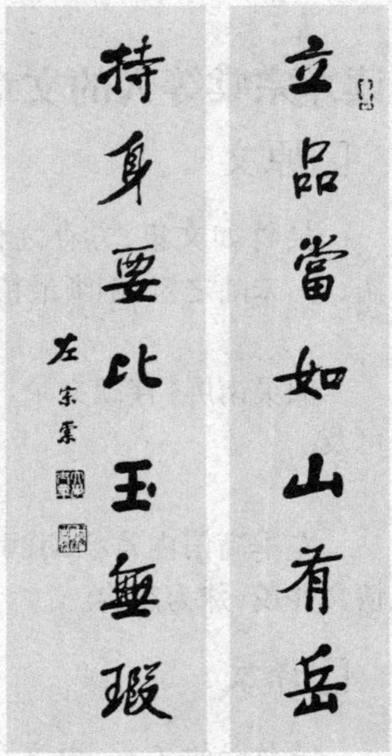

左宗棠手书联语

□译文

冯敬亭名桂芬，寄来《校邠庐初稿》二册，共有时议四十二篇。粗略读了其中几十篇，虽然许多想法难以实施，但确实是名家言论。

窦兰泉近作辨论文十多篇，多为有阅历的言论，只是文章中的议论不能进入古人境界。

与李次青谈论古文的法则。次青天分高，将来的成就不可限量。

□评点

冯桂芬的《校邠序抗议》是近代一部名著。冯与曾氏为同时代人，曾为救上海上书曾氏，后即入李鸿章幕，晚年主讲金陵、苏州等地书院，在倡导洋务上与曾氏观点一致。窦兰泉即窦垿，曾氏京师时期的理学朋友，以后一直与曾氏有书信往来。李次青即李元度，湘军重要将领之一，一生与曾氏关系密切。李长于著述。

不同意崇宋抑汉

□原文

蒋琦龄所陈时政十二事，约计万余言，多可见之施行，文笔亦雅健畅达。末条请崇宋学而压抑汉学，似与各条不类。

申甫在此畅谈，言渠文笔所以不甚畅者，为在己之禁令太多，难于下笔耳。余劝其破除禁令，一以条畅为主。凡办事者，先贵敷陈朗畅也。

□译文

蒋琦龄所说的有关时政的十二件事，大约有万多字，其中多数意见可以实行，文笔也雅健畅达。最后一条请求推崇宋学而压抑汉学，好像与其他各条不属同一类。

李申甫在此处畅谈，说他的文笔之所以不很畅达的原因，是因为自己的禁令太多，下笔有困难。我劝他破除这些禁令，一律以条理分明语言畅达为主。凡是办实事的人，最看重的是叙述上的明朗畅达。

□评点

曾氏为学,汉宋兼容并蓄,故而不满意蒋琦龄的崇宋抑汉。曾氏既是文章家,更是军政首领,作为一个办实事者,他提倡朗畅文风,有其现实意义。

刘蓉降职不可解

□原文

刘霞仙所作辨蔡寿祺诬劾一疏,置身甚高,辞旨深厚,真名作也。

阅邸抄,中见霞仙以本年复奏一疏降调,如此名奏议,而反以获谴,颇不可解。

□译文

刘霞仙针对蔡寿祺的诬陷弹劾所写的辨解奏疏,将身置于很高的境地,文章旨意深厚,真是名作。

阅读邸抄,在其中看见刘霞仙因为今年的一封复奏而遭降职处分的调令。如此著名的奏议,反而受到谴责,颇为不可理解。

□评点

同治四年初,翰林院编修蔡寿祺上疏弹劾恭王奕䜣。疏中牵连到陕西巡抚刘蓉,说刘靠夤缘而升官。刘当即上疏辨诬,并攻讦蔡是挟嫌构陷。刘此举遭内阁侍读学士陈廷经所劾。朝廷派大臣按究,以漏泄密折罪将刘降调。陕甘总督杨岳斌为刘说情,乃改为署理巡抚。第二年,刘蓉因兵败革职回籍。刘此时刚五十岁,一生仕途到此结束,七年后病逝。

张裕钊文章有王安石之风

□原文

张廉卿文有王介甫之风，日进不已，可畏可爱。

阅张廉卿近所为古文，喜其入古甚深，因为加圈批。

□译文

张廉卿的文章有王安石的风格，每天都有进展而不停止，可畏可爱。

读张廉卿所写的古文，对他进入古人境界很深而欣喜，为此而加以圈阅批改。

□评点

张裕钊字廉卿，曾参与曾氏幕府，潜心研究桐城辞章，主讲保定、江宁等地书院，有《濂亭文集》等行世，被世人视为曾氏四大弟子之一。曾氏赏识他的文风。

思作一卷冰雪文

□原文

石芸斋所作《房山石经》《山访碑记》，亦伟观也。

思白香山、陆放翁之襟怀澹宕，殊不可及。古文家胸怀虽淡泊，而笔下难于写出。思一为之，以写淡定之怀，古所谓“一卷冰雪文”者也。

□译文

石芸斋所作的《房山石经》《山访碑记》,也是宏伟的观赏品。

想起白居易、陆游的襟怀散淡悠闲,真是很不可企及。古文家们虽然胸怀淡泊,但笔底之下很难将这种淡泊写出。打算做一件这样的事,专写从容淡定的胸怀,也就是古人所说的“一卷冰雪似的文章”。

□评点

长年被卷入政治军事争斗的漩涡,满腹机心,一腔沟壑,故而对于古人的散淡悠闲的生活态度更加向往,曾氏甚至说过,像陶渊明那种“采菊东篱下,悠然见南山”的隐居生涯,是“南面王不足以易其乐”。曾氏写“冰雪文”的宏愿,终其一生未实现,这是因为他一生未有澹宕的心境和处境。

古文写作上的苦恼

□原文

古文一事,平日自觉颇有心得,而握管之时,不克殚精极思,作成总不称意,安得屏去万事,酣睡旬日,神完意适,然后作文一首,以摅胸中奇趣?

余于古文一道,十分已得六七,而不能竭智毕力于此,匪特事务相扰,时有未闲,亦实志有未专也。此后精力虽衰,官事虽烦,仍当笃志斯文,以卒吾业。

久不作文,机轴甚生,心思迟钝,尚不能成篇,亦因见客太多,琐事烦渎,神智昏搅故也。

昔年每作一文,辄数日不能成寐,不知老年何以转无此病,岂反健于壮岁耶?抑用心未能锐入耶?

余生平稍致力于古文,思欲有所述作,今惫而一无所成,深用自愧。

与儿子一论所作之文,考据与笔力,两无可取。

每一作文,未下笔之先若有佳境,既下笔则无一是处。由于平日用功浮泛,全无实际故耳。

□译文

对于古文写作这件事,平日里自觉颇为有所心得,但到握笔写时,又不能够做到用尽心思来考虑,写好后又总觉得不满意。真想排除一切事务的干扰,美美地睡上十天,使得精神充足,心情闲适,然后再写一篇文章,以发抒胸中的奇趣。

我对于古人写作的法则,十分已得到其中的六七分,但不能做到用尽心智力量来写作,不完全是琐碎事务的干扰,没有空闲时刻,也实在是心志没有专一。以后即使精力虽然衰退,公务虽然烦杂,仍然要定下心来致力古文写作,以完成我的事业。

长久不写文章,技艺已很生疏,思虑显得迟钝,且不能成篇,也是因为接见客人太多,烦琐之事相侵,把神智都搅得昏乱的原故。

过去每写一篇文章,动辄几天不能睡好觉,到了老年,不知是什么原因没有这个毛病了,难道是反而比壮年时更健壮了吗?还是因为心思上没有用得像过去那样深入了?

我平生于古文写作上曾经稍微用心,想在这方面有所著述,现在疲惫而一无所成,深感自愧。

与儿子谈论自己所作的文章,在考据和文笔两方面都无可取之处。

每一次写文章,没有下笔之前好像觉得心中有好的意境,到了写时则又觉得一无是处。这是因为平日里用功浅且太宽泛,完全没有实际效果的原故。

□评点

此处所抄录的这几段曾氏日记,谈的全是关于作文之事。曾氏军功盖世,封侯拜相,历史对这些说得不少,且多为肯定,但曾氏本人对此少见自矜,并不认为自己是摆弄军政的高手。他自我感觉良好的只有一个方面,即诗文,尤其是文章的写作。这里所说的古文,就是我们通常所说的时文(八股文)之外的文章。但是,一则困于军政事务,一则疲于年衰体弱,曾氏对于古文写作未能达到自己预期目标的现状,十分苦恼。

对所作之文深以为愧

□原文

作《孙芝房刍论序》一首,约九百字,至三更始毕。老年作文,愈觉吃力,而机势全不凑泊,总由少作太生之故耳。

作《莫犹人墓表》,文笔平衍,无复昔年傲岸劲折之气,盖老境日增耳。

思作《金陵官绅昭忠祠碑》,而不能成,遂竟日昏睡如醉痴,向来习态如此，而数十年因循不肯苦学作文，至今已衰老，悔无及矣！

作苗君墓志铭毕，细阅竟无一字是处。昔余终年不动笔作文，而自度能知古人之堂奥，以为将来为之必有可观。不料今年试作数首，乃无一合于古人义法，愧赧何极！

作唐公墓志，复视无一是处，乃知吾昔年自诡为知文，而曾不一动笔为之，全不可恃也。天下事知得十分，不如行得七分，非阅历何由大明哉？

郭婿铭辞作毕，全不合古人义法，深以为愧。

思作《江宁府学记》，苦探力索，竟不能成一字，固属衰惫之象，亦由昔年本无实学，故枯竭至此，深为叹愧。

作星冈公墓表，文成，视之无一当意之处。甚矣，余思之钝，学之浅，而精力之衰也！余前有信寄筠仙，云近世达官，无如余之荒陋者。顷接筠仙信，力雪此语之诬。余自知甚明，岂有诬乎？

□译文

写《孙芝房刍论序》一篇，约九百字，到三更时才写完。老年写文章，愈加觉得吃力，而在构思上又完全不能得心应手，总是因为写得少太生疏的原故。

写《莫犹人墓表》，文笔平淡支蔓，没有早年傲岸劲折的气势，原因是老年境况越来越厉害了。

考虑写《金陵官绅昭宗祠碑》，但不能写成，于是像醉汉痴人一样地昏睡一整天，一贯来的习惯都是这样的，几十年来因循旧习不肯用苦功学习写作，到现在已经衰老，后悔来不及了。

写完苗君墓志铭,仔细阅读竟然没有一个字是值得肯定的。先前我一年到头不动笔作文,而自认为能够知道古人为文的诀窍,以为将来写出的文章必定可观。不料今年试着写几篇,而无一点合符古人的法度,羞惭极了!

写唐公墓志,回头再读无一字值得肯定,于是知道我过去自己诡称懂得作文,又不动笔写作,完全不可依恃。天下事知道十分,不如做成七分,不是亲自经历怎么能够很明白呢?

郭刚基的墓志铭写完,完全不合古人法度,深以为惭愧。

考虑写作《江宁府学记》,苦苦地探索,竟然不能写出一个字,固然是因为身体衰惫,也是由于早年并没有实际学问,故而思路枯竭到这般地步,深为叹息惭愧。

写星冈公的墓表,写完后,通读一篇竟然无一处满意。我思维的迟钝,学问的浅薄,又加之精力的衰惫真是到太可怕的地步了!我前次寄了一信给郭筠仙,说近世大官,没有哪个像我这样的荒废浅陋。刚才接到筠仙的来信,竭力为这句话辨白。我对自己很明白,怎么会有诬陷呢?

□评点

曾氏晚年,因位高名大,求他作序作记作铭文的很多,有的不能推辞,遂只得于忙碌与衰病之中勉力为之。求者或许没有想到,这些应酬文字不仅耗费曾氏许多精力和时间,而且给他增加很重的精神负担。曾氏本自许善文,到晚年因知自己的名位而对所作要求更高,但苦于久不作文兼之体力衰弱,写出的文章又往往达不到目的,于是很苦恼,甚至连对先前为文的自信心也动摇了。这几段日记,真实地录下他的这种心态,与当年“惟古文各体诗,自觉有进境,将来此事当有成就,恨当世无韩愈、王安石一流人与我相质证耳”相比,简直判若两人。

纪泽部分诗作毁于火

□原文

纪泽所作《拟庄》三首,颇能善谈名理,亦略通训诂奇字之学。

□译文

纪泽所作的《拟庄》三首,颇为能善于谈论名理,亦略微通晓训诂奇字的学问。

□评点

曾纪泽好作诗,有《归朴斋诗集》存世,但此诗集却不见曾氏所说的《拟庄》三首。其弟纪鸿曾为乃兄诗集所作的序言中有这样一段话:“伯氏劼刚先生往年尝为咏史四言诗数十百首,纪游、拟古、友朋酬唱为五言古诗三百余首,藏之箧衍,秘不示人。同治己巳孟夏,奉先妣欧阳侯太夫人板舆,发金陵就保定节署,行次清河,副舟不戒于火,兄之诗文杂草,所著小学、训诂、声韵诸书稿本及手校子史若干部皆荡为煨烬。”看来,《拟庄》三首亦于此次毁于火中了。

《十八家诗钞》

□原文

余昔年抄古文,分气势、识度、情韵、趣味为四属,拟再抄古近诗,亦分为四属,而别增一机神之属。机者,无心遇之,偶然触之。姚惜抱谓文王周公系《易》彖辞爻辞,其取象亦偶触于其机,假令《易》一日而为之,其机之所触少变,则其辞之取象亦少异矣。余尝叹为知言。神者,人功与天机相凑泊,如卜筮之有繇辞,如《左传》

诸史之有童谣,如佛书之有偈语,其义在于可解不可解之间。古人有所托讽,如阮嗣宗之类,或故作神语以乱其辞。唐人如太白之豪,少陵之雄,龙标之逸,昌谷之奇,及元、白、张、王之乐府,亦往往多神到机到之语。即宋世名家之诗,亦皆人巧极而天工错,径路绝而风云通。盖必可与言机,可与用神,而后极诗之能事。余抄诗,拟增此一种,与古文微有异同。

是日思诗既选十八家矣。古文当选百篇,抄置案头,以为揣摩,因自为之记曰:为政十四门,为学十五书,抄文一百首,抄诗十八家。

余既抄选十八家之诗,虽存他乐不请之怀,未免足己自封之陋。乃近日意思尤为简约,五古拟专读陶潜、谢朓两家,七古拟专读韩愈、苏轼两家,五律专读杜甫,七律专读黄庭坚,七绝专读陆游,以一二家为主,而他家则参观互证,庶几用志不纷,然老境侵寻,亦只能长吟以自娱,不能抗乎以入古矣。

□译文

我过去抄录古文,分气势、识度、情韵、趣味四个方面,打算再抄录古代近代诗,也分为四个方面,而另外增加一个机神方面。所谓机,不存心而遇到,偶然触及。姚鼐说周文王与周公为《易经》的彖辞、爻辞作系辞,其间所取的图象也是偶然触及机,假如令《易经》一天之内而写成,其机的所触及者稍有变动,那么其辞的所取图象也会稍有变异。我曾经感叹说这话体现出对文字的相知。所谓神,指人的功能与天机相偶合,如卜筮中有繇辞,如《左传》等史书上有童谣,如佛书中有偈语。它们的含义在可解与不可解之间。古人有所寄托讽刺,如阮籍一类人,或者是故意假借鬼神之语混在言辞中。唐代人如李白的豪放,杜甫的沉雄、王昌龄的俊逸、李贺的奇诡,以及元稹、白居易、张籍、王维的乐府,也往往多有神到机到之语,即便是宋代名家的诗,也都是人的思索到了灵巧至极而使天工与之相交错,路途看似走到绝处而风云又来与之相沟通。这些名家都是可以与之谈论机神，而后又有能将诗发挥到极点的本事。我抄录打算增加这一种，与古文相比稍微有点不同。

今天想到古诗既然已经选十八家了，古文应当选一百篇，一并抄录置之案头，作为时常揣摩的读本，因而自己为此事写道：致力政务有十四个门类，致力学问有十五种书，抄录古文一百篇，抄录古诗十八家。

我既已抄选十八家的诗，虽然存着其他乐趣都不及此的情怀，也不免有以此自封的孤陋，而近来所想更加简约。五古打算专门读陶潜、谢朓两家，七古打算专门读韩愈、苏轼两家，五律专读杜甫，七律专读黄庭坚，七绝专读陆游，以一两家为主，其他家则作为参读互证，如此或许能做到用功不纷歧，然则老境一天天加重，也只能是以吟诵作为自娱，不能有加入古人行列的雄心了。

□评点

于古人诗文，曾氏有两部著名的传世选本，一部为《经史百家杂钞》，一部为《十八家诗钞》。这两部书的设想都起于他在北京城里做京官时。古文选本成书为咸丰十年，而这部诗钞历时更久，直到同治六年底才基本选完。可见这两部诗文选本耗费了曾氏的巨大心血。《十八家诗钞》中的十八家，即曹植、阮籍、陶潜、谢灵运、鲍照、谢朓、李白、杜甫、王维、孟浩然、韩愈、白居易、李商隐、杜牧、苏轼、黄庭坚、陆游、元好问，共选抄他们的诗作六千五百九十九首。

五言古诗的两种最高境地

□原文

五言古诗有二种最高之境，一种比兴之体，始终不说出正意。

如《硕人》,但颂庄姜之美盛,而无子兆乱已在言外。《大叔于田》,但夸叔段之雄武,而耦国兆乱已在言外。曹、阮、陈、张、李、杜往往有之。一种盛气喷薄而出,跌宕淋漓,曲折如意,不复知为有韵之文,曹、鲍、杜、韩往往有之。余解此二境,而曾未一作此等诗,自愧亦自憾也。

□译文

五言古诗有两种最高的境界。一种是比兴之体,始终不说出诗文所要表达的本意。如《硕人》,只颂扬庄姜的非常美丽,而无子将引发动乱已在言外。如《大叔在田》,只夸耀叔段的雄壮威武,而并立为国将引发动乱已在言外。这种境地在曹植、阮籍、陈子昂、张籍、李商隐、杜牧中往往可见。一种是盛大的气势从诗中喷薄欲出,跌宕淋漓,曲折而如意,令人感觉不出这是有韵的文字,这种境地在曹操、鲍照、杜甫、韩愈的诗中往往可见。我懂得这两种最高境地,只是不曾作过一首这样的诗,既惭愧又遗憾。

□评点

这段日记说的是曾氏研究五言古诗的体会。他领悟到五言古

曾氏故居富厚堂一角

诗有两个最高的境地:一是通篇比喻,意在不言中;一是气势雄壮,令人被其气所震撼而不觉得是在读诗。

读陶诗

□原文

夜阅陶公《述酒》诗,为南宋鄱阳汤文清公汉所注,于陶公廋词微旨,尽得解释,欣悦无已。

阅陶诗全部,取其闲适者记出,将抄一册,合之杜、韦、白、苏、陆五家之闲适诗,纂成一集,以备朝夕讽诵,洗涤名利争胜之心。

□译文

夜晚读陶渊明的《述酒》,这首诗为南宋鄱阳人汤汉所注释,对于陶渊明诗中的隐匿幽赜都给予揭橥,读后欢悦无已。

阅读陶渊明的全部诗作,将其中风格闲适的作品选出,将来抄录一册,与杜牧、韦应物、白居易、苏轼、陆游五人的闲适诗合在一起编成一集,以备早晚诵读,洗净名利与争强好胜之心。

□评点

曾氏一生处在名利争胜之中,一颗心长年累月被绷得紧紧的,故而他特别需要借闲适诗作来放松来休闲,陶渊明的诗因此备受他的青睐。他多次要两个儿子读陶诗,借以陶冶心胸:"五言诗若能学到陶潜、谢朓一种冲淡之味,和谐之音,亦天下之至乐,人间之奇福也。"(同治元年七月十四日家书)"纪泽于陶诗之识度不能领会,试取《饮酒》二十首、《拟古》九首、《归田园居》五首、《咏贫士》七首等篇反复读之。若能窥其胸襟之广大,寄托之遥深,则知此公于圣贤豪杰皆已升堂入室。"(同治四年七月初三日家书)

古人措词深秀

□原文

阅《文选》“杂拟”，古人措词之深秀，实非唐以后人所可及，特气有骞翥骏迈者，亦有不尽然者，或不免为词所累耳。若以颜、谢、鲍、谢之辞，而运之以子云、退之之气，岂不更可贵哉？

□译文

读《文选》“杂拟”。古人措词的深远秀雅，实在不是唐代以后的人所可企及的，只不过是气有飞腾奔驰的，也有不尽如意的，或许不免为词藻繁复所拖累。倘若以颜延之、谢灵运、鲍照、谢朓的辞章，而以扬雄、韩愈的气势运用其中，岂不更加可贵吗？

□评点

汉魏六朝时期，文人为文特别讲究辞藻的华美，也很注重字词的训诂声韵，但毕竟在风骨上略有欠缺。曾氏此段日记，说的即是这方面的感受。

杜诗句法变幻无穷

□原文

批校太白乐府，每日仅校二十首或十余首，盖余于乐府向未用功，兹稍一措意，全无入处也。

日来读杜诗，颇有小得。无事则心头口头不离杜诗，虽细加咀嚼，而究有为人的意思。

杜诗韩文所以能百世不朽者，彼自有知言养气工夫。惟其知言，故常有一二见道语，谈及时事，亦甚识当世要务；惟能养气，故无纤薄之响。

温杜诗五古，观其笔阵伸缩吐茹之际，绝似《史记》。忆古人谓杜少陵似太史公者，不记是东坡之言乎？抑他人之言乎？

阅杜诗五古。古人妙处，只是造句之法，变幻无穷，故终身无一复句，犹之《毛诗》无相袭之调也。昔尝以作古文，宜用杜诗造句之法，近来久未温习及此矣。

温杜诗五古，爱其句法瘦劲，变化通于古文造句之法，憾吾能知之而苦于不能为之耳。

夜诵杜韩七古颇多，似有会于古人沉郁顿挫之义。

□译文

批阅校勘李白的乐府，每天仅校勘二十首或者十多首，这是因为我对乐府一向没有用过功，这次一稍微注意，便觉得完全找不到入门处。

近日来读杜甫诗，颇为有些收获。无事则心里嘴上都不离开杜诗，虽然这样做是在咀嚼诗，但毕竟有一点做给别人看的意思。

杜甫的诗韩愈的文章之所以能够百世不朽，是因为杜韩存有知言养气的工夫。因为知言，故而常常有一两句窥见哲理的话语，谈到时事时，也很能对当时的要务有认识；因为养气，故而没有纤薄的声音。

温习杜诗中的五古，看他的遣辞布局中的伸缩与吐纳之间，极似《史记》。想起古人说杜甫像司马迁，不记得是苏轼说的呢？还是别人说的呢？

读杜诗中的五古。古人诗中的妙处，只是在造句的方法上变幻无穷，故而一辈子无一句重复句子，如同《毛诗》没有互相抄袭的调子一样。过去曾经说过写古文宜采用杜诗的造句方法，近来很久没有温习到这方面了。

温习杜诗中的五古，喜爱他句法的简洁劲挺，其变化与古文造句之法相通，遗憾的是我能懂得但苦于不能写出如他那样的五言诗。

夜晚诵读杜甫、韩愈的七古诗颇多，好像对于古人沉郁顿挫的风格有所领会。

□评点

此处所抄录的这几段日记，除校勘李白乐府一段外，全是曾氏读杜甫五古、七古诗的体会。曾氏喜读杜甫，对之研究颇深。从这几段日记看来，曾氏特别赞赏杜甫的造句功夫，并认为能与古文相通；当然，也爱杜诗的沉郁风格。

读白苏陆诗开拓胸襟

□原文

阅《白香山集》。因近日胸襟郁结不开，故思以陶、白、苏、陆之诗，及张文端公之言解之也。

车中看义山诗，似有所得。夜翻《樊川集》证之，亦然，知何大复《明月篇》之有心得也。

与李眉山谈诗,极佩杜牧之俊伟。

日内于苏诗似有新得,领其冲淡之趣,洒落之机。

温苏诗,朗诵颇久,有声出金石之乐,因思古人文章所以与天地不敝者,实赖气以昌之,声以永之,故读书不能求之声、气二者之间,徒糟粕耳。

放翁七言绝句,实能道得空旷怀出。

□译文

读《白香山集》。因为近日里胸襟的郁结打不开,故而想以陶潜、白居易、苏轼、陆游的诗,以及张英的文章来化解。

在车中看李商隐的诗,似乎有所收获。夜里翻开《樊川集》来参证,也有这种感觉,于是知道何景明(号大复山人)《明月篇》是真有心得之作。

与李眉山谈诗,极为佩服杜牧诗的俊朗伟岸风格。

近日里对于苏轼的诗好像有新的收获,领会到他的冲淡洒落的机趣。

温习苏轼的诗,较长时间高声朗诵,有一种声音像出自金石中的乐趣,因而想到古人的文章之所以能与天地不隔离,实在是依仗气势来昌盛、声韵来歌咏,故而读书若不能在声韵、气势二者之间探求,则只能得到糟粕。

陆游的七言绝句,实在是能将空旷的胸怀抒写出来。

□评点

这几段日记写的是曾氏读白居易、李商隐、杜牧、苏轼、陆游等人诗作的体会，认为他们的诗作能于人的胸襟的开拓很有帮助，并且特别强调读古诗要讲究对声韵和气势的揣摩。

读祁隽藻等人的诗

□原文

将祁文端公诗集阅二三卷。昔年深不以公诗为然，兹多阅数十首，其中多可取者。

朱伯韩诗所诣在韩、白之间。

至易念园处，观渠所为诗，宗法晚唐，颇有法度。予性好言诗，蕙西谓余于诗太自主张，不免自是。细思良然。

吴南屏寄毛西垣诗，翻读一过，信为朋辈中所不可多得，宜南屏之亟称之也。

□译文

将祁隽藻（谥文端）的诗集阅读二三卷。过去很不以他的诗为然，这次多阅读几十首，发现其中有许多可取之处。

朱伯韩诗的造诣在韩愈、白居易之间。

到易念园住处，看他所作的诗，以晚唐诗为效法的宗师，颇为有法度。我的性格是喜好说诗，邵蕙西说我对于诗是太自作主张，免不了自以为是。细细思索，的确是这样。

吴南屏寄来毛西垣的诗，翻读一遍，确为朋友辈中不可多得，南屏对他的屡次称赞是对的。

□评点

祁、朱、易、吴、毛等人,都是曾氏的师友辈。这里说的是对他们诗作的阅评,评语皆正面肯定。体现作者对友人诗作的一种虚己之怀。

和何栻诗

□原文

何廉舫信附七律十六章,才人之笔,人人叹之不置。

作七律五首,和何廉舫诗次韵,同和者是李次青、吴子序、甘子大、许仙屏等数人,而王霞轩、郑弥之、何敬海等亦将和之。余见廉舫诗才轩举,所著骈文乐府皆有可观,悯其阖家殉节,因欲和诗一二章以慰劳之,本无意次韵也。子序、次青诸君皆次其韵,余亦遂勉为之。

□译文

何廉舫随信附寄七律十六首,才子之作,人人称叹不已。

依何廉舫的原韵写和诗七律五首,同和者为李次青、吴子序、甘子大、许仙屏等人,王霞轩、郑弥之、何敬海等人也将写诗唱和。我见廉舫的诗才气轩昂,所写的骈文与乐府也都有可观,怜悯他全家殉节,因而想写一二首和诗来安慰他,原本没有步韵的意思。子序、次青等人都依其原韵,我于是也就勉力为之。

□评点

何栻字廉舫,江苏江阴人,道光进士,官至江西吉安知府,与曾氏有诗文交往。曾氏诗集中有送何栻七律十六首,抄录其一以飨读者：山县寒儒守一经，出山姓字名芳馨。要令天下消兵气，争说湘中聚德星。旧雨三年精化碧，孤灯五夜眼常青。书生自有平成量，地脉何曾独效灵。

做诗则不能成寐

□原文

阅冯焯诗稿。焯，代州人，字稚华，其七世祖如京，官广东布政使。六世祖壅，以进士官至同知。五世祖光裕，以举人官至湖南巡抚。四世祖祁，官编修。曾祖均弼，以举人荫生，官至湖北按察使。祖宬，以举人官浙江知县。焯为潜山县天堂巡检，又署屯溪巡检，刻诗四卷，清稳不俗。昨和余诗八首，今日问之程伯敷，始知其人。因取其诗披阅数十首，兼阅其曾祖及祖刻诗，乃知其世家渊源有自也。

观李眉生诗，爱其俊拔而有情韵，将来必为诗人。纪泽前后作次莼字韵二首，韵稳而脉清，吐属亦尚名贵，将来或亦为诗人，殊以为慰。

赵惠甫近作《书怀》五章，又录旧作词十调见示，皆才人之笔也。

秋海言七律须讲究藻采声调，不可专言上乘证果，反昧初开，切中予病。又盛赞予五律。

昔年每作一诗，辄不能睡，后遂搁笔不复为诗。今试一为之，又不成寐，岂果体弱不耐苦吟耶？抑机轴太生，成之艰辛耶？

□译文

读冯焯的诗稿。冯焯,山西代州人,字稚华。他的七世祖名如京,官至广东布政使。六世祖名壅,以进士官至同知。五世祖名光裕,以举人出身官至湖南巡抚。四世祖如祁,官至翰林院编修。曾祖父名均弼,以举人兼荫生出身,官至湖北按察使。祖父名宬,以举人出身官至浙江知县。冯焯为安徽潜山县天堂镇巡检,又署理屯溪镇巡检。刻印诗集四卷,清爽稳健不俗。日前写了八首和我的诗,今天为此问程伯敷,才知道这个人。因而取他的诗翻阅几十首,同时参阅他的曾祖父、祖父所刻印的诗,于是知道他是有自己的世家渊源的。

看李眉生的诗,喜欢他的风格俊拔而又有情韵,将来必定是个诗人。纪泽前后写了二首押蓰字韵诗,韵脚稳当而脉络清楚,语句也还显得名贵,将来或者也可为诗人,很感到欣慰。

赵惠甫近日写了名为《书怀》的诗五首,又抄录先前写的词十首给我看,都是才子文笔。

秋海说七律必须讲究词藻声调,不可以一味去说高妙境界,蒙昧初开,切中我的毛病。又大为称赞我的五律。

过去每写一首诗,动辄不能安安稳稳睡好觉,后来因此停笔不再写诗。今天尝试写一写,又不能安稳睡觉,难道果然是体弱而不能忍耐苦吟呢?还是思维方面太生疏,要成功一首诗太艰辛呢?

□评点

这几段日记说的也是诗。曾氏说他每写一诗,则不能安稳入睡,可见他吟诗之苦,同时也可知他体质羸弱且才思不够敏捷。诗文写作依仗才气和勤奋。然诗偏于才气,文则重于勤奋,曾氏才气不算一流,但他勤思勤学,故而其文成就大于其诗。

作字之笔势笔画及心态

□原文

作字之法，绵绵如蚕之吐丝，穆穆如玉之成璧。

作字之道，用笔贵勒贵努，而不可过露勒努之迹。精心运之，出以和柔之力，斯善于用勒用努者。

写字之道，如修脚匠之修脚，古人所谓拨镫法较空灵，余所谓修脚法较平稳。

□译文

写字的法则，绵绵不断如同春蚕的吐丝，穆穆庄重如同美玉刻琢成璧。

写字的规矩，运用笔画贵在勒和努，但不可过于显露勒与努的痕迹。精心运笔，而以温和柔软的形态展示，这就是善于用勒用努的表现。

写字的方法，好比修脚匠修理脚掌。古人说的拨镫法较为空灵，我所说的修脚法较为平稳。

□评点

与那个时代所有翰林出身的高级官员一样，曾氏既长于作字也重视作字。曾氏常常会将他作字的体会及对古今书法作品的评论写在他的日记中。这三段日记，第一段讲的笔势，第二段讲的是笔画，第三段讲的作字人的心态。

识笔之病与因病成妍

□原文

凡用之笔,未有十分合手者,往往有小毛病不称人意。善书者于每用一笔,先识其病,即因其病势而用之;或笔之病,次日又有小变,又因其变症而用之;或因病成妍,则善于用笔矣。

用狼笔写新宣纸,悟古人顿挫之法、扑笔之法,只是笔不入纸,使劲扑下耳。

□译文

凡写字用的毛笔,没有完完全全与自己书写的习惯相合的,往往有些不称心如意的小毛病。善于写字的人每使用一枝笔,先要看出它的毛病在哪里,再根据它的毛病而因势使用。也有可能笔的毛病到了第二天又小有变化,于是再因它的改变而使用。或许因为它的毛病反而成就另外一种美好,那就是善于使用笔了。

用狼毫笔写新宣纸,去领悟古人的顿挫及扑笔的法则,只是注意笔不要与纸贴得太紧,用劲将笔尖向下扑而已。

□评点

这两段日记讲的是对笔的使用。其中所讲的识笔之病而后因病势而用之,进一步而因病成妍,确为行家之谈。

锋芒森森为雄字正宗

□原文

京中翰林善写白折者，相传中有一丝牵贯于行间，作大字亦当知此意味。

作书之道，寓沉雄于静穆之中，乃有别味。雄字须有长剑快戟、龙拿虎踞之象，锋芒森森不可逼视者为正宗，不得以剑拔弩张四字相鄙。作一种乡愿字，名为含蓄深厚，举之无举，刺之无刺，终身无入处也。作古文古诗亦然，作人之道亦然，治军亦然。

□译文

京城翰林有善于写白折的，相传他们写的白折中有一丝气息牵贯字里行间，写大字也应当知道这中间的意味。

书法艺术，能够将沉雄气骨寄寓于静穆景象之中，则有另外一种味道。沉雄之字必须有长剑快戟、龙拿虎踞的气象，锋芒逼人令人不可近看者是雄字的正宗，不得以剑拔弩张四个字来鄙视。写一种四面讨好如同乡愿那样的字，名为含蓄深厚，但想立起来却没有骨力，想激人眼光却没有锋芒，一辈子都进不了境界。写古文古诗也是这样，做人的道理也是这样，治理军队也是这样。

□评点

曾氏一生信奉“男儿以懦弱无刚为耻”的祖训，立身处世以刚强为本，这种风格贯穿在他的方方面面。他为文崇尚气势雄奇的阳刚之美，他的字傲岸挺倔，平时举止厚实稳重。此次日记中更提出“锋芒森森不可逼视”为雄字的正宗，又将“乡愿”的概念引进书法评论，足见他崇尚阳刚的审美观。

艺之精全在微妙处

□原文

摹《书谱》一过,乃知艺之精,其致力全在微妙处。若人人共见共闻之处,必无通微合妙之诣,若一向在浮名时誉上措意,岂有是处?

□译文

临摹《书谱》一遍,于是懂得艺术的精到,完全应在微妙之处上用力。人人都能见到听到的地方,必定没有与微妙相合的通道,倘若总在浮名时誉上用功,哪里会寻到微妙处呢?

□评点

曾氏在这里谈了一点很有见地的体会,即艺术的精到体现在微妙之处,而这种微妙之处却不在人人都能感觉到的地方,因此要有避开浮名时誉的孤独寂寞之心。

字的点画体势

□原文

作字之道:点如珠,画如玉,体如鹰,势如龙,四者缺一不可。体者,一字之结构也;势者,数字数行之机势也。

□译文

写字的法则是:墨点如珠子的圆满,笔画如玉的光润,结体如鹰的矫健,气势如龙的腾跃。四个方面缺一都不行。体,指一个字的结构;势,指几个字几行之间的内部气势。

□评点

点、画、体、势四个方面中的前三个皆有迹可寻,后一个则无迹可寻。有迹之高标准,固然不易达到,而无迹之高标准则更难实现。无数的书法家,竭终身之力所追求的就是这个“无迹”。老子说“有之以为利,无之以为用”,相对于“有”来说,“无”的境界更高。

奇气不令过露

□原文

大抵作字,及作诗古文,胸中须有一段奇气盘结于中,而达之笔墨者,却须遏抑掩蔽,不令过露,乃为深至。若将丝毫求知见好之心洗涤净尽,乃有合处,故曰“七均斯无声,五和常主淡”也。

□译文

大致说来,写字以及写诗写古文,胸中都必须有一股奇特之气盘旋固结其间,而表现在笔墨上,却必须抑制掩藏,不要令它太暴露,这才是老到,倘若将一丝一毫的求取别人知道称赞的心思都洗涤干净了,才有可能与此相吻合,故而有“七种协调乐器的工具本身都不发出声音,五种调和的佐料都以淡为主”之说。

□评点

复出之后的曾氏,为人处世主黄老学说,以藏刚于柔之术应对方方面面。他的审美观亦相与吻合。这段奇气不令过露的作字之道,所体现的审美趣味即属于此类。

有惊心动魄才能渐入正果

□原文

因读李太白、杜子美各大篇,悟作书之道,亦须先有惊心动魄之处,乃能渐入证果。若一向由灵妙处著意,终不免描头画角伎俩。

□译文

因为读李白、杜甫两人大篇幅的诗作,领悟写字的法则,也必须先有惊心动魄的内容,才能逐渐获取正果,倘若总是着意在灵妙的手法上,终归脱离不了描画头角的小技巧。

□评点

曾氏此处说的是主与次之间的关系。惊心动魄是主,灵妙是次。诗文大制作当以惊心动魄的内容为主,书法亦应以扎实的笔画结构这个内容为主。

写字体悟种种

□原文

作字之道,全以笔阵为主,直以取势,横以出力,当少胜矣。

读《孙子》"鸷鸟之疾,至于毁折者,节也"句,悟作字之法,亦有所谓节者,无势则节不紧,无节则势不长。

出笔宜颠腹互用,取势宜正斜并见。用笔之颠,则取正势,有破空而下之状;用笔之腹,则取斜势,有骫属蹁跹之象。

夜写零字颇多,略有所会,于昔年“体如鹰”四句之外,又添四句,曰点如珠,画如玉,体如鹰,势如龙,内跌宕,外拙直,鹅转颈,屋漏痕。

古来诗家、文家、书家,皆有所谓笔阵者,厚蓄于阵之初,阵将酣时,又已作变态矣。

作书,思偃笔多用之于横,抽笔多用之于竖,竖法宜努、抽并用,横法宜勒、偃并用。又首贵有俊拔之气,后贵有自然之势。

曾国藩手书联语

□译文

写字的法则,完全以笔画为主,直笔取的是势,横笔出的是力,明白这个道理,可以稍胜一筹。

读《孙子兵法》“猛禽飞行时速度之快,甚至可以使草木毁掉折断,之所以有如此力量是它能节制以至于猛烈爆发”句子,领悟到写字的道理,也有所谓节制一说,没有笔势则节制不紧凑,没有节制则笔势不长久。

出笔时适宜笔尖与笔腹互相使用,取势时适宜正笔与斜笔同时出现。用笔尖时,则用正面笔势,有一种从空中冲下来的状态;用笔腹时,则用倾斜笔势,有回旋蹁跹的形象。

夜晚写零散字较多,略微有些体会,对于过去“体如鹰”四句话之外,又增加四句,即点如珠子的圆满,笔画如玉的光润,结体如鹰的矫健，气势如龙的腾跃，内里跌宕，外表朴拙，像鹅转动长颈，像墙壁上留下的漏痕。

自古来诗人、散文家、书法家，都有所谓笔阵的，厚重的积累于布笔阵之初，当笔阵将要达到酣畅时，又已经改变形式了。

写字时，要想到卧笔多用在横上，抽笔多用在竖上。写竖笔时，宜努、抽并用，写横笔时，宜勒、偃并用。又最可贵的是有英俊挺拔的骨力，然后可贵的是有自然的走笔惯势。

□评点

曾氏这几段日记，讲的都是他在写字上所悟出的一些道理，对于喜作字者来说，或许有所启发。

书法不外羲献父子等

□原文

大约书法不外羲、献父子。余以师羲不可遽几，则先师欧阳信本；师欧阳不可遽几，则先师李北海。师献不可遽几，则先师虞永兴；师虞不可遽几，则先师黄山谷。二路并进，必有合处。杜陵言书贵瘦硬，乃千古不刊之论，东坡驳之非也。

阅《皇甫碑》，识得欧字意思，知颜柳之硬，褚欧之瘦。学书者，不可不领略也。

因写零字，偶有所得，知欧、虞用笔，与褚相通之故。书家之有欧、虞、褚及李北海，犹诗家之有李、杜、韩、苏，实不祧之祖也。

悟北海上取直势，下取横势，左取直势，右取横势之法，大约直势本于秦篆，横势本于汉隶。直势盛于右军暨东晋诸帖，横势盛于三魏诸碑。唐初欧公用直势，褚公用横势，李公能兼二势。

孔过庭《书谱》，稍得王大令之法。

余往岁好黄鲁直书深得晋人真意，而逸趣横生，当更致力。

□译文

大致说来，书法不外乎王羲之、献之父子。我因为师法羲之不可能很快接近，则先师法欧阳询；师法欧阳询不可能很快接近，则先师法李邕；师法王献之不可能很快接近，则先师法虞世南；师法虞世南不可能很快接近，则先师法黄庭坚。两条路同时并进，必定有相会合处。杜陵说写字可贵之处在瘦硬，这是千古不刊之论，东坡反驳得不对。

看《皇甫碑》，领略到欧阳询字的内涵，知道颜真卿、柳公权字的硬，褚遂良、欧阳询字的瘦。学习写字的人，对此不可不领略。

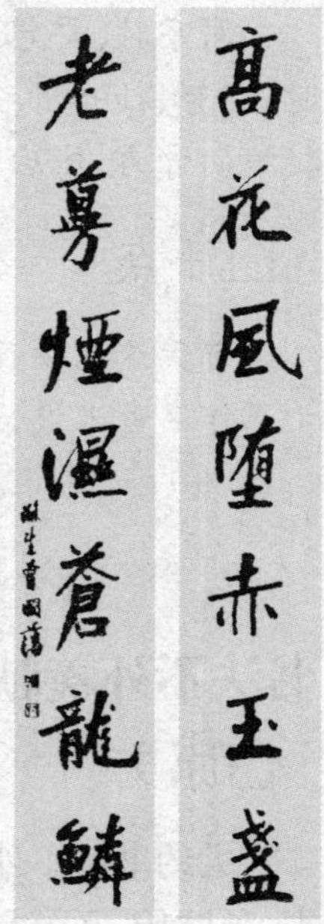

曾国藩手书联语

因为写零散字，偶尔有所得。懂得欧阳询、虞世南用笔，与褚遂良相通的原故。书法家中有欧阳询、虞世南、褚遂良及李邕，好比诗人中有李白、杜甫、韩愈、苏轼，他们实在是诗书两家中的不祧之祖。

领悟到李邕写字上用的是直势，下用的是横势，左用的是直势，右用的是横势的方法。大约直势以秦篆为本，横势以汉隶为本，直势以王羲之及东晋诸帖为盛，横势以三魏（北魏、东魏、西魏）诸碑为盛。唐初欧阳询用直势，褚遂良用横势，李邕并用横直二势。

孙过庭的《书谱》,略微探索到王献之的作字法则。

我往年喜好黄庭坚的书法深得晋人书法艺术的精髓,而飘逸之趣味横空生发,理应更加用功。

□评点

这几段话都是曾氏平时作书时的体会。曾氏治学办事都有一个长处,即善于寻觅桥梁,通过这座桥梁而达到有时看起来很遥远或者是很难达到的目标。比如说,他教育子弟要诚。"诚"本来是一个很高远的境界,不易做到,曾氏给子弟指出一座桥梁,即从不打诳语做起。不打诳语这是容易做到的,坚持一辈子不打诳语,也便可以从"不诚"的此岸到达"诚"的彼岸的。在练习书法这方面,他也找到了桥梁:王羲之不易接近,则先学欧阳询,欧阳询不易接近,则先学李邕,通过李、欧两座桥而到达王的身边。

作字之法种种

□原文

作书之法,刘石庵善用偃笔,郑板桥善用蹲笔,王梦楼善用缩笔,惟努笔近人无善用者。古人惟米元章最擅胜场,吾当于此自极其思耳。

董香光专用渴笔,以极其纵横使转之力,但少雄直之气。余当以渴笔写吾雄直之气耳。

作书之法,古人师欧、李、柳、黄,今人师邓、郑、刘、王。

作字之法,亦有所谓阳德之美、阴德之美。余所得之意象,为阳德之美者四端:曰直,曰觖,曰勒,曰努;为阴德之美者四端:曰觥，曰偃，曰绵，曰远。兼此八者，庶几其为成体之书。在我者以八德自勖，又于古今人中择八家以为法，曰欧、虞、李、黄、邓、刘、郑、王。

作字之道，二者并进，有着力而取险劲之势，有不着力而得自然之味，着力如昌黎之文，不着力如渊明之诗。着力，则右军所称如锥画沙也；不着力，则右军所称如印印泥也。二者阙一不可，犹文家所为阳刚之美、阴柔之美矣。

□译文

写字的法则，刘墉善于用偃笔，郑板桥善于用蹲笔，王梦楼善于用缩笔，惟有努笔近人没有善于使用者。古人中惟有米芾最擅长此道。我应当在这点上自己极力思索。

董其昌专用渴笔，用它来极度发挥纵横使转的力量，但缺少雄直的气势。我应当用渴笔来写出雄直的气势。

写字的法则，于古人则师从欧阳询、李邕、柳公权、黄庭坚，于今人则师从邓石如、郑板桥、刘墉、王梦楼。

写字的法则，也有所谓的阳刚之美、阴柔之美。我所感受到的表象，属于阳刚之美方面的有四种，叫做直，叫做觫，叫做勒，叫做努；属于阴柔之美方面的有四种，叫做觥，叫做偃，叫做绵，叫做远。能够兼备这八种，或许可称为自成一体的书法。对我来说，应当以此八种来自我勉励，又从古人今人中选出八个大家作为效法。这八个大家为欧阳询、虞世南、李邕、黄庭坚、邓石如、刘墉、郑板桥、王梦楼。

写字的法则，宜两方面同时并举。有用力而取艰险强劲之势，有不用力而能得自然趣味。用力的，比如韩愈的文章，不用力的，比如陶渊明的诗。用力，即王羲之所比方的用锥子在沙上画，不用力,即王羲之所比方的用印章印在泥上。两者缺一不可,好比文章中有阳刚之美和阴柔之美一样。

□评点

这几段日记记的都是曾氏在写字时的一些偶得。他认为,书法审美也可以有阳刚之美和阴柔之美两种,又以"着力"与"不着力"来区别此两种美的用笔方式。这些都可以看出此老的确是一个事事都用心的人。

阅刘墉《清爱堂帖》

□原文

阅刘石庵《清爱堂帖》,其起笔多师晋贤及智永《千字文》,用逆蹴之法,故能藏锋。张得天之笔多师褚、颜两家,用直来横受之法,故不藏锋而联丝萦带,以发其机趣。二者其理本一贯,特逆蹴与直来横受,形迹判然,难合而为一耳。

看刘文清公《清爱堂帖》,略得自然之趣,方悟文人技艺佳境有二:曰雄奇,曰淡远。作文然,作诗然,作字亦然。若能含雄奇于淡远之中,尤为可贵。

梦刘文清公,与之周旋良久,说话甚多,都不记忆,惟记问其作字果用纯羊毫乎?抑用纯紫毫乎?文清答以某年到某处道员之任,曾好写某店水笔。梦中记其店名甚确,醒后亦忘之矣。

□译文

看刘墉的《清爱堂帖》,他的起笔多师从晋代的先贤以及智永的《千字文》,使用逆蹴之法,故而藏锋。张得天的笔画多师从褚遂良、颜真卿两家,使用直来横受的方法,故不藏锋而丝带相联以发挥他的机趣。两种方法的道理本是一致的，只是在形迹上逆蹴与直来横受截然不同，难以合而为一罢了。

看刘墉的《清爱堂帖》，略微得到其中的自然而然的情趣，于是感悟到文人的技艺有两种佳境：叫做雄奇，叫做淡远。作文是这样，作诗是这样，作字也是这样。若是能将雄奇寓含于淡远之中，则尤其可贵。

梦见刘墉，与他相处很久，说了许多话，醒来后都不记得了，只记得问他写字真的用纯羊毫吗？或者用纯紫毫吗？刘墉回答说，某年到某地任道员，曾经喜欢用某店卖的水笔。梦中对这个店名记得很确切，醒来后也忘记了。

□评点

在本朝人当中，曾氏最推崇刘墉的书法。夜梦刘墉，并与之讨论用什么笔，醒后还要将它郑重记在日记中，颇有点孔子梦周公的味道。可见曾氏对刘墉的仰慕之深。他在欣赏刘墉的《清爱堂帖》时，生发出"含雄奇于淡远之中"的感悟，不仅可视为曾氏的美学思想，也可看作是曾氏的人生体验。这是一种很高的为人境界，它要求阳刚与阴柔兼备，且将阳刚藏于阴柔之中。曾氏晚年的这个领悟，很有意蕴。

作字的险与和

□原文

作字之法，险字、和字，二者缺一不可。本日阅王箬林《誊语》，亦于此二字三致意焉。

偶思作字之法，可为师资者，作二语云：时贤一石二水，古法二祖六宗。一石谓刘石庵,两水谓李春湖、程春海。二祖谓羲、献。六宗谓欧、虞、褚、李、柳、黄也。

余在三十以前,作字未能尽心,间架不稳,手腕不稳。四十以后,略有长进,而手腕时灵时钝,钝时则如古人所谓姜芽冻痴蝇者,可自笑也。

日内于作字之道,若有所会,惜精神疲乏,目光眵花,老境日臻,不克竟其所学,古人所以贵及时力学也。

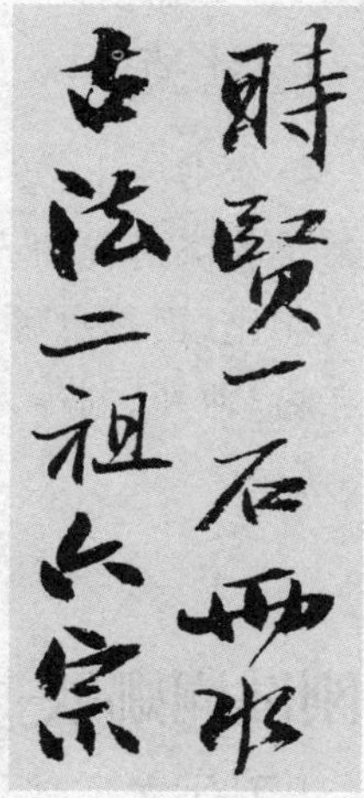

曾国藩手书联语

□译文

写字的法则,用笔险硬与用笔和软,两者缺一不可。今天看王箬林的《耋语》,他也是对这两者再三表示赞赏。

偶尔想到在写字上可当作老师的人,凑了两句话:时贤一石二水,古法二祖六宗。一石,指刘石庵;二水,指李春湖、程春海。二祖,指王羲之、王献之。六宗,即欧阳询、虞世南、褚遂良、李邕、柳公权、黄庭坚。

我在三十岁以前,对书法未能尽心,结构不稳当,手腕不平稳。四十岁以后略有些长进,但手腕有时灵活有时迟钝,迟钝时则像古人所说的手像姜芽、字像冻死的蠢苍蝇,自己都觉得好笑。

近日里对于写字的法则,好像有所领会,可惜精神疲乏,目光昏花,老境一天天逼近,却不能够完成我的学业,怪不得古人之所以看重及时力学啊!

□评点

在书法上，曾氏将清代人都视作今人。时贤如刘墉、邓石如等都是乾隆时代的人，距“今”已好几十年了。与王氏父子、欧阳询等人相比，固然也可以算作今人，但可能还有艺术上的分野一层意思在内，即邓、刘等人的书风与曾氏所处时代或许相差无几。

刚健婀娜缺一不可

□原文

作字之道，刚健、婀娜，二者阙一不可。余既奉欧阳率更、李北海、黄山谷三家，以为刚健之宗，又当参以褚河南、董思白婀娜之致，庶几成体之书。

余近年始略解书法，而无一定规矩态度，仍归于一无所成。今定以间架师欧阳率更，而辅之以李北海，丰神师虞永兴，而辅之以黄山谷，用墨之松秀，师徐季海所书之《朱巨川告身》，而辅之以赵子昂《天冠山》诸种，庶几其为成体之书。

用狼毫笔写寸以外字，足以发摅心中迈往之气，为之神怡。

久未作小楷，下笔辄重而不入。是日笔轻稍能入纸，乃悟轮扁甘苦徐疾之说，日内作书，常有长进，盖以每日不间断之故。

□译文

写字的法则，刚健劲拔与婀娜多姿，两者缺一都不好。我一面将欧阳询、李邕、黄庭坚三家奉为刚健之风的宗师，又应当以褚遂良、董其昌的婀娜多姿的韵致作为参考，这样或许可能自成一体。

曾国藩手书联语

我最近几年才略为理解书法，但缺乏一种固定的规矩态度，仍旧是一无所成。今后一定在结构上师从欧阳询，而以李邕为辅助，在神采上师从虞世南，而以黄庭坚为辅助，用墨上的松秀，则师从徐浩所写的《朱巨川告身》，而以赵孟頫的《天冠山》几种字帖作为辅助，或许书法可以自成一体。

用狼毫笔写一寸大以上的字，足可以发舒心中豪迈前进的气概，精神因此而怡乐。

很久没有写小楷，下笔则重却不能入纸。今天下笔轻而能稍稍入纸，于是悟得轮扁关于制轮的一套甘苦疾徐的说法。近日里写字常常有些长进，这是每天不间断写的原故。

□评点

轮扁甘苦徐疾之说，见于《庄子·天道》。这实在是一段古往今来不可多得的绝妙文字，现特为照抄一节，以飨读者——

“轮扁曰：臣也以臣之事观之，斫轮徐则甘而不固，疾则苦而不入，不徐不疾，得之于手而应于心，口不能言，有数存焉于其间。臣不能以喻臣之子，臣之子亦不能受之于臣，是以行年七十而老斫轮。”

这段文字之所以好，是它至少说出两层普遍存于世间的道理：一是世间有许多的巧妙是不能用语言文字来表达的，二是世间有许多的巧妙产生于经年不息的手眼操作中而不自知。书法艺术便是其中之一。曾氏以晚年之手每日不间断作字而自觉常有长进，便正是这种现象的很好说明。

古之书家作品中别有意态

□原文

古之书家，字里行间，别有一种意态，如美人之眉目可画者也，其精神意态不可画者也。意态超人者，古人谓之韵胜。余近年于书，略有长进，以后当更于意态上着些体验工夫，因为四语，曰：骫属鹰视，拨镫嚼绒，欲落不落，欲行不行。

近来作书，略有长进，但少萧然物外之致，不能得古人风韵耳。

余作字不专师一家，终无所成。定以后楷书学虞、柳、李、王，取横势以求自然之致，利在稍肥，行书学张、欧、黄、郑，取直势以尽睨视之态，利在稍瘦。二者兼营并进，庶有归于一条鞭之时。

日内作字，手甚吃力，拟用跌、欹、注、卷四字诀为之，用力轻匀，或转可历久不变。

余近习字，非求字佳，老年手指硬拙，有如姜芽，借古帖使运动稍活耳。

习字一纸，似有所会，因就前所作诗二句，复增二句云："侧势远从天上落，横波杂向弩端涵，刷如丹漆轻轻抹，换以龙蛇节节衔。"自此专从侧横刷换致力，不复以他妙杂萦吾虑矣。

子愚处观宋高宗书《豳风》，字画雅洁，图亦工雅绝伦。

□译文

古时书法家的字里行间，另外有一种意态，如同美人的眉目是能够画得出来的，而她的风神意态则是不可能画出来的。以意态超过别人，古人称之为以韵味取胜。我近年来对于书法略有些长进，以后应当更加在意态上用一些体验工夫。因为这点感想而写四句话：以雄鹰视物之势展示骫偃，以嚼绒之姿登上烈马，将落而不落，将行而不行。

近来在写字上略有长进，但缺少萧然物外的风致，不能获得古人的风韵。

我写字不专门师从一人，以至于始终没有成就。定下来以后楷书学虞世南、柳公权、李邕、王梦楼，取他们写横笔的自然韵致，以求得笔画稍粗一点。行书学张芝、欧阳询、黄庭坚、郑板桥，取他们写直笔时的睥睨之态，以求得笔画稍细一点。二者兼营并进，或许有横势、直势都收效的时候。

近日里写字，手很吃力，打算用跌、欹、注、卷四字诀来做此事，用力轻而均匀，或许可转为历久不变。

我近来练习写字，不是追求字好，人老了手指头硬拙，好比姜芽，只是借古帖来稍稍活动手指罢了。

练习写了一张字，好像有所领会，因而在先前所作的两句诗上再增加两句：侧势远远地如同天上落下，横波的功夫包涵在端部，将过去如轻轻刷漆的手法换为像龙蛇样的一节节互相衔接。

在子愚处看宋高宗所写的《豳风》，字与画都雅洁，图章也精工雅致绝伦。

□评点

艺术与工艺，其中有一个很主要的区别之点，就在于好的艺术作品有一种韵致，即古人所谓的“气韵生动”，而工艺品没有。曾氏所说的"意态",也是讲的这层意思。

人们都知道宋徽宗擅长书画,由曾氏日记可知其子高宗也善书画。这个宋代天下第一家庭,亦可称得上艺术世家。

观前人书画

□原文

黎寿民送手卷,系刘石庵、翁覃溪二公,乾隆四十八年在顺天闱中所写,各临《兰亭》一本,又书诗跋甚多。余以其物尤可珍贵,璧之。

李少荃赠以姚惜抱先生所书草字手卷,书苏公《登径山》诗,中有缺脱。姚君学怀素书,不甚沉着,特字以人重耳。

观钱子密家藏书画二种,一为其太高祖母陈太夫人画册,凡十帧。内一帧画一黑犬,一帧画一蝶未入花丛时,一帧画一虾一蟹二小鱼,一帧花蓝,一帧古柏,一帧梅花仙女,一帧修篁茂林,一帧杨梅、枇杷、二桃,一帧喜雀,一帧萝葡、白菜,皆清华名贵,秀绝人寰。每帧有其夫钱纶光廉江先生题诗二句。乾隆三十一年,其子文端公陈群进呈御览。高宗于每帧题七绝一首,并御题一跋于后发还。文端公及其子侍郎汝诚各作十诗,恭和元韵,而汝诚详跋于后,以志庆幸。逮乾隆四十七年,文端与侍郎皆殁,而高宗因钱选所画鸟犬,偶忆陈太夫人原册,遣人回浙取至京师,再呈御览。高宗再题七律一首,长跋一帧,仍归钱氏。信名迹奇遇也！其一种为《直庐问寝图》,图文端公早朝,先至其母陈太夫人所问安之象,为王肇基所绘,亦非俗笔。

子偲以所藏董香光等尺牍、王孟津草稿,乞与一观,谛观之,非真迹也。

钱子密出示其先世钱文端之母《夜纺受经图》，高宗及诸名臣题咏甚多，观玩甚久，信家宝也。

□译文

黎寿民送来两幅手卷，系刘墉、翁方纲两位先生于乾隆四十八年在顺天乡试闱场中所书写的，各人临《兰亭集序》一本，又写诗及跋文很多。我鉴于物品的珍贵，原璧奉还。

李鸿章送来一卷姚鼐先生所写的草字，抄录苏轼《登径山》诗，其中有缺脱字。姚先生学怀素的草书，不很沉着，只是因为人的原故而为世所重。

观钱应溥家藏的书画品两种。一是他的太高祖母陈太夫人的画册，共十幅。其中一幅画一条黑狗，一幅画一只还没进入花丛时的蝴蝶，一幅画一只虾一只蟹两条小鱼，一幅画花篮，一幅画古柏，一幅画梅花仙女，一幅画茂盛的竹林，一幅画杨梅、枇杷、两只桃子，一幅画喜鹊，一幅画萝卜、白菜，都画得清华名贵，秀绝人寰。每幅画上都有她的丈夫钱纶光廉江先生的两句题诗。乾隆三十一年，她的儿子文端公陈群呈献给皇上御览。高宗在每幅画上题一首七绝诗，并题写一段跋文于画后再退回给钱家。文端公以及他的儿子侍郎汝诚每人作十首诗，恭和皇上的原韵，汝诚则详细写一段文章记在后面，纪念这桩幸事。到了乾隆四十七年，文端与侍郎都已去世，而高宗因为看到钱选所画的鸟与狗，偶尔想起陈太夫人的原画册，于是钱家派人回浙江取来京师，再次呈给皇上御览。高宗再次题七律诗一首、长跋文一篇，仍送回给钱家。这真是名画奇遇啊！其中有一幅题为《直庐问寝图》。画的是文端公上早朝前先到他的母亲陈太夫人房中请安的形象，系王肇基所画，也不是俗笔。

莫友芝以他所藏董其昌等人的书信、王孟津的草稿，请我看一下。我仔细地看了，不是真迹。

钱应溥拿出他的祖先钱文端的母亲所绘《夜纺受经图》。高宗皇帝以及各位名臣题的诗文很多，欣赏很久，的确是传家宝。

□评点

曾氏的两江幕府在当时有“天下人才渊薮”之称，汇集来自全国的各方面人才，钱应溥（字子密）即其中之一。咸丰十一年，钱以军机章京的身份来到曾氏身边襄办营务，因勤勉而累受保举。后回京供职，迁升顺畅，晚年官至军机大臣、兵部尚书。此处所抄录的这五段日记中有两段是关于钱应溥的。从这两段日记中可知钱家祖上不仅官职崇隆，且出了一位擅长绘事的女才人，即钱应溥祖父的曾祖母陈太夫人。这位太夫人的画受到乾隆皇帝的赏识，为之题诗题跋。十六年后，乾隆皇帝居然还记得此事，又在钱家再次进呈的画册上题诗题跋，足见这位老夫人在乾隆脑中的印象之深，由此可知其画一定很不错。曾氏在日记中详细记下每幅画的名字，也可见他的激赏之情。同治四年五月二十四日，也就是钱应溥向曾氏出示《夜纺授经图》的第五天，曾氏在日记中说“题钱图诗二首”。这两首诗可惜不见于曾氏全集，但曾氏全集中收有曾氏所撰的《海宁州训导钱君墓表》，此钱君即应溥的父亲钱泰吉。文中盛赞钱氏家风及泰吉的学问。曾氏对海宁钱家的尊崇，于此可见一斑。

世间尤物不敢妄取

□原文

休宁瞿令福田送右军帖一本，王梦楼跋断为淳化祖本，且定为唐刻，考核未必确凿。而神采奕奕，如神龙矫变，不可方物，实为希世至宝。余行年五十有一，得见此奇，可为眼福。瞿令又送赵侍制仲穆所画飞白竹，上有施愚山、沈绎堂诸先生题跋，亦可宝也。余以世间尤物不敢妄取，审玩片刻，仍亦璧还。去年黎令福畴送刘石庵、翁覃溪二公在闱中所书手卷，余亦璧却。此三件可称祁门三宝。

□译文

休宁县令瞿福田送来王羲之字帖一本，王梦楼的跋文判断此帖为淳化祖本，而且断定所依据的原件为唐朝所刻。王梦楼的考证未必准凿，但帖上的字神采奕奕，如同神龙娇变，不可想象，实在是希世至宝。我今年五十一岁，能够看到这件奇物，可称得上有眼福。瞿县令又送来赵仲穆侍制所画的飞白竹，上面有施愚山、沈绎堂各位先生的题跋，也是值得宝贵的。我秉世间特别宝贵的东西不敢随便获取的原则，仔细欣赏一会儿，依旧退还。去年黎县令送来刘墉、翁方纲二位先生在考场中所写的书法长卷，我也原璧奉还。这三件物品可称之为祁门三宝。

□评点

好一个“世间尤物不敢妄取”，笔者禁不住为此语击节再三！这段话见于曾氏咸丰十一年一月二十二日的日记，此时曾氏身为两江总督，驻扎祁门。祁门县令黎寿民及附近的休宁县令瞿福田送来三件书法珍品，酷爱书法的曾氏却以“世间尤物不敢妄取”之原则，将这“祁门三宝”璧还。换成别人，他可以心安理得地收下，甚至还可以欣赏前贤墨宝为由头，招集幕中及地方文人开一个诗酒文会，大家吟诗题文，相互唱和，以文人之好来为此行贿受贿涂上风雅光环。但曾氏没有这样做，他以“举头三尺有神明”来作为自律的戒尺，既保持自己的清白之身，也为日后不可预测的干求截断了进门之路。

赏玩字帖

□原文

庄思永带来法帖多种，中有三希堂帖，又有宋拓皇甫碑，王虚舟跋,非真迹也。又有大观帖,王梦楼、姚姬传手迹,赏玩片刻。

刘伯山携其所藏《西岳华山庙碑》,在世所传三名本之外。三名本者,一长垣本,宋漫堂、成亲王等所递藏,后归刘燕庭者也。一四明本,全谢山及范氏天一阁所递藏,后归阮文达者。一华阴本,王史、朱笥河山等所递藏,后归梁茝林者也。刘氏本,则其父文淇孟瞻于扬州市肆得之,久不见称于世,亦可宝也。

杨梅琴信,寄到湖南永州等处金石各种,及汇刻邓石如篆隶,又集《中兴颂》字为联见赠,展玩良久。杨以乙巳翰林,出守永州,性耽金石,新升镇篁道者也。

□译文

庄思永带来几种法帖,其中有三希堂帖,又有宋代拓的皇甫碑,王虚舟的跋,不是真迹。又有大观帖,王梦楼、姚姬传的手迹,欣赏了一会儿。

刘伯山带来他所藏的《西岳华山庙碑》,属世间所流传的三个著名版本之外。三个著名的版本,一为长垣本,宋漫堂、成亲王等所递相收藏,后来归刘燕庭所有。一为四明本,全谢山及范钦天一阁所递相收藏,后来归阮元所有。一为华阴本,王史、朱笥河山等递相收藏,后归梁章钜所有。刘氏这个版本,则是他的父亲文淇孟瞻在扬州书店里得到的,很久以来不为世所见,也是值得宝贵的。

杨梅琴信中寄来湖南永州等地金石拓片多种,以及汇刻邓石如的篆体隶体,又集《中兴颂》中的字为联语相赠,展开来欣赏很久。杨梅琴以乙巳翰林的身份出京为永州太守,很喜欢金石篆刻,新近晋升为镇篁道员。

□评点

唐代诗人元结为道州刺史时,酷爱境内的浯溪水清石峻,在其旁筑室,并镌刻他所写的《大唐中兴颂》于水边崖石上。杨梅琴以一性耽金石的翰林出为此地知府,一定对浯溪两岸的摩崖石刻感兴趣,寄几件拓片给曾氏,当为情理之中事。这种拓片并非珍稀物品,曾氏自可不必璧还。

看李小湖所藏法帖

□原文

在李小湖处借得宋拓阁帖,观玩良久。

至李小湖处久谈,观其先人春湖先生所藏四宝中之丁道护书《启法寺碑》,又观明刻本《夏承碑》。

李小湖所藏法帖,一曰褚书《孟法师碑》,笔意似虞永兴,而结体绝似欧阳率更,与褚公他书不类。一曰丁道护书《启法寺碑》,隋碑而字体有类晚唐,矮方而匀整。闻春湖侍郎以千金购之苏州陆恭家。一曰宋拓虞《庙堂碑》,即春湖侍郎曾经翻刻者也。一曰《善才寺碑》,名为褚河南书,实魏栖梧书,仿褚法耳!又有晋唐小楷共十一种,其中《乐毅论》《东方赞》绝佳,乃悟古人用笔之道,如强弩引满,蓄而不发。归途作诗二句云:“侧势远从天下落,横波旋向弩端涵。”

观李小湖所藏法帖:一、唐拓虞书《庙堂碑》。一、褚书《孟法师碑》。一、丁道护书《启法寺碑》。一、魏栖梧书《善才寺碑》。余于褚书尤爱不忍释。又观《大观帖》三卷,亦唐拓也,展玩良久。

至李小湖处,看其所藏法帖,如欧书《化度寺碑》、褚书《孟法师碑》、虞书《庙堂碑》,皆天下之至宝也。又有魏栖梧书《善才寺碑》、丁道护书《启法寺碑》、蔡伯喈书《夏承碑》,亦皆上品。

□译文

在李小湖住处借来宋代拓的阁帖，欣赏很久。

到李小湖住处谈了很久的话，看他的父亲李春湖先生所收藏四宝中的丁道护书写之碑《启法寺碑》，又看明代刻本《夏承碑》。

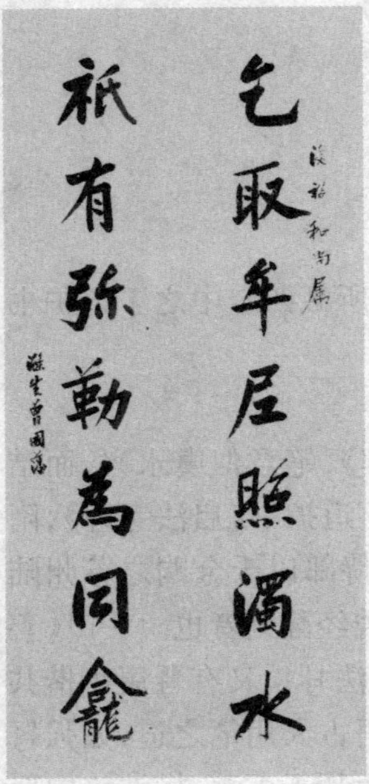

曾国藩手书联语

李小湖所收藏的法帖，一种是褚遂良书写的《孟法师碑》，笔意像虞世南，而结构上特别像欧阳询，与褚老先生其他的书法不是一类。一种是丁道护书写的《启法寺碑》，是隋碑而字体有点像晚唐，矮矮方方而匀整。听说李春湖侍郎以千金从苏州陆恭家买的。一种是宋代拓的虞世南书写的《庙堂碑》，即李春湖侍郎曾经翻刻的。一种是《善才寺碑》，名为褚遂良书写，实际上是魏栖梧书写，模仿褚遂良的写法罢了！还有晋代唐代的小楷共十一种，其中《乐毅论》《东方赞》特别好。于是悟到古人用笔的法则，好像强弓拉得满满的，积蓄着而不发射。回家途中作两句诗："侧势取远好像从天上落下似的，横波功夫包涵在端部。"

看李小湖所收藏的法帖：一、唐代拓的虞世南书《庙堂碑》。一、褚遂良书《孟法师碑》。一、丁道护书《启法寺碑》。一、魏栖梧书《善才寺碑》。我对褚遂良的书法尤其爱不释手。又看《大观帖》三卷，也是唐代拓本，展开来欣赏很久。

到李小湖住处，看他所收藏的法帖，如欧阳询书写的《化度寺碑》、褚遂良书写的《孟法师碑》、虞世南书写的《庙堂碑》，都是天下的至宝。又有魏栖梧书写的《善才寺碑》、丁道护写的《启法寺碑》、蔡伯喈书写的《夏承碑》,也都是书法中的上品。

□评点

此处所辑的这五段日记,记的都是曾氏去李小湖住处观赏字帖的事。李小湖是钟山书院的山长。他的父亲李春湖是著名的书法家,曾氏对他的书法评价很高。同治六年十一月初十日,曾氏在日记中说,近时值得师法的书法家为"一石二水",二水中的一人即李春湖。李春湖既是书法名家,又是书法作品的收藏家,所收藏的名帖极多,这些名帖在其身后都由儿子李小湖保存着。这便是曾氏以总督之尊频繁光临李家的原因。

不夺人之好

□原文

在李壬叔处见陈香泉法帖,见其草书题画一首,飞舞变化,赏玩无已。惜余老年学书,不复能副吾意之所至耳。

莫子偲得唐人写本《说文》,仅木部下半一百八十篆,自作校勘记,比较孙刻大徐本、祁刻小徐本异同,其佳处不可胜举。大喜,以为天下之至宝也!

马征铭有影宋抄本《集韵》,今东南乱后,仅存之本,可贵也!

至莫子偲处,观渠近年所得书,收藏颇富,内有汲古阁开化纸初印《十七史》,天地甚长,又有白纸初印《五礼通考》,其朱字相传系秦文恭公手校,又有通志堂另刻之《礼记释文》,又有明刻《千家注杜诗》,均善本也。归后,子偲以杜诗本见贶,嘉靖丙申玉几山人校刻,竟莫知为何人也。

至丁雨生家，吃饭之后，看渠所藏书，其富甲于江苏之官绅，最精者，有宋刻《世彩堂韩文》《东都事略》等书。渠欲以之馈余。余素不夺人之好，因取其次等者，如明刻《内经》《东雅堂韩文》《笠泽丛书》三种，携之以归。

□译文

在李善兰住处见到陈香泉的法帖，看他以草书题画诗一首，书法飞舞变化，欣赏不已。可惜我是到了老年才学书法，不再能达到我心里所想到的地步。

莫友芝得到唐代人的手写本《说文解字》，仅仅木部下半部分一百八十个字，自己作校勘记，比较此写本与孙刻大徐（铉）本、祁刻小徐（锴）本的异与同。此写本的佳妙处不可胜举。非常高兴，我认为是天下的至宝。

马征铭有宋代手抄本《集韵》的影本，当今东南战乱后仅为保存的本子，可贵啊！

到莫友芝住处，看他近年来所得到的书籍，收藏颇为丰富，其中有汲古阁开化纸初次印刷的《十七史》，天头地角很宽裕，还有白纸初次印刷的《五礼通考》，上面的红字相传系秦蕙田亲笔写的，还有通志堂另外刻的《礼记释文》，还有明代刻的《千家注杜诗》，都是善本。回来后，莫友芝赠送《千家注杜诗》，上面写着嘉靖丙申玉几山人校刻字样，不知是何人。

到丁日昌家，吃完饭后看他所收藏的书，书之多在江苏的官绅中数第一，其中最为精妙的有宋代刻的《世彩堂韩文》《东都事略》等书。他想把这两种书赠送给我。我素来不夺人之好，因而取其中次等的，如明代刻的《内经》《东雅堂韩文》《笠泽丛书》三种，携带这三种书籍回家。

□评点

金银财宝,人人皆爱,以此作为礼品,会令授受双方都蒙上一层铜气、俗气,对于官场商界来说,则有行贿受贿之嫌。但若换上字画、文物或书籍中的稀有版本,似乎就没有了世俗的铜臭味,反而增添几分风雅之气,于是,这些东西便堂而皇之地进入礼品范围。其实,若是有功利目的夹杂其中,作为稀缺珍贵之物,字画、文物或善本书等等,一样地会蒙上铜气、俗气,一样地成为贿赂品。曾氏深知此中微妙,他奉守两个理念,予以自律:一是"世间尤物不可妄取",一是"不夺人之好"。曾氏的这两点,可引为一切握有实权的风雅君子自惕。

被曾氏视为"天下之至宝"的唐人写本《说文》,现藏于日本大阪杏雨书屋。《中华读书报》二〇〇〇年七月五日刊有叙述此事的长文。据该文说,莫友芝所收藏的这部仅"木部"六叶共一百八十八字的唐人写本《说文》,后来到了端方的手中,一九二六年后归日本学者内藤湖南所有,现在完好无损地保存在杏雨书屋中。曾国藩所题"唐写本说文"及长诗《题唐本说文木部应莫郘亭孝廉》原件亦藏于此处。

曾国藩为莫藏《说文》的题签

观舆地图

□原文

汪梅村寄新刻《皇朝中外一统舆图》,凡三十二册,首册序跋、凡例,中卷为京师北二十度至俄罗斯北海上,南十度至越南国。大致以康熙、乾隆两朝内府图及近人李兆洛图为蓝本，而增小地名颇多，亦巨制也。

与刘开生同观苏、松、常、镇、太五府州新图，东西十九号，每号十格，南北十四排，每排十格，每格见方二里半。中国自有地图以来，以此为最精矣。

□译文

汪铎寄来新刻印的《皇朝中外一统舆图》，共三十二册，第一册为序跋、凡例，中卷为北京以北二十度至俄罗斯北海上，以南十度至越南国。大致以康熙、乾隆两朝内府图和近人李兆洛所绘之图为蓝本，而增加小地名较多，这也是地图中的巨制。

与刘开生一同看苏州、松江、常州、镇江、太仓五个府州的新地图。从东到西分为十九号，每号有十格，南北分十四排，每排十格。每一格长宽各对应为二里半。中国自有地图以来，以这张图为最精确。

□评点

作为一个长期带兵打仗的军事统帅，曾氏很重视地图，日记中常有他观看地图的记载。曾氏幺女纪芬在她所著的《崇德老人自订年谱》中的“同治七年”一节中说：“署（引者注：两江总督官署）中有文正公构造之船厅，中贮制造局所作地球仪器极大，径约六尺，余辈于是粗知地理。”在官署中置放直径长六尺的地球仪，曾氏无疑是第一人。

韩瓶砚

□原文

苗仙露，河间人，精六书谐声之学。观所藏君子馆砖、开元瓦、诗册,属予题诗。

雷藿郊以诚送一砚,云系韩襄毅雍之砚,刻一瓶形,襄毅自题曰"韩瓶砚"。后归王文成公,题砚背数十字。至本朝乾隆中,归阿文成公,王兰泉侍郎昶题砚匣百余字。咸丰中,孔宥涵继镞以赠雷侍郎。今雷又以诒我也。

□译文

苗先露,河间人,精通六书谐声之学,看他所收藏的君子馆砖、开元瓦及诗册,要我为此题诗。

雷藿郊名以诚送来一块砚台,说是韩襄毅名雍的砚台,刻成一个瓶形,韩襄毅自己题作"韩瓶砚"。后来此砚为王守仁所有,王在砚背题上几十个字。到了本朝乾隆中期,为阿桂所有,王兰泉侍郎名昶在砚盒题上百多字。咸丰年代,孔宥涵名继镞将它送给雷藿郊。现在雷又将它送给我。

□评点

苗夔,字仙麓,又作先麓、先露,是曾氏所尊敬的一个学问上的前辈。曾氏诗文集中收有《题苗先麓寒灯订韵图》《访苗先麓》《苗先麓墓志铭》三篇。曾氏在《访苗先麓》一诗的序中说:"苗精《说文》之学,著书十年,一贫如洗,今年六十,无子。"于此可知这位学者学问精而处境不佳。

曾氏所作的《苗先麓墓志铭》中说,苗在"河间城外得汉时君子馆砖,又得开元瓦于献王墓旁,私独欣喜,以为神者饷我,以慰寂寞"。日记中所说的"君子馆砖、开元瓦"原来是汉砖唐瓦,故而苗先麓予以珍藏。

明道必精研文字

□原文

闻此间有工为古文诗者，就而审之，乃桐城姚郎中鼐之绪论。其言诚有可取，于是取司马迁、班固、杜甫、韩愈、欧阳修、曾巩、王安石及方苞之作，悉心而读之，其他六代之能诗者及李白、苏轼、黄庭坚之徒，亦皆泛其流而究其归，然后知古之知道者，未有不明于文字者也。能文而不能知道者，或有矣，乌有知道而不明文者乎？

古圣观天地之文、兽迮鸟迹而作书契，于是乎有文。文与文相生而为字，字与字相续而成句，句与句相续而成篇。口所不能达者，文字能曲传之，故文字者，所以代口而传之千百世者也。伏羲既深知经纬三才之道，而画八卦以著之，文王、周公恐人之不能明也，于是立文字以彰之，孔子又作《十翼》、定诸经以阐显之，而道之散列于万事万物者，亦略尽于文字中矣。

所贵乎圣人者，谓其立行与万事万物相交错而曲当乎道，其文字可以教后世也。吾儒所赖以学圣贤者，亦借此文字以考古圣之行，以究其用心之所在。然则此句与句相续、字与字相续者，古圣之精神语笑，胥寓于此，差若毫厘，谬以千里。词气之缓急，韵味之厚薄，属文者一不慎，则规模立变，读书者一不慎，则卤莽无知。故国藩切谓今日欲明先王之道，不得不以精研文字为要务。

三代盛时，圣君贤相，承继熙洽，道德之精，沦于骨髓，而问学之意，达于闾巷，是以其时虽罝兔之野人，汉阳之游女，皆含性贞娴吟咏，若伊、莘、周、召，凡百仲山甫之伦，其道足文工，又不待言。降及春秋，王泽衰竭，道固将废，文亦殆殊已，故孔子睹获麟曰吾道穷矣，畏匡曰斯文将丧。于是慨然发愤，修订六籍，昭百王之法戒，垂千世而不刊，心至苦，事至盛也！

仲尼既殁，徒人分布，转相流衍，厥后聪明魁杰之士，或有识解撰著，大抵孔氏之苗裔，其文之醇驳，一视乎见道之多寡以为差。见道尤多者，文尤醇焉，孟轲是也。次多者，醇次焉。见少者，文驳焉，尤少者，尤驳焉。自荀、扬、庄、列、屈、贾而下，次第等差，略可指数。

夫所谓见道多寡之分数何也？曰：深也，博也。昔者，孔子赞《易》以明天道，作《春秋》以衷人事之至当，可谓深矣！孔子之门有四科。子路知兵，冉求富国，问礼于柱史，论乐于鲁伶，九流之说，皆悉其原，可谓博矣！深则能研万事微芒之几，博则能究万物之情状而不穷于用。后之见道，不及孔氏者，其深有差焉，其博有差焉。能深且博，而属文复不失古圣之谊者，孟氏而下，惟周子之《通书》，张子之《正蒙》，醇厚正大，邈焉寡俦。许、郑亦能深博，而训诂之文或失则碎；程、朱亦且深博，而指示之语或失则隘。其他若杜佑、郑樵、马贵与、王应麟之徒，能博而不能深，则文流于蔓矣。游、杨、金、许、薛、胡之俦，能深而不能博，则文伤于易矣。由是有汉学、宋学之分，龂龂相角，非一朝矣。

仆窃不自揆，谬欲兼取二者之长，见道既深且博，而为文复臻于无累，区区之心，不胜奢愿，譬若以蚊而负山，盲人而行万里也，亦可哂已！盖上者仰企于《通书》《正蒙》，其次则笃嗜司马迁、韩愈之书，谓二子诚亦深博而颇窥古人属文之法，今论者不究二子之识解，辄谓迁之书愤懑不平，愈之书傲兀自喜，而足下或不深察，亦偶同于世人之说，是犹睹《盘》《诰》之聱牙而谓《尚书》不可读，观郑卫之淫乱而谓全《诗》可删，其毋乃漫于一概而未之细推也乎？孟子曰："君子所性，虽大行不加焉，虽穷居不损焉。"仆则谓君子所性，虽破万卷不加焉，虽一字不识无损焉。离书籍而言道，则仁、义、忠、信，反躬皆备。尧舜孔孟非有余，愚夫愚妇非不足，初不关乎文字也。即书籍而言道，则道犹人心所载之理也，文字犹人身之血气也。血气诚不可以名理矣，然舍血气则性情亦胡以附丽乎？今世雕虫小夫，既溺于声律绘藻之末，而稍知道者，又谓读圣贤书当明其道，不当究其文字。是犹论观人者当观其心所载之理，不当观其耳目言动血气之末也，不亦诬乎？知舍血气无以见心理，则知舍文字无以窥圣人之道矣。

周濂溪氏称文以载道，而以虚车讥俗儒。夫虚车诚不可，无车又可以行远乎？孔孟没而道至今存者，赖有此行远之车也。吾辈今日苟有所见而欲为行远之计，又可不早具坚车乎哉？故凡仆之鄙愿，苟于道有所见，不特见之，必实体行之；不特身行之，必求以文字传之后世。虽曰不逮，志则如斯。其于百家之著述，皆就其文字以校其道之多寡，剖其铢两而殿最焉。于汉、宋二家构讼之端，皆不能左袒以附一哄，于诸儒崇道贬文之说，尤不敢雷同而苟随。极知狂谬，为有道君子所深屏，然默而不宣，其文过弥甚。

□译文

听说京师有致力于古文与诗的人，就此事而仔细查访，原来说的是桐城姚鼐郎中的著作。姚鼐的言论的确有可取之处，于是将司马迁、班固、杜甫、韩愈、欧阳修、曾巩、王安石以及方苞的作品用心阅读，其他六朝以来的善于写诗者以及李白、苏轼、黄庭坚等人，也都阅读他们的作品而研究他们的指归，然后懂得古时获道者，没有对文字不明了的人。会写文章而不知道理者，或许有，怎么会有知道理而不会写文章的人呢？

古时的圣贤观天地的纹理、鸟兽飞走的痕迹，而制作书契，于是便有了笔画。笔画与笔画互相交错而成为字，字与字相连续而成为句子，句子与句子相连缀而成为篇章。口头上不能表达的东西，文字能曲意传达，所以文字能代替口头而传之千秋万代。伏羲心里深知处理天地人之间的法则，而又画出八卦来表述。文王、周公担心后人不能明了，于是以文字来彰明它，孔子又作《十翼》、编《六经》来阐述它，于是散见于万事万物中的大道理也便尽可能地见于文字了。

圣人之所以可贵，在于他的立身与万事万物相联系，虽不直接体现，但却与大道相符，他的文字可以教育后世。我们士人之所以能够学习圣贤，也是靠着文字来考查古代圣贤的作为，来研究他的用心之所在。如此说来，这些句与句、字与字相连续的篇章，便将古圣贤的精神语言笑貌都寄寓了。倘若差之毫厘，则谬以千里。词气的缓与急，韵味的厚与薄，作文者一有不慎，则面貌立即变化，读书者一有不慎，则于文中之意卤莽无知。故而国藩恳切地说，今天想要明了先王之道，不能不以精研文字为要务。

三代昌盛的那个时代,圣君贤相融洽继承,道德中的精华深深地浸于骨髓,至于寻求学问的风气则到达市井小巷,所以当时猎捕兔子的山野之人,行走在汉水北岸的女子,都性情贞娴而能吟咏,至于伊尹、有莘、周公、召公以及诸如仲山甫这些人,他们的道德充沛文章精工,则更是不用说了。到了春秋时期,王室恩泽衰竭,道德固然将要废止,而文章也很危殆,故而孔子看到麒麟被捕获时说我的学问将要走到穷途了,被匡人拘禁时则说文章将要丧失了。于是慨然发愤修订《六经》,使百代千世有不刊之道德戒律,用心至为艰苦,而事业则极其盛大啊!

孔子死后,他的门徒四处分布,各自将学问传授下去,此后特别聪明杰出的人士中有见识能著书立说者,大致说来都是孔子学说的后人,他们文章的醇厚与杂驳,完全可以从他们对道明了的多少来区分。对道明了特别多的人,文章则尤其醇厚,孟轲就是这样的人。次一点的,醇厚上也差一点;对道明了少者,文章则杂驳,尤其少的,则尤其杂驳。从荀子、扬雄、庄周、列子、屈原、贾谊以下,他们的等次差别,大致可以数得出来。

那么,明了道的多与少如何来区分呢?回答是:深与博。从前,孔子用称赞《易经》来说明天道,用述《春秋》来探求最为稳当的人事,这就叫做深刻。孔门学问有四科。子路懂得军事,冉求能使国家富裕,向柱史问礼,与鲁伶讨论乐,多种学说都知道它的源头,这就叫做广博。深刻,则能钻研万事万物细微端倪;广博,则能详究万事万物的原委而致用。后来那些对道的明了不及孔子者,在深刻上有差别,在广博上有差别。能够做到深刻而且广博,在文章写作上又不失古代圣贤情怀者,孟子之下,只有周敦颐的《通书》、张载的《正蒙》,醇厚正大,在很长很长的时间里少有人能匹配。许慎、郑玄,也是能深刻广博,但他们详释字义字音的文章或许有所缺失而显得零碎;程颐、程颢、朱熹,也是深刻广博并能给人以指示,他们的语言或许有所缺失而显得狭隘。其他比如杜佑、郑樵、马贵与、王应麟一类人,能够广博但不能深刻,他们的文章流于支蔓,游酢、杨时、金履祥、许谦、薛季宣、胡宏一类人,能够深刻但不能广博,则文章缺乏变化多姿。于是有了汉学与宋学的区分,互相争辩,已不是一朝一代了。

我不自量力,想兼取二者之长,对道的明了既做到深刻广博,又在为文上达到无累的地步,对于小小的心愿而言,这已是很大的奢望,好比以蚊子之力而想负起大山,又像盲人而想步行万里,真是可笑得很!这是因为我往上看仰慕《通书》《正蒙》,其次则特别嗜好司马迁、韩愈的书,认为这二位先贤的确是深刻广博而又看出古人为文的法则。现在的评论者不去细究二位的见识学问,动辄说司马迁的书充满愤懑不平之气,韩愈的书则傲岸自以为了不起,而您或许没有深入考察,也赞同世人的这个说法,这好比看到《盘庚》《汤诰》等诰文难懂而说《尚书》不可读,读郑国、卫国那些写淫乱的诗而说整个《诗经》都可删去,岂不是没有细细推究就以偏概全了吗?孟子说:"君子所拥有的天性,即便是大为风光也不增加,即便是穷困独居也不减少。"我则说,君子所拥有的天性,即便读破万卷也不增加,即便一字不识也不减少。从这个角度来看,君子可以离开书籍而谈论大道,天性使得他身上具备仁、义、忠、信。对于天性来说,尧舜孔孟等人并非有余,愚夫愚妇也并非不够,本来就与文字无关。面对书籍而谈论大道,则道好比人心所负载的理,文字好比人身上的血气。血气固然不可以承受理,但舍除血气,性情又将以什么为依托呢?当今好雕虫小技的读书人,沉溺于声律词藻的末节,至于有些略微明了道的人,又说读圣贤书应当在于明了道理,不应详究他的文字。这好比讨论看人应当看他的心所负载的理,而不应当看他的举止言行及血气的末节,这话岂不荒谬吗?倘若知道舍除血气则不可能见心中所存之理,则知道舍除文字则不可能见圣人的大道。

周敦颐说文以载道,而用虚车来讽刺世俗读书人。虚车固然不行,而没有车又能远行吗?孔子孟子已经去世而他们的学问流传至今,全靠有这种能远行的车。我们今天倘若有所见解而又想远行的话,又岂能不早早准备坚固的车辆呢?所以我的浅陋心愿是,假若对于大道有所见解的话,不仅仅只是见解,而必须力行;不仅自身力行,还务必求得以文字来传之后世。虽说也可能达不到,但志向则是这样的。对于诸子百家的著述,都依据他的文字来校核他的道理的多与少,剖析他的细微而序列位置,对汉学、宋学两家的争论,都不偏袒而附和起哄,对于众多儒生推崇道理而贬低文字的言论,尤其不敢苟同追随。深知这样做不合时宜,为有道君子所大为屏弃,但保持沉默,不做声,这种态度则是文过饰非,错得更厉害。

□评点

此处所抄录的这一大段话,出于道光二十三年曾氏给刘蓉的信中。刘蓉亦湘乡人,功名虽只秀才,却学问甚好,曾氏很看重他,甚至将他比作诸葛亮。(曾氏有一首怀念刘蓉的诗,诗中有句曰:“他日余能访,千山捉卧龙。”)刘在咸丰四年进湘氏戎幕,晚年做到陕西巡抚,因军事不利而免职归里。曾刘后来亦结为儿女亲家。刘堪称曾氏一生的密友。此时,曾氏为京师翰林院侍讲,而刘则在湘乡原籍做塾师。

世称曾氏是没有学术著作的学问家,一旦谈起他的学术观念,引用最多的是曾氏给刘蓉的两封论学信。此信为其一,其二则是道光二十五年的一封长信。这封信,此处几乎是全录。曾氏信中所阐述的是文与道之间的关系,引出他重程朱而不薄马郑的汉宋并举的观点。曾氏治学,不仅不偏重汉宋,同时也不贬抑道法。这种早期兼容并蓄的学术气度,也体现在他后期处世待人办事的胸襟上,从而能纳天下之才成天下之功。信中说“仆之鄙愿,苟于道有所见,不特见之,必实体行之;不特身行之,必求以文字传之后世”,这可看作是曾氏的一生大志。此志既鲜明地体现经世致用的湖湘之学特色,又典型地反映借文传世的士人普遍心态。曾氏后来的立德、立功、立言,已在三十三岁时写的这封信上初露端倪。

借文章传名谈何容易

□原文

来示甚以抛弃诗书为虑,殊非所宜。将借此以博取青紫,则未得之时,邛若神仙,既得之后,睨如败履。身外浮名,何足加损!若谓积轴在胸,烈芬在后,则传人之目,谈何容易!见有握椠怀铅,穷老尽气,当时自夸,没亦汶汶。凡若此者,不胜数也。

□译文

来信很以抛弃诗书为担心,这种担心绝没必要。若是以诗书来求得高官厚禄,那么未得到时,则将诗书捧若神仙,得到之后,则视如敝履。官声这种身外浮名,怎么可以让人的身份如此增加与减弱!倘若说累积许多学问在胸中,著书立说,博得好名声在身后,则可以通过世人的眼目传扬,这谈何容易。倒是有伏案挥墨,用尽一生气力,在生时自我夸许,死后则默默无闻。像这等人,则数不胜数。

□评点

以《四书》《五经》为敲门砖,功名之门一旦敲开,则弃而不顾,这本是科举时代普遍存在的现象。曾氏回复友人的关心,申明自己不是这种人,但也同时指出,借文章书籍传世也不容易,许多人辛辛苦苦一辈子"握椠怀铅",自认为可以扬名,却事与愿违。应当说,曾氏在这方面的头脑是清醒的。

大志与小志

□原文

凡仆之所志,其大者盖欲行仁义于天下,使凡物各得其分;其小者则欲寡过于身,行道于妻子,立不悖之言以垂教于宗族乡党。其有所成与,以此毕吾生焉;其无所成与,以此毕吾生焉。

□译文

我的志向,大的方面则希望能行仁义于天下,使天下万物都能得到它们本分所得者;小的方面,则希望自身能少犯过失,在妻和子的面前能行正道,立下能行得通的言论给宗族乡党以教导。这些希望能够有所实现,我将以此来终我一生;这些希望不能实现,我也会以此来终我一生。

□评点

这是道光二十五年,曾氏与刘蓉论学信中的一段话。一个人的志向,在未来的生命途中能实现多少,实在是难以预计的。不以实现的程度,而是以有益于社会的程度来规划志向,这是曾氏的想法,也是古代许多贤哲的想法。

以大名高位退而求学

□原文

昔石徂徕师事孙泰山,汤文正师事孙夏峰,皆以宏名硕学宦成之后,退然自居于弟子之列。贤者之意量,度越寻常万万也。

□译文

先前石介师事孙复,汤斌师事孙奇逢,都是在有大名大学问大官职之后,退下来自居于弟子的行列。贤者的气度,超过寻常人的万千倍。

□评点

石介,世称徂徕先生,北宋初期的大学问家,官至太子中允。汤斌,清初大官员,官至工部尚书。他们都在有很高声望时,师事地位比他们低的人,自居弟子行列。曾氏很称赞这种谦抑求学的行为。

人事日杂读书乏力

□原文

比岁以来,读书之志愈笃而力愈不副。人事日杂,如喑思语。外若石顽,中极了了也!

□译文

近年来,读书的志向愈加笃实而气力愈加不足以配合。人事应酬日益复杂,好比喉嗓失声而想说话。我的外表好像石头一样呆板,内心却对此极为清楚。

□评点

做官给个人带来的负面影响,是没有时间和心境静下来好好读书。这是古今好学官员们的共同苦恼。

扫荡旧习赤地新立

□原文

自孔孟以后,惟濂溪《通书》、横渠《正蒙》,道与文可谓兼至交尽。其次如昌黎《原道》、子固《学记》、朱子《大学序》,寥寥数篇而已。此外,则道与文竟不能不离而为二。鄙意欲发明义理,则当法《经说》《理窟》及各语录札记(如《读书录》《居业录》《困知记》《思辨录》之属);欲学为文,则当扫荡一副旧习,赤地新立,将前此所业,荡然若丧其所有,乃始别有一番文境。望溪所以不入古人之阃奥者,正为两下兼顾,以致无可怡悦。辄妄施批点,极知无当高深之万一,然各有本师,未敢自诬其家法以从人也。

□译文

自孔孟的书籍以后,惟有周敦颐《通书》、张载《正蒙》,道理与文章可以说得上都达到顶点。其次如韩愈《原道》、曾巩《学记》、朱熹《大学序》,不过寥寥数篇而已。此外,则道理与文章竟然不得不分开为两个方面。我的心意是,想阐明义理,则应当效法《经说》《理窟》以及各种语录、札记(如《读书录》《居业录》《困知记》《思辨录》等等);想要学写文章,则应当将旧习扫除干净,在一片赤地上重新立定规模,将从前所操练者一概清除,于是才会另有一番文章境界。方苞之所以不能进入古人的堂奥,正是因为他在理与文两方面都要兼顾,以致没有令人怡悦之处。我这是妄加批评,深知不及高人的万分之一,只是各有自己所师从者,不敢自己败坏家法而顺从别人。

□评点

咸丰八年正月,曾氏在老家守父丧期间,收到老友刘蓉寄来的两篇游记,在指出刘蓉游记"义理多精当之言,文字少强劲之气"后,写了上录的这一段文字。曾氏在此表示出对当时文坛普遍存在的"少强劲之气"的不满,决心"赤地新立",即自创一种文风。被后世散文界称赞的"湘乡文派"其主要的特色,便在文字"强劲"二字上。

《资治通鉴》论古折中至当

□原文

先哲经世之书,莫善于司马文正公《资治通鉴》,其论古皆折中至当,开拓心胸。如因三家分晋而论名分,因曹魏移祚而论风俗,因蜀汉而论正闰,因樊英而论名实,皆能穷物之理,执圣之权。又好叙兵事所以得失之由,脉络分明。又好详名公巨卿所以兴家败家之故，使士大夫怵然知戒。实《六经》之外不刊之典也。

□译文

前代贤哲所写的经世之书，没有能超过司马光《资治通鉴》的。他议论古事都能持中允当，开拓心胸。如就三家分晋而论名分，就曹姓魏国代替汉朝而论风俗，就刘姓蜀国而论正朔，就樊英而论名实，都能够做到穷究事物之道理，执掌最为公正的权衡。又喜好叙说军事得与失的原由，脉络分明。又喜好详析名公巨卿兴家与败家的原故，使士大夫心存警惕戒备，确实是《六经》之外的不刊之典。

□评点

《资治通鉴》刊行近一千年来，备受中国士人的喜爱，尤其受政治家的青睐，据说毛泽东一生读此书达十七遍之多。原因何在？曾氏这段话中说出了其中一个重要点，即论古"折衷至当，开拓心胸"。

做古文者例有傲骨

□原文

作古文者，例有傲骨，惟欧阳公较平和。此外皆刚介倔强，与世龃龉。足下傲骨嶙峋，所以为文之质，恰与古人相合，惟病在贪多，动致冗长。可取国朝二十四家古文读之，参以侯朝宗、魏叔子，以写胸中磊落不平之气；参之方望溪、汪钝翁，以药平日浮冗之失。两者并进，所谓自当日深，易以有成也。

□译文

写作古文的人，照例身上有傲骨，惟独欧阳修较为平和，此外都是刚介倔强，与世不合者。您是傲骨嶙峋，故而在作文章的本质上与古人相同，只是有贪多的毛病，一动笔则冗长。可以将本朝二十四家古文阅读，再以侯方域、魏禧为参考，借以抒发胸中磊落不平之气；再以方苞、汪琬为参考，借以医治平日于浮冗这点上的缺失。两者并进，在文章写作上的造诣自然日日提高，容易有所成就。

□评点

曾氏所说的“傲骨”，应是指作文者的批判态度。对世俗有所看不惯，对官场有所看不惯，发为文章，则多指摘，其辞气也必定多激烈。于是为文者，亦被视为傲岸不群之辈。人们的阅读心理是趋向于这类文章的，所以这种文章中的精品可以传世。反之，歌功颂德、媚俗媚权的文章只在特定场合中起作用，少能被众口传播，故而很快便消失了。从这点上来看，曾氏所谓“作古文者例有傲骨”是有道理的。

书以校刊尚精的初版为妙

□原文

阁下读书，专取宋元人佳刻。仆意时代不足计，但取校刊尚精、刷印最初者为妙。苟宋元明之板而刷印于今日，犹汉唐碑帖而今日拓之，剥落补凑，夫何足贵？苟有佳纸初拓，则官板如康熙之《周易折中》《书画谱》，乾隆之《十三经》《廿四史》之类，私板如国初之汲古阁、近日之黄丕烈、孙星衍、秦恩复、胡克家、张敦仁诸影宋本，亦何尝不可奉为至宝。

□译文

您读书，专门拿宋代元代人的好刻本读，我以为时代不必计较，只读校刊比较精当、初次印刷的版本为最好。假若宋、元、明时代的雕板而今日拿来印刷，则好比汉唐时代的碑帖而今日拿来拓印，其中有剥落有补凑，又有什么可珍贵的呢？若有好纸又初次拓印，则官府雕板如康熙时的《周易折中》《书画谱》、乾隆时的《十三经》《二十四史》等等，私家雕板如本朝初期的汲古阁、近来的黄丕烈、孙星衍、秦恩复、胡克家、张敦仁等影印宋本，又何尝不可以奉为至宝呢？

□评点

所谓秦砖、汉瓦、唐碑、宋錾，是从文物的角度来说的，它们自然是收藏家眼中的珍宝。若从实用来说，就不见得特别宝贵。读书是一种实用性极强的活动，若专取宋元人的刻本，则好比砌房屋用秦时砖汉时瓦一样，是很可笑的事。

诗书能养心凝神

□原文

早岁有志著述，自驰驱戎马，此念久废，然亦不敢遂置诗书于不问也。每日稍闲，则取班、马、韩、欧诸家文，旧日所酷好者一一温习之，用此以养吾心而凝吾神。

□译文

早年有著书立说的志向，自从带兵来这一念头久已废止，但也不敢放着诗书而不过问。每日稍有空闲，则将班固、司马相如、韩愈、欧阳修等人的文章以及过去所特别喜好的书一一温习，借此来涵养我的心境而凝聚我的神志。

□评点

虽在军旅而不废诗书，这是曾氏军营岁月的真实写照。这固然是出于他的文人积习，更重要的是他在这段话中所说的养心凝神。诗书能滋润人的心田，能使人的神志不放纵，这便是诗书带给人们的好处,可惜的是,眼下物欲横流,很多人失去了这个体验。

于有恒二字加意

□原文

吾乡读书,间断时多,有恒者少,幸得名师诲导,祈于有恒二字加意,一暴十寒,圣贤所戒。

□译文

我先前读书,是间断的时候多,持之有恒的时间少,幸而得到名师的教诲,希望在有恒二字上特别留意,一暴十寒的毛病,这是圣贤都戒惧警惕的。

□评点

"靡不有初,鲜克有终",这是人之常性。正因为此,绝大多数人不能有所成就。

柔和渊懿中有坚劲雄直之气

□原文

足下为古文,笔力稍患其弱。昔姚惜抱先生论古文之途,有得于阳与刚之美者,有得于阴与柔之美者,二端判分,划然不谋。余尝数阳刚者约得四家,曰庄子,曰扬雄,曰韩愈,曰柳宗元;阴柔者约得四家,曰司马迁,曰刘向,曰欧阳修,曰曾巩。然柔和渊懿之中,必有坚劲之质,雄直之气,运乎其中,乃有以自立。足下气体近柔,望熟读扬、韩各文,而参以两汉古赋以救其短。何如?

□译文

你写的古文,笔力稍微显得弱了一点。过去姚鼐先生议论古文的风格,说有的得阳刚之美,有的得阴柔之美,两种风格很明显,像截然划分开一样。我曾经计算过,属于阳刚之美的大约有四人,为庄子、扬雄、韩愈、柳宗元;属于阴柔之美的大约有四人,为司马迁、刘向、欧阳修、曾巩。然而在柔和渊懿的风格中必定存在着坚劲雄直的气质,才可以自立。您的气质偏近于柔,希望能熟读扬雄、韩愈的一些名文,而参考两汉的古赋来弥补自己的短处。怎么样?

□评点

曾氏认为,即便是风格阴柔的文章,也必须要有坚劲雄直的气质在其中,才会是传世的好文章。他的这种审美观有一句更雅的表述,即"含雄奇于淡远之中"。

看读写作缺一不可

□原文

学者于看、读、写、作四者,缺一不可。看者,涉猎宜多宜速;读者,讽咏宜熟宜专。看者,日知其所亡;读者,月无忘其所能。看者,如商贾趋利,闻风即往,但求其多;读者,如富人积钱,日夜摩挲,但求其久。看者如攻城拓地,读者如守土防隘,二者截然两事,不可阙,亦不可混。至写字不多则不熟,不熟则不速,无论何事,均不能敏以图功。至作文,则所以瀹此心之灵机也。心常用则活,不用则窒,如泉在地,不凿汲则不得甘醴,如玉在璞,不切磋则不成令器。今古名人,虽韩、欧之文章,范、韩之事业,程、朱之道术,断无久不作文之理。张子云:"心有所开,即便札记,不思,则还塞之矣。"

□译文

求学者在看、读、写、作四个方面,缺一不可。看,指的是所涉及的书宜多,宜快;读,指的是高声朗诵背诵宜熟练宜专门。看,即每天知道哪些是原先所不知的;读,即每个月不忘记所掌握的。看,好比商人趋于利,闻风即往,但求利多;读,好比富人积累银钱,日夜抚摸它,但求财货长久。看又好比攻城掠地,读又好比守土防隘。这两个方面是截然不同的两件事,不可缺失,也不可混同。至于写字,写得不多则不熟练,不熟练则速度不快,无论做什么事,都不能做到敏捷地获得成功。至于作文,则可以使心中的灵机得到疏通,心经常用则活络,不用则窒息,好比泉水在地下,不凿通汲取则得不到甜美的水,好比玉藏在石头里,不切磋则不能成好器具。古今的名人,即便是韩愈、欧阳修的文章,范仲淹、韩琦的事业,程颐、朱熹的学术,绝对没有许久不作文章的道理。张载说:"心里若有所领悟,要随即写下札记,一旦不思索,便又阻塞了。"

□评点

曾氏用了不少比喻,又引经据典,讲述看、读、写、作四个方面对为学者的重要性。用今天的语言来说,看即博览群书,读即反复诵读经典,写即写字快速,作即勤于动笔为文。除开"写"字无须强调外,其他三字今天仍可作为参考。

因不敬与无恒而百无一成

□原文

国藩生平,坐不敬、无恒二事,行年五十,百无一成,深自愧恨。故近于知交门徒及姻戚子弟,必以此二者相告。敬字,惟"无众寡,无大小,无敢慢"三语,最为切当。仆待人处事,向来多失之慢,今老矣,始改前失,望足下及早勉之。至于有恒二字,尤不易言。大抵看书与读书，须画然分为两事。看书宜多宜速，不速则不能看毕，是无恒也。读书宜精宜熟，而不能完，是亦无恒也。足下现阅八家文选，即须将全部看完，如其中最好欧阳公之文，即将欧文抄读几遍，切不可将看与读混为一事，尤不可因看之无味，遂不看完，致蹈无恒之弊。

□译文

我这一生，因为不敬和无恒两桩事，将近五十，百无一成，自己深感惭愧怨恨。故而近来对知交门徒以及亲戚的子弟，必定以这两点相告。敬字，惟有“无论在人多人少的场合，在长辈或晚辈的面前，不敢怠慢”这三句话最为切身。我待人处事，向来在怠慢这点上有所缺失，现在老了，才改变从前的缺点，希望你趁早以此为勉。至于有恒二字，尤其不容易说全面。大致说来，看书与读书，必须截然分开为两桩事。看书则宜多而快，不快则不能看完毕，这就是无恒。读书则宜精而熟，不能读完毕，也是无恒。你现在阅读唐宋八大家文选，就必须将八大家都看完。比如于其中最喜好欧阳修的文章，则将欧文抄录朗读几遍，切不可将看与读混为一桩事，尤其不可以因为看之无味，于是不看完，以至于沾染无恒的毛病。

□评点

关于敬与恒，早在京师做小京官时，曾氏便将它列为修身的重要课程。在外人看来，曾氏这两点都做得很好，常人难以企及，但曾氏却把“百无一成”归咎于不敬与无恒。当然，曾氏心中自有他的高标准与严要求，这也是我们凡夫俗子所难以想到的。曾氏在这段信中特别指出，看一部书，则一定要看完，若做不到，即无恒。此话应是他本人的切身体会。

文章以精力盛时易于成功

□原文

文章之事，究以精力盛时易于进功。足下年力方强，直趣拔俗，宜趁此时，并日而学，绝尘而奔，虽未必遽跻作者，而看、读、写、作，四者兼营并进，亦自有一番之功效。

□译文

写文章这件事，毕竟以精力旺盛时容易进步。你的年岁活力正当强旺，向上提升脱离平俗，宜趁着这个时候，一天当作两天来学习，快速向前奔驰，即便不一定能很快地跻身写作者的行列，而于看、读、写、作四个方面兼营并进，也自然必有一番功效。

□评点

干什么事都必须趁着年富力强时用猛攻，过时则心有余而力不足。因为有老杜一句“庾信文章老更成”的诗，有人便认为文章可以老来更成熟。其实，正因为老来更成熟者少之又少，才有杜甫的如此称赞庾信。“诗酒趁年华”，信不诬也。

文章要有骨有肉有声色

□原文

退之论文，先贵“沉浸浓郁，含英咀华”。陆士衡、刘舍人辈，皆以骨肉停匀为上。姬传先生亦以格律、声色，与神理、气味四者并称。阁下之文，有骨有肉，似宜于“声色”二字，少加讲求。

□译文

韩愈评论文章，先看重“沉浸浓郁，含英咀华”。陆机、刘勰等人，都以骨与肉匀称为上等。姚鼐先生也以格律、声色与神理、气味四者一并称道。你的文章，有骨有肉，但宜在“声色”二字上再稍微讲求讲求。

□评点

“沉浸浓郁，含英咀华”是韩愈《进学解》中的话，这八个字的意思是沉浸在醇厚的内容中，玩味文句的精华。意谓文章既要内容好，又要文句美。内容好比骨，文句好比肉，这就是骨肉停匀。至于声色，则指的是平仄四声与词采的讲求，属于更高一层的境界。若骨肉停匀又有声色，那么文章就更好了。

吴南屏真豪杰之士

□原文

南屏不愿在桐城诸君子灶下讨生活，真吾乡豪杰之士也。而直以姚氏为吕居仁之比，则贬之已甚。姚氏要为知言君子，特才力薄弱，不足以发之耳。其《古文辞类纂》一书，虽阑入刘海峰氏，稍涉私好，而大体固是有伦。其序跋类，渊源于《易·系辞》，赋类仿刘歆《七略》，则不刊之典也。国藩之为是叙，不过于伯宜处略闻功甫生平之言论风指而纵笔及之，非谓时流诸君子者，果足以名于世而垂于后，不特不和之，且私独薄之。南兄识得鄙意，曰侍郎之心殊未必然。所谓搔着痒处，固当相视而笑，莫逆于心也。

□译文

南屏不愿意在桐城派各位君子的炉灶下讨饭过日子，真正是我湖南的豪杰之士，但将姚鼐比之为吕本中（居仁），则将他贬过分了。姚鼐的确是个深知言论的君子，只是才力薄弱，不足以发抒他的识见。他编的《古文辞类纂》一书，虽然选刘大櫆(海峰)稍有点个人私好，但从整体来说，还是有条理的。他的序跋类文章，渊源于《周易·系辞》，他的赋类文章模仿刘歆的《七略》，则是不刊之典。我写这篇叙，不过是在伯宜处略微听说功甫在生时的言谈志向而随笔涉及，并不是说近时诸君子，果真就能闻名于世且传名于后，不但不附合，而且私心还格外鄙薄这些人。南屏兄知道我的私意，说曾侍郎的心里是很不以为然。这话正所谓搔到痒处，的确是应当相视而对笑，彼此莫逆于心。

□评点

曾氏有一个布衣知交，此人即欧阳兆熊。兆熊的儿子名欧阳勋，字功甫，有志于文，却在二十多岁时便早逝。兆熊将儿子的文章汇编成集，请曾氏为之作序。曾氏于是写了一篇《欧阳生文集序》。序文从姚鼐开创桐城文派讲起，叙述桐城派在安徽、江苏、江西、广西等省的情况，接下来，将吴敏树、杨彝珍、孙鼎臣、郭嵩焘、舒焘、欧阳勋列为桐城派在湖南的传人。这篇序被吴敏树看到后，他很不满，不承认自己是桐城派的传人，也不愿自己的名字与杨彝珍等人列在一起。曾氏得知此事后，给欧阳兆熊写了一封信。此处所抄录的这段话，即出于这封信中。

吴敏树字南屏，湖南岳州人，比曾氏大六岁，举人出身，大挑为浏阳训导，后辞职，道光末年曾住过北京，与曾氏有所过从。曾氏曾邀吴入幕，吴辞不就。吴是有名的岳州怪杰，才高而自视更高。他不满意曾氏的说法，是出于他看不上姚鼐，更看不上杨彝珍等人。认为曾氏将他与杨等人并列为姚鼐在湖南的传人，是贬低了他。曾氏心中其实也并不将姚的高足梅曾亮等人怎么看重，同治六年他与机要秘书赵烈文私下谈话时说到："初服官京师，与诸名士接游，时梅伯言(即梅曾亮)以古文、何子贞以学问书法皆负重名，我时时察其造诣，心独不肯下之。"这些话，想必二十年前曾、吴同在京师时，曾氏也曾在吴的面前流露过，所以吴能说出"侍郎之心殊未必然"的话来，而曾氏的确是赞同吴的此说的。但曾氏对桐城文派的宗师姚鼐本人却是佩服的,故而对吴将姚比之如吕本中一类人,他不能赞同。

同列并不一定同等

□原文

仆尝称古文之道,无施不可,但不宜说理耳。送人序,退之为之最多且善,然仆意,宇宙间乃不应有此一种文体。后世生日有寿序,迁官有贺序,上梁有序,字号有序,皆此体滥觞,至于不可究诘。昔年作《书归熙甫文集后》,曾持此论,讥世人不能纠正退之谬,而逐其波而拾其沈。

尊书以弟所作《欧阳生文集序》中,称引并世文家,妄将大名胪于诸君子之次,见谓不伦。李耳与韩非同传,诚为失当,然赞末一语曰:“而老子深远矣。”子长胸中,固非全无泾渭。今之属辞连类,或亦同科,至姚惜抱氏虽不可遽语于古之作者,尊兄比之吕居仁,则亦未为明允。惜抱于刘才甫不无阿私,而辨文章之源流,识古书之真伪,亦实有突过归、方之处,尊兄鄙其宗派之说,而并没其笃古之功,揆之事理,宁可谓平?

□译文

我曾经说过古文这种文体什么地方都可以用,只是不适合于说道理。送人的序文,韩愈写得最多而且好,但我认为,宇宙间是不应该有这一种文体的。后世生日有寿序,升官有贺序,起屋上梁有序,取字号有序,都是这种文体的滥觞,以至于后来无法去追究指斥。我先前写《书归熙甫文集后》,在文中曾持有这个议论,批评世人不能纠正韩愈的错误,反而随波逐流,反而拾其沉渣。

您的信认为弟所作的《欧阳生文集序》中列举当世的一些文章

家,不妥当地将您的大名摆在这些人的行列中,没有道理。李耳与韩非同在一个传中,固然不当,但赞语末尾一句说:“然而老子的学说深远啊。”司马迁的心里,并非完全分不出清与浊。今天在写到文章风格分类上,也是有视为同类可能性的,至于姚鼐虽不可能判定能与古代著述者相当,您将他比为吕本中,那也不能算作公允。姚鼐对待刘大櫆不免有点偏私,但他考辨文章的源流,识别古籍的真伪,在这点上实在有超过归有光、方苞的地方。您瞧不起姚鼐关于宗派的说法,而一并掩没他笃实研究古籍的功劳,实事求是地说,您这话算得公平吗?

□评点

前段评点说到吴敏树不满意将自己的名字被划入杨彝珍等人行列中一事,一个多月后,曾氏给吴本人回了一封信,谈的主要内容便在此处所抄录的这两段话中,只是这两段话被先后倒置了。曾氏先说吴不满事,承认自己做得不妥,但接下来便拿《史记》为自己辩护。司马迁的《史记》有一章命名为《老子韩非列传》,传中老子、庄周、申不害、韩非四人同传,将老庄与申韩并列,确为不妥,但在传末的赞语中,司马迁对四个人的评价还是有高下之分的,一句“老子深远”的话,充分表明他对老子学说的敬仰。曾氏以此为例,意在说明吴虽与杨等人同列在一起,但吴还是要比杨等人高出一筹。

这一段话的后面还有几句,此处没有抄:“吾乡富人畏为命案所污累,至靡钱五百千,摘除其名。尊兄畏拙文将来援为案据,何不捐输巨资,摘除大名,亦一法也。”曾氏这几句话是说:我们家乡的有钱人,倘若一旦牵涉到命案,担心自己的名字列在其中有损声誉,于是拿出五百千钱来贿赂官府,请官府在案卷中将自己的名消去。您如果害怕别人将来会因我的这篇文章而视您为桐城派在湖南的传人,何不学湘乡有钱人的样,捐一大笔银子给湘军,那我就在文章中除掉你的名字。这显然是玩笑话。笔者之所以要将这几句话补抄出来,意在告诉读者,曾氏这个人并非为大家所想像的那样,什么时候都是一本正经不苟言笑的理学家。他也有调侃、幽默的一面,他也善于用说笑话的方式来化解过结,来为自己摆脱窘境的。

近时所作不称意

□原文

清劲为尊兄本色,所短者乃在声色之间。弟尝劝人读《汉书》《文选》,以日渐于腴润。姚惜抱论诗文,每称当从声音证入,尊兄或可以此二义参证得失。弟夙昔好扬雄、韩愈瑰玮奇崛之文,而近时所作,率伤平直,不称鄙意,亦云军中日接俗务,不克精心营度耳。

□译文

文风清劲是您的本色,所短缺的是在声与色方面。我曾经劝别人读《汉书》《文选》,以慢慢地使文章丰腴滋润。姚鼐议论诗文,每每说应当从声音这一点上切入,您或许可以从声与色这两点上参证自己的得失。我一向喜好扬雄、韩愈瑰玮奇崛的为文风格,而近来所写的文章都失之于平直,自己不满意,这也是因为身在军营中每天与俗事打交道,而不能精心构思的原故。

□评点

戎马倥偬,不能让曾氏静下心来好好写文章,这确实是他后半生中常常吐露的苦衷,但金戈铁马又的确能催生人的豪壮之气;对文章而言,气势又似乎更为重要。这中间的一得一失,想必曾氏心中亦有称量。

谈隶书

□原文

尊书隶字，似不如草、篆。少陵“瘦硬通神”专为隶字言之，东坡欲泛及于真、草诸体，以为未公不凭，非至论也。仆不解作字，昔年治《说文》，曾广购汉魏各碑，讨寻源流，如《礼器碑》结体方雅，要为隶家正范。《张猛龙碑》将隶、楷融成一气，尤足津逮来学。唐隶稍肥，有乖大雅，敢为足下陈一戒律。近姚伯昂先生专师《曹全碑》，相沿成风，亦旁门也。

□译文

你书法中的隶体，似乎不如草体、篆体。杜甫“瘦硬通神”的话是专门针对隶体而说的，苏东坡想把这句话扩大到真体、草体等各种字体，并从而认为此说不公允缺乏根据，这不是很正确的观点。我不懂写字，过去研究《说文解字》，曾经广为购买汉魏时期的各种碑帖，探寻字的源流。比如《礼器碑》结构方正秀雅，实在是学隶体的规矩范本。《张猛龙碑》将隶体与楷体融成一气，尤其能成为引导后来学者的津渡。唐朝的隶体较为肥厚，与大雅风格有所违背，我大胆为你指出这个警戒。近世姚伯昂先生专门师法《曹全碑》，相沿而成为风气，也属旁门左道。

□评点

曾氏晚年，曾较多用功于书法，并时有体悟。他不赞同苏轼认为各体书法均要瘦硬，便是他的体悟之一。曾氏传世书法作品多为行书，然其风格亦可归之于瘦劲一类。

自为之书不过数十部

□原文

四部之书，浩如烟海，而其中自为之书有原之水，不过数十部耳。经则《十三经》是已，史则《廿四史》暨《通鉴》是已，子则五子暨《管》《晏》《韩非》《淮南》《吕览》等十余是已，集则《汉魏六朝百三家》之外，唐宋以来，廿余家而已。此外，入子、集部之书，皆赝作也，皆剿袭也；入经、史部之书，皆类书也，不特《太平御览》《事文类聚》等为类书，即“三通”亦类书也，《小学近思录》《衍义》《衍义补》亦类书也，故尝谬论修艺文志四库书目者，当以古人自为之书，有原之川渎，另行编列别自而定一尊。其分门别类，杂纂古人成书者，别为一编，则荡除廓清，而书之可存者日少矣。

□译文

经、史、子、集四部所收之书浩如烟海，而其中原创书有源头的水，不过几十部而已。经部则只有《十三经》属这一类，史部则《二十四史》及《资治通鉴》属这一类，子部则五子及《管子》《晏氏春秋》《韩非子》《淮南子》《吕氏春秋》等十余家属这一类，集部则《汉魏六朝百三名家集》之外，唐宋以来二十余家而已。此外，收入子部、集部的书皆假冒之作，皆抄袭之作；收入经部、史部的书都是类书，不仅《太平御览》《事文类聚》等是类书，即便“三通”也是类书，《小学近思录》《衍义》《衍义补》也是类书。故而我曾经发谬论说，修艺文志四库书目者，应当以古人原创书有源头的水，另行编列定为一尊，那些分门别类抄摘古人成书的，再行成为一编，如此则将书海予以廓清，那么可存之书则日渐减少。

□评点

中国有史以来的书籍，人们常用浩如烟海来形容，的确是多得不可胜数,然真正称得上经典的则不多。现在印刷业发达,出书已成为一件很平常的事,故而许多书籍被人称为泡沫书、垃圾书。对于此类书,人们已见怪不怪,接下来则是“开卷有益”这句成语也就不再一律正确。泡沫、垃圾这一类书,开卷又有何益呢?

读书贵于得间

□原文

凡读书笔记,贵于得间。戴东原谓阎百诗善看书,以其能蹈瑕抵隙,能环攻古人之短也。近世如高邮王氏,凡读一书,于正文注文一一求其至是,其疑者非者,不敢苟同,以乱古人之真,而欺方寸之知。若专校异同某字某本作某,则谓之考异,谓之校对,不得与精核大义参稽疑误者同日而语。当时批写书眉,本不以为著述之事,后人概以编入笔记之内,殆非姜坞及惜抱之意。

□译文

大凡读书笔记,可贵的是发现书中的间隙。戴震说阎若璩善于看书,是因为阎能发现书中的瑕玼以及漏隙,能够四面出击古人的短缺处。近世如高邮王念孙,每读一书,对于正文注文一一探求它的最精当的地方,以及值得怀疑处不是处,不敢苟且赞同,以纷乱古人的真义而欺骗自心。若是专门校勘异与同以及某字在某个版本中作某,这叫做考异,叫做校对,不能与精核大义稽查疑误来相提并论。当时写眉批,本来不是为了著述,后人一概编在笔记中,恐怕不是姜坞及惜抱的本意。

□评点

读书得间,是古人读书的一条重要经验。所谓间,便是空隙,也就是著书者考虑不周之处、错谬之处、遗漏之处。读者能够发现,便意味着在这一点上读者有高过作者之处,若把它挑出来,并能予以修正弥补的话，则无疑对学术大有裨益。这种文字简短的读书笔记，自然要胜过洋洋万言的空泛论文。

本根之书不过数十种

□原文

古今书籍浩如烟海，而本根之书不过数十种。经，则《十三经》是已；史，则《廿四史》暨《通鉴》是已；子，则十子是已（五子之外，《管》《列》《韩非》《淮南》《鹖冠》）；集，则《文选》《百三名家》，暨唐宋以来专集数十家是已。自斯以外，皆剿袭前人之说以为言，编采众家之精以为书。本根之书犹山之干龙也，编集者犹枝龙护沙也。

□译文

古今书籍浩如烟海，而有本有根的书不过数十种。经部，则是《十三经》，史部，则是《二十四史》及《资治通鉴》，子部，则是十子（五子之外，加上《管子》《列子》《韩非子》《淮南子》《鹖冠子》）；集部，则是《文选》《汉魏六朝百三名家》及唐宋以来数十家专集而已。自此以外都是以抄袭别人的话作为自己的文字，或者是编摘众家的精华而汇成一本新书。有本有根的书好比山的主脉，编集者好比山之支脉护沙。

□评点

这段话与前面的一段话，几乎完全一样，这是曾氏就一个内容分别给两个人所写的信。大约辑录者特别赞同曾氏的看法，故不惜又抄一段。

打通汉宋两家之结

□原文

乾嘉以来,士大夫为训诂之学者,薄宋儒为空疏,为性理之学者,又薄汉儒为支离。鄙意由博乃能返约,格物乃能正心,必从事于《礼经》,考核于三千三百之详,博稽乎一名一物之细,然后本末兼赅,源流毕贯。虽极军旅、战争、食货凌杂,皆礼家所应讨论之事,故尝谓江氏《礼书纲目》、秦氏《五礼通考》,可以通汉宋二家之结而息顿诸说之争。

□译文

乾隆嘉庆以来,士大夫研习训诂之学的,则轻视宋代儒者,认为他们空疏,研习性理之学的,则又轻视汉代儒者,认为他们支离。我认为由广博才能返到简约,穷究名物才能端正心意,必须这样来研究《礼经》,即从极广极博的方面予以考核,从一名一物的细微上予以稽查,然后才能够本末兼备,源流毕贯。即便是军旅、战争、食货那样的凌乱,都是研究礼的人所应该讨论的事情,故而说江永的《礼书纲目》、秦蕙田的《五礼通考》,可以打通汉宋二家的纽结而息弭各种学说的争论。

□评点

宋代学者讲性理,其末则流入空疏,汉代学者讲训诂,其末则流入支离,这是事实;但性理之说不等于空疏,训诂亦不等于支离,两家学说都自有它立学成说的精粹所在。曾氏为学,主张打通汉宋,这是他高于俗儒之处。

古文写作的指引

□原文

古文者，韩退之氏厌弃魏晋六朝骈俪之文，而反之于《六经》两汉从而名焉者也。名号虽殊，而其积字而为句，积句而为段，积段而为篇，则天下之凡名为文者一也。国藩以为欲着字之古，宜研究《尔雅》《说文》小学训诂之书，故尝好观近人王氏、段氏之说；欲造句之古，宜仿效《汉书》《文选》，而后可砭俗而裁伪；欲分段之古，宜熟读班、马、韩、欧之作，审其行气之短长，自然之节奏；欲谋篇之古，则群经、诸子以至近世名家，莫不各有匠心以成章法，如人之有肢体，室之有结构，衣之有要领。大抵以力去陈言戛戛独造为始事，以声调铿锵包蕴不尽为终事。

□译文

所谓古文，系韩愈因厌弃魏晋六朝骈俪之文，而追回到《六经》两汉时期的文体而立的名字。名号虽然有别，但积字而为句，积句而为段，积段而为篇，这个套路凡天下的文章都一样。我认为，用字若要古，则宜研究《尔雅》《说文》小学训诂之书，故而曾经爱好读近人王念孙、段玉裁的书；造句若要古，则宜仿效《汉书》《文选》，而后可以医治庸俗而去掉虚伪；分段若要古，则宜熟读班固、司马相如、韩愈、欧阳修的作品，研究在行气上的短与长、节奏上的自然；谋篇想要古，则群经、诸子以至于近世的名家，莫不各有自己的匠心以成章法，好比人有肢体，房屋有结构、衣服有衣领一样。大致说来，竭力去掉陈言旧句戛戛独造，这是为文时先所要想到的事，声调铿锵动听内容含量大且有余韵，这是文章写成后所要想到的事。

□评点

天下文章莫不积字为句,积句为段,积段为篇。这是将一篇文章解剖后的分析,曾氏治事治学擅长这种解剖法。曾氏曾经说过,面临着一桩事,不妨将一析为二,二析为四,四析为八,这样细细地一剖开,便可以化繁为简,由粗及精,其本质便逐渐暴露出来,解决的办法也便随即产生。将文章之篇析为段,将段析为句,将句析为字,于是对应的提高之途也便出来了:练字宜研究《尔雅》《说文》,练句宜仿效《汉书》《文选》,练段宜熟读班、马、韩、欧,练篇则效仿群经、诸子。津渡指明,桥梁搭成,为文之路便成坦途。

熟读《文选》

□原文

《文选》纵不能全读,其中诗数本,则须全卷熟读,不可删减一字,余文亦以多读为妙。盖《京都》《田猎》《江》《海》诸赋,虽难于成诵,而造字、形声、训诂之学,即已不待他求。此外各文,则并无难成诵者也。

□译文

《文选》纵然不能全部读,其中的几本诗集,则必须全部熟读,不可以删减一字,其余的文章也以多读为妙。这是因为像《京都》《田猎》《江》《海》等赋,虽然难于背诵,但造字、形声、训诂之学,都已包括,不必再从他篇寻求了。此外其他文章,则并没有难以背诵的。

□评点

梁昭明太子所编的《文选》是一部很好的诗文总汇,曾氏自己酷爱,也常常将它推荐给二子及亲朋僚属。曾氏之所以成为文章大家，看来《文选》对他帮助甚大。

礼

□原文

古之君子之所以尽其心养其性者，不可得而见，其修身、齐家、治国、平天下，则一秉乎礼。自内焉者言之，舍礼无所谓道德；自外焉者言之，舍礼无所谓政事。故六官经制大备，而以《周礼》名书。春秋之世，士大夫知礼善说辞者，常足以服人而强国。战国以后，以仪文之琐为礼，是女叔齐之所讥也。荀卿、张、戴，兢兢以礼为务，可谓知本好古，不逐乎流俗。近世张尔岐氏作《中庸论》、凌廷堪氏作《复礼论》，亦有以窥见先王之大原。秦蕙田氏辑《五礼通考》，以天文、算学录入为观象授时门，以地理州郡录入为体国经野门，于著书之例义，则或驳而不精，其于经世之礼之无所不赅，则未为失也。

□译文

古代的君子是如何尽心养性的，不可能看到，而他的修身、齐家、治国、平天下，则完全是依礼而行。从内心这个角度来说，除礼外无所谓道德，从外部世界这个角度来说，除礼无所谓政事，故而关于六官制度大全的书，是以《周礼》来命名的。春秋时代，士大夫中知礼会说话的人，常常足以使人佩服而使国家强大。战国以后，以仪式文采这些琐碎为礼，这便是女叔齐所讥嘲的，荀卿、张良、戴德、戴圣兢兢业业以礼为要务，可谓知本好古，不与时俗随波逐流。近世张尔岐作《中庸论》、凌廷堪作《复礼论》，也能有一些探悉先王大本大原的发现。秦蕙田编辑《五礼通考》，将天文、算学编入观象授时门，将地理州郡编入体国经野门，从著述的体例来说，或许有些驳杂不精，从将经世之礼全部收集这点来说，则不能说是过失。

□评点

这段话出自曾氏全集中的《杂著》。《杂著》收集曾氏诗文之外的一些零杂文章，内有曾氏的笔记三十九则，此为其一的第一篇。作为一个以经世致用为目标的儒学弟子，一个政府的高级官员，曾氏深知礼的重要性。打下南京后，他所做的第一桩文化大事，便是在南京城内创办金陵书局，刻印王夫之的著作。在《王船山遗书序》中，他点明亲为此事的目的："圣王所以平物我之情而息天下之争，内之莫大于仁，外之莫急于礼。""船山先生注《正蒙》数万言，注《礼记》数十万言，出以究民物之同原，显以纲维万事，弭世乱于无形。"原来，他要靠船山所阐明的仁与礼来息天下之争，来弭世道之乱。

赦

□原文

牧马者，去其害马者而已；牧羊者，去其乱群者而已。牧民之道，何独不然？诸葛武侯治蜀，有言公惜赦者，答曰治世以大德，不以小惠。故匡衡、吴汉，不愿为赦。先帝亦言吾周旋陈元方、郑康成间，每见启告治乱之道悉矣，曾不语赦也。若刘景升、季玉父子，岁岁赦宥，何益于治？蜀人称亮之贤。厥后费祎秉政，大赦。河南孟光责费祎曰："赦者偏枯之物，非明世所宜有也。"国藩尝见家有不肖之子，其父曲宥其过，众子相率而流于不肖。又见军士有失律者，主者鞭责不及数，又故轻贳之，厥后众士傲慢，日常戏侮其管辖之官。故知小仁者大仁之贼，多赦不可以治民，溺爱不可以治家，宽纵不可以治军。

□译文

牧马这件事，在于除掉害马而已；牧羊这件事，在于除掉扰乱群体者而已。管理人群的法则,怎么能单独不这样呢?诸葛亮治理蜀国时,有人对他谈到珍惜赦免的事。他回答说治理国家靠的是大德,而不是小恩小惠,故而匡衡、吴汉不愿意使用赦免。先帝也说过我在陈元方、郑康成之间相处过,每每见他们于治乱之道的措施都很周全,只是不曾说到赦免。像刘景升、刘季玉父子,每年都实行赦免,对于治理国家又有何益?蜀国人称赞诸葛亮的贤明。以后费祎执政,大赦天下。河南孟光指责费祎说:"赦免这种方式,只能用于纠偏,不是清明时期所宜有的。"我曾经见过有的家里出了不肖之子,他的父亲袒护而宽免他的过错,于是别的儿子相继效法他而一天天流于不肖。又曾经看到过军士有违犯军律的,主事者不仅没有按军法如数打鞭子,反而找个借口轻易赦免,以后其他军士则态度傲慢,常常戏侮所管辖他的官员。所以由此可知,小仁是大仁的贼害,多采取赦免则不可治理百姓,溺爱则不能治理家庭,宽容放纵则不可以治理军队。

□评点

在"治理"二字上,曾氏主张用申韩之法,即行事从严。咸丰二年冬天,曾氏奉旨出山,在湖南这块混乱的土地上,赤手空拳筹建一支新的军事力量,不用严刑峻法简直寸步难行。这篇笔记由不能轻易用赦,谈到治世的大德与小德、大仁与小仁等话题,对负有整治社会的读者来说不无启示。

世泽

□原文

士大夫之志趣、学术,果有异于人者,则修之于身,式之于家,必将有流风余韵传之子孙,化行乡里,所谓君子之泽也。就其最善者约有三端,曰诗书之泽、礼让之泽、稼穑之泽。

诗书之泽,如韦玄成议礼,王吉传经,虞、魏之昆,顾、陆之裔,代有名家,不可殚述。我朝如桐城张氏,自文端公而下,巨卿硕学,世济其美。宣城梅氏,自定九征君以下,世精算学,其六世孙梅伯言郎中曾亮,自谓莫绍先绪,而所为文章诗篇,一时推为祭酒。高邮王氏,自文肃公安国以下,世为名儒,而怀祖先生训诂之学,实集古今之大成。国藩于此三家者,常低回叹仰,以为不可及。礼让之泽,如万石君之廉谨,富平侯之敬慎,唐之河东柳氏,宋之蓝田吕氏,门庭之内,彬彬焉有君子之风。余所见近时搢绅,未有崇礼法而不兴习傲慢而不败者。稼穑之泽,惟周家开国,《豳风》陈业,述生理之艰难,导民风于淳厚,有味乎其言之。近世张敦复之《恒产琐言》,张杨园之《农书》,用意至为深远。国藩窃以为稼穑之泽,视诗书、礼让之泽,尤为可大可久。吾祖光禄大夫星岗公尝有言曰:"吾子孙虽至大官,家中不可废祖宗旧业。"懿哉至训!可为万世法已。

□译文

士大夫的志趣、学术,果真有超过寻常人的,则可以使自身得到修炼,给家庭立楷模,必然将有流风余韵传给子孙后代,影响乡里,这就是所谓的君子之泽。君子之泽中约有三个方面最值得称善,即诗书之泽、礼让之泽、稼穑之泽。

诗书之泽这方面,比如韦玄成议礼,王吉传经,虞家、魏家子孙,顾家、陆家后裔,代代有名人,无法尽述。我们这个朝代比如桐城张氏,自张英之后,高官大学者,世代增添张英的美名。宣城梅氏,自梅文鼎之后,世代精研算学。他的六世孙郎中梅曾亮,自称没有继承先人的事业,但他所写的古文及诗篇,一时间被公认为第一。高邮王氏,自王安国之后,世代为名儒,而王念孙的训诂之学,确实集古今之大成。我在张、梅、王三家面前常常低回感叹仰望,认为不可企及。礼让之泽这方面,比如万石君的廉法严谨,富平侯的庄敬慎重,唐朝河东柳氏、宋朝蓝田吕氏,一家内部彬彬有礼,有君子之风。我所见到的近时官吏,没有崇尚礼法而不兴旺习于傲慢而不失败的。稼穑之泽,如《豳风·七月》述周朝以农事创立王业的艰苦,将民风导向于淳厚,在诵读中可体味出。近世如张敦复的《恒产琐言》、张杨园的《农书》，用意非常深远。我私下认为稼穑之泽比诗书、礼让之泽更加宽广长久。我的祖父光禄大夫星冈公曾经说过："我的子孙即便做大官，家中不废除祖宗旧业。"美好的最高家训啊！可以作为万世法则。

□评点

曾氏所说的可泽被后世的君子之泽中，最值得称道的三个方面，用今天的话来说，即文化教育、礼仪谦让、重视农耕。前者属于学的范畴，中者属于德的范畴，后者属于事的范畴，此中没有官位、权势与财富这些世人所特别看重的东西。至于把稼穑视为第一的说法，显然是数千年来以农立邦的传统观念之深重烙印。

悔吝

□原文

吉、凶、悔、吝四者相为循环。吉，非有祥瑞之可言，但行事措之咸宜，无有人非鬼责，是即谓之吉。过是，则为吝矣。天道忌满，鬼神害盈，日中则昃，月盈则亏。《易》爻多言贞吝。《易》之道，当随时变易以处中，当变而守此不变，则贞而吝矣。凡行之而过，无论其非义也，即尽善之举，盛德之事，稍过则吝随之。余官京师，自名所居之室曰"求阙斋"，恐以满盈致吝也。人无贤愚，遇凶皆知自悔，悔则可免于灾戾，故曰震无咎者存乎悔，动心忍性，斯大任之基，侧身修行，乃中兴之本。自古成大业者，未有不自困心横虑觉悟知非而来者也。吝则驯致于凶，悔则渐趋于吉，故大易之道，莫善于悔，莫不善于吝。吾家子弟，将欲自修而免于愆尤，有二语焉，曰："无好快意之事，常存省过之心。"

□译文

吉、凶、悔、吝四者互相循环。吉，并非只有祥瑞才可以说得上，只有行事举措都得宜，没有世人非难神鬼谴责，这就叫做吉。越过这一点，就是吝了。天道忌妒溢满，鬼神谋害盈裕，太阳过了正午则偏斜，月亮圆满后立即亏缺，《易经》中的爻辞多说贞与吝。《易经》里所要阐明的处世之道，即宜随时变化而达到处中的状态，应当变化而死守不变，则属于贞却又泥执了。凡行事而过头，不去说不义的事，即便是非常好有着盛德的事情，稍微过头，则过分而产生的不利将随之而来。我在京师做官，自己为所居之室命名为“求阙斋”，这是我担心追求盈满而招致过分。人无论贤还是愚，遇到凶危都知道自我悔改，悔改则可以免于灾祸，故而说行动中没有过失在于能够悔改。震动心意，坚韧性情，这是担当大任的基础。修炼身心检束行为，是中兴的根本。自古来成就大事业的，没有不经受过心智遭受困厄，没有不从错误中觉悟过来的。困患使得渐渐招至凶危，而悔改则使得逐日趋于吉顺。故而变化的最大法则，没有比悔改更好的，没有比过分更不好的。我家子弟，若要自修免于过错的话，有两句话要记住：“不要沉溺于享乐之中，常常保持反省过失的心态。”

□评点

这则笔记，是曾氏的读《易》感悟，说的是事物对立面的互相转换：处置不当，吉变成凶；处置得当，凶化为吉。其中他特别强调悔、吝二字在其中所起的作用。悔包含悔改、反省、自我检讨等意思在内，吝则包含过头、泥执、过分等意思在内。曾氏认为，“悔”是“得当”的主要方式，而“吝”则是“不当”的主要表现，故而他教训子弟不要沉溺而常持反省之心。

儒缓

□原文

《论语》两称“敏则有功”。敏有得之天事者，才艺赡给，裁决如流，此不数数觏也；有得之人事者，人十己千，习勤不辍，中材以下皆可勉焉而几。余性鲁钝，他人目下二三行，余或疾读不能终一行。他人顷刻立办者，余或沉吟数时不能了。友人阳湖周弢甫腾虎尝谓余儒缓不及事，余亦深以舒缓自愧。

《左传》齐人责鲁君不答稽首，因歌之曰："鲁人之皋，数年不觉，使我高蹈，惟其儒书，以为二国忧。"言鲁人好儒术而失之皋缓，故二国兴师来问也。《汉书·朱博传》：齐部舒缓养名，博奋髯抵几曰，观齐儿欲以此为俗耶？皆斥罢诸吏。门下掾赣遂，耆老大儒，拜起舒迟。博谓赣老生不习吏礼，令主簿教之，拜起闲习。又以功曹官属，多衮衣大袑，不中节度，敕令掾史衣皆去地二尺。此亦恶儒术之舒缓不足了事也。《通鉴》凉骠骑大将军宋混曰："臣弟澄，政事愈于臣，但恐儒缓，机事不称耳。"胡三省注曰："凡儒者多务为舒缓，而不能应机以趋事赴功。"大抵儒术非病，儒而失之疏缓，则从政多积滞之事，治军少可趁之功。

□译文

《论语》两次说到"敏捷则有功效"。敏捷有从先天那里得到的，如才艺丰富，裁定决断快如流水，这不是常常能遇到的。有从人事的努力而得到的，如别人付出十分我付出千分，习惯勤劳不中断，如此则中等才智以下的人都可以勉强而达到敏捷。我秉性鲁钝，别人一目而二三行，我有时快速阅读甚至连一行都不能读完。别人顷刻工夫可以立即办好的，我有时会沉思几个时辰不能了决。朋友阳湖人周腾虎字弢甫曾经说过我儒缓不能及时办事，我自己也深以舒缓而惭愧。

《左传》中齐国人责备鲁国君主不回应稽首之礼，因而作歌唱道："鲁国人迂缓，面对一件事，好几年都不能明白，可以让我们远图，因为他们读儒书，深以二国的行动为忧虑。"这首歌说的是鲁国人爱好儒术从而有皋缓的缺失，故而二国前来兴师问罪。《汉书·朱博传》载：齐部借舒缓来培育名望。朱博捋起胡须靠近几案说，看来齐国人是想以此作为地方风俗吗？于是全部罢斥所有的随员。门下随员赣遂是个年岁高的大儒，跪拜起身舒缓迟慢。朱博说赣老先生不熟习吏员礼节,命令主簿教授他,闲时练习跪拜起身。又认为各部门官员多穿宽袍大裤,不符合节度,下命令所有随员的衣都要离开地面二尺。这也是厌恶儒学礼仪的舒缓不足以成事。《通鉴》中记载凉骠骑大将军宋混说:“臣的弟弟宋澄,处理政事的能力超过臣,但担心他办事儒缓,临机处决一类的事不能称职。”胡三省注释说:“大凡儒者多习于舒缓,而不能抓住时机去办事获得功效。”大致说来,儒术不是毛病,遵儒术而导致疏缓,则从政多积压未办的公事,治军则缺少可以乘机获取的功劳。

□评点

儒家讲究礼。礼的核心在于区分次第等级,为了区分则需制定相应的仪式。仪式重形式和过程,在形式与过程中,礼的负面影响便随之产生,缓慢即其一。因为是儒家所特有的现象,这种缓慢也便称之为儒缓。曾氏这篇笔记说的就是读书人所常见的处事缓慢的毛病。在非常时期,比如战争年代,士人的儒缓便极不受欢迎。刘邦将儒士的帽子扔到尿桶里,朱元璋讨厌好儒学的太子以至于令其致死,便是历史上有名的例子。作为军队统帅,曾氏也深知儒缓于事不利,但作为忠实的儒家弟子,他还是将儒与缓分别对待,不承认儒则必缓,或缓从儒来。

名望

□原文

知识愈高,则天之所以责之者愈厚;名望愈重,鬼神之所以伺察者愈严。故君子之自处,不肯与众人絜量长短,以为己之素所自期者大,不肯自欺其知识以欺天也。己之名望素尊,不肯更以鄙小之见贻讥于神明也。

□译文

知识程度越高,天对他的要求也便越苛严;社会名望越大,鬼神对他的监督也便越严密。故而君子对待自己,不愿意与普通人来计较长短,这是因为他对于自己的期望历来很大,不愿意对自己的所知所识予以自欺来借以欺天。自己的名望素来尊贵,不愿意因鄙薄短浅的见识来让神明讥嘲。

□评点

这则笔记,实际上是曾氏的夫子自道。曾氏在名望越来越大的时候,对自己的要求也越来越严:不与别人计较,不自高自大,不坠入流俗。

居业

□原文

古者英雄立事,必有基业。如高祖之关中,光武之河内,魏之衮州,唐之晋阳,皆先据此为基,然后进可以战,退可以守。君子之学道也,亦必有所谓基业者。大抵以规模宏大、言词诚信为本,如居室然,宏大则所宅者广,托庇者众,诚信则置址甚固,结构甚牢。《易》曰“宽以居之”,谓宏大也。“修辞立其诚,所以居业”,谓诚信也。大程子曰:“道之浩浩何处下手,惟立诚才有可居之处。诚便是忠信,修省言辞,便是要立得这忠信。若口不择言,逢事便说,则忠信亦被汩没动荡立不住了。”国藩按:立得住,即所谓居业也。今世俗言“兴家立业”是也。子张曰:“执德不宏,信道不笃,焉能为有?焉能为亡?”亦谓苟不能宏大诚信,则在我之知识浮泛动荡,指为我之所有也不可,指为我之所无也亦不可,是则终身无可居之业,程子所谓“立不住”者耳。

□译文

古代的英雄办成大事业，必定有基业。如汉高祖的关中，汉光武帝的河内，魏的衮州，唐的晋阳，都必须先占住这块土地作为基础，然后前进可以打仗，后退可以有所守。君子学习为人处世的大道理，也必须有所谓的基业才行。大致说来，以规模宏大、言词诚信为根本，好比房屋，宏大则住所广阔，庇护的人则多，诚信则屋脚很稳固，结构很牢靠。《易经》说"宽宽敞敞以便于居住"，说的是宏大；又说"修饰文辞写出真实，这就是可居之业"，说的是诚信。程颢说："道浩浩荡荡，从何处下手？惟有立诚才有可以有安居的地方。诚即是忠信，仔细斟酌言辞，便是为着要立得住这忠信。若是口不择言，遇到什么事就说，那么忠信也会被消没动摇立不住了。"国藩按：立得住，就是所谓居业，即当今世俗话说"兴家立业"的意思。子张说："所执的德性不宏大，所信的道理不笃实，怎能说拥有？又怎能说没有？"也是说如果不能宏大诚信，则我的知识便是浮泛动荡的，说我拥有也不可，说我没有也不可，如此则终身无可立得住的事业。这就是程子所说的立不住。

□评点

所谓居业，就是可居之业。对于事业而言，指能立得住的事业，对于道德而言，指能立得住的道德。曾氏认为，道德须宏大诚信，才可立得住。

英雄诫子弟

□原文

古之英雄，意量恢拓，规模宏远，而其训诫子弟，恒有恭谨敛退之象。

刘先主临终，敕太子曰："勉之勉之！勿以恶小而为之，勿以善小而不为。惟贤惟德，可以服人。汝父德薄，不足效也。汝与丞相从事，事之如父。”西凉李暠手令戒诸子，以为“从政者当审慎赏罚，勿任爱憎，近忠正，远佞谀，勿使左右窃弄威福。毁誉之来，当研核真伪，听讼折狱，必和颜任理，慎勿逆诈亿必，轻加声色，务广咨询，勿自专用。吾莅事五年，虽未能息民，然含垢匿瑕，朝为寇仇，夕委心膂，粗无负于新旧，事任公平，坦然无类，初不容怀有所损益。计近则如不足，经远乃为有余，庶亦无愧前人也。”

宋文帝以弟江夏王义恭都督荆、湘等八州诸军事，为书诫之曰：“天下艰难，国家事重，虽曰守成，实亦未易。隆替安危，在吾曹耳！岂可不感寻王业大惧负荷？汝性褊急，志之所滞，其欲必行，意所不存，从物回改，此最弊事！宜念裁抑。卫青遇士大夫以礼，与小人有恩，西门、安于矫性齐美，关公，张飞任偏同弊，行己举事，深宜鉴此！若事异今日，嗣子幼蒙，司徒当周公之事，汝不可不尽祗顺之理，尔时天下安危，决汝二人耳。汝一月用钱，不可过三十万，皆能省此益美。西楚府舍，略所谙究，计当不须改作，日求新异。凡讯狱多决，当时难可逆虑，此实为难，至讯日，虚怀博尽，慎无以喜怒加人。能择善者而从之，美归自己，不可专意自决，以矜独断之明也。名器深宜慎惜，不可妄以假人，昵近爵赐，犹应裁量。吾于左右，虽为少恩，如闻外论，不以为非也。以贵凌物物不服，以威加人人不厌，此易达事耳。声乐嬉游，不宜令过，蒱酒渔猎，一切勿为，供用奉身，皆有节度，奇服异器，不宜兴长。又宜数引见佐史，相见不数，则彼我不亲。不亲，无因得尽人情，人情不尽，复何由知众事也！”

数君者，皆雄才大略，有经营四海之志，而其教诫子弟，则约旨卑思，敛抑已甚。伏波将军马援，亦旷代英杰，而其诫兄子书曰：“吾欲汝曹闻人过失，如闻父母之名，耳可得闻，口不可得言也。好议论人长短，妄是非政法，此吾所大恶也，宁死不愿子孙有此行也！龙伯高敦厚周慎，口无择言，谦约节俭，廉公有威。吾爱之重之，愿汝曹效之。杜季良豪侠好义，忧人之忧，乐人之乐，父丧致客，数郡毕至。吾爱之重之，不愿汝曹效也。效伯高不得，犹为谨敕之士，所谓刻鹄不成尚类鹜者也；效季良不得，陷为天下轻薄子，所谓画虎不成反类狗者也。”此亦谦谨自将，敛其高远之怀，即于卑迩之道。盖不如是，则不足以自致于久大。藏之不密，则放之不准。苏轼诗“始知真放本精微”，即此义也。

□译文

古代的英雄心胸气量恢宏，规模远大，但他教育子弟，常常有恭谨收敛退让的表现。

刘备临终时对太子说：“勉励啊勉励，不要因错恶小就可以为，不要因良善小而不为。只有贤与德，才可以使人心服。你的父亲德行浅薄，不值得效法。你与丞相共事，要像对父亲样的对待他。”西凉国李暠亲手写下教诫诸子的命令，认为“从政者，应当慎重对待赏罚，不要听任于自己的爱与憎，亲近忠诚正直，远离阿谀奉承，不要让身边人借用权力作威作福。面对毁与誉，应当研究审核真伪。处理案子，必须和颜悦色依从法理，切不要猜测、恐诈、揣臆、固执，只能轻微地加以声色，一定要广泛咨询，不要自我专断。我主事五年，虽然未能让百姓安宁，但做到宽宏大度，早上是我寇仇，晚上可委为心腹，无论是旧时袍泽还是新归附的朋友，基本上都没有辜负。处置事情公平，心怀坦荡不分派系，本来就不容许对这些原则有所增减。谋划眼前的事可能有不足，经略长远则为有余。我这样处理国事，大概也无愧于前人”。

宋文帝委派弟弟江夏王刘义恭统领荆、湘等八州军事，写信告诫说：“天下正在艰难时期，国家事业重大，虽说是守成，却实在不容易，兴衰安危，在我们这些人的身上担着，怎么可以为着王业而对身上的沉重担子不恐惧呢？你的性情褊急，自己的志愿受到阻滞，一定要使它通行，所意想的一旦不能兑现，又立即听从别人的意见改变，这些于事最为有害，宜改掉抑制。卫青以礼节对待士大夫，以恩惠对待小人物，西门、安于因改变自己的性格而一齐获得美誉，关羽与张飞，任人偏于私情同样不好。自己的行为，举办事情，都要切切以此为鉴。倘若有不测之事发生，继位的儿子年幼无知，司徒承当周公的职责，你不可对新主不恭顺。那时天下的安危，取决于你们二人了。你一个月的自我费用，不可超过三十万，若能少于这个数更好。西楚的府舍，我略为熟悉，应当不需要求取新异而改造。凡审讯狱案宜多有决断，但当时难以预料，做到这样实在很难。到审讯那一天，要虚心多询问，谨慎着不要以己之喜怒加于别人。能够做到择善而从，最后的美誉自然归于自己，不可专依靠自己的意志决断，借以夸耀独断的英明。名器特别要珍惜，不可随便借人使用，亲近者的封爵赏赐，尤其应当仔细考量。我对于身边的人虽然少恩，但如果听到不悦耳的议论，却不会加以指责。以身份尊贵欺凌外界，外界则不服，以威力加在别人头上，别人则不安宁。这些都是容易明白的事。歌舞玩乐，不宜过头，赌博酗酒荒淫打猎，这一切都不要去做。给自己的供用，都要有所节制。奇怪服饰异常器具，不宜提倡。又当常常引见僚属，见面不多，则彼此不亲。不亲，无法尽知人的性情，人之性情不能尽知，又如何来得知所有的事情呢？”

这几位君王，都是雄才大略，有经营四海的志量，但他们教育子弟，则主旨不多，思虑平易，收敛抑制很突出。伏波将军马援，也是一个旷代英杰，但他告诫侄儿的信上说：“我希望你们听到别人的过失，如听到说父母的名字一样，耳朵可以听，嘴巴上却不可以说。喜欢议论别人的长短，妄自评说政法的是非，这是我最大的厌恶，宁肯死也不愿子孙有这等行为。龙伯高敦厚周到慎重，口里没有不加思考的话，谦虚简约节俭，廉洁公正有威信。我喜爱他器重他，希望你们效法他。杜季良豪侠好义，忧别人的忧，乐别人的乐，父亲去世请客吊丧，几个郡的人都来了。吾喜爱他器重他，但不希望你们效法他。学伯高不成，尚可成为严谨人，所谓雕刻鸿鹄不成尚可像野鸭子，学季良不成，则坠落为天下一个轻薄子弟，所谓画老虎不成反而像一只狗了。”这也是谦虚谨慎地对待自己，收敛他的高远情怀，靠近于平实的道理。这是因为不这样，则不足以靠自己努力达到远大。隐藏得不严密，投放出来则不会准确。苏轼的诗“于是知道真正的宽大本出于精微”，就是说的这个意思。

□评点

这则笔记列举历史上好些个雄才大略者，在对子弟的教育上，说的却多是平近庸常的细节琐事,他们并不希望子弟轰轰烈烈,却期盼他们平平凡凡。曾氏赞成他们的观点,他自己对子弟的要求也如此。他有句名言:“吾不愿子孙为大官,但愿为读书明理之君子。”这话的实质与刘备、李暠、刘义隆、马援等人对子弟的告诫是一致的。

为什么这些做出一番大事业的帝王将相,在教导子弟上,与他们自己的行事有这样的不同呢?笔者冒昧作一点揣测。一,这些人深知“伟大出于平凡”的道理,没有平平凡凡的细节琐事,也就不可能有宏伟高大的事业。二,好高骛远是人性的一个特点,富贵家子弟于此更甚,所以更需要对他们多谈从小事从眼前做起的道理。三,这些英雄比别人更懂得大事业的成功中有一个极重要的因素,那就是机遇。机遇可遇而不可求,所以不能向子弟提出一定要建立大功大业的要求;至于实实在在做一个能干好本分工作的人,则是依靠自己的努力可以做到的。因为有这些原因,历来明智的伟大父兄并不以“伟大”要求子弟,而只是一再叮嘱他们要平实。这就是胡林翼所说的:圣贤千言万语,最后落到两个字上,那就是“平实”。

气节与傲

□原文

自好之士,多讲气节,讲之不精,则流于傲而不自觉。风节,守于己者也;傲,则加于人者也。汉萧望之初见霍大将军光,不肯露索挟持,王仲翁讥之。望之曰:“各从其志。”魏孙资、刘放用事,辛毗不与往来,子敞谏之。毗正色曰:“吾立身自有本末,就与孙、刘不平,不过令吾不作三公而已。”宋顾恺之不屑降意于戴法兴等,蔡兴宗嫌其风节太峻。恺之曰:“辛毗有言,孙、刘不过使我不作三公耳。人禀命有定分,非智力可移。”因命弟子原著《定命论》以释之。此三事者,皆风节之守于己者也。若汲黯不下张汤,宋璟不礼王毛仲,此自位高望重,得行其志,已不得以风节目之矣,然犹不可谓之傲也。

以傲加人者,若盖宽饶之于许伯,孔融之于曹操,此傲在言词者也。嵇康之于钟会,谢灵运之于孟觊,此傲在神理者也。殷仲文之于何无忌,王僧达之于路琼之,此傲在仪节者也。息夫躬历诋诸公,暨艳弹射百寮,此傲在奏议者也。此数人者,皆不得令终。大抵人道害盈,鬼神福谦,傲者内恃其才,外溢其气,其心已不固矣。如盖、孔、嵇、谢、殷、王等,仅以加诸一二人,犹且无德不报,有毒必发,若息夫躬、暨艳之遍忤同列,安有幸全之理哉?

裴子野曰:"夫有逸群之才,必思冲天之据,盖俗之量,则偾常均之下,其能守之以道,将之以礼,殆为鲜乎?"大抵怀材负奇,恒冀人以异眼相看,若一概以平等视之,非所愿也。韩信含羞于哙等,彭宠积望于无异,彼其素所挟持者高,诚不欲与庸庸者齐耳!君子之道,莫善于能下人,莫不善于矜。以齐桓公之盛业,葵丘之会,微有振矜,而叛者九国。以关公之忠勇,一念之矜,则身败于徐晃,地丧于吕蒙。以大禹之圣,而伯益赞之以满招损谦受益。以郑伯之弱,而楚庄王曰:"其君能下人,必能信用其民矣。"不自恃者,虽危而得安;自恃者,虽安而易危。自古国家,往往然也。故挟贵,挟长,挟贤,挟故勋劳,皆孟子之所不答;而怙宠,怙侈,怙非,怙乱,皆春秋士大夫之所深讥耳。

□译文

洁身自好的士人,多讲气节,但若是讲的不妥当,则流于傲而自己并没有觉察。风骨气节是自己所把守的,傲则是加在别人身上的。汉代萧望之初次见大将军霍光,不愿意露索去刀而由两吏挟持。王仲翁讥笑他。望之说:"各人有各人的志向。"魏时孙资、刘放主事,辛毗不与他们二人往来,子敞规劝他。辛毗正色说:"我立身处世自有我的本末,就是与孙、刘二人不同,大不了不过让我做不成三公而已。"宋时顾恺之不屑于在戴法兴等人面前降低身份。蔡兴宗嫌他的风骨气节太峻厉。顾恺之说:"辛毗说过,孙、刘二人不过使我做不成三公罢了。人的禀性命运自有定数,不是智力可以改变的。"因而命令弟子原写《定命论》来解释。这三件事，都属于风骨气节把守自身。如汲黯不愿居张汤之下，宋璟不礼遇王毛仲，这是因为他们位高望重，按自己的意愿行事，不能看作是风骨气节的表现，但也不能说他们傲。

以傲加于别人身上的，如盖宽饶对许伯，孔融对曹操。这种傲表现在言词上。嵇康对钟会，谢灵运对孟觊，这种傲表现在神态上。殷仲文对何无忌，王僧达对路琼之，这种傲表现在礼节上。息夫躬历次诋毁朝中大臣，暨艳弹劾百官，这种傲体现在奏议上。这几个人，最后都没能寿终正寝。大致说来，人世间忌恨盈满，鬼神庇佑谦抑，傲者内心里自恃有才，流露在外则张扬气势，他的心已不牢固了。如盖、孔、嵇、谢、殷、王等人，仅仅将傲加在一二人身上，尚且遭到报复，至于息夫躬、暨艳的广为得罪同事，岂有侥幸保全的道理？

裴子野说："若有超出一般的才能，必定想有出人头地的地位。有盖过世俗的志量，则不愿处在一般人的下面。这类人中能以道相守，以礼待人者恐怕是很少的。"大致说来，怀抱着奇才的人，都希望别人另眼相看，若一概以平等相待，不是他的愿望。韩信以与樊哙等人同列为羞耻，彭宠怨恨的累积是因为光武帝对他的赏赐与别人无异。他们素来自我期许高，实在是不想与平庸之辈平齐。君子处世的法则，莫好过能安处于人之下，莫不好过自以为是骄傲自大。以齐桓公建立那样的盛业，葵丘之会上稍微有些矜持，便招致九国背叛。以关羽那样的忠勇，一个念头的骄矜，则招来被徐晃战败，被吕蒙夺城。以大禹那样的圣贤，而伯益还用满招损谦受益这样的话来赞美他。以郑伯那样的弱国君主，而楚庄王还说："郑国之君能处于人下，必能取信用于他的人民。"不自我矜持，即便遭到危难也能转为安全；自我骄矜，即便看来安全也易招致危难。自古无论是国还是家，往往都如此。故而挟持尊贵，挟持年长，挟持贤能，挟持曾经有勋劳，这都是孟子所不容许的；有所凭恃而骄宠，有所凭恃而奢侈，有所凭恃而为非，有所凭恃而作乱，这都是春秋时期士大夫所深为讥刺的对象。

□评点

有气节与性格骄傲,在某些时候有着相似的外部表现形式,但实质上有很大的区别。曾氏指出,这种区别体现在守己与对人上:守住自己做人做事的原则,不趋权趋利趋时,谓之有气节;将自己的盛气加于别人的身上,让别人失去自尊或引起不快,谓之骄傲。笔记援引众多史实,所阐明的全是作者的这个认识。

每天每月应做的事

□原文

课程十二条

一、敬。(整齐严肃,无时不惧。无事时,心在腔子里,应事时,专一不杂,清明在躬,如日之升。)

二、静坐。(每日不拘何时,静坐四刻,体验来复之仁心,正位凝命,如鼎之镇。)

三、早起。(黎明即起,醒后勿霑恋。)

四、读书不二。(一书未完,不看他书,东翻西阅,徒徇外为人。)

五、读史。(丙申年购《念三史》,大人曰:"尔借钱买书,吾不惜极力为尔弥缝。尔能圈点一遍,则不负我矣!"嗣后每日圈点十页,间断不孝。)

六、谨言。(刻刻留心,第一功夫。)

七、养气。(气藏丹田,无不可对人言之事。)

八、保身。(十月二十二日奉大人手谕曰:"节劳、节欲、节饮食。"时时当作养病。)

九、日知所亡。(每日读书,记录心得语,有求深意是徇人。)

十、月无亡所能。(每月作诗文数首,以验积理之多寡,养气之盛否,不可一味耽着,最易溺心丧志。)

十一、作字。(饭后写字半时,凡笔墨应酬,当作自己课程。凡事不可待明日,愈积愈难清。)

十二、夜不出门。(旷功疲神,切戒切戒!)

□译文

课程十二条

一、敬。(整齐严肃,无时不存畏惧之心。无事时,心在胸腔里,应对事情时,心专一不杂。一身清白,如日之升。)

二、静坐。(不拘限在哪个时候,每日静坐四刻钟,体验回归的仁心。凝神端坐,像宝鼎镇地似的。)

三、早起。(黎明即起身,醒后不恋床。)

四、读书不二。(一种书未读完,不读别种书,东翻西阅,则徒然是在为别人而生活。)

五、读史。(丙申年购买《二十三史》。父亲说:“你借钱买书,我不惜尽力为你还债。你能圈点一遍,则不辜负我了。以后每天圈点十页,间断则为不孝。)

六、谨言。(时时刻刻留心,这是第一工夫。)

七、养气。(气藏于丹田。没有不可以对人说的事。)

八、保身。(十月二十二日收到父亲亲笔信说:“节制劳累,节制欲念,节制饮食。”时时将这几句话当作养病之药。)

九、日知所亡。(每天读书,记录读书心得。刻意去求取深意则是以身殉书的人。)

十、月无亡所能。(每个月写作诗文几篇,以检验心中所累积的道理的多少,所培养的气盛不盛,不可一味耽搁着,这最容易让心沉溺而丧失志向。)

十一、作字。(饭后写字半个时辰,凡是应人所请写字都当作是自己的练字功课。凡事不可留待明天,愈堆积则愈难清理。)

十二、夜不出门。(浪费时间疲劳神志,切切戒除。)

□评点

这份《课程十二条》出自于曾氏的杂著中,末尾自注:道光二十二年在京日记。查曾氏道光二十二年十二月七日的日记中果然有这份课程表,只是自注文中有极个别的字不同而已。这天日记中还有这样一些话:“寝不寐,有游思,殆夜气不足以存矣。何以遂至于是!不圣则狂,不上达则下达,危矣哉!自十月朔立志自新以来,两月余渐渐疏散,不严肃,不谨言,不改过,仍故我矣。树堂于昨初一重立功课,新换一个人,何我遂甘堕落矣?从此谨立课程,新换为人,毋为禽兽。”从这段话中,可知曾氏订下这十二条课程的背景。这些课程不仅仅在于规定每天应做的事,更重要的是在于改变自身的人格状态。难能可贵的是,在以后的三十年中,曾氏大致将这些课程坚持了下来,并获得修身与事功上的双重巨大成就。

劝学篇示直隶士子

□原文

人才随士风为转移,信乎?曰:是不尽然,然大较莫能外也。前史称燕赵慷慨悲歌,敢于急人之难,盖有豪侠之风。余观直隶先正,若杨忠愍、赵忠毅、鹿忠节、孙征君诸贤,其后所诣各殊,其初皆于豪侠为近,即今日士林,亦多刚而不摇,质而好义,犹有豪侠之遗。才质本于士风,殆不诬与。豪侠之质,可与入圣人之道者,约有数端。侠者薄视财利,弃万金而不眄,而圣贤则富贵不处,贫贱不去,痛恶夫墦间之食,龙断之登。虽精粗不同,而轻财好义之迹则略近矣!侠者忘己济物,不惜苦志脱人于厄,而圣贤以博济为怀,邹鲁之汲汲皇皇,与夫禹之犹己溺,稷之犹己饥,伊尹之犹己推之沟中,曾无少异,彼其能力救穷交者,即其可以进援天下者也。侠者轻死重气,圣贤罕言及此,然孔曰成仁,孟曰取义,坚确不移之操,亦未尝不与之相类。昔人讥太史公好称任侠,以余观此数者,乃不悖于圣贤之道。然则豪侠之徒,未可深贬,而直隶之士,其为学当较易于他省,乌可以不致力乎哉?

致力如何,为学之术有四,曰义理,曰考据,曰辞章,曰经济。

义理者,在孔门为德行之科,今世目为宋学者也。考据者,在孔门为文学之科,今世目为汉学者也。辞章者,在孔门为言语之科,从古艺文,及今世制义诗赋皆是也。经济者,在孔门为政事之科,前代典礼政书及当世掌故皆是也。

人之才智,上哲少而中下多,有生又不过数十寒暑,势不能求此四术遍观而尽取之。是以君子贵慎其所择,而先其所急。择其切于吾身心不可造次离者,则莫急于义理之学。凡人身所自具者,有耳、目、口、体、心、思,日接于吾前者,有父、子、兄、弟、夫、妇,稍远者有君臣,有朋友。为义理之学者,盖将使耳、目、口、体、心、思各敬其职,而五伦各尽其分。又将推以及物,使凡民皆有以善其身,而无憾于伦纪。夫使举世皆无憾于伦纪,虽唐虞之盛,有不能逮。苟通义理之学,而经济赅乎其中矣！程朱诸子遗书具在,曷尝舍末而求本,遗新民而专事明德？观其雅言,推阐反复而不厌者,大抵不外立志以植基,居敬以养德,穷理以致知,克己以力行,成物以致用。义理与经济,初无两术之可分,特其施功之序,详于体而略于用耳！

今与直隶多士约:以义理之学为先,以立志为本,取乡先达杨、赵、鹿、孙数君子者为之表,彼能艰苦困饿坚忍以成业,而吾何为不能？彼能置穷通荣辱祸福生死于度外,而吾何为不能？彼能以功绩称当时,教泽牖后世,而吾何为不能？

洗除旧日晻昧卑污之见,矫然直趋广大光明之域,视人世之浮荣微利,若蝇蚋之触于目而不留,不忧所如不耦,而忧节概之少贬,不耻冻馁在室,而耻德不被于生民。志之所向,金石为开,谁能御之？志既定矣,然后取程、朱所谓居敬、穷理、力行、成物云者,精研而实体之。然后求先儒所谓考据者,使吾之所见,证诸古制而不谬;然后求所谓辞章者,使吾之所获,达诸笔札而不差。择一术以坚持,而他术固未敢竟废也。其或多士之中,质性所近,师友所渐,有偏于考据之学,有偏于辞章之学,亦不必遽易前辙,即二途皆可入圣人之道。其文经史百家,其业学问思辨,其事始于修身,终于济世。百川异派,何必同哉,同达于海而已。

若夫风气无常,随人事而变迁,有一二人好学,则数辈皆思力追先哲,有一二人好仁,则数辈皆思康济斯民。倡者启其绪,和者衍其波;倡者可传诸同志,和者又可禮诸无穷;倡者如有本之泉,放乎川渎,和者如支河沟浍,交汇旁流。先觉后觉,互相劝诱,譬之大水小水,互相灌注。以直隶之士风,诚得有志者导夫先路,不过数年,必有体用兼备之才,彬蔚而四出,泉涌而云兴。

余忝官斯土,自愧学无本原,不足仪型多士,嘉此邦有刚方质实之资,乡贤多坚苦卓绝之行,粗述旧闻,以勖群士,亦冀通才硕彦,告我昌言,上下交相劝勉。仰希古昔与人为善、取人为善之轨,于化民成俗之道,或不无小补云。

□译文

人才随着风气为转移,是这样的吗?回答是:不完全这样,但大致差不多。史书说燕赵之人慷慨悲歌,敢于以别人的危难为自己的急务,有着豪侠之风。我看直隶的前代表率,如杨继盛、赵南星、鹿善继、孙承宗等贤达,他们后来所走的道路各有不同,当初都与豪侠的性情接近。即便今日士林,也多有刚强而不动摇、质朴而好情义的人,仍有豪侠的遗风。才质的根本在于士风,这话不虚假。

豪侠的气质,可以进入圣人之道的,约有几个方面。豪侠者看轻财产利益,黄金丢弃,眼睛都不看一下,至于圣贤虽富贵而不停留,虽贫贱而不离去,痛恨吃坟墓前的祭食与独占利益,虽然这中间有精与粗的区别,而轻财好义的表现则略微接近。豪侠者忘我而周济别人,不惜自己受苦而解除别人危难,至于圣贤则以广施恩泽为己任,邹衍、鲁仲连的四处奔波排难解纷,与禹视别人溺水如自己溺水,稷视别人饥饿如自己饥饿,伊尹视别人被推入沟中如自己被推入沟中没有多大的不同,他们能尽力救援处于困境的朋友,也就可以进而救援天下。豪侠者轻死重意气,这一点圣贤很少说到,但孔子说成仁、孟子说取义,那种坚定不移的操守,也未尝不与他们的意气属于同一类。前人讥笑司马迁喜欢称赞游侠,以我看来,这并不与圣贤之道相违离。因而豪侠这种人不可以太贬责,而直隶士子,在求学上与他省比有优势,岂能不致力呢?

从哪些方面致力呢?学问有四个方面,叫做义理、考据、辞章、经济。义理,在孔门中列为德行科,今世称之为宋学。考据,在孔门中列为文学科,今世称为汉学。辞章,在孔门中列为言语科,从古时的艺文到今世的制义诗赋都属这一类。经济,在孔门中列为政事科,前代的典礼政书以及今世的掌故都属这一类。

人的才智,上等明哲的少而中下等的多,有生之年又不过几十个寒暑,势必不能要求对这四门学问都阅遍而尽掌握,所以君子贵在慎重对待他的选择,先选择他的急务。选择对自己的身心不可一刻离开的,莫急于义理之学。凡人的身体所已具备的,有耳、目、口、体、心、思,每天都要接触的,有父、子、兄、弟、夫、妇,稍稍远一点的,有君臣,有朋友。研习义理之学的,要让他的耳、目、口、体、心、思各自敬守本职,让他的五伦各自尽其本。又将此推及他物,使人都能善待其身,而在伦理纲纪上无遗憾。使得举世都于伦理纲纪无遗憾,即便唐虞那样的盛世都不能做到。倘若通晓义理之学,则经济之学就全部包括在其中了。程朱诸子的书籍都存在着,何尝舍掉末而求本,遗漏新民而专讲明德了?读他们的高雅言论,推断阐述反复而不厌者,大致不外乎立志以培植根基,立身庄敬以养育德性,穷究道理以求取知识,克制自己以竭力实行,成就事业以致用于社会。义理与经济,本就没有必要分为两种学问,只是表现在功效上,于本体研究较详备而于实用较简略罢了。

现在与直隶各位士子相约定:以义理之学为先务,以立志为根本,奉直隶先贤杨继盛、赵南星、鹿善继、孙承宗等人为表率,他们能够忍耐艰苦困饿以成事业,我们为何不能?他们能将穷通、荣辱、祸福、生死等置于度外,我们为何不能?他们能以功绩称赞于当时,以教化泽被后世,我们为何不能?

洗除往日琐屑卑污的念头,昂首挺胸直奔广大光明的境地,将人世间的浮荣微利,视为苍蝇蚊虫在眼前而不愿意多看,不去担忧所追求的不能如愿,而担忧为人气节略遭贬斥,不以在家挨冻受饿为耻,而以道德不能泽被百姓为耻。立定志愿去努力奔向,即便是金石也会因此被打开,谁能够抵挡得了?志向决定后,再取程朱所说的居敬、穷理、力行、成物这一套学问去精心研究而亲自实行,然后去研习先儒所说的考据学,使自己的见识与古制不相违背,然后去研习先儒所说的辞章学,使我所得到的收获,用笔札完好地表达出来。选择一门学问坚持下去,至于其他学问也不能废除。在众多士人中,有的因性情爱好接近,有的因师友的影响,或偏向于考据学,或偏向于辞章学,也不必立即就改变方向,这两条途径皆可通往圣人的大道上。对为文而言有经史百家,对学业而言有学问思辨,对事业而言,从修身开始而达到经邦济世。百川异途,又何必都相同呢,共同流向大海而已。

至于风气,它是没有固定的,随着人事而变迁。有一两个人爱学习,则有许多人都跟随着而想努力追寻先哲,有一两个人爱好仁义,则有许多人都跟随着而想为百姓求福祉。提倡者开启源头,附合者延扩水波;提倡者可向自己的同志传达所好,附合者则可向无数人承递所好。提倡者如有源的泉水,投放于河川,附合者如同小溪支流,一同汇合。先觉悟与后觉悟,互相规劝诱导,好像大河小河,互相灌注。以直隶的士风来说,倘若得到有志者在前面引导,不过几年间,必定有体用兼备之才蔚然四出,像泉水喷涌像云霞蒸兴。

我来到这块土地上做官,自愧学问上无本原,不足以为广大士人的榜样,羡慕此地有刚方朴实的资质,乡贤中多坚苦卓绝的实际作为,略微讲叙点往事,借以勉励诸位,也借此希望学问渊博者能向我提供好的建议,上下互相劝勉。对于将先贤所走过的与人为善、取人为善的途径转化为直隶士人风俗的大道而言,或者不无小补。

□评点

同治八年初,曾氏就任直隶总督。直隶包括战国时期的燕国、赵国。"燕赵多慷慨悲歌之士",自古以来,这块土地便以多豪侠英烈而出名。豪侠之风兴盛是直隶民风的一个重要特点。翰林出身的曾氏历来重视士人,信任士人,他希望直隶士子能担负起树立良好社会风气的责任。但直隶士子却是从小便生长在豪侠之风中,于是善于因材施教的曾氏便从直隶的豪侠谈起,先说直隶士子所普遍尊敬的杨、赵、鹿、孙等人都与“豪侠为近”，再说豪侠之质也有与圣人之道相通之处，后说直隶士子具有天然优势易于入圣，最后归结到以求学入圣，做民众的表率，导民风于正途的主题。如此一番苦口婆心的劝导，想必可入直隶士人之心。其实，曾氏用人素厌豪侠，曾经有人多次向他推荐一些江湖大侠，他都断然拒绝。他怕的是这些游侠将流氓无政府习气带进湘军军营，但是作为外省人的直隶总督，若一上任便将直隶人奉为英雄的荆轲等侠士予以斥责，那社会效果将会怎样呢？能起到劝导直隶士子求学上进的作用吗？这便是此文告给从政者的启示。

治 家

善待兄弟即是孝

□原文

予生平于伦常中,惟兄弟一伦,抱愧尤深。盖父亲以其所知者尽以教我,而我不能以吾所知者尽教诸弟,是不孝之大者也!

余欲尽孝道,更无他事,我能教诸弟进德业一分,则我之孝有一分,能教诸弟进十分,则我孝有十分。若全不能教弟成名,则我大不孝矣。

闻四妹起最晏,往往其姑反服侍他。此反常之事最足折福。天下未有不孝之妇而可得好处者。

为人子者,若使父母见得我好些,谓诸兄弟俱不及我,这便是不孝;若使族党称道我好些,谓诸兄弟俱不如我,这便是不弟。何也?盖使父母心中有贤愚之分,使族党口中有贤愚之分,则必其平日有讨好底意思,暗用机计,使自己得好名声,而使其兄弟得坏名声,必其后日之嫌隙由此而生也。

但愿兄弟五人,各各明白这道理,彼此互相原谅,兄以弟得坏名为忧,弟以兄得好名为快。兄不能使弟尽道得令名,是兄之罪;弟不能使兄尽道得令名,是弟之罪。若各如此存心,则亿万年无纤芥之嫌矣。

□译文

我这一生在伦常方面，只有于兄弟这一伦很惭愧。这是因为父亲以他所知道的尽以教给我，而我却不能以我所知道的完全教给诸弟。这是不孝中最大的。

我想要尽孝道，没有其他的事，我若能教导诸弟在德业上有一分长进，则我的孝道便有了一分，若能教导诸弟长进十分，则我的孝道有了十分。若是完全不能教诸弟成名，那么我就大为不孝了。

听说四妹起床最晚，往往是她的婆母反来服侍她。这种反常的事最足以折掉人的福气。天下没有不孝的妇人而能得到好处的。

曾氏故居富厚堂中的部分建筑

为人之子的，倘若使父母觉得我好一些，说诸兄弟都不及我，这便是不孝。若使同族人称赞我好一些，说诸兄弟都不如我，这便是不弟。为什么呢？这便是使得父母心中有好与差之分，使得同族人的口中有好与差之分，那么他平日必定怀有讨好的意思，暗地里用心机，使自己得了好名声，而使他的兄弟得了坏名声，日后的嫌隙也便由此而生发了。

但愿兄弟五人每人都明白这个道理，彼此互相原谅，兄以弟得坏名为忧虑，弟以兄得好名为快乐。兄不能使弟完全得到好名声，则是兄的罪过；弟不能使兄完全得到好名，则是弟的罪过。倘若每人都如此存心，则亿万年无丝毫的嫌隙了。

□评点

这几段文字出自于道光二十二年九月至道光二十三年正月之间给诸弟的信中。曾氏治家思想中有一个重要的内容即孝致祥，意谓孝顺招致家庭的祥和，这是完全遵照儒家学说的观念。孝是对父母等长辈而言的，对父母本人好，固然是孝顺，若是因别的事情而让父母高兴，也是孝的一种方式。《礼记》中说孝子"舟而不游，道而不径"，爱惜自身，同样也是孝，因为自身就是父母的骨肉，这份骨肉好，父母心里自然很高兴。兄弟姐妹同样是父母的骨肉，爱护他们，也便是孝的体现。曾氏就是从这个层面上来谈对诸弟的友好，以及兄弟们互相都友好的意义之所在。

慎交朋友

□原文

凡人必有师，若无师，则严惮之心不生，即以丁君为师。此外，择友则慎之又慎。昌黎曰："善不吾与，吾强与之附；不善不吾恶，吾强与之拒。"一生之成败，皆关乎朋友之贤否，不可不慎也！

信中有云："于兄弟则直达其隐，父子祖孙间，不得不曲致其情。"此数语有大道理。余之行事，每自以为至诚可质天地，何妨直情径行。

若果威仪可则，淳实宏通，师之可也。若仅博雅能文，友之可也。或师或友，皆宜常存敬畏之心，不宜视为等夷，渐至慢亵，则不复能受其益矣。

□译文

每个人都必须有老师，倘若无师，则从严及畏惮之心不能产生，即刻拜丁叙忠为师。此外，在选择朋友这点上则须慎之又慎。韩愈说："好的东西不跟我在一起，我要努力与它附和；不好的东西不为我所讨厌，但我强行抗拒它。"一生的成败，都与朋友的贤否有关系，不可不慎重对待。

信中说："对于兄弟之间，可以直接说出其中的隐蔽，在父子与祖孙之间，则不得不委婉曲折地表达其情。"这几句话很有道理。我办事，每每自以为至诚可以对质天地，何妨直截了当地说出。

倘若果然人品威仪可作为榜样，学问纯良宏通，可以老师相待。倘若仅仅只是博雅善于为文，则以朋友相待就行了。或待之以师或待之以友，都应该常存敬畏之心，不宜平平常常地看待，慢慢地便会变得轻慢随便，那么就不能得到他的益处了。

□评点

第一段话出自曾氏道光二十三年正月给诸弟的信，第二、三段出于道光二十三年六月给温弟的信。三段话中有两段说的是关于师友的事。曾氏自己很注重拜师交友这桩事。在道光二十二年九月的一封给诸弟的信中说："镜海先生可以师事，倭艮峰先生、窦兰泉先生可以友事。师友挟持，虽懦夫亦有立志。"在此前后，曾氏还在信中提到一大批朋友的名字，如吴廷栋、邵懿辰、吴子序、何绍基、陈岱云、冯树堂、汤海秋等人，这些人中日后有的成了朝廷重臣（如倭仁），有的成了大学者（如邵懿辰），有的成了大名士（如何绍基）。这些人在当时对曾氏研习程朱理学修身养性都起了挟持作用。尤其重要的是，曾氏这种好交朋友的性格、善交朋友的能力，在他后来的大事业中起了重要作用。

家庭日用中有学问

□原文

今人都将学字看错了,若细读“贤贤易色”一章,则绝大学问,即在家庭日用之间。于孝弟两字上尽一分便是一分学,尽十分便是十分学。今人读书,皆为科名起见,于孝弟伦纪之大,反似与书不相关。殊不知书上所载的,作文时所代圣贤说的,无非要明白这个道理。若果事事做得,即下笔说不出何妨?若事事不能做,并有亏于伦纪之大,则文章说得好,亦只算个名教中之罪人。贤弟性情真挚,而短于诗文,何不日日在孝弟两字上用功?《曲礼》《内则》所说的,句句依他做出,务使祖父母、父母、叔父母无一时不安乐,无一时不顺适;下而兄弟妻子,皆蔼然有恩,秩然有序,此真大学问也。若诗文不好,此小事不足计,即好极,亦不值一钱。不知贤弟肯听此语否?

科名之所以可贵者,谓其足以承堂上之欢也,谓禄仕可以养亲也,今吾得之矣。即使诸弟不得,亦可以承欢,可以养亲,何必兄弟尽得哉?贤弟若细思此理,但于孝弟上用功,不于诗文上用功,则诗文不期进而自进矣。

□译文

今人都把学字看错了,倘若细读“贤贤易色”这一章,那么可以知道绝大学问就在家庭日用之间。在孝弟两个字上尽一分努力便是一分学问,尽十分努力便是十分学问。今人读书都是为了科名,至于孝弟伦理纲纪这些大事,反倒认为与读书不相关。殊不知书上所记载的,做文章时代替圣贤所立言的,无非是要让人明白这个道理。倘若果然事事都做得好,即便笔下用文字表达不出又有何妨!倘若事事都不能够做得好,而且还在伦理纪纲等大事上有亏缺的话,即使文章中说得好,也只是算一个名教中的罪人。贤弟性情真挚，只是做诗文的能力短缺，那何不日日在孝弟两个字上用功？《曲礼》《内则》中所说的那些，每一句都照着去做，务必使祖父母、父母、叔父母无一刻不安乐，无一刻不顺适；下而兄弟妻子都蔼然有恩，秩然有序，这是真正的大学问。若是诗文不好，这只是小事，不足以计较，即便好到极点，也不值一钱。不知贤弟愿意听这番话否？

科名之所以可贵，是说它足可以使长辈获得欢乐，是说俸禄可以用来奉养双亲。现在我已得到了，即便诸弟没有得到，也可以让长辈承欢，可以有钱奉养双亲，何必兄弟们都得到呢？贤弟若细细想通这个道理，但在孝弟上用功，不在诗文上用功，则诗文可以在不刻意期待中而自然长进。

□评点

这段话是道光二十三年六月曾氏给诸弟信中，专门针对四弟的来信而写的。当年二十三岁的四弟国潢为诗文功名所困，向大哥写信道心中的苦恼。对于文才短缺而又不很热中科名的老四，曾氏说了这一番话。这番话既有目的性很明确的指向，也同时具有普遍的意义，尤其是“绝大学问即在家庭日用之间”这句话，是很有道理的。在曾氏那个时代，学问的最大体现便是在于能很好地处理方方面面的人事关系。家庭虽小，日用虽细，但也存在并不简单的人事，要将这些处置得妥当熨帖，也不容易，这里面大有学问。当然，我们现在所说的学问还增加了科学技术这一门类，相对于人事而言，可称之为物事。有的人人事不行，物事好，你不能说他没学问；但既然身为一个人，便不能超越于人事之外，物事学问再好，也得要有起码的人事学问，否则物事学问的发挥也会受到影响，故而家庭日常中的学问是每个人都不能忽视的。

联姻但求勤俭孝友之家

□原文

儿女联姻,但求勤俭孝友之家,不愿与宦家结契联婚,不使子弟长奢惰之习。

兄妹之子女,犹然骨肉也。古者婚姻之道,所以厚别也,故同姓不婚。中表为婚,此俗礼之大失。譬如嫁女而号泣,奠礼而三献,丧事而用乐,此皆俗礼之失,我辈不可不力辨之。

□译文

儿女联姻,只求勤俭孝友的家庭,不想与官宦家结儿女亲家,不使子弟增加奢惰的习气。

兄妹的子女,与亲骨肉一个样。古代婚姻的原则,特别注重在区别上,故而同姓不婚。表亲之间联姻,这是世俗礼数的一大失误。又比如嫁女则大哭,祭奠用三献礼,丧事而用音乐,这些都是世俗礼数中的失误,我们不可不努力加以分辨。

□评点

不愿与官宦家联姻,而愿与勤俭孝友之家结儿女亲,这是曾氏出于理论上的思考,事实上,曾氏二子五女所带来的八个亲家,清一色的都是官宦。长子先娶贺长龄之女(贺官至总督),后娶刘蓉之女(刘官至巡抚)。次子娶郭霈霖之女(郭官至两淮盐运使)。长女嫁袁芳瑛之子(袁官至知府),次女嫁陈源兖之子(陈官至知府),三女嫁罗泽南之子(罗官至道员),四女嫁郭嵩焘之子(郭官至侍郎),五女嫁聂亦峰之子(聂官至知府)。五个女婿除聂氏子外,都不理想,或荒唐,或羸弱,或平庸,可见曾氏选择亲家的理论思考是不错的，惜实行起来却又从俗。

曾氏的大舅子欧阳牧云曾经有过与妹家订儿女亲家的考虑，曾氏婉拒，其理由便是他所说“中表为婚，此俗礼之大失”。表兄表妹结婚，在过去常见，其实这种血缘关系很近的联姻，是很不好的。曾氏在当时能有这种科学认识，实为明智。

处非常顺境而战栗恐惧

□原文

毫无学识，而官至学士，频邀非分之荣，祖父母、父母皆康强，可谓极盛矣。现在京官翰林中无重庆下者，惟我家独享难得之福。是以男栗栗恐惧，不敢求分外之荣，但求堂上大人眠食如常，合家平安，即为至幸。

□译文

毫无学识，而官至侍讲学士，频频获得非分之荣，祖父母、父母都康强，可谓极为兴盛。现在京城里的官员翰林中没有一人家中重庆的，惟独我家享受到这样难得的福气。因此儿子战战栗栗，不敢求分外的荣誉，但求得家中长辈眠食如常，合家平安，这就是最大的幸事。

□评点

此段话出自道光二十六年九月写给父母的家信。此时曾氏官翰林院侍讲学士，从四品，年纪三十六岁。家中祖父母、父母都健在，兄弟姊妹俱全，膝下又有儿有女。翰林院中享有这等福分的仅曾氏一人。曾氏为此作《求阙斋记》：“国藩不肖，备员东宫之末，世之所谓清秩。家承余荫，自王父母以下并康强安顺。孟子称父母俱存兄弟无故，抑又过之。”“于是名其所居曰求阙斋。凡外至之荣，耳目百体之耆，皆使留其缺陷。”处非常顺境而战栗恐惧，不求增荣而求缺陷,这是曾氏留给世人的一种人生态度。

若骄奢淫佚则兴旺立见消散

□原文

家中蒙祖父厚德余荫,我得忝列卿贰,若使兄弟妯娌不和睦,后辈子女无法则,则骄奢淫佚,立见消败,虽贵为宰相,何足取哉!我家祖父、父亲、叔父三位大人,规矩极严,榜样极好,我辈踵而行之,极易为力。

□译文

家中蒙受祖父的厚德余荫,我得以不称职地列入朝廷大员中,倘若兄弟妯娌之间不和睦,后辈儿女的行为没有约束的法则,则家中出现骄奢淫佚,兴旺的气象便会立即消散,即便贵为宰相,又有什么可取的呢?我家祖父、父亲、叔父三位长辈,都有极严格的规矩,极好的榜样,我们只要跟着他们的脚步就行了,极容易做到。

□评点

这是道光二十七年七月写给诸弟信中的一段话。一个多月前,曾氏以九年翰林的资历,三十七岁的年纪,连升四级,由四品跃为二品,成为朝廷中的大员。他的这种际遇,在湖南系空前绝后,在全国连他在内也仅止三人。面对如此巨大的荣耀,曾氏决不得意忘形,而是对自己对家中要求更为严厉。他给祖父的信上说:“迁擢不次,惶悚实深。”给叔父的信上说:“侄何德何能堪此殊荣!常恐祖宗积累之福,自我一人享尽,大可惧也。”给诸弟的信上说:“顾影扪心,实深惭悚。”对家中子弟后辈,则敲响切戒骄奢淫佚的警钟。

不以做官发财不以宦囊遗子孙

□原文

温弟天分本高，若能改去荡佚一路，归入勤俭一边，则兄弟之幸也，合家之福也。我待温弟，似乎近于严刻，然我自问此心，尚觉无愧于兄弟者，盖有说焉。

大凡做官的人，往往厚于妻子，而薄于兄弟，私肥于一家，而刻薄于亲戚族党。予自三十岁以来，即以做官发财为可耻，以宦囊积金遗子孙为可羞可恨，故私心立誓，总不靠做官发财，以遗后人。神明鉴临，予不食言。此时侍奉高堂，每年仅寄些须，以为甘旨之佐。族戚中之穷者，亦即每年各分少许，以尽吾区区之意。盖即多寄家中，而堂上所食所衣，亦不能因而加丰，与其独肥一家，使戚族因怨我而并恨堂上，何如分润戚族，使戚族戴我堂上之德，而更加一番钦敬乎！将来若作外官，禄入较丰，自誓除廉俸之外，不取一钱。廉俸若日多，则周济亲戚族党者日广，断不蓄积银钱为儿子衣食之需。盖儿子若贤，则不靠宦囊，亦能自觅衣食；儿子若不肖，则多积一钱，渠将多造一孽，后来淫佚作恶，必且大玷家声。故立定此志，决不肯以做官发财，决不肯留银钱与后人。若禄入较丰，除堂上甘旨之外，尽以周济亲戚族党之穷者。此我之素志也。

至于兄弟之际，吾亦惟爱之以德，不欲爱之以姑息。教之以勤俭，劝之以习劳守朴，爱兄弟以德也。丰衣美食，俯仰如意，爱兄弟以姑息也。姑息之爱，使兄弟惰肢体，长骄气，将来丧德亏行，是即我率兄弟以不孝也，吾不敢也。我仕宦十余年，现在京寓所有，惟书籍衣服二者。衣服则当差者必不可少，书籍则我生平嗜好在此，是以二物略多。将来我罢官归家，我夫妇所有之衣服，则与五兄弟拈阄均分。我所办之书籍，则存贮“利见斋”中，兄弟及后辈，皆不私取一本。除此二者，予断不别存一物以为宦囊，一丝一粟不以自私。此又我待兄弟之素志也。

□译文

温弟的天资本来就高，若能从放荡回归到勤俭，则是兄弟们的幸事，全家的福气。我对待温弟，好像有点严刻，但我自问心里无愧于兄弟，我把我的想法说给大家听听吧。

曾氏故居富厚堂一角

大多数做官的人，往往厚待妻与子，而薄待兄与弟，对自己家里私肥，而对亲戚族党刻薄。我自三十岁以来，便以做官发财为可耻，以官囊积金遗子孙为可羞可恨，故而自己在心中立誓，总不靠以做官发的财来遗留后人。请神明来做监督，我决不食言。现在要侍奉长辈，每年仅仅寄一些银子，作为他们日常开支的辅佐。族戚中的贫穷者，也每年各分得一点，以尽我小小的心意。这是因为多寄钱给家中，而长辈们所吃所穿的，也不能因此而更加丰裕，与其独肥一家，使得戚族因此怨恨我而一并怨恨长辈，何不分润戚族，使戚族感戴长辈们的恩德，而更增加一份钦敬呢？将来若做地方官，俸禄较多，自己发誓除养廉费和俸禄外不收取一文钱。养廉费和俸禄若日渐增多，则周济亲戚族党的人也日渐扩大，断不积蓄银钱给儿子在穿衣吃饭方面的花费。这是因为，儿子若是贤良，则不依靠我的官俸，也能自己找到饭吃；儿子若不贤良，则多积蓄一分钱，他们将多造一分孽，将来骄奢淫佚做坏事，必定大大玷污家族名声。故而立定这个志向，决不以做官来求取发财，决不留下银钱给后人。倘若俸禄收入较为丰裕，除满足长辈的日常开支外，全部拿出来周济亲戚族党中的贫穷者。这是我一向的志向。

至于兄弟之间，我也是惟有以德来相爱，不想以姑息来相爱。以勤俭来教导，以习劳守朴来规劝，这是以德爱兄弟；好衣好食，一切满足，这是以姑息来爱兄弟。这种姑息之爱，使得兄弟肢体懒惰，骄气滋生，将来使得德行亏丧。这便是我带领兄弟于不孝，我不敢做这种事。我做官十多年，现在京师家中所有惟书籍与衣服两种。衣服，这是因为当差必不可少；书籍，这是我平生所嗜好的物品。故而这两种略多些。将来我罢官回家，我夫妇所有的衣服，则与五兄弟拈阄平均分配。我所买的书籍，则存放在“利见斋”里，兄弟以及各辈子弟都不得私自拿一本。除这两种外，我断不保存一样物品作为自己的财产，一丝一粟不用来自私。这也是我对待兄弟一向的志愿。

□评点

道光二十九年三月，曾氏给诸弟写了一封长信，这段话即此信的核心部分。

道光二十五年九月，曾氏的四弟澄侯、六弟温甫结伴来到京城，在大哥家读书。第二年十月，为使祖母在八十寿辰前看到诰封，澄侯提前离京回家，温甫则依旧留在京城。

曾氏花钱为温甫捐了个监生，以便在京参加直隶乡试，结果未中。二十八年正月，温甫去另一京官家做塾师，十月离京回家。温甫在京城住了三年，功名上无任何长进，心中满是牢骚，扬言进家门之前先买一个猪肚子蒙面。又说他的功名不利是因为家中无悍厉之妇的缘故，暗示大嫂悍厉。可知他在京师三年，与大哥家相处亦不太和谐。这段话的一开头就说“我待温弟近于严刻”，大约便是针对温甫的不满而言。

这段文字中最值得注意的是曾氏所说的“以做官发财为可耻，

以宦囊积金遗子孙为可羞可恨”两句话。曾氏晚年曾说过，他一生的积蓄只有两万两银子。对于一个带兵多年的军事统帅、一个做了十多年总督的封疆大吏来说，曾氏可谓一个积蓄甚少的人。他用他的事实履行了自己的诺言。

孝友之家可绵延十代八代

□原文

吾细思凡天下官宦之家，多只一代享用便尽。其子孙始而骄佚，继而流荡，终而沟壑，而庆延一二代鲜矣。商贾之家，勤俭者能延三四代；耕读之家，谨朴者能延五六代；孝友之家，则可以绵延十代八代。我今赖祖宗之积累，少年早达，深恐其以一身享用殆尽，故教诸弟及儿辈，但愿其为耕读、孝友之家，不愿其为仕宦之家。

□译文

我仔细想过，大凡天下官宦之家，多只一代便将福分享用完了。他们的子孙开始骄佚，接下来便四处流荡，最后死无葬身之地，福分延至一二代的很少。商贾之家，勤俭的则可将福分延至三四代；耕读之家，谨朴者能将福分延至五六代，孝友之家则可将福分绵延到十代八代。我现在靠着祖宗的积累，年纪轻轻便得到功名，深恐自己一个人将祖宗的积累享用尽，故而教导诸弟及儿辈，但愿为耕读之家、孝友之家，不愿为仕宦之家。

□评点

曾氏列出四种家庭，即官宦之家、商贾之家、耕读之家及孝友之家。其实，官宦、商贾、耕读，指的是家庭赖以生存的收入来源，孝友指的是家庭内部的伦理和谐。它不宜与前三种并列为一种家庭形式。理论上说，孝友可在官宦、商贾家中体现，也可在耕读家中体现，但事实上，权、钱易于使人堕落，故而孝友在官家商家中少见，家贫则反而易出孝子。如果家庭内部真正做到了孝友，无论是官是商，还是耕读，家中的福分都是可以多绵延几代的。

思为曾氏家族置义田

□原文

吾自入官以来，即思为曾氏置一义田，以赡救孟学公以下贫民，为本境置义田，以赡救念四都贫民。不料世道日衰，余之处境未裕，无论京官者自治不暇，即此外放，或为学政，或为督抚，而如今年三江两湖之大水灾，几于嗷鸿半天下，为大官者，更何忍于廉俸之外，多取半文乎？是义田之愿，恐终不能偿。然余之定计，苟仕宦所入，每年除供奉堂上甘旨外，或稍有赢余，断不肯买一亩田，积一文钱，必皆留为义田之用。我之定计，望诸弟皆体谅之。

□译文

我自从做官以来，便想着要为曾氏家族置一份义田，用以救济孟学公以下的贫民，为本地区置一份义田，用以救济二十四都的贫民。不料世道日渐衰落，我自己的处境没有富裕，不要说做京官自我照顾尚无余力，即便就此外放，或者做学政，或者做巡抚总督，像眼下三江两湖发大水灾，几乎半个中国是哀鸿遍野，做大官的又怎能忍心在廉俸之外再多取半文呢？这样看来置义田的想法恐怕始终不能实现。但我已作出决定，倘若做官的收入，每年除供奉长辈吃好的外，稍有盈余，决不去买一亩田，积一文钱，一定留作置义田用。我这个决定，希望诸弟都能体谅。

□评点

这段话是道光二十九年七月对诸弟说的。咸丰元年四月，他又对诸弟说起置义仓的事。这两件事，后来都没办成。但他所说的“不买一亩田”的话，后来却被欧阳夫人瞒着他私自破坏了。咸丰五年十二月,曾氏在给诸弟信中提到:“闻屡次长夫言及我家去年在衡阳五马冲买田一所,系国藩私分等语,并云系澄侯弟玉成其事。”曾氏对此很生气,批评欧阳夫人不明大义,“求澄侯弟将五马冲田产为我设法出脱”。

迁善改过修德读书

□原文

乡间若有孝友书香之家,不必问其贫富,亦可结亲。

凡人一身,只有迁善改过四字可靠;凡人一家,只有修德读书四字可靠。此八字者,能尽一分,必有一分之庆,不尽一分,必有一分之殃。其或休咎相反,必其中有不诚,而所谓改过修德者,不足以质诸鬼神也。吾与诸弟勉之又勉!务求有为善之实,不使我家高曾祖父之积累,自我兄弟而剥丧,此则余家之幸也。

□译文

乡间若是有风气孝友的读书家庭,不必问他的贫与富,也可结为儿女亲家。

大凡一个人,只有迁善改过四个字可靠;大凡一个家庭,只有修德读书四个字可靠。这八个字,能做到一分,必有一分的好处,有一分没有做到,便会遭到一分的灾殃。这中间也许有善恶相反的情况出现,那一定是有不诚之意包含在其中,而所谓的改过修德,是不足以在鬼神面前对质的。我与诸弟宜勉之又勉,务必求得为善的实效,不使我家从高祖、曾祖、祖父以来所积累的福分,到我兄弟这一辈便剥丧,这才是我家的幸运。

□评点

对一身来说,迁善改过这四个字可不受别的因素的干扰,想做就可以做到;对一家来说,修德读书这四个字也可不受别的因素的干扰,想做就可以做到。相对社会来说,一人一家的力量都极为有限,许多事情并不是你想做就能做到的,所想倘若过分高蹈,则会因达不到反而使人沮丧。曾氏的几个弟弟都程度不等地有着眼高手低的毛病,耽于幻想而忽视切实且又可为的有益于自身及家庭的要务。这种毛病,许多年轻人都易犯,读读这段话,当有启益。

半耕半读

□原文

子侄半耕半读,以守先人之旧,慎无存半点官气,不许坐轿,不许唤人取水添茶等事。其拾柴收粪等事,须一一为之,插田莳禾等事,亦时时学之,庶渐渐务本,而不习淫佚矣。

儿侄辈,总须教之读书。凡事当有收拾,宜令勤慎,无作欠伸懒慢样子,至要至要!吾兄弟中惟澄弟较勤,吾近日亦勉为勤敬,即令世运艰屯,而一家之中,勤则兴,懒则败,一定之理,愿吾弟及儿侄等听之省之。

诸弟在家教子侄,总须有勤敬二字。无论治世乱世,凡一家之口,能勤能敬未有不兴者;不勤不敬未有不败者。至切至切!余深悔往日,未能实行此二字也。千万叮嘱!

家中兄弟子侄,总宜以勤敬二字为法。一家能勤能敬,虽乱世亦有兴旺气象;一身能勤能敬,虽愚人亦有贤智风味。吾生平于此二字少工夫,今谆谆以训吾昆弟子侄,务宜刻刻遵守。至要至要!

诸子侄辈于勤敬二字，略有长进否？若尽与此二字相反，其家未有不落者；若个个勤而且敬，其家未有不兴者，无论世乱与世治也。诸弟须刻刻留心，为子孙作榜样。

诸弟及儿侄辈务宜体我寸心，于父亲饮食起居十分检点，无稍疏忽；于母亲祭品礼仪，必洁必诚；于叔父处敬爱兼至，无稍隔阂。兄弟姒娣，总不可有半点不和之气。凡一家之中，勤敬二字，能守得几分，未有不兴，若全无一分，未有不败。和字能守得几分，未有不兴，不和未有不败者。诸弟试在乡间将此二字，于族戚人家历历验之，必以吾言为不谬也。

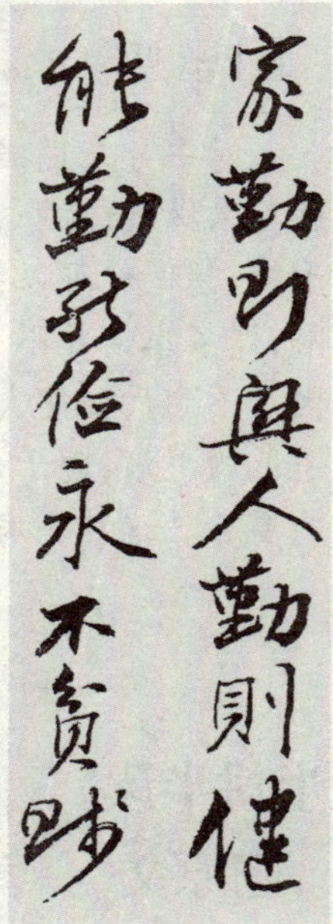

曾国藩手迹

□译文

子侄们边种田边读书，以此来守住前人的风气，态度谨慎地不存半点官气，不许坐轿，不许叫唤别人取水添茶等等，拾柴拾粪这些事，必须一一亲自去做，插秧苗这些事，也要时时学习，或许可以因此而渐渐做到务本，而不染上淫佚等毛病。

儿侄这一辈人，总归要教他们读书。凡事应当收拾整齐，宜令他们勤俭谨慎，不要有懒惰怠慢的模样，至要至要。我们兄弟中惟澄侯较勤快，我近来也较为勤勉恭敬，即便世运艰难，但一家之中勤则兴旺，懒则衰败，这是一定的道理，愿我的弟弟们及儿侄们听得进且能自我反省。

诸弟在家中教子侄，总必须要有勤与敬两点内容。无论是治世还是乱世，凡是能够做到勤与敬的家庭没有不兴旺的；不勤不敬的家庭没有不败落的。至为切要。我深悔过去未能实行这两个字。千叮万嘱！

家中兄弟子侄，总宜于以勤与敬二字为准则。一个家庭能做到勤与敬，即使是乱世也有兴旺气象；一个人能做到勤与敬，即便是愚人也有贤智风味。我平生在这两个字上用的功夫少，现在谆谆教导我的诸弟及子侄，务必时时遵守。至要至要。

子侄们在勤与敬两个字上，略微有点长进吗？倘若完全与这两个字相反，家族没有不衰落的；倘若每个人都又勤又敬，家族没有不兴旺的，无论治世与乱世都如此。诸弟必须时时留心，为子孙作榜样。

诸弟及儿侄们务必要体谅我的心意，在父亲的饮食起居方面要十分检点，不能稍微疏忽；在对待母亲的祭奠礼仪方面，必须做到器具洁净心意诚恳；对待叔父要敬爱兼至，不要稍存隔阂。兄弟妯娌之间，不能有半点不和之气存在。凡是一个家庭中，勤与敬这两个字，能够做到几分，没有不兴旺的，倘若一点都做不到，则没有不衰败的。和字能够保住几分，没有不兴旺的，不和则没有不衰败的。诸弟不妨在乡间将这两个字，在族戚中一一试验，必定会认为我的话不荒谬了。

□评点

这几段话反反复复讲的就是勤与敬两个字。勤即勤快、勤奋、勤勉，与懒惰相对应。敬即敬畏、敬慎、敬业，与轻慢相对应。勤指的是行动，敬指的是心态。富贵家子弟最容易在这两个字上令世人失望。曾氏说这些话时，他已身为朝廷大员，其在湘乡的老家也便随之而升为地方上的望族。曾氏深恐家中染上世俗陋习，不惜在家书中喋喋不休地一再重复其治家之道。

母丧未除不受官职

□原文

母丧未除,断不敢受官职,若一经受职,则二年来之苦心孤诣,似全为博取高官美职,何以对吾母于地下?何以对宗族乡党?方寸之地,何以自安?

□译文

为母守丧的时期没有结束,断然不敢接受官职,若一旦接受,则两年来的苦心孤诣,好像全是为了博取高官美职,何以对得起在地下的母亲?何以对得起宗族乡党?我的这颗心又如何能安?

□评点

咸丰四年八月二十三日,湘军一举收复武昌、汉阳。二十七日,曾氏具折报捷。九月初五日,清廷给曾氏以"二品顶戴、署理湖北巡抚,并加恩赏戴花翎"的奖赏。十一日,曾氏接到这个嘉奖令。十三日,他上疏请辞署鄂巡抚,其理由即"母丧未除"。但此折尚未拜发,曾氏即收到"毋庸署理湖北巡抚"的圣旨,曾氏为此赶紧再补一个"申谢天恩"。"毋庸"旨下在九月十二日,也就是离前者仅仅七天,这意味曾氏只做了七天代理湖北巡抚。二十四岁的咸丰皇帝为什么如此快的出尔反尔呢?据薛福成的记载,原来是有人在咸丰帝面前说了话。咸丰帝在得知武昌、汉阳克复的消息后说:"不意曾国藩一书生,乃能建此奇功。"当时某军机大臣在侧说:"曾国藩以侍郎在籍,犹匹夫耳。匹夫居闾里一呼,蹶起从之者万余人,恐非国家福也。"咸丰帝听后默然变色者久之,于是有改赏兵部侍郎之后命。

不积银钱遗子弟

□原文

仁宦之家，不蓄积银钱，使子弟自觉一无可恃。一日不勤，则将有饥寒之患，则子弟渐渐勤劳，知谋所以自立矣。

□译文

有仁心的官员家，不积蓄银钱，让子弟自觉没有任何东西可以作为依恃的。一天不勤奋，则将有饥寒的担忧，如此子弟则渐渐地变得勤劳，知道如何来自立了。

□评点

好逸恶劳，是人的本性，若有钱，则不愿意劳作吃苦。不如不给他们坐享安逸的凭恃，逼他们去以劳作而自立。这就是有见识的父母的良苦用心。

以勤俭教导新媳妇

□原文

纪泽儿授室太早，经书尚未读完。上溯江太夫人来嫔之年，吾父亲亦系十八岁，然常就外傅读书，未久耽搁。纪泽上绳祖武，亦宜速就外傅，慎无虚度光阴。闻贺夫人博通经史，深明礼法。纪泽至岳家，须缄默寡言，循循规矩。其应行仪节，宜详问谙习，无临时忙乱，为岳母所鄙笑。

新妇始至吾家，教以勤俭。纺织以事缝纫，下厨以议酒食。此二者，妇职之最要者也。孝敬以奉长上，温和以待同辈。此二者，妇道之最要者也。但须教之以渐。渠系富贵子女，未习劳苦，由渐而习，则日变月化，而迁善不知；若改之太骤，则难期有恒。

新妇初来，宜教之入厨作羹，勤于纺织，不宜因其为富贵子女，不事操作。大、二、三诸女，已能做大鞋否？三姑一嫂，每年做鞋一双寄余，各表孝敬之忱，各争针凿之工。所织之布，做成衣袜寄来。余亦得察闺门以内之勤惰也。

□译文

纪泽儿结婚太早，经书尚未读完。上溯到江太夫人过门的时候，我的父亲也是十八岁，但经常出门跟从外面的师傅读书，没有过多耽搁。纪泽要以祖父为榜样，也宜赶早去随外面的师傅读书，慎无虚度光阴。听说贺夫人博通经史，深明礼法。纪泽到岳母家必须沉默寡言，循规蹈矩，应该照行的礼仪，要详细询问熟习，不可临时忙乱，为岳母所鄙薄讥笑。

新媳妇刚到我家，以勤俭治家来教育她。亲自纺织缝纫，亲自下厨房整治酒食。这两点，是妇职中的最重要部分。对长辈孝敬，对同辈温和。这两点，是妇道中的最重要部分。但必须逐渐来教导。她是富贵家庭中的女儿，未习劳苦，渐渐地熟悉，则每一天每一个月都有变化，从而不知不觉地予以迁善；若改变的速度太快，则难以期望她持之以恒。

新媳妇初来，宜教她下厨房做饭菜，勤于纺织，不宜因为她是富贵家的女儿，便不让她亲自动手。大女、二女、三女，已经能做大人的鞋子了吗？三姑一嫂，每年做鞋子一双寄给我，各人表达自己的孝敬心意，互相之间竞争针线工夫的高下。自己织的布，做成衣袜寄给我。我也可以借此检查闺门中的勤与惰。

□评点

咸丰六年三月，虚岁十八岁的曾家长孙纪泽结婚，娶的是长沙城里的贺氏。贺氏是做过云贵总督的贺长龄的庶出女。贺长龄已去世六七年,贺家自然冷落了许多,但仍然是长沙城里的富贵大家。只是贺氏命薄,第二年便因难产去世。

读者先前只看到曾氏对子弟的要求,这里可见出曾氏对女儿及媳妇的要求。曾氏还要夫人以身作则,故而欧阳夫人贵为总督府里的内当家,也亲自纺纱织布,倡导勤俭家风。

曾纪琛终生抑郁

□原文

近世人家一入宦途,即习于骄奢,吾深以为戒。三女许字,意欲择一俭朴耕读之家,不必定富室名门也。

余之第三女,即另行择婿,望弟详禀父大人,可将此事中辍。纵已通女庚,亦可取还,缘罗子系恩赐举人,恐人疑为佳婿而争之也。

□译文

近世风气,一进入官场,家中人便习于骄奢,我深以为戒。三女儿的婆家,我的意思是选一个俭朴耕读之家,不一定要是富贵人家。

我的第三个女儿,即另外再选择夫婿,请弟详细禀告父亲大人,可将这事中止。纵然已将女儿的庚书送过去了,也可以再取回,这是因为罗家之子是恩赐举人,恐怕别人怀疑是佳婿而争抢过来的。

□评点

曾氏的第三女纪琛最后嫁的还是罗泽南的次子兆升。罗泽南咸丰六年战死后，他的两个儿子都被朝廷赏赐举人。功臣之子且为举人，在当时被世人认为是女婿的最佳人选，但纪琛嫁罗家，实在是没有嫁得好。纪琛所生的惟一儿子早夭，夫妻不和，后罗纳二妾，又中年早逝。纪琛终生心情抑郁，六十八岁那年去世。

鱼猪竹蔬

□原文

家中种蔬一事，千万不可怠忽。屋门首塘养鱼，亦有一种生机。养猪亦内政之要者。下首台上新竹，过伏天后，有枯者否？此四事者，可以觇人家兴衰气象。

家中养鱼、养猪、种竹、种蔬四事，皆不可忽。一则上接祖父以来相承之家风，二则望其外而有一种生气，登其庭而有一种旺气，虽多花几个钱，多请几个工，但用在此四事上，总是无妨。

□译文

家中种蔬菜这件事，千万不可以怠慢疏忽。屋门口池塘里养鱼，也有一种生机。养猪也是家庭内政的重要内容。下首台上的新竹，过伏天后有没有枯萎的？这四件事，可以看出一个人家的兴衰气象。

家中养鱼、养猪、种竹、种蔬四件事，都不可忽视。一则上接祖父以来相承继的家风，二则看它的外表便有一种生气，登上它的庭院便有一种旺气。虽然多花去几个钱，多请几个工，但用在这四件事上，总是没有妨碍的。

□评点

鱼、猪、蔬三件事被写进曾氏的治家八字（即早、扫、考、宝、书、蔬、鱼、猪)。竹,没有列进去。估计"竹"毕竟不属于立家的根本,而更多地是一种风雅情趣的表现。

出门宜常走路

□原文

后辈子侄总宜教之以礼,出门宜常走路,不可动用舆马,长其骄惰之气。一次姑息,二次三次姑息,以后骄惯难改,不可不慎。

□译文

后辈子侄,总宜以礼相教,出门宜常步行,不可动用轿子车马,从而增长骄惰之气。若一次姑息,二次三次再予以姑息,则以后骄惰的习气难以改变,不可不谨慎。

□评点

安步当车,不但可以少骄惰之气,还可健身,只是富贵子弟因为有钱而不愿吃眼前苦,往往做不到这一点。曾家因曾氏本人一再叮嘱,风气略好些,但实际上也没有完全做到不动用舆马。

和气致祥乖气致戾

□原文

去年在家,因小事而生嫌衅,实吾度量不闳,辞气不平,有以致之,实有愧于为长兄之道。千愧万悔,夫复何言?

去年我兄弟意见不和,今遭温弟之大变,和气致祥,乖气致戾,果有明征。嗣后我兄弟当以去年为戒,力求和睦。

祸福由天主之，善恶由人主之。由天主者无可如何，只得听之。由人主者，尽得一分算一分，撑得一日算一日。吾兄弟断不可不洗心涤虑，以求力挽家运。第一，贵兄弟和睦。去年兄弟不和，以致今冬三河之变，嗣后兄弟当以去年为戒。凡吾有过失，澄、沅、洪三弟，各进箴规之言，余必力为惩改。三弟有过，亦当互相箴规而惩改之。第二，贵体孝道。推祖父母之爱以爱叔父，推父母之爱以爱温弟之妻妾儿女，及兰、蕙二家。又，父母坟域必须改葬，请沅弟作主，澄弟不可过执。第三，要实行勤、俭二字，内间妯娌不可多写铺账，后辈诸儿须走路，不可坐轿骑马，诸女莫太懒，宜学烧茶煮菜。书、蔬、鱼、猪，一家之生气；少睡多做，一人之生气。勤者生动之气，俭者收敛之气。有此二字，家运断无不兴之理。余去年在家未将此二字切实做工夫，至今愧恨，是以谆谆言之。

□译文

去年在家时，因小事而导致兄弟间生嫌隙，实在是我的度量不宽广，口气不平和，因而出现这种事，实在是有愧于做大哥的道理。千愧万悔，还有什么可说的呢？

去年我们兄弟之间意见不和，现在遭遇温甫弟的大变故。和气招致吉祥，乖气招致罪戾，果然有明确的见证。以后我们兄弟当以去年为戒，力求和睦。

祸与福是由天来做主的，善与恶是人来作主的。由天做主的，人则无可奈何，只得听之，由人做主的，则做到一分是一分，撑得一天算一天。我们兄弟断然不可不洗去焦虑，以求得力挽家运。第一，贵在兄弟和睦。去年里兄弟不和，以致招来今冬三河之变，以后兄弟当以去年为戒。凡是我有过失，澄侯、沅甫、季洪三弟每人都进规劝之言，我务必竭力改正。三位弟弟有过失，也应当互相规劝而改正。第二，贵在力行孝道。将对祖父母的爱推及到叔父身上，将对父母的爱推及到温甫弟的妻妾儿女身上，以及国兰、国蕙两家。再者，父母的坟茔必须改葬，请沅甫弟做主，澄侯弟不要太固执了。第三，要实行勤俭二字。妯娌的用途不可太铺张，后辈各儿郎都要以步当车，不可坐轿骑马。各女儿不要太懒，宜学会烧菜煮茶。书、蔬、鱼、猪，体现一个家庭的生气，少睡多做，体现一个人的生气。勤是生动之气，俭是收敛之气。做到这两个字，家运断没有不兴旺的道理。我去年在家没有将这二字切实做到，至今惭愧悔恨，故而谆谆告诫你们。

□评点

咸丰七年二月，曾氏父亲病逝于家，曾氏立即率诸弟回家守丧。咸丰八年六月，他再次奉旨出山。这年十月，李续宾、曾国华统率的湘军中的一支劲旅，被太平军大败于安徽三河镇。六千湘军几乎全部死在三河，李续宾未能幸免，而打扫战场时，却并未看到曾国华的尸体，直到三个月后，才寻到曾国华没有头的尸体。曾氏连同他的三个弟弟都在军营，老六是第一个死在战场的曾家子弟，对湘乡曾氏老宅而言，这是一个重大的变故。作为湘军的最高统帅，作为曾氏家族的掌门人，曾氏心中自然十分悲痛。这三段话便出自咸丰八年底的家信。面临家门的大不幸，曾氏的应对方法是，一检查自己的不是，二借此整顿家政，强调和、孝、勤、俭对家庭的重要性。

家庭不可说利害话

□原文

居家要勤俭。吾家后辈子女，皆趋于逸欲奢华，享福太过，将来恐难到老。嗣后诸男在家勤洒扫，出门莫坐轿，诸女学洗衣，学煮菜烧茶。少劳而老逸犹可，少甘而老苦则难矣。至于家中用度，断不可不分。凡吃药染布，及在省在县托买货物，若不分明，则彼此以多为贵，以奢为尚，漫无节制，此败家之气象也！

运气不来，徒然怄气，帮人则委曲从人，尚未必果能相合，独立则劳心劳力，尚未必果能自立。如真能受委曲，能吃辛苦，则家庭亦未始不可处也。

沅弟信言家庭不可说利害话。此言精当之至，足抵万金。余生平在家在外，行事尚不十分悖谬，惟说些利害话，至今悔憾无极。

□译文

居家过日子要勤俭。我家后辈子女都往逸欲奢华方向走，享福太过头了，将来恐难一直好到老。以后，每个男人在家要勤洒扫，出门不要坐轿，每个女人要学洗衣，学煮菜烧茶。少年劳苦而老来安逸还可以，少年甘甜而老来受苦则难了。至于家中开支，决不可不分开。凡是吃药染布，以及在省城县城托人买货物，若是不分开，则彼此之间以多为贵，以奢华为时尚，漫无节制，这是败家的气象。

运气没有来到时，只能是白白地怄气，帮助别人即使委曲顺从人家，尚且不一定就能很好合作，自己独自做事，则劳心劳力，尚且不一定真能自立。如果真能受得了委曲，能吃得了辛劳，则在家中未必就不能安然相处。

沅弟信上说家庭中不可以说伤感情的话，此言非常精当，足以抵万两黄金。我生平在家也好在外也好，做事尚且不很错谬，只是容易说些伤感情的话，至今悔恨无极。

□评点

曾氏父亲在时，曾氏诸兄弟并未分家，仍在一个大家庭中过日子。查曾氏咸丰十年正月二十四日给澄弟沅弟信，其中有这样的话："沅弟信中有分关田单，一一读悉。我于家中毫无补益而得此厚产，亦惟学早三爹频称多多谢而已。"可知咸丰九年底，曾氏兄弟在友好的气氛中分了家。在此之前，三兄弟数十口人生活在一起，难免因攀比而引发一些矛盾,于是曾氏在咸丰八年十一月的一封家信中提出部分开支分开的办法。

兄弟姐妹之间吵架,是世间常事,但毕竟是手足之亲,血脉相连,俗话说打断骨头连着筋。所以,再怎么争吵也不要说“利害话”即伤感情话。这的确是很重要的一点。据曾氏小女儿纪芬在《崇德老人自订年谱》中的“咸丰七年”一节中说:“初,黄金堂之宅相传不吉,贺夫人即卒于是,其母亦卒于是。忠襄夫人方有身,恶之,延巫师禳祓。时文正丁艰家居,心殊忧郁,偶昼寝,闻其扰,怒斥之。未几,忠襄遂迁居焉。”曾纪芬晚年述往事,在咸丰七年这一年中什么事都不记,惟独记下这件事,可见曾氏与老九夫人当时的争吵闹得很大,造成的后果是没有多久老九一家便迁出老宅另择居处。此事在曾氏心中也留下很重的阴影,以至于他一再检讨,这次又说“至今悔憾无极”。

不求好地但求平安

□原文

不求好地,但求平安。“洪夏”之地,余心不甚愿。一则嫌其经过之处,山岭太多,一则既经争讼,恐非吉壤。地者,鬼神造化之所秘惜,不轻予人者也。人力所能谋,只能求免水、蚁、凶煞三事,断不能求富贵利达。明此理,绝此念,然后能寻平稳之地;不明此理,不绝此念,则并平稳者亦不可得。

吾乡僻陋,眼界甚浅,稍有修造已骇听闻,若太闳丽,则传播尤过。苟为一方首屈一指,即乱世恐难幸免。

改葬先人之事,须将求富求贵之念,消除净尽,但求免水、蚁以妥先灵,免凶煞以安后嗣而已。若存一丝求富求贵之念,则必为造物鬼神所忌。以吾所见所闻,凡已发之家,未有续寻得大地者。

□译文

不求好地,但求能保平安。“洪夏”这块地,我心里很不愿意要。一则嫌它经过之处,山岭太多,一则这块地有过争吵诉讼,恐怕不是吉地。说到地,这是鬼神造化特别秘惜之物,是不轻易给人的。人力所能图谋的,只能求得免去水淹、蚁蛀以及易遭凶煞三件事,断不能求取富贵利达。明白这个道理,绝去这个念头,然后才能寻到平稳之地;不明白这个道理,不绝去这个念头,则连平稳之地也不可能得到。

曾氏旧居思云馆

我们的家乡地处偏僻,人的眼界特别浅,稍微有点大的建设便已骇听闻,若是太宏大壮丽,则传播更厉害。倘若为地方上的第一关注对象,在乱世中则就难得幸免灾难了。

改葬先人这件事,必须将求富求贵的念头消除干净,但求得能免去水淹、免遭蚁蛀,以使先人灵魂安妥,免去凶煞让后人能平平安安就行了。若存一丝一毫求富求贵的念头,则必将为造物及鬼神所忌恨。以我的所见所闻来看,凡是已经发达的家庭,并没有继续寻到极好地的。

□评点

咸丰八年十月，曾国荃从江西前线回到老家。老九此次回家要办两件大事，一是改葬父母，二是为自己的小家建新房子。关于曾氏父母的葬地，咸丰七年也即在守父丧期间，曾氏几兄弟之间有过争论。老六强烈主张将母亲棺木取出，与父亲合葬于另一块地上，老四则坚决不同意。曾氏的态度如何，未见明确文字记载，以他一贯的个性推测，大约是赞同老四的观点，所以改葬一事未果。待到咸丰八年十月三河之变出来，曾氏的观点完全改变了，确信必须改葬，于是劝老四放弃陈见，老四当然也不能再坚持了。老九于是肩负这件家族重任。改葬首在择地。第一、第三段讲的便是曾氏对择地一事的看法。

老九将自己要砌的房子，画了个图样送给大哥看，曾氏认为规模太大了。咸丰九年元旦，曾氏在给诸弟的家信中也谈到对起屋的看法：“我家若太修造壮丽，则沅弟必为众人所指摘，且乱世而居华屋广厦，尤非所宜。”

治家八字诀

□原文

家中一切，自沅弟去冬归去，规模大备，惟书、蔬、鱼、猪及扫屋、种竹等事，系祖父以来相传家法，无论世界之兴衰，此数事不可不尽心。

凡屋高而天井小者，风难入，日亦难入，必须设法袪散湿气，乃不生病。至嘱至嘱。

余与沅弟论治家之道，一切以星冈公为法，大约有八字诀，其四字，即上年所称“书、蔬、鱼、猪”也，又四字，则曰“早、扫、考、宝”。早者，起早也；扫者，扫屋也；考者，祖先祭祀，敬奉显考、王考、曾祖考，而妣可该也；宝者，亲族乡里，时时周旋，贺喜吊丧，问疾济急。星冈公尝曰：“人待人，无价之宝也。”星冈公生平于此数端，最为认真，故余戏述为八字诀曰书、蔬、鱼、猪、早、扫、考、宝也。

□译文

家中的一切，自从沅弟去年冬天回去后规模大为完备，惟有读书、种蔬菜、养鱼、养猪以及扫屋、种竹子等事，是祖父以来相传的家法，无论世界是兴是衰，这几件事都不可不尽心。

凡房屋高而天井小的，风难吹进来，阳光也难照进来，必须设法驱散湿气，才不会生病。至嘱至嘱。

我与沅弟谈论治家之道，应一切以星冈公为榜样，大约有八字口诀，其中四个字，即上年所说的“书、蔬、鱼、猪”，还有四个字，那就是“早、扫、考、宝”。所谓早，即起床早。所谓扫，即打扫庭院。所谓考，即对祖先的祭祀，敬奉父亲、祖父、曾祖父，用一个“考”字，“妣”也包括在内。所谓宝，即亲族邻里，要时时周旋，贺喜吊丧，询问疾病，救济危难。星冈公曾说过：“人与人之间的好好相处，这是无价之宝。”星冈公一生对这几件事最为认真，故而我戏称为八字诀，叫做书、蔬、鱼、猪、早、扫、考、宝。

□评点

曾氏一再称他的治家之道是从他的祖父星冈公那里学来的，相信他说的是事实。不过笔者认为，曾氏对乃祖的家法在继承的基础上一定有许多发展与提高，至少他加以条理化、系统化、理论化了。这八字诀就是其中一个典型例子。

情意宜厚用度宜俭

□原文

家中之事,望贤弟力为主持,切不可日趋于奢华。子弟不可学大家口吻,动辄笑人之鄙陋,笑人之寒村,日习于骄纵而不自知。至戒至嘱。

照料家事,总以俭字为主,情意宜厚,用度宜俭。此居家居乡之要诀也。

当此大乱之世,兴造过于壮丽,殊非所宜,恐劫数未满,或有他虑。弟与邑中诸位贤绅熟商。去年沅弟起屋太大,余至今以为隐虑。此事又系沅弟与弟作主,不可不慎之于始。弟向来于"盈虚消长"之机,颇知留心,此事亦当三思。至嘱至嘱。

□译文

家中的事情,希望贤弟竭力主持,切不可日趋于奢侈华丽,子弟不可以学大家族人说话的口气,动辄笑别人鄙陋,笑别人寒酸,每天习惯于骄纵而自己却不知道。至嘱至嘱。

照料家中的事,总要以俭字为主。情意上宜厚实,花销上宜省俭。这是在家里过日子在乡村里过日子的要诀。

处在现在这个大乱的世道中,修建房屋过于壮丽,很不适宜,恐怕我们遭遇的劫数还未满期,或许还会有别的忧虑。弟与地方上的各位贤良绅士仔细商量。去年沅弟砌屋太大,我至今认为这是一个隐患。这件事又是沅弟与弟做的主,不可不在一开始时便慎重。弟一向对于"盈虚消长"这个机奥颇为留心,此事也应当三思。至嘱至嘱。

□评点

曾氏苦口婆心,不惜一而再,再而三,三而四,甚至几乎在每封信中都说要省俭莫奢华,但家中的几个弟弟似乎并没有听进去多少,一个个我行我素。老九起了一个宏大壮丽的新居,名曰大夫第。大哥一再规劝要谨防外人议论,老九却一点也不在乎,说“外间訾议,沅自任之”。老九的这种态度,倒是让老四很欣赏,他接下来就学样,也起了一座闳丽的新居,名曰万谊堂。在以后的岁月中,老幺和已故去的老六家都大兴土木,老幺起新宅名曰有恒堂,老六家则翻修白玉堂。到了同治五年,在欧阳夫人的主持下,曾氏家也花费七千串钱起了一座气魄不凡的大宅院,名曰富贵堂。曾氏本人对此也无可奈何,只能在家信中表示一下自己的态度:“富圫修理旧屋,何以花钱至七千串之多?即新造一屋,亦不应费钱许多。余生平以大官之家买田起屋为可愧之事,不料我家竟尔行之。”(同治六年二月十三日致纪泽)

由此可知,即便有曾氏这样的家长在时时刻刻提醒,对于一个有权有势的家庭来说,要真正地去奢从俭,的确是一件很难的事。

勤苦为体谦逊为用

□原文

余在京十四年,从未得人二百金之赠,余亦未尝以此数赠人。虽由余交游太寡,而物力艰难,亦可概见。余家后辈子弟,全未见过艰苦模样,眼孔大,口气大,呼奴喝婢,习惯自然,骄傲之气,入于膏肓而不自觉。吾深以为虑。前函以傲字箴规两弟,两弟不深信,犹能自省自惕。若以傲字诰诫子侄,则全然不解。盖自出世以来,只做过大,并未作过小,故一切茫然,不似两弟做过小,吃过苦也。

教训后辈子弟,总以勤苦为体,谦逊为用,以药佚骄之积习,余无他嘱。

总怕子侄习于骄、奢、佚三字,家败离不得个奢字,人败离不得个佚字,讨人嫌离不得个骄字。

子侄须教一勤字一谦字。谦者骄之反也,勤者佚之反也。骄奢淫佚四字,惟首尾二字,尤宜切戒!至诸弟中外家居之法,则以考、宝、早、扫、书、蔬、鱼、猪八字为本,千万勿忘。

□译文

我在京城住了十四年,从来没有得过别人二百两银子的馈赠,我也没有送过二百两银子给别人,虽然是因为我的交游太少,而银钱上的艰难也由此可以见一个大概。我家后辈子弟,完全没有见过艰苦时的样子,眼界大,口气大,呼奴喝婢,已成习惯自然,骄傲之气,已进入膏肓而不自知,我深以为忧虑。前次信中以傲字规劝两弟,两弟虽然不深信,但还是能以此自我反省警惕。若是以傲字教育子侄,他们则完全不能理解。这是因为他们从出生以来,便只做过人上人,而没做过人下人,故而对世事一切都茫然不懂,不像两弟做过人下人,吃过苦。

教训后辈子弟,总是要告诉他们勤苦是人的根本,与人打交道则要谦逊,借以医治懒散骄傲的积习,其他则没有别的嘱咐了。

我总是当心子侄习惯于骄、奢、佚三个字。家败则离不开一个奢字,人败则离不开一个佚字,使人觉得不愉快离不开一个骄字。

对于子侄,必须将一个勤字一个谦字教给他们。谦是骄傲的反面,勤是懒散的反面。骄奢淫佚四个字,惟有首尾两个字尤其要切切戒除。至于诸弟对内对外治家之法,则以考、宝、早、扫、书、蔬、鱼、猪八个字为根本,千万不要忘记。

□评点

咸丰十年四月,朝廷命曾氏署理两江总督。这年六月下旬,曾纪泽由湖南来到安徽祁门,探视驻节此地的父亲。九月初,曾氏命纪泽先到安庆,看望正率军围城的九叔国荃和幺叔国葆,然后再回湘。离祁门时,曾氏送纪泽二百两银子,离开安庆时,国葆又送给侄儿一大笔钱。十月初四,曾氏给两弟写信,说赠纪泽的银钱太多,于是引出"在京十四年从未得人二百金之赠"的一段话来。曾氏时刻当心家中因权势的增加而日趋骄奢,尤其是后辈子侄,从未有过艰苦的经历,反倒是一生下来就被众人捧着抬着,以至于"骄傲之气入于膏肓而不自觉"。我们读这几段家信,真感觉到曾氏在千叮咛万嘱咐。

不信补药僧巫地仙

□原文

吾祖星冈公在时,不信医药,不信僧巫,不信地仙。此三者,弟必能一一记忆。今我辈兄弟,亦宜略法此意,以绍家风。

合家大小老幼,几于无人不药,无药不贵,迨至补药吃出毛病,则又服凉药以攻伐之,阳药吃出毛病,则又服阴药以清润之。展转差误,不至大病大弱不止。

地仙、僧巫二者,弟向来不甚深信,近日亦不免为习俗所移。以后尚祈卓识坚定,略存祖父家风为要。天下信地信僧之人,曾见有一家不败者乎?

□译文

我的祖父星冈公在世时,不信医药,不信僧巫,不信地仙,这三点，弟想必能一一有记忆。现在我辈兄弟，也应该略微效法祖父，以接续家风。

全家大小老幼，几乎无人不吃药，无药不贵，待到吃补药吃出毛病，则又服凉药来调和，补阳的药吃出毛病了，又吃补阴的药来加以清润。就这样反复失误，不到身体大病大弱不停止。

地仙、僧巫两类人，弟一向不很相信，近来也不免为习俗所改变，以后还希望坚定自己的正确认识，略微保存祖父所开创的家风为重要。天下相信地仙僧巫的人，能看到其中有一家不失败吗？

□评点

湖南人称以看风水寻好地为职业的人为地仙。此处将僧巫合称，指的是这样一类人：作法事超度亡灵的和尚，作道场消灾祈福的道士，以及装神弄鬼推测占卜的巫婆。至于此处所讲的医药，看来主要指补药。曾氏的祖父不相信地仙、僧巫、补药，曾氏本人也不相信，他希望家里人都不要相信。

不非笑人少坐轿

□原文

凡畏人不敢妄议论者，谦谨者也；凡好讥评人短者，骄傲者也。谚云："富家子弟多骄，贵家子弟多傲。"非必锦衣玉食，动手打人而后谓之骄傲也，但使志得意满，毫无忌畏，开口讥人短长，即是极骄极傲耳！余正月初四信中，言戒骄字，以不轻非笑人为第一义；戒惰字，以不晏起为第一义。望弟常常猛省，并戒子侄也。

家中兄弟子侄，惟当记祖父之八个字，曰考、宝、早、扫、书、蔬、鱼、猪，又谨记三不信，曰不信地仙、不信医药、不信僧巫。余日记册中，又有八本之说，曰读书以训诂为本，作诗文以声调为本，事亲以得欢心为本，养生以戒恼怒为本，立身以不妄语为本，居家以不晏起为本，作官以不要钱为本，行军以不扰民为本。

家中无论老少男妇，总以习勤劳为第一义，谦谨为第二义。劳则不佚，谦则不傲，万善皆从此生矣。

大抵富贵人家气习，礼物厚而情意薄，使人多而亲到少。吾兄弟若能彼此常常互相规诫，必有裨益。

傲为凶德，惰为衰气，二者皆败家之道。戒惰莫如早起，戒傲莫如多走路，少坐轿。望弟留心儆戒。

□译文

凡是对别人心存畏惧不敢随便议论的人，是谦谨者；凡喜欢讥评别人短处的人，是骄傲者。谚语说："富家子弟多骄奢，贵家子弟多傲慢。"不一定锦衣玉食，动手打人之后才能说是骄傲，只要是志得意满，毫无畏惧之心，开口便讥笑别人的短长，这便是极其骄傲的表现。我在正月初四的信中说到戒除骄字，以不轻易讥笑别人为第一等重要，戒除惰字，以不晚起床为第一等重要。希望弟能常常猛然省悟，并以此为子侄之戒。

家中的兄弟子侄，惟一要记住的是祖父的八个字，叫做考、宝、早、扫、书、蔬、鱼、猪，还要谨记三个不信，叫做不信地仙，不信医药，不信僧巫。我的日记中，还有八本之说，叫做读书以训诂为本，作诗文以声调为本，侍奉双亲以得欢心为本，养生以戒恼怒为本，立身以不妄语为本，居家以不晚起床为本，做官以不贪污为本，行军以不扰民为本。

家中无论老少男女，总要以习惯于勤劳为第一层意义，以谦谨为第二层意义。勤劳则不会放荡，谦谨则不会骄傲，万种善性都从这里生发。

大致说来，富贵人家的习气是礼物上表现得隆厚，但情意上却显得淡薄，打发别人送礼慰问的多，而自己亲自到场的少。我们兄弟若是能彼此常常互相规劝告诫，必定有所裨益。

骄傲为带来凶险的品性，懒惰则使气象衰落，这两点都将导致家败。戒除懒惰则不如早起床，戒除骄傲则不如多走路，少坐轿。希望弟留心对自己加以戒备。

□评点

前面说到曾氏常给人指引从此岸到彼岸的津渡。这里所抄录的几段话中又有两处新的津渡，一是不轻非笑人是戒骄的津渡，一是多走路少坐轿是戒傲的津渡。

不待天概人概先自概

□原文

日中则昃，月盈则亏，吾家亦盈时矣。管子云："斗斛满，则人概之；人满，则天概之。"余谓天之概无形，仍假手于人以概之。霍氏盈满，魏相概之，宣帝概之；诸葛恪盈满，孙峻概之，吴主概之。待他人之来概而后悔之，则已晚矣。

吾家方丰盈之际，不待天之来概，人之来概，吾与诸弟当设法先自概之。自概之道云何？亦不外清、慎、勤三字而已。吾近将清字改为廉字，慎字改为谦字，勤字改为劳字，尤为明浅，确有可下手之处。

沅弟昔年于银取与之际，不甚斟酌，朋辈之讥议非薄，其根实在于此。去冬之买犁头嘴、栗子山，余亦大不谓然，以后宜不妄取分毫。不寄银回家，不多赠亲族，此廉字工夫也。谦之存诸中者不可知，其著于外者约有四端，曰面色，曰言语，曰书函，曰仆从属员。沅弟一次添招六千人，季弟并未禀明，径招三千人，此在他统领所断做不到者。在弟尚能集事，亦算顺手。而弟等每次来信，索取帐棚子药等件，常多讥讽之词、不平之语，在兄处书函如此，则与别处书函更可知已。沅弟之仆从随员，颇有气焰，面色言语，与人酬接时，吾未及见，而申夫曾述及往年对渠之词气，至今饮憾。以后宜于此四端，痛加克治，此谦字工夫也。每日临睡之时，默数本日劳心者几件，劳力者几件，则知宣勤王事之处无多，更竭诚以图之，此劳字工夫也。余以名位太隆，常恐祖宗留诒之福，自我一人享尽，故将劳、谦、廉三字，时时自惕，亦愿两贤弟之用以自惕，且即以自概耳。

良田美宅，来人指摘，弟当三思，不可自是。吾位固高，弟位亦实不卑，吾名固大，弟名亦实不小，而犹沾沾培坟墓以永富贵，谋田庐以贻子孙，岂非过计哉？

□译文

太阳到了正午便向西偏斜，月亮到了圆满时便会亏缺，我们家现在也可以算得上盈满了。管子说："斗斛装满过头了，人就会用概来将它抹平；人如果盈满过头了，天就会用概来将它抹平。"我说天的概是无形的，它要假人之手来用。霍光盈满，魏相就来用概抹平，汉宣帝就来用概抹平；诸葛恪盈满，孙峻就来用概抹平，吴国君主就来用概抹平。等到别人来用概才后悔，后悔就晚了。

我们家正处丰盈的时候，不要等到天来用概，别人来用概，我与诸弟想办法先来自己抹平。自己抹平的办法在哪里呢？也不外乎清、慎、勤三个字而已。我近来将清字改为廉字，将慎字改为谦字，将勤字改为劳字，尤其显得明白浅易，的确有可以做到的地方。

沅弟往年在银钱收支上考虑不周到，朋辈中的议论指责，它的根源就在这里。去年冬天买犁头嘴、栗子山，我也不大以为然，以后应该不随便收取分毫。不寄银钱回家，不多送银钱给亲族，这是廉字上的工夫。谦虚在自己心中存在的程度别人不可知，表现在外的大约有四个方面，即面色、言语、信函、仆从属员。沅弟一次增加招勇六千人，季弟没有向我禀报，就直接招勇三千人，这是其他统领所绝对做不到的事。弟能够办成这事，可以算是顺手。但每次来信，索取帐棚子药等军需品时，常常多讥讽之词与不平之语，给哥哥的信尚且这样写，给别人的信函更可想而知。沅弟的仆从随员都存有气焰，与人相见时的面色言语我没有看到，但李申夫曾经说到往年对他的语气，他至今尚有不满。以后应该在四个方面上痛加整治。这是谦字上的工夫。每天临睡的时候，默默地在心中数着今天劳心事做了几件，劳力事做了几件，则知道勤王公事做得不多，更加要竭诚谋事。这就是劳字上的工夫。我因为名位太崇隆，常常当心祖宗留下的福分，到我一个人的身上便享尽了，故而将劳、谦、廉三个字时时自我警惕，也愿两位老弟用来自我警惕，并且用它们作为概来自我抹平。

良田美宅，远来的人指摘，弟应当三思，不可自以为是。我的地位固然高，弟的地位也确实不低。我的名声固然大，弟的名声确实也不小，还这样自喜于以培植坟墓来求永远富贵，谋求田地房屋留给子孙，岂不太过分了吗？

□评点

与大哥性格截然相反，老九曾国荃沅甫是个对银钱大手出进并我行我素不在乎舆情的人，当时被称为三如将军，即杀人如麻，挥金如土，爱才如命，又被称为老饕，即特别贪婪者。大概是曾氏听到许多人都这么说他的这个沅弟的，故而这两段话说得比往常都要更具体又更严厉。

与地方官相处之法

□原文

弟晨起极早,饭后始天明,甚为喜慰。吾辈仰法家训,惟早起、务农、疏医、远巫四者,尤为切要!

莫买田产,莫管公事,吾所嘱者,二语而已。盛时常作衰时想,上场当念下场时。富贵人家,不可不牢记此二语也。

为兄弟者,总宜奖其所长而兼规其短。若明知其错,而一概不说,则非特一人之错,而一家之错也。吾家于本县父母官,不必力赞其贤,不可力诋其非,与之相处,宜在若远若近、不亲不疏之间。渠有庆吊,吾家必到。渠有公事,须绅士助力者,吾家不出头,亦不躲避。渠于前后任之交代,上司衙门之请托,则吾家丝毫不可与闻。弟既如此,并告子侄辈常常如此。子侄若与官相见,总以谦谨二字为主。

□译文

弟早晨起床很早,吃完饭后才天明,我非常高兴欣慰。我们以家训为准则,惟有早起床、务农活、疏离医、远隔巫四点,尤为切实重要。

不要买田产,不要管公事,我所叮嘱的,只有这两句话而已。兴旺时心中常存有衰败时怎么办的想法,上到台面时心中常存有下台时怎么办的想法。富贵人家,不可不牢记这两句话。

作为兄弟,总是应该表扬长处而兼规劝短处,若是明明知道他有错误,而一句话都不说,如此不仅仅是一个人的错,而是一家的错。我们家对待本县的父母官，不必要竭力赞扬他的贤能，不可竭力指摘他的不是，与他相处，宜在不远不近、不亲不疏之间。他家有喜庆有丧事，我们家一定参加。他有公事，需要绅士们帮助的，我们家不出头，也不躲避。他关于前任与后任的交待事，关于请求去上级衙门帮他说话办事等，我们家则丝毫不可参与。弟要这样做，并且告诉子侄辈也要这样做。子侄们若与官府打交道，总以谦谨两个字为主。

□评点

不参与地方公事，这是曾氏对家里的一贯要求，当年曾家老太爷在世时，曾氏便叮嘱其父杜门谢客。在家的老四，是个喜欢揽事的人，曾氏时常叫他“莫管公事”。与本县官府打交道，取一种“若远若近、不亲不疏”的方式，以曾氏家族在当地的处境，这是一种最好的方式。其实，仔细想一想，未尝不是社会名流与官家相处的一种好状态！

祭不欲数

□原文

古人云：“祭不欲数，数则烦，烦则不敬。”祭尚不可烦渎，况丧礼而可烦渎乎？

□译文

古人说：“祭祀不能过多，多则麻烦，一旦有了嫌麻烦的念头，典礼则不能做到恭敬。”祭祀尚且不可以因烦而轻慢，何况丧礼能因烦而轻慢吗？

□评点

凡慎重之事都不宜举行得太频繁，这是因为频繁便带来人心的烦躁,慎重之事便因此而变味了。这些年来,各地频频办什么什么节,开什么什么会,而收效甚微,“祭不欲数”的古训宜再次温习。

收啬与节制

□原文

弟之志事,颇近春夏发舒之气,余之志事,颇近秋冬收啬之气。弟意以发舒而生机乃旺,余意以收啬而生机乃厚。平日最好以昔人“花未全开月未圆”七字,以为惜福之道、保泰之法莫精于此。曾屡次以此七字教诫春霆,不知与弟道及否?星冈公昔年待人,无论贵贱老少,纯是一团和气,独对子孙诸侄,则严肃异常,遇佳时令节,尤为凛不可犯,盖亦具一种收啬之气,不使家中欢乐过节,流于放肆也!余于弟营保举、银钱、军械等事,每每稍示节制,亦犹本“花未全开月未圆”之义,至危迫之际,则救焚拯溺,不复稍有所吝矣。

生日在即,万不可宴客称庆。此间谋送礼者,余已力辞之,弟在营亦宜婉辞而严却之。家门太盛,常存日慎一日而恐其不终之念,或可自保,否则颠蹶之速,有非意计所能及者。

□译文

弟的习性,颇为接近春夏之间的发舒之气,我的习性,颇为接近秋冬之间收啬之气。弟的意思是以发舒才能让生机旺盛,我的意思是以收啬才可以使生机得到培植。平日里,我最喜爱前人所说的“花未全开月未圆”七个字,认为惜福、保泰的道理,以此话说得最精彩,曾经多次用这七个字教诫鲍春霆,不知与弟提到否?星冈公从前待人,无论对待贵贱老少,都是一团和气,独独对子孙及诸侄,则异常严肃,遇到喜庆日子和节日,尤其凛然不可侵犯,这也是因为具有一种收啬之气,不使得家中在欢乐时过于放肆。我对于弟的军营中有关保举、银钱、军械等事,每每稍稍表示节制,也是本着“花未全开月未圆”之义,至于危难紧迫时候,那是好比救拯火烧水淹,则不再稍有吝啬了。

生日快到了,万万不可摆宴席请客庆贺。这里有人想借此送礼,我已竭力辞谢,弟在军营也应婉言严辞。家门太兴盛,常常存着谨慎地度过每一天而担心不能善终的念头,或许可以自保,否则垮台之快,甚至都不能意料到。

□评点

关于“花未全开月未圆”这句诗,笔者已在评点曾氏家书中说到,此处不再重复。所录的这两段话,说的是曾氏处顺境时的恐惧之心,以及用收啬、节制来求取平衡的应对方式。

有福不可享尽有势不可使尽

□原文

余往年撰联赠弟,有“俭以养廉,直而能忍”二语。弟之直,人人知之,其能忍,则为阿兄所独知;弟之廉,人人料之,其不俭则阿兄所不及料也。以后望弟于俭字加一番工夫,用一番苦心,不特家常用度宜俭,即修造、公费、周济、人情,亦须有一俭字意思。总之,爱惜物力,不失寒士之家风而已。吾弟以为然否?

弟家之渐趋于奢华,即因人客太多之故。此后总须步步收紧,切不可步步放松。总之,家门太盛,有福不可享尽,有势不可使尽。人人须记此二语也。

余身体平安,合署内外俱好,惟俭字日减一日。余兄弟无论在官在家,彼此常以俭字相勖,则可久矣。

吾不欲多寄银物至家，总恐老辈失之奢，后辈失之骄，未有钱多而子弟不骄者也。吾兄弟欲为先人留遗泽，为后人惜余福，除却俭勤二字，别无做法。弟与沅弟皆能勤而不能俭，余微俭而不甚俭。子侄看大眼，吃大口，后来恐难挽回，弟须时时留心。

后辈兄弟，极为和睦，行坐不离，共被而寝，亦是家庭兴旺之象。

新正人客甚多，不似往年军营光景，余虽力求节俭，总不免失之奢靡。日日以俭字告诫妻子，现略知遵守，亦望吾弟常告内外周知也。

闻家中内外大小，及姊妹亲戚，无一不和睦整齐，皆弟连年筹画之功。愿弟出以广大之胸，再进以俭约之诫，则尽善矣。

后辈体气，远不如吾兄弟之强壮。吾所以屡教家人崇俭习劳，盖艰苦则筋力渐强，娇养则筋力愈弱也。

俭之一字，弟言时时用功，极慰极慰！然此事殊不易易，由既奢之后而返之于俭，若登天然。即如雇夫赴县，昔年仅轿夫二名，挑夫一名，今已增至十余名，欲挽回仅用七八名，且不可得，况挽回三四名乎？随处留心，牢记有减无增四字，便极好耳。

□译文

我往年撰写联语送弟，其中有“俭以养廉，直而能忍”两句话。弟的直爽，人人都知道；弟的忍耐，则为做兄长的所独知。弟的廉洁，人人都能料得到，弟的不节俭则为做兄长的所不及料。以后希望弟在俭字上还要增加一番工夫，用一番苦心。不只是日常里家庭用度要俭仆，即便是修理建造方面、为公益事出钱、周济贫困、人情往来，也必须有一个俭字的意识。总之，爱惜物力，不失去寒士的家风而已。贤弟是否同意呢？

弟家之所以渐渐走向奢华，是因为人客太多的原故，以后总须步步收紧，切不可以步步放松。总之，家门太盛了，有福不可以享尽，有势不可以使尽。人人都要记住这两句话。

我身体平安，整个官署内外都好，只有在俭字上是日减一日。我们兄弟无论做官还是做老百姓，彼此经常以俭字互相勉励，则可以将安宁日子维持久远。

我不愿意多给家里寄银钱货物，总是担心上辈人失之于奢，后辈人失之于骄，没有家里钱多而子弟不骄傲的。我们兄弟希望为先人留下遗泽，为后人增添福分，除勤俭两个字外，没有别的做法。弟与沅弟都能勤但不能俭，我则稍微能俭但不很俭。至于子侄们，则是眼界大，胃口大，这种状态以后恐怕难以挽回，弟必须时时留心。

后辈兄弟极为和睦，行坐都不分离，共一床被子睡觉，这也是家庭兴旺的现象。

新年正月里人客很多，不像往年军营的光景，我虽然力求节俭，总不免有点奢靡。每天以俭字告诫妻与子，现在大家都稍微知道遵守，也望我的弟弟常常告诉家庭里里外外都知道。

听说家中里外大大小小，以及姊妹亲戚，无一不和睦整齐，都是弟连年筹划的功劳。愿弟以广阔的胸怀对外应接，又以俭约训诫家中，那么则尽善了。

后辈子侄的身体，远不如我们兄弟的强壮，我之所以屡屡教家人崇俭习劳，是因为艰苦则筋力日渐强壮，娇养则筋力日渐虚弱。

俭这个字，弟说时时在用功，极为欣慰！但此事很不容易，已经奢侈而再返回俭朴，好比登天。比如说雇脚力到县城，过去只有轿夫二名，挑夫一名，现在已增加到十多名，想要挽回到七八名，且不可能，何况挽回到三四名呢？随处留心，牢牢记住只减不增四个字，便是极好了。

□评点

此处所抄录的九段话，都出自于曾氏同治二三年写给家里的信，说的内容归纳起来可以一字概括，即俭。因官位的崇隆及军事的胜利，曾氏家族不乏地位与金钱，奢侈不但在老四、老六家中已成常态，即便曾氏自己的小家庭，也是日常开支渐趋庞大，这是晚年曾氏所极不愿看到的现象，故而在家信中不厌其烦地反复申述。

患难风波之兄弟

□原文

弟军今年饷项之少，为历年所无，吾岂忍更有挑剔？况近来外侮纷至迭乘，余日夜战兢恐惧，若有大祸即临眉睫者，即兄弟同心御侮，尚恐众推墙倒，岂肯微生芥蒂？又岂肯因弟词气稍戆藏诸胸臆？又岂肯受他人千言万怄，遂不容胞弟片语乎？老弟千万放心，千万保养。此时之兄弟，实患难风波之兄弟，惟有互劝互勖互恭维而已。

弟之声名，即余之声名也。弟之性命，即余之性命也。二者比较，究以保重身体为大。弟自问身体足以久磨久炼，则余自放心矣。

□译文

弟军今年饷银之少为历年来所没有的，我岂忍心还来挑剔？况且近来外侮频繁，我日夜战战兢兢心怀恐惧，好像大祸迫在眉睫，即便兄弟俩同心御侮，尚且担心众人推倒这面墙，又岂能稍微生发一点芥蒂？又岂能因胞弟说话语气稍戆愚而记在心中？又岂能受得了别人万千语言上的怄气，却不能容下胞弟片言只语呢？老弟你千万放心，千万保养。此时的兄弟，实在是患难风波中的兄弟，惟有互相劝解互相勉励互相恭维而已。

弟的名声，就是我的名声，弟的性命，就是我的性命，二者相比较，毕竟以保重身体为重要。弟自己认为身体足以经得起久磨久炼，则我自然放心了。

□评点

这两段话都出自同治三年曾氏写给老九的信，前信写于四月初三，后信写于五月十五。当时的背景是，驻扎南京城外的曾老九，军事上正处在极为严峻的关键时刻。老九自从同治元年五月初兵临南京城下，至今已有两年了。南京城号称天下第一城，城墙周长九十里，城内有上百万居民，有十多二十万太平军将士，老九的吉字营只有五万人。老九心大，要独占打下南京的第一功。因此，他一是坚持在南京城下，不管多大的艰难困苦，不退不撤，二是在长期包围而无进展招致内外指责时，他仍拒绝别人插手攻城之事，以至于奉朝廷援助之命的李鸿章不敢带兵前去南京。前一段话是曾氏对身处破城前夕的老九的宽慰，后一段话是劝老九在名声与身体两者中以身体为重。两段话都说得充满手足真情，可见在那段决定命运的日子里，曾氏兄弟将国事与家事捆绑在一起的特殊情感。

门庭太盛非勤俭难久支

□原文

余中厅悬八本堂扁，跋云："养生以少恼怒为本，事亲以得欢心为本。"弟久劳之躯，当极力求少恼怒。

余于家庭，有一欣慰之端，闻妯娌及子侄辈和睦异常，科一、三、四有姜被同眠之风，甲三、五等亦爱敬兼至，此足卜家道之兴，然亦全赖老弟分家时，布置妥善，乃克臻此。

余蒙先人余荫，忝居高位，与诸弟及子侄谆谆慎守者，但有二语，曰“有福不可享尽，有势不可使尽”而已。福不多享，故总以俭字为主，少用仆婢，少花银钱，自然惜福矣。势不多使，则少管闲事，少断是非，无感者亦无怕者，自然悠久矣。

殊恩异数，萃于一门，祖宗积累阴德，吾辈食此厚报，感激之余，弥增歉悚。

余欲上不愧先人，下不愧沅弟，惟以力教家中勤俭为主。余于俭字，做到六七分，勤字则尚无五分工夫。弟与沅弟于勤字做到六七分，俭字则尚欠工夫。以后各勉其所长，名戒其所短。弟每用一钱，均须三思。

近日家中内外大小，勤俭二字，做得几分？门第太盛，非此二字，断难久支。

吾家子侄，人人须以勤俭二字自勉，庶几长保盛美。观《汉书》霍光传，而知大家所以速败之故，取金日磾、张世安二传，解示后辈可也。

吾不望代代得富贵，但愿代代有秀才。秀才者，读书之种子也，世家之招牌也，礼仪之旗帜也。

为人与为学并进，切戒骄奢二字，则家中风气日厚，而诸子侄争相磨矣。

□译文

我家中厅悬有八本堂匾，跋语说：“养生以少恼怒为本，侍奉双亲以得欢心为本。”弟的身体久经劳累,当极力求得少恼怒。

对于家庭,我有一个感到欣慰之处,即听说家中妯娌及子侄辈和睦异常,科一与科三、科四有同盖一被的亲热,甲三与甲五等人也互相敬爱。凭这一点,可看出家道的兴旺。之所以能如此,也是全赖着老弟在分家时的妥善布置。

我蒙受先人的余荫,不称职地居于高位,与诸弟及子侄们所能谨慎把守的,也只有二句话,即“有福不可以享尽,有势不可以用尽”而已。福分不多享受,故而总应当以俭字为主,少用仆婢,少花银钱,自然就惜福了。势不多使用,则做到少管闲事,少去断人家的是非,没有感谢者也没有害怕者,自然日子便悠闲长久。

特殊的恩眷异常的命数,都集于我曾氏一门,祖宗所积累的阴德,让我们这一代承受如此的厚报,感激之余,更增加歉疚恐惧。

曾氏故居富厚堂窗棂

我想上不愧于先人,下不愧于沅弟,惟一可做到的是努力教导家中以勤俭为主。我于俭字,已做到六七分,于勤字则尚无五分工夫。弟与沅弟于勤字则做到六七分,于俭字则尚欠工夫。以后各人勉励长处,告诫短处。弟每花费一钱,都要三思。

近来家中里外与大人小孩,在勤俭这两个字上,做到了几分?门第太兴盛,若不按这两个字做,兴盛局面断难长久保持。

我家的子侄,人人都必须用勤俭两个字来自我勉励,或许可以长保兴盛美满。读《汉书》中的霍光传,而后知大家族之所以迅速破败的原故，可以取出金日磾、张世安两人的传给后辈解读。

我不指望代代都富贵，但愿代代都有秀才。所谓秀才，就是读书的种子，世家的招牌，礼仪中的旗帜。

做人与求学并进，切戒骄奢二字，则家中风气日益厚重，子侄们都会争相磨砺。

□评点

此处所抄录的这几段话，均出自于同治三年五、六、七月间曾氏给家中的信。六月十六日，曾老九率领吉字营攻破南京城。那么五、六、七这三个月，正是大功即将告成及大功已获的时期。就在这样的时候，曾氏仍是一贯地将勤、俭、谦、谨这些话告诫子弟。

六分天生四分家教

□原文

余与沅弟同时封爵开府，门庭可谓极盛，然非可常恃之道。记得己亥正月，星冈公训竹亭公曰："宽一虽点翰林，我家乃靠作田为业，不可靠他吃饭。"此语最有道理。今亦当守此二语为命脉，望吾弟专在作田上用些工夫，辅之以书、蔬、鱼、猪、早、扫、考、宝八字，任凭家中如何贵盛，切莫全改道光初年之规模。凡家道所以可久者，不恃一时之官爵，而恃长远之家规，不恃一二人之骤发，而恃大众之维持。我若有福，罢官回家，与弟当竭力维持。老亲旧眷，贫贱族党，不可怠慢。待贫者亦与富者一般，当盛时预作衰时之想，自有深固之基矣。

吾兄弟处此时世，居此重名，总以钱少产薄为妙。一则平日免于觊觎，仓卒免于抢掠；二则子弟略见窘状，不至一味奢侈。

吾自嘉庆末年至道光十九年，见王考星冈公日日有常，不改此度，不信医药、地仙、和尚、师巫、祷祝等事，亦弟所一一亲见者。吾辈守得一分，则家道多保得几年。

木器但求坚实，不尚雕镂，漆水却须略好，乃可经久；屋宇不尚华丽，却须多种竹柏，多种菜园，即占去田亩，亦自无妨。

家中妇女渐多，外则讲究种蔬，内则讲究晒小菜、腌菜之类，乃是兴家气象。请弟倡之。

星冈公之家法，后世当守者极多，而其不信巫医地仙，吾兄弟尤当竭力守之。

处兹乱世，钱愈多则患愈大，兄家与弟家，总不宜多存现银，现钱每年足敷一年之用，便是天下之大富，人间之大福。家中要得兴旺，全靠出贤子弟。若子弟不贤不才，虽多积银、积钱、积谷、积产、积衣、积书，总是枉然。子弟之贤否，六分本于天生，四分由于家教。吾家代代，皆有世德明训，惟星冈公之教，尤应谨守牢记。吾近将星冈公之家规，编成八字句云："书、蔬、鱼、猪、考、宝、早、扫。常说常行，八者都好。地、命、医理、僧巫祈祷、留客久住，六者俱恼。"盖星冈公于地、命、医、僧、巫五项人，进门便恼，即亲友远客，久住亦恼。此八好六恼者，我家世世守之，永为家训，子孙虽愚，亦必略有范围也。

吾家现虽鼎盛，不可忘寒士家风味，子弟力戒傲惰。戒傲以不大声骂仆从为首，戒惰以不晏起为首。吾则不忘蒋市街卖菜篮情景，弟则不忘竹山坳拖碑车风景。昔日苦况，安知异日不再尝之？自知谨慎矣！

吾自五十以后，百无所求，惟望星冈公之后，丁口繁盛，此念刻刻不忘。吾德不及祖父远甚，惟此心则与祖父无殊。弟与沅弟，望后辈添丁之念，又与阿兄无殊，或者天从人愿，鉴我三兄弟之诚心，从此丁口日盛，亦未可知。且即此一念，足见吾兄弟之同心，无论哪房添丁，皆有至乐。和气致祥，自有可卜昌盛之理。

□译文

我与沅弟同时封爵开府，门庭可谓极其旺盛，但这不可以长久依恃。记得己亥年正月，星冈公教训竹亭公说："宽一虽然点了翰林，但我们家靠作田为职业，不可以依靠他吃饭。"这话最有道理。现在依旧守住这句话作为命脉，希望我的弟弟专门在作田上用些工夫，以书、蔬、鱼、猪、早、扫、考、宝八个字为辅助，不管家中如何富贵兴盛，切莫完全改变道光初年时的规模。大凡家道之所以能够长久保持的，不依恃一时的官爵，而是依恃长远的家规，不依恃一二人的骤然发迹，而是依恃众人的维持。我若是有福气罢官回家，当与弟竭力维持家风。老旧亲眷，贫贱族党，不可以怠慢。对待贫困人也与对待富贵人一个样，处于兴盛时要预先想到衰落时。如此，自然家业基础便深固了。

我们兄弟处在这样的时代，获得这样的大名，总以银钱少田产薄为好。一则平日里免去别人的窥视，混乱时免遭人抢掠；二则子弟稍微见到家里经济上的窘迫，不至于一味奢侈。

我自嘉庆末年到道光十九年，见祖父星冈公每天生活有规律，不改变他的处世原则，不相信医药、地仙、和尚、师公巫婆、作道场法事等，这些也是弟一一亲眼见到的。我们这一代守住一分，家道则可多保得几年。

木器只求坚实，不必追求雕镂，用漆却必须比较好，才可经久耐用。屋宇不必追求华丽，却必须多种竹子柏树，多种蔬菜，即便占去一些稻田也无妨。

家中妇女渐渐增多，外务则需讲究种蔬菜，内务则需讲究晒菜腌菜这些事,才是家庭兴旺的气象,请弟提倡这种风气。

星冈公的家法,后世应当遵守的极多,他不相信巫医地仙这一点,我们兄弟尤其应当竭力守住。

处在这样的乱世,钱愈多则祸患愈大,我家与弟家,总不应多存现金。每年的现金能够一年的开支,便是天下的大富、人间的大福。家里要想兴旺,完全靠出贤良子弟,若子弟不贤良没有才干,即便多积蓄银钱、积蓄粮食田产、积蓄衣物书籍,总是枉然。子弟贤与不贤,六分源于天生,四分由于家教。我们家代代都有好的德行严明的家训,特别是星冈公的教导,尤其应当谨守牢记。我近来将星冈公的家教编成八句,叫做:“书、蔬、鱼、猪、考、宝、早、扫,经常说经常做,八个方面都是好的。地仙、算命、医药、僧人巫婆作道场法事、留客人久住,这六者都烦恼。”这是因为星冈公对地、命、医、僧、巫五类人,一进门便恼火他们,即便是亲友远客,住久了也恼火。这八好与六恼,我家要世代守住,永远作为家训,子孙即便愚蠢,也会大致有个谱。

我家现在虽然鼎盛,不可以忘记寒士家的风味,子弟要力戒骄傲懒惰。戒傲以不大声骂仆从为第一点,戒惰以不晚起床为第一点。我则不忘当年蒋市街卖菜篮子的情景,弟则不忘当年竹山坳拖碑车的情景。从前的苦境,又怎么能知道今后就不会再出现?自己要知道谨慎啊!

我自五十以后百无所求,惟希望星冈公的后代人丁兴旺,这个念头时刻不忘。我的德行不及祖父很远,只有这颗心与祖父没有区别。弟与沅弟希望后辈生儿子的念头与你老哥也没有区别。或者天从人愿,鉴于我三兄弟的诚意,从此以后人丁日盛也未可知。况且即便就是这个念头,也足以看到我们兄弟的同心。无论哪一房生儿子,都有很大的快乐。和气致祥,自有可预卜家道昌盛的道理。

□评点

此处所抄录的九段话中,有五段提到星冈公。星冈公是曾氏的祖父。曾氏说他治家的那一套,完全来源于祖父,并常常自愧远不如祖父,在读者的心目中,这位星冈公一定是个了不起的人。殊不知这位曾氏的偶像,在年轻时竟是个浮荡子弟。这话就出自于曾氏本人的笔下,应当是千真万确的。笔者抄一段曾氏的《大界墓表》,以便让读者对星冈公有个全面的了解:“府君言之曰:吾少耽游惰,往还湘潭市肆,与裘马少年相逐,或日高酣寝。长老有讥以浮薄,将覆其家者。余闻而立起自责,贷马徒行。自是终身未明而起。余年三十五,始讲求农事。”从这段话可知,三十五岁前的星冈公不务正业,浮薄放荡,三十五岁后才走正路。可贵的是,他一旦醒悟,便能终身向善。这位身居僻乡的农民,居然能有不靠做官而靠作田吃饭的见识,在那个时代,也的确算得上一个很有头脑的人了。

以耕读为本

□原文

内人率儿妇辈久居乡间,将一切规模立定,以耕读二字为本,乃是长久之计。

吾兄弟叨忝爵赏,亦望后嗣子孙,读书敦品,略有成立,乃不负祖宗培植之德。吾自问服官三十余年,无一毫德泽及人,且愆咎丛积,恐罚及于后裔,老年痛自惩责,思盖前愆,望两弟于吾之过失,时寄箴言,并望互相切磋,以勤俭自持,以忠恕教子,要令后辈洗净骄惰之气,各执恭谨之风,庶几不坠家声耳。

细思吾兄弟三人之信,断未有不互观者,仍以共写一封为妥。

两弟信皆甚密，阿兄目病，而又懒惰，去信较稀，致弟殷殷悬盼，殊抱不安。

□译文

我的太太率领儿媳妇们长久地居住乡间，将一切规模制定，以耕读两个字为根本，才是长治久安之计。

我们兄弟侥幸得爵位赏赐，还是希望后辈子孙，读书培育好品德，略微有点成绩，这样才不辜负祖宗的培植恩德。我自认为做官三十多年，没有一点德行可以惠泽别人，而且过失很多，恐怕让后人遭到惩罚，老来自己痛加惩责，希望能掩盖先前的差错，希望两弟对我的过失，时时寄来规劝之言，并希望互相切磋，以勤俭来自持，以忠恕来教子，要令后辈彻底清除骄惰之气，大家都推行恭敬谨慎之风，或许可以不坠家庭的名声。

细细地想我们兄弟三人的信，断然没有不能互相看的，依旧以共同写一封信为妥当。两弟的信很多，为兄的眼睛有病，又加以懒惰，回信较少，使得弟殷勤盼望，心里很不安。

□评点

曾氏夫妇一辈子，只有京师居住的十二年中，天天厮守一起，此外一直是分多聚少。同治四年五月，曾氏奉旨北上剿捻，次年五月，欧阳夫人率全家回湘乡老家。按曾氏的想法，是夫人从此就在乡间长久住下，他也早日辞官回里。同治六年五月他在给夫人的信中说："余亦不愿久居此官，不欲再接家眷东来。"但曾氏两江总督的官没有辞掉，第二年二月，欧阳夫人又率子女回到南京督署。

仕途关乎时运

□原文

仕途巨细，皆关时运，余持此说久矣。然亦只可言于仕宦，若家事亦虽有运，然以尽人事为主，不可信运矣。

□译文

仕途上的大事小事，都与时运相关，我持此说已很久了。但这话也只可对仕宦而言，若是针对家事，虽有时运的关系，但应以尽人事为主，不可以相信命运。

□评点

曾氏曾说过“不信书，信运气，公之言，传万世”的话，结合这段家书文字，可知他这话是针对仕途而言的，至于其他方面，比如家事，他还是主张“尽人事为主，不可信运”。当然，即便是对仕途而言，曾氏这样说也似乎有点过头了。曾氏为什么这样说，中国的仕途为什么会让曾氏产生这样的看法，他这话究竟说没说中中国仕途的本质，诸如此类，都是值得思索的有趣问题，限于篇幅，此处就不再谈论了。

儿侄辈多不长寿

□原文

吾见家中后辈体皆虚弱，读书不甚长进，曾以养生六事勖儿辈：一曰饭后千步，一曰将睡洗脚，一曰胸无恼怒，一曰静坐有常时，一曰习射有常时（射足以习威仪，强筋力，子弟宜多习），一曰黎明吃白饭一碗,不沾点菜。

□译文

我见家中后辈的身体都虚弱,读书长进不大,曾经以六件有利养生的事情勉励儿辈:一为饭后走一千步,一为临睡时洗脚,一为胸中不烦恼,一为坚持按时静坐,一为按时练习射箭(射箭很能培养仪态威严,强壮筋骨,子弟适宜多操习),一为黎明时吃白饭一碗,不沾一点菜。

□评点

曾氏苦口婆心将养生之方传授后辈,但收效甚微。他的两个儿子都可说是英年早逝:纪泽只活了五十一岁,纪鸿仅三十三岁。但曾氏毕竟幸运,这是因为两个儿子都死在他的身后。最可怜的是老九,在他五十七岁、五十八岁时连丧两个儿子:一个三十一岁,一个二十九岁。到他死时,一等伯的爵位竟无儿子承袭,只能传给长孙曾广汉。

由俭入奢易由奢返俭难

□原文

凡人多望子孙为大官,余不愿为大官,但愿为读书明理之君子。勤俭自持,习劳习苦,可以处乐,可以处约,此君子也。余服官二十年,不敢稍染官宦气习,饮食起居,尚守寒素家风,极俭也可,略丰也可,太丰则我不敢也。凡仕宦之家,由俭入奢易,由奢返俭难。尔年尚幼,一切不可贪爱奢华,不可惯习懒惰。无论大家小家,士农工商,勤苦俭约,未有不兴,骄奢倦怠,未有不败。

□译文

大多数人都希望子孙为大官,我不愿子孙为大官,但愿为读书懂道理的君子。勤俭自立,习于劳苦,可以过快乐的生活,也可过俭朴的生活,这就是君子。我做官二十年,不敢稍稍沾染官场习气,饮食起居,依旧守住寒素家风,极为俭朴也可以,略为丰盈也可以,太丰盈我则不敢为。凡官宦之家,由俭入奢容易,由奢返回到俭则困难。你年龄还小,一切都不可以贪求奢华,不可以习惯于懒惰。无论是大家族还是小家庭,无论是读书人还是农、工、商人,勤苦俭约,没有不兴盛的,骄奢倦怠,没有不失败的。

□评点

这是咸丰六年九月曾氏写给次子纪鸿信中的一段话。收信人尚不到九岁,自然对信中的话不能理解透彻,但对于读者来说,这确是一段金玉良言,尤其是"不愿为大官,但愿为读书明理之君子"这句话,很值得望子成龙的天下父母们深思。

继承家风强调劳俭

□原文

尔当体我此意,于叔祖各叔父母前,尽些爱敬之心,常存休戚一体之念,无怀彼此歧视之见,则老辈内外必器爱尔,后辈兄弟姊妹必以尔为榜样,日处日亲,愈久愈敬。若使宗族乡党,皆曰纪泽之量大于其父之量,则余欣然矣。

我家高曾祖考,相传早起,吾得见竟希公、星冈公皆未明即起,冬寒起坐,约一个时辰,始见天亮。吾父竹亭公亦甫黎明即起,有事则不待黎明,每夜必起看一二次不等。余近亦黎明即起,思有以绍先人之家风。既冠受室,当以早起为第一先务,自力行之,亦率新妇力行之。

昔吾祖星冈公,最讲治家之法,第一起早,第二打扫干净,第三诚修祭祀，第四善待亲族邻里。凡亲族邻里来家，无不恭敬款待，有急必周济之，有讼必排解之，有善必庆贺之，有疾必问，有丧必吊。此四事之外，于读书种菜等事，尤为刻刻留心，故写家信，常常提及书蔬鱼猪四端者，盖祖父相传之家法也。

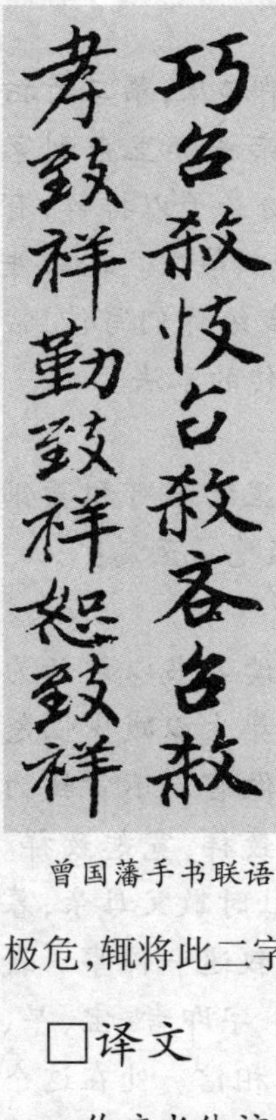

曾国藩手书联语

银钱田产，最易长骄气惰气。我家中断不可积钱，断不可买田。尔兄弟努力读书，决不怕没饭吃。至嘱！

吾教子弟，不离八本、三致祥。八者：曰读古书以训诂为本，作诗文以声调为本，养亲以得欢心为本，养生以少恼怒为本，立身以不妄语为本，治家以不晏起为本，居官以不要钱为本，行军以不扰民为本。三者：曰孝致祥，勤致祥，恕致祥。吾父竹亭公之教人，则专重孝字，其少壮敬亲，暮年爱亲，出于至诚，故吾纂墓志仅叙一事。吾祖星冈公之教人，则有八字、三不信。八者，曰考、宝、早、扫、书、蔬、鱼、猪。三者，曰僧巫、地仙、医药皆不信也。处兹乱世，银钱愈少，则愈可免祸；用度愈省，则愈可养福。尔兄弟奉母，除劳字俭字之外，别无安身之法。吾当军事极危，辄将此二字叮嘱一遍，此外亦别无遗训之语。

□译文

你应当体谅我的这个心意，在叔祖及各叔父母面前，尽一些敬爱之心，常常存着休戚一体的念头，不要怀着彼此歧视的俗见，那么老辈及家里家外都必然器重你爱护你，后辈兄弟姐妹必定会以你作为榜样，相处则日见亲密，愈久则愈敬爱。若使宗族乡里都说纪泽的度量大过他父亲的度量，我则高兴了。

我家高祖、曾祖、祖父，相传都起床早。吾亲眼看见过竟希公、星冈公都是未明即起。冬天寒冷时起来坐在屋里,约两个钟头后才见天亮。我的父亲竹亭公也是天刚亮便起床,有事则不等到黎明,每夜必起床看一二次不等。我近来也是黎明即起,想以此来继承先人的家风。刚到十八岁就结婚,应当以早起为第一要务,自己力行,也要率领新媳妇力行。

我的祖父星冈公,最讲求治家的方法。第一早起床,第二打扫干净,第三祭祀虔诚,第四善待亲族邻里。凡是亲族邻里来到家里,无不恭敬款待,若有急难则必予以救济,有纠纷必予以排解,有喜事必予以庆贺,有疾病必予以慰问,有丧事必予以吊唁。这四件事外,对于读书、种菜等事,尤其时刻留心。故而我给你们写信,常常提到书、蔬、鱼、猪四个方面,是因为这是祖父相传的家法。

银钱田产,最容易滋长人的骄气惰气。我家里断不可积蓄银钱,断不可买田地,你们兄弟努力读书,决不怕没饭吃。至嘱!

我教育子弟,不要背离八本、三致祥。八本:读古书以训诂为本,作诗文以声调为本,侍奉双亲以得欢心为本,养生以减少恼怒为本,立身以不妄语为本,治家以不晚起床为本,做官以不贪钱为本,行军以不扰民为本。三致祥:孝顺致祥,勤奋致祥,宽恕致祥。我的父亲竹亭公教育人,则专门看重孝字。他少壮时敬父母亲,暮年爱护子孙,都出于至诚。故而我撰写墓志时只叙述一件事。我的祖父星冈公教育人,则有八个字、三不信。八个字即考、宝、早、扫、书、蔬、鱼、猪。三不信即僧巫、地仙、医药都不相信。处在这个乱世时代,银钱越少,则越可免除灾祸;开支越省俭,则越可以培养福分。你们兄弟侍奉母亲,除劳字俭字外,别无其他安身之法。我在军事极危难时,将这两个字叮嘱,此外则没有别的遗训了。

□评点

这几段话,均出自于咸丰八年至十一年,曾氏给二子的家信。从中可以看出,曾氏希望二子继承家风。他所说的家风,即八字、八本、三致祥等。此外,他更强调勤劳与俭朴的重要。对富贵家子弟来说,最易犯的毛病便是懒散与奢侈。劳、俭二字对曾家的二位少爷来说,可谓对症下药。

辟菜园雇人种菜

□原文

乡间早起之家,蔬菜茂盛之家,类多兴旺,晏起、无蔬之家,类多衰弱。尔于省城菜园中,用重价雇人至家种蔬,或二人亦可。

省雇园丁来家,宜废田一二丘,用为菜园。吾现在营,课勇夫种菜,每块土约三丈长,五尺宽,窄者四尺余宽,务使芸草及摘蔬之时,人足行两边沟内,不践菜土之内,沟宽一尺六寸,足容便桶。大小横直,有沟有浍,下雨则水有所归,不使积潦伤菜。四川菜园极大,沟浍终岁引水长流,颇得古人井田遗法。吾乡一家园土有限,断无横沟,而直沟则不可少。吾乡老农虽不甚精,犹颇认真,老圃则全不讲究。吾家开此风气,将来荒山旷土,尽可开垦,种百谷杂蔬之类,如种茶,亦获利极大。吾乡无人试行,吾家若有山地,可试种之。

□译文

乡间早起的人家,蔬菜茂盛的人家,大多兴旺,晚起、无蔬菜的人家,大多衰弱。你从省城的菜园中,用高价雇人到家里种蔬菜,或者雇两个人也可以。

从省城里雇园丁来家种菜,宜废除一二丘田,将它辟为菜园。我现在军营,督促勇夫种菜,每块土约三丈长五尺宽,窄的四尺多宽,务必使得在除草及摘蔬菜的时候,人的脚走在两边沟里,不践踏菜土上。沟宽一尺六寸,足够放得下粪桶,大大小小横横直直的,有沟有浍,下雨则水有所归属,不会因涝而伤害蔬菜。四川的菜园子极大,沟浍一年到头引水长流,颇得古人的井田遗法。我家乡一户人家的菜园有限，完全没有横沟，但直沟则不可少。我家乡的老种田人虽然农务不精，但较为认真，老菜农则完全不讲究园艺。我家开这个风气，将来荒山旷土尽可以开垦，种杂粮蔬菜之类。如果种茶叶，也获利很大。我家乡还没有人试验过，我家若有山地，可试着种种。

□评点

身为三军统帅，却对家里辟菜园种菜一事，如此关心，如此心细，除见出对家中的关爱外，亦可见曾氏的农家子弟本色。

崇俭可以长久

□原文

居家之道，惟崇俭可以长久。处乱世尤以戒奢侈为要义，衣服不宜多制，尤不宜大镶大缘，过于绚烂。尔教导诸妹，敬听父训，自有可久之理。

□译文

在家过日子的法则，惟崇尚俭朴可以长久。身处乱世，尤其以戒除奢侈为要务，衣服不宜多缝制，尤其不适宜镶缘太绚烂的花边。你要教导妹妹们，敬听父训，自有可长久的道理。

□评点

大家都贫寒，一家独富有，则格外遭忌；乱世无法度，更易招致打劫。曾氏的处乱世之方是有道理的。

虽烦劳却远胜寒士的困苦

□原文

古今文人学人，莫不有家常琐事之劳其身，莫不有世态冷暖之撄其心。尔现当家门鼎盛之时，炎凉之状不接于目，衣食之谋不萦于怀，虽奔走烦劳，犹远胜于寒士困苦之境也。

□译文

古今的文人学者，莫不有家常琐事使得他们身体劳累，莫不有世态炎凉使得他们的心受到侵扰。你现在正处家门鼎盛的时候，眼睛看不到世态的炎凉，心里也用不着去想着衣食之谋，虽奔走烦劳，也要远胜过寒士的困苦之境。

□评点

曾纪泽身为曾氏大家族的长房长孙，又是个娶了媳妇的成年人，于是便有了许多自身之外的家族事务社会事务，也便有了奔走烦劳。父亲把儿子的视野开拓到寒士的困苦一面去，以此作为宽慰。的确，比起受冷遇谋稻粮来说，这点烦劳算什么！但曾家的大公子从未有过这种人生体验，父辈不说，他又何曾知道？

对袁榆生不宜过露痕迹

□原文

尔等在家却不宜过露痕迹。人所以稍顾体面者，冀人之敬重也。若人之傲惰鄙弃业已露出，则索性荡然无耻，拚弃不愿，甘与正人为仇，而以后不可救药矣。大约世家子弟，钱不可多，衣不可多，事虽至小，所关颇大。

□译文

你们在家中却不宜过于露出鄙薄的痕迹。一个人之所以能稍稍顾惜脸面，是希望得到别人的敬重。假若别人在他面前已表露出傲惰鄙弃的神色，这个人就会干脆公开无耻，丢掉脸面，心甘情愿与正人君子为仇敌，那样则以后不可救药了。大致说来，世家子弟，钱不能太多，衣不能太多，事情虽然小，但它所关系的却较大。

□评点

这是同治元年五月间写给儿子纪泽的信，说的是大女婿袁榆生的事情。袁是曾氏翰林院时代的朋友袁芳瑛的儿子。袁小时聪明可爱，不料长大后却是个放荡子弟。曾家大小姐遇人不淑，几年后终因忧郁而死。

不沾富贵气习

□原文

凡世家子弟，衣食起居，无一不与寒士相同，庶可以成大器。若沾染富贵气习，则难望有成。吾忝为将相，而所有衣服，不值三百金，愿尔等常守此俭朴之风，亦惜福之道也。其照例应用之钱，不可过啬。

余每见嫁女，贪恋母家富贵而忘其翁姑者，其后必无好处。余家诸女，当教之孝顺翁姑，敬事丈夫，慎无重母家而轻夫家，效浇俗小家之陋习也。

□译文

凡世家子弟的衣食起居，无一不与贫寒之士相同，或者可以成大器。若是沾染富贵习气,则难以期望有所成就。我不称职地身为将相,而所有的衣服值不了三百两银子。愿你们常常守住这种俭朴之风,这也是惜福的方式。当然,那些照例应用的钱,也不可太吝啬。

我常见出嫁的女儿,贪恋母家的富贵,而忘记她的公婆的,以后必无好处。我家的各位女儿,应当教她们孝顺公婆,敬事丈夫,特别注意不要重母家而轻夫家,效世俗间小家子的陋习。

□评点

富贵家的子弟,男儿要与寒士同,女儿不要重母家而轻夫家。这是曾氏对自家儿女的告诫,意在打消他们的特权意识,保持平民心态。

人肯立志凡事都可做到

□原文

吾家累世以来,孝弟俭勤。辅臣公以上,吾不及见,竟希公、星冈公,皆未明即起,竟日无片刻暇逸。竟希公少时,在陈氏宗祠读书,正月上学,辅臣公给钱一百,为零用之需,五月归时,仅用去二文,尚余九十八文还其父。其俭如此!星冈公,当孙入翰林之后,犹亲自种菜收粪。吾父竹亭公之勤俭,则尔等所及见也。今家中境地,虽渐宽裕,侄与诸昆弟,切不可忘却先世之艰难,有福不可享尽,有势不可使尽。勤字工夫,第一贵早起,第二贵有恒;俭字工夫,第一莫着华丽衣服,第二莫多用仆婢雇工。凡将相无种,圣贤豪杰亦无种,只要人肯立志,都可做得到的。

□译文

我家累世以来最是孝弟勤俭的。辅臣公以上我来不及见到,竟希公、星冈公都是天不亮即起床,一天到晚无片刻闲暇。竟希公少时,在陈氏宗祠里读书。正月里开学时,辅臣公给一百文钱,作为零用。五月放假回来,只用去两文,还剩下九十八文还给他父亲。他的俭朴就是这样的!星冈公在他的孙子入翰林院之后,还亲自种菜拾粪。我父亲竹亭公的勤俭,则是你们所亲眼看见的。现在家中的境遇虽然渐渐宽裕,侄儿你与各位兄弟切不可忘记先人的艰难,有福不可享尽,有势不可使尽。勤字上的工夫,第一可贵的是早起床,第二可贵的是持之以恒。俭字上的工夫,第一是不要穿华丽的衣服,第二不要多用仆人多雇工人。将相无种,圣贤豪杰也无种,一个人只要肯立志,就都可以做得到的。

□评点

现在的曾氏家书集中,只收有惟一的一封给侄儿的信。这封信是同治二年十二月间写给曾纪瑞的。纪瑞是老九的长子,这年他十五岁。教侄之语与教子同,仍强调勤俭二字。给侄儿叙述历代先人的勤俭品德,细说勤俭的种种可做到的小事,真可谓娓娓说来,慈爱亲切!

曾氏故居富厚堂一角

考前不可递条子

□原文

世家子弟门第过盛,万目所瞩。临行时,教以三戒之首末二条,及力去傲惰二弊,当已牢记之矣。场前不可与州县来往,不可送条子,进身之始,务知自重。

□译文

世家子弟因门第过于兴盛,为万目所瞩。临行时,我教导你三戒的首末二戒,以及力去骄傲与懒惰两种弊病,应当已经牢记了。进考场前不可以与州县官来往,不可送请托的条子,提高身份的初始,即务必要知道自重。

□评点

同治三年秋,十七岁的曾纪鸿在长沙参加乡试。此时正当金陵克复,曾氏家族如日中天之际,曾氏深恐儿子不懂事,在乡试期间依仗家庭势力营私,遂来信告诫儿子不可与州县往来,不可递条子,半个月后又再次来信,重申"断不可送条子,致腾物议"。

夜饭不荤

□原文

尔等奉母在寓,总以勤俭二字自惕,而接物出以谦慎。凡世家之不勤不俭者,验之于内眷而毕露。余在家深以妇女之奢逸为虑,尔二人立志,撑持门户,亦宜自端内教始也。

吾近夜饭不用荤菜，以肉汤炖蔬菜一二种，令极烂如粥，味美无比，必可以资培养。菜不必贵，适口则足养人，试炖尔母食之。星冈公好于日入时，手摘鲜菜，以供夜餐。吾当时侍食，实觉津津有味，今则加以肉汤，而味尚不逮于昔时。后辈则夜饭不荤，专食蔬而不用肉汤，亦养生之宜，且崇俭之道也。颜黄门之推《颜氏家训》作于乱离之世，张文端英《聪训斋语》作于承平之世，所以教家者极精。

仕宦之家，往往贪恋外省，轻弃其乡，目前之快意甚少，将来之受累甚大。吾家宜力矫此弊。

□译文

你们侍奉母亲在家，总要以勤俭两个字来自我警惕，对外则以谦慎态度接待别人。世家凡不勤不俭的，从内眷身上就完全可以看得出来。我在家时就深以妇女们的奢华安逸为忧虑。你们二人立定志向，支撑门户，也应从端正家庭内部的教育开始。

我近来夜晚吃饭不用荤菜，以肉汤炖一二种蔬菜，炖得像粥一样烂，味美无比，一定可以滋补身体。菜不必贵，适合口味就足以滋养人。你们可以试着炖给母亲吃。星冈公喜欢在日落时亲手摘蔬菜，用来做夜餐。我当时陪在旁边吃，确实觉得津津有味，现在加上肉汤，味道还比不上过去。后辈夜饭不吃荤菜，专吃蔬菜而不用肉汤，也是对养生有益，而且是崇尚俭朴的一种方法。颜之推的《颜氏家训》作于乱离之世，张英的《聪训斋语》作于承平之世，关于家庭教育方面都有很精当的言论。

仕宦之家，往往贪恋外省而轻易放弃老家。眼下的快乐感觉很少，而将来的受累则很大。我家应竭力矫正这个弊端。

□评点

晚餐宜少宜清淡，这是现代保养身体的常识。百多年前曾氏所说的"夜饭不荤",与此意相同。

家中兴衰全系于内政之整散

□原文

吾家门第鼎盛,而居家规模礼节未能认真讲求。历观古来世家长久者,男子须讲求耕读二事,妇女须讲求纺绩酒食二事。《斯干》之诗,言帝王居室之事,而女子重在酒食是议。《家人》卦以二爻为主,重在中馈。《内则》一篇,言酒食者居半。故吾屡教儿妇诸女,亲主中馈,后辈视之若不要紧。此后还乡居家,妇女纵不能精于烹调,必须常至厨房,必须讲求作酒作醯醢、小菜、换茶之类。尔等可须留心于莳蔬养鱼,此一家兴旺气象,断不可忽。纺绩虽不能多,亦不可间断。大房唱之,四房皆和之,家风自厚矣。

家之兴衰,人之穷通,皆于勤惰卜之。泽儿习勤有恒,则诸弟七八人皆学样矣。

吾家妇女,须讲求作小菜,如腐乳、酱油、酱菜、好醋、倒笋之类,常常做些,寄与我吃。《内则》言事父母舅姑,以此为重。若外间买者,则不寄可也。

家中外须讲求莳蔬,内须讲求晒小菜,此足验人家之兴衰,不可忽也。

家中兴衰,全系乎内政之整散。尔母率二妇诸女,于酒食、纺绩二事,断不可不常常勤习。目下官虽无恙,须时时作罢官衰替之想。

□译文

我家门第鼎盛,但居家的规模礼节却未能认真讲求。历观古来世家中能长久的,男子必须讲求耕与读两件事,妇女必须讲求纺绩与酒食两件事。《斯干》这首诗讲的是帝王家中的事,说女子应着重计议酒食。《家人》卦以二爻为主,看重的是酒食。《内则》这篇文章说到酒食的占一半。故而我屡屡教导各位儿媳妇和女儿,都要亲自主掌酒食,后辈看待这事好像不要紧。此后回到乡下居家过日子,妇女纵使不能精于烹调,也必须常到厨房去,必须讲求酿酒制酱醋、做小菜、糕点之类。你们须留心于种蔬菜养鱼。这都是一家兴旺的表现,断不可忽视。纺绩虽不能多做,也不可以间断。大房提倡,其他四房附和,家风自然厚实了。

家庭的兴与衰,人的穷厄与顺利,都可以从勤与惰上来预卜。纪泽儿习于勤劳持之有恒,则七八个弟弟都会学样。

我家的妇女,必须讲求做小菜,比如腐乳、酱油、酱菜、好醋、倒笋之类,常常做些寄给我吃。《内则》里说侍奉父母公婆,以这方面为重。若是从外面买来的,则不寄也可以。

家中外务必须讲求种蔬菜,内务必须讲求晒小菜。这些都足以检验一个人家的兴衰,不可忽视。

家中的兴与衰,全系乎内政的整与散。你母亲率领两个媳妇及各女儿,在酒食、纺绩两件事上,断不可不常常勤奋操习。目前仕途上虽没出问题,但必须时时作罢官衰落之想。

□评点

曾氏治家,不但注重家中的男人和外务,也很注重家中的妇女和内务。对妇女总的要求也是勤俭两个字,具体要求是在纺绩、酒食等方面。曾氏满女曾纪芬在她的自订年谱“同治七年”中有这样

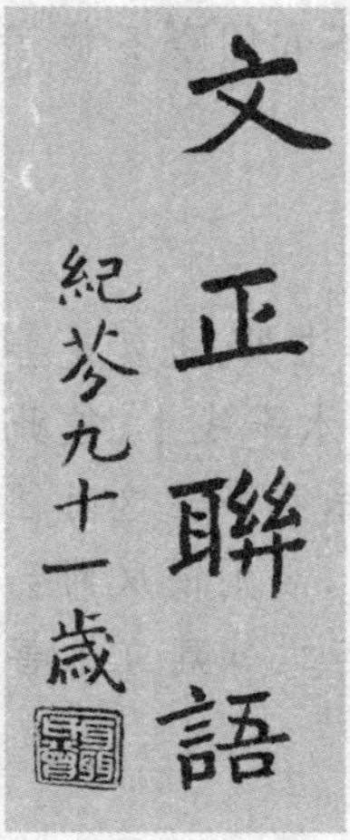

曾纪芬手迹

的记载:"文正公为余辈定功课单如下:早饭后做小菜点心酒酱之类(食事),巳午刻纺花或绩麻(衣事),中饭后做针黹刺绣之类(细工),酉刻过二更后做男鞋女鞋或缝衣(粗工)。吾家男子于看读写作四字缺一不可,妇女于衣食粗细四字缺一不可。吾已教训多年,总未做出一定规矩。自后每日立定功课,吾亲自验功。食事则每日验一次,衣事则三日验一次,纺者验线子,绩者验鹅蛋,细工则五日验一次,粗工则每月验一次。每月须做成男鞋一双,女鞋不验。上验功课单谕儿妇侄妇满女知之,甥妇到日亦照此遵行。同治七年五月二十四日。家勤则兴,人勤则健,能勤能俭,永不贫贱。"

以大学士一等侯两江总督之贵,亲自为家中妇女制订功课,并亲自检验,甚至来家做客的外甥媳妇也得遵守。中国历史上,除开这位曾氏,大概再难找出第二人了!

对近邻酒饭宜松礼貌宜恭

□原文

李申夫之母,尝有二语云:"有钱有酒款远亲,火烧盗抢喊四邻。"戒富贵之家,不可敬远亲而慢近邻也。我家初移富托,不可轻慢近邻,酒饭宜松,礼貌宜恭,或另请一人款待宾客亦可。除不管闲事不帮官司外,有可行方便之处,亦无吝也。

□译文

李申夫的母亲曾经说过两句话:"有钱有酒款远亲,火烧盗抢喊四邻。"这话是告诫富贵人家不可只敬待远亲而慢待近邻。我家刚搬到富圫,不可轻慢近邻。酒饭接待亦放宽松,礼貌上亦取恭敬态度，或者专门请一个人来招待宾客也行。除开不管闲事不帮官司外，有可行方便的地方，也不要吝啬。

□评点

曾氏治家八字中有一字为“宝”，即将邻里当作宝贝，也就是善待邻里的意思。四邻八舍若都处在大致差不多的水平线上，彼此关系会亲近些，若社会地位、财产相差太大，则联系不多。这时往往需要社会地位高者、经济富有者主动与别人联络，否则便反而会被孤立。曾氏这段话便是要家人放下架子，主动与近邻建立亲善关系，具体的做法是“酒饭宜松，礼貌宜恭”。

为各房及子孙榜样

□原文

家中遇祭酒菜，必须夫人率妇女亲自经手。祭祀之器皿，另作一箱收之，平日不可动用。内而纺绩做小菜，外而蔬菜养鱼，款待人客，夫人均须留心。吾夫妇居心行事，各房及子孙皆依为榜样，不可不劳苦，不可不谨慎。

读书乃寒士本业，切不可有官家风味。吾于书箱及文房器具，但求为寒士所能备者，不求珍异也。

夫人率儿妇辈在家，事事须立个一定章程，做官不过偶然之事，居家乃是长久之计，能从勤俭耕读上做出好规模，虽一旦罢官，尚不失为兴旺气象。若贪图衙门之热闹，不立家乡之基业，则罢官之后，便觉气象萧索。凡有盛必有衰，不可不预为之计，望夫人教训子孙妇女，常常作家中无官之想，时时有谦恭省俭之意，则福泽悠久，余心大慰矣。

□译文

家中遇到祭祀时的酒菜，必须由夫人率领妇女亲自经手，祭祀用的器皿，另外放到一个箱子里收藏，平日不可动用。内务方面纺绩、做小菜，外务方面种蔬菜养鱼、接待客人，夫人都必须留心。我们夫妇居心行事，各房及子孙都将会当作榜样，因此不可不劳苦，不可不谨慎。

读书是贫寒士人的本业，切不可有官宦家的风味。我对于书箱及文房器具的要求，只是能让贫寒士人备得起就行了，不追求珍异。

夫人率领儿女、媳妇们在家，事事都必须立下一个章程，做官不过是偶然的事，居家才是长久之计，能够从勤俭耕读上做出好规模来，即便一旦失去官职，也不失为兴旺气象。若是贪图衙门的热闹，不立家乡之基业，那么罢官之后，便会觉得气象萧条。凡事都有盛有衰，不可不预作考虑。希望夫人教训子孙妇女，常常作家中无官的考虑，时时有谦恭省俭的念头，如此则福泽悠久，我心里大为欣慰。

□评点

此处所抄录的这三段话，前后两段都是写给夫人欧阳氏的，前段出自同治五年十二月的信，后段出自同治六年五月的信。道光十三年，曾氏与欧阳氏结婚，其时曾氏二十三岁，欧阳氏十八岁。欧阳氏乃衡阳人，其父欧阳凝祉系曾氏父亲的朋友，以秀才身份为衡阳塾师。曾氏十四岁时，欧阳以“共登青云梯”为题令他做律诗一首，诗成，甚赞之，叹曰“此固金华殿中人语也”，遂决定嫁以女儿。欧阳氏与曾氏共育三子四女。欧阳氏卒于同治十三年，得年五十九。夫妇合葬于今湖南望城县坪塘镇。

家庭多获九弟之助

□原文

孝友为家庭之祥瑞，凡所称因果报应，他事或不尽验，独孝友则立获吉庆，反是则立获殃祸，无不验者。吾早岁久宦京师，于孝养之道多疏，后来展转兵间，多获诸弟之助，而吾毫无裨益于诸弟。余兄弟姊妹各家，均有田宅之安，大抵皆九弟扶助之力。我身殁之后，尔等事两叔如父，事叔母如母，视堂兄弟如手足。凡事皆从省啬，独待诸叔之家，则处处从厚，待堂兄弟以德业相助，过失相规，期于彼此有成，为第一要义。其次则亲之欲其贵，爱之欲其富，常常以吉祥善事，代诸昆季默为祷祝，自当神人共钦。

□译文

孝顺长辈友爱兄弟，这是家庭的祥瑞，人们所说的因果报应，其他事或许不完全应验，独独孝友则立即可获得吉利，反之则立即遭遇祸殃，没有不应验的。我早年长期在京城做官，在孝养方面多有疏忽，后来辗转于军营，获得诸弟的很多援助，而我对诸弟毫无裨益。我的兄弟姊妹各家，都有田产房屋，大抵都是九弟的扶助。我死后，你们侍奉两位叔父如同父亲，侍奉叔母如同母亲，待堂兄弟如同亲兄弟。凡事都要省俭，独独对待各位叔父家里，则应处处从厚。对待堂兄弟，则以德业相扶助，互相规劝过失，彼此以成就作为期望，这些作为兄弟相处的第一义。其次，以祝愿富贵作为亲与爱的表示，常常祷告希望各位兄弟家都吉祥喜庆，这样做自然神人共钦。

□评点

曾氏以廉洁自律，但对包括他九弟在内的其他湘军将领则采取听之由之的态度，以至于十多年战争下来，所有从军的人都程度不等地发了财,有的则富甲一方。曾氏这种对己对人的两种态度,也是不得已的产物。他自己要做圣贤,可以自律,但别人都不想做圣贤,拿自律那一套去律人则做不到,一是别人从心里就不会接受,二是若发不了财便没有打仗的积极性,打不赢仗,对他也不利。对于他自己的那个大家庭,他还常有对兄弟姊妹扶助不够的亏欠乏感。因此,同一个曾家,有一尘不染的老大,也有被骂作"老饕"的老九。从这段话中,也可以明白地感觉到曾氏对老九的感激和对兄弟姊妹的歉疚。这的确与曾氏一贯的主张有矛盾。这个矛盾的存在,正说明中国文化中的复杂一面,也说明在中国这块土地上,要做一个真正一尘不染的清官是多么的困难!

晚年亦常服补药

□原文

治家贵严,严父常多孝子,不严则子弟之习气日就佚惰,而流弊不可胜言矣。故《易》曰"威如吉"。欲严而有威,必本于庄敬,不苟言,不苟笑,故曰"威如之吉,反身之谓也"。

书味深者,面目粹润;保养完者,神自充足。此不可以伪为,必火候既到,乃有此验。

吾祖父星冈公在时,不信医药,不信僧巫,不信地仙,卓识定志,确乎不可摇夺,实为子孙者所当遵守。近年家中兄弟子侄,于此三者皆不免相反,余之不信僧巫,不信地仙,颇能谨遵祖训父训,而不能不信药。自八年秋起,常服鹿茸丸,是亦不能继志之一端也。以后当渐渐戒止,并函诫诸弟,戒信僧巫、地仙等事,以绍家风。

《家人》上九曰:"有孚威加。"《论语》曰:"望之俨然。"要使房闼之际，仆婢之前，燕昵之友，常以此等气象对之方好。独居则火灭修容。切记切记！此予第一要药，能如此乃有转机，否则堕落下流，不必问其他矣。

余德薄能鲜，忝窃高位，又窃虚名，已为造物之忌，恐家中老少习于骄、奢、佚三字。实深悚惧。

□译文

治家贵在严格，严父常常多有孝子。不严格，则子弟日渐养成懒散习气，其流弊将不可胜言。故而《易经》上说“威严如吉”。若想严厉而有威信，必须本之于庄敬，不苟言笑，故而说“威严带来的吉利，是对自身而言的”。

学养深厚的，他的面目纯粹温润；保养完好的，精神自然充足。这些是不可做假的，必须要火候到了才有应验。

我的祖父星冈公在时，不相信医药，不相信僧人巫师，不相信地仙，他的卓越见识坚定心志，的确是不可动摇改变的，子孙们实在是应当遵守。近年来家中的兄弟子侄在这三点上都不免相反。余在不信僧人巫师、不信地仙上较能谨遵祖训与父训，但不能不信药。自同治八年秋天起，常服鹿茸丸，这也是不能继承遗训的一个原因。以后当渐渐戒除，并以信告诫诸弟，不信僧巫、地仙等等，以求继承家风。

《家人》卦上九爻说：“有信则威加。”《论语》说：“看着便觉得庄严。”要在内室之中，仆婢之前，亲密的朋友面前，常常以这样的形象对待较好。独居则火灭修容，切记切记，这是我给你的第一要紧的药。能这样才有转机，否则将堕落于下流，不必再问其他了。

我的德行薄才干少，不称职地居于高位，又得虚名，已为造物所忌，担心家中习惯于骄、奢、佚三字，想起这些心里实在很恐惧。

□评点

不信僧巫、地仙是有道理的，但不信医药，则失之偏颇。庸医固然害人，补药固然多半无益，但明医可以诊疾，良药可以治病，这都是不可否定的。曾氏晚年多病多痛，从日记中可知，他也时常请医生来家看病，补药他也没一概拒绝，鹿茸即是一例。

内眷不穿绸缎不用荤

□原文

吾平日以俭字教人，而吾近来饮食起居殊太丰富。昨闻魁时若将军言，渠家四代一品，而妇女在家，并未穿着绸缎软料。吾家妇女亦过于讲究，深恐享受太过足以折福。

与万篪轩偶谈家常。渠家百万之富，而日用极俭，其内眷终年不办荤菜，每日书房先生所吃之荤菜余剩者，撤下则内室吃之。其母过六十后，篪轩苦求，始准添荤菜一样。今乱后而家不甚破，子孙俱好，皆省俭所惜之福也。

□译文

我平日以俭字教育别人，但我近来饮食起居特别丰富。昨天听魁时若将军说，他家四代官居一品，但妇女在家却并未穿绸缎软料。我家的妇女也过于讲究，深为担心享受太过足以折掉福分。

与万篪轩偶尔谈起家常。他家有百万财富，而日常用度极俭朴。他们家的内眷一年到头不专门办荤菜。每天书房里的教书先生吃剩的荤菜，从书房撤下后再给内眷吃。他母亲年过六十后，篪轩苦苦请求，才准许添一样荤菜。现在经战乱后家不太破败，子孙都好，都是因为省俭所惜来的福分。

□评点

四代官居一品，而内眷不穿绸缎则可，然家有百万，内眷不吃荤菜，母亲年过六十才用一荤，以今日眼光看来，则省俭得近于荒唐。

常怀愧对之意

□原文

心绪憧憧，如有所失，念人生苦不知足。方望溪谓汉文帝之终身常若自觉不胜天子之任者，为最善形容古人心曲。大抵人常怀愧对之意，便是载福之器，入德之门。如觉天之待我甚厚，我愧对天；君之待我过优，我愧对君；父母之待我过慈，我愧对父母；兄弟之待我过爱，我愧对兄弟；朋友之待我过重，我愧对朋友。便觉处处皆有善气相逢。如自觉我已无愧无怍，但觉他人待我太薄，天待我太啬，则处处皆有戾气相逢。德以满而损，福以骄而减矣。此念愿刻刻懔之。

□译文

心情不安，像有所丢失一样，感念人生苦于许多人常常不知满足。方望溪说汉文帝一辈子常常觉得自己不能胜任天子之职，这句话最能形容古人的心曲。大致说来，人常怀有愧对的心情，便是承载福分的工具，便是进入道德的门槛。譬如觉得天待我很厚，我愧对天；君王待我过于优待，我愧对君王；父母待我过于慈爱，我愧对父母；兄弟待我过于亲爱，我愧对兄弟；朋友待我过于情重，我愧对朋友。若这样，则处处有善气相逢。如果我自己觉得已对什么都不惭愧，只觉得别人待我太薄，天待我太吝啬，则处处皆有戾气相逢。道德因盈满而亏损，福分因骄傲而减杀。这个念头但愿能时刻懔然存着。

□评点

基督教义中有一个重要内容，即感恩。人要时时怀着感恩的心情，感谢上帝的赐与，因为上帝赐给了你的吃穿住行，上帝赐给了你的健康，上帝赐给了你一个好的环境。总之，你的一切都是上帝的恩赐，所以要对上帝感恩。其实没有上帝，《圣经》反复说这些，其目的是要培植信徒们的感恩心态。这种感恩心态，是一种非常好的心态，它让人在充塞满足感中度过生命的每一天。曾氏所说的愧对，与《圣经》所说的感恩，本质上是一致的，只是表述的方式不同而已。东西方文化，其本质是相通的，愧对与感恩相通，便是一例。

居官四败与居家四败

□原文

昔年曾以居官四败、居家四败书于日记，以自儆惕。兹恐久而遗忘，再书于此，与前次微有不同。居官四败曰：昏惰任下者败，傲狠妄为者败，贪鄙无忌者败，反复多诈者败。居家四败曰：妇女奢淫者败，子弟骄怠者败，兄弟不和者败，侮师慢客者败。仕宦之家不犯此八败，庶有悠久气象。

□译文

先前曾经以居官四败、居家四败写在日记中，借以自我警惕。现在担心时间久了忘记，再次写在这里，与前次写的稍微有点不同。居官四败说的是：昏愦懒惰放任下属者败，骄傲狠悍胡作非为者败，贪婪鄙陋无所顾忌者败，反复无常多奸诈者败。居家四败说的是：妇女奢侈淫荡者败，子弟骄傲怠慢者败，兄弟之间不和睦者败，欺侮老师慢待客人者败。官宦家庭不犯这八败毛病的，或许有家业悠久的气象。

□评点

这八败乃曾氏长期对官宦家庭的观察分析所得出的结论，至今对富贵之家仍有启示，其宗旨依旧不离曾氏所常强调的勤、俭、谦、谨、诚、和几个字。

盖屋摆地球仪

□原文

余盖屋三间，上为摆设地球之用，不料工料过于坚致，檐过于深，费钱太多，而地球仍将黑暗，不能明朗，心为悔慊。余好以俭字教人，而自己实不能俭。傍夕与纪泽谈，令其将银钱账目自行经理，讲求俭约之法。

□译文

我盖了三间房屋，用于摆设地球仪，不料所用的材料过于坚固精致，屋檐过于深，费钱太多，而地球仪依旧黑暗，不能看明朗，心里为此悔恨。我喜欢以俭字教人，而自己实在不能节俭。傍晚时与纪泽谈话，令他自己经理银钱账目，讲求节俭简约的办法。

□评点

因战争的需要，使得曾氏成为近代中国实办洋务的第一人。他在安庆建立中国第一所现代兵工厂，又托容闳在美国购买大批机器，于是曾氏有机会较别的地方大员更多地接触西学洋人，更具有现代眼光。两江总督衙门因此有了当时中国第一个大型地球仪，连李鸿章也曾借去观看。曾氏小女的回忆录中有一幅《侍文正公看地球图》的插图(可参见《唐浩明评点曾国藩家书(下)》第389页)。此地球仪当时摆在南京两江总督衙门里。

纪官考取案首

□原文

纪官侄得取县案首,县令考试甚严,当可免于物议,甚以为慰。吾母虑吾兄弟功名太盛,发泄殆尽。观近年添丁渐多,子弟之向学,或者祖泽尚厚,方兴未艾,且喜且惴惴也。

□译文

纪官侄儿取得县试第一名。县令考试极严格,应当可以免于外人的议论,很感到欣慰。我母亲曾担心我们兄弟功名太盛,将祖宗的积德完全发泄掉。看近来生男孩的渐多,子弟的好学,或者祖宗的恩泽还厚,方兴未艾,一面欣喜一面又感到惴惴不安。

曾氏故居富厚堂放置的坐床

□评点

县案首,即县里考试的第一名,获此成绩即可进学,也就是常说的考取秀才。纪官是老九的次子。曾氏的长子纪泽没有县试的经历,他做官凭的是荫生资格。同治二年正月,曾氏在给老九的信中说:"余此次应得一品荫生,已于去年八月咨部,以纪瑞侄承荫。"

由此可知,老九的长子纪瑞也是荫生。当然,秀才是考取的,比起凭父辈的余荫而得来的荫生,在出身上自然要过硬些,所以曾氏说"可免于物议,甚以为慰"。

京师势利之薮

□原文

在京酒食应酬虽不甚多,而每日疲精以徇物,远不如外省之得以自由。自问胸次添出鄙俗之见,殊无谓也。

余生平于酬酢之际,好察人情之顺逆厚薄。京师势利之薮,处处皆有冷暖向背之分。余老矣,尚存于心而不能化,甚矣,余之鄙也。

□译文

在京城酒席方面的应酬虽不很多,但还是每天要精疲力竭去应付世俗的客套,远不如在外省的自由自在。自己觉得胸中增添鄙俗之见,很没有意思。

我平生在应酬之际,喜欢观察人情的顺与逆、厚与薄。京城是最势利的地方,处处都存在着冷与热、逢迎与违背的区别。我已经老了,还将这些存于心中而不能化去,我的鄙俗之心也太过分了。

□评点

曾氏是在检讨自己的世俗之念未泯,而笔者读后是更加感觉到京师的势利之态,真正是"长安居大不易"!

败叶满山全无归宿

□原文

余以老年吃斋，风中行路，殊非所堪。又念百姓麦稼已失，稷粱不能下种，将成非常之灾。又念纪泽儿在运河一带，风大河浅，家眷各船，胶滞难行。又念施占琦运书箱在海中，恐有不测。种种悬念，不胜焦灼。

人而不勤，则万事俱废，一家俱有衰象。余于三四月内不治一事，于居家之道大有所损，愧悚无已。

至花园一览，园在署西，现在修工未毕，正值赶办之时，偶一观玩，深愧居处太崇，享用太过。

余精神散漫已久，凡遇应了结之件，久不能完，应收拾之件，久不能检，如败叶满山，全无归宿。通籍三十余年，官至极品，而学业一无所成，德行一无可许。老大徒悲伤，不胜悚惶惭赧。

□译文

我因为老年吃斋，在风中行远路，很觉得不能承受。又想起百姓麦子的收成已受损失，小米、高粱等杂粮又不能下种，将可能酿成非常之灾。又挂念纪泽在运河行驶，风大河水浅，家眷坐的各种船难以航行。又挂念施占琦运书的箱子在海里行走，恐怕遇到不测。种种悬念，焦灼不已。

人若不勤快，则万事俱废，整个家庭都有衰败之象。我在三四个月里都不能做事，对于居家之道已大有所损，惭愧恐惧不已。

到花园里看了看，花园在督署的西面，现在修理工程尚未完成，正值赶办的时候，偶尔游玩一下，深为惭愧住的地方太高太宽阔，享用太过了。

我的精神散漫已久，凡遇到应了结的事情，久不能完结，应收拾的物品，久不能检点，好像满山的落叶，四处飘散没有归着。做官三十多年，官至极品，而学业上一无所成就，德行上一无所称许。老大徒悲伤，不胜惶恐惭愧。

□评点

这几段话均出自于曾氏晚年的日记，于此可见曾氏晚年的身体状况和精神状况。一句“如败叶满山，全无归宿”的话，可见曾氏晚年两方面的状况都很不佳。身体不佳尚可理解，而精神状况如此不佳，则令人唏嘘。天津教案固然是一个大的打击，内心追求的标准太高，是不是画地为牢的主要原因呢？

以身作则与用人

□原文

万化始于闺门，除刑于以外无政化，除用贤以外无经济。

所贵乎世家者，不在多置良田美宅，亦不在多蓄书籍字画，在乎子孙能独自树立，多读书，无骄矜习气。

□译文

万种教化始于家中的闺门，除以身作则之外无政治教化，除用贤任能之外无经邦济世之策。

世家之所以可贵，不在于良田美宅多，也不在于藏的书籍字画多,而在于子孙能够独自有所建树,能够多读书,无骄矜习气。

□评点

刑通型,示范的意思。“刑于”出于《诗·思齐》:“刑于寡妻,至于兄弟,以御于家邦。”以身作则,从作妻子的典范做起,推及兄弟,再推向全国。“刑于”是一切教化的起点。至于经邦济世这样的大事,曾氏则指出,关键在于会用人。以身作则,属于德行方面的修养;用人,属于能力方面的训练。曾氏用极精练的语言,将一个领导者所应具备的最基本的两大素质说得十分到位。

悼念温甫

□原文

闻温弟信,国家事故,忧郁填膺,不能办一事,夜不成寐。

念温弟不得归骨,其赋命太苦。余于手足之间抱愧多矣。

四弟所写温甫哀辞,字秀劲近古,刻工亦佳,家有贤子弟,为之欣然。

□译文

听到关于温甫的消息,于国于家都是一场大事故,忧郁填胸,心情乱,不能够办一件事,夜不成寐。

想到温弟死后不得归骨于祖茔,他的命太苦了。我对于兄弟之间所抱的惭愧太多了。

四弟所写的温甫哀辞,字迹秀劲与古人相近,刻工也好,家里有贤子弟,为此而欣慰。

□评点

咸丰八年九月所发生的三河之役，是湘军史上最大的一次败仗。战争结束三个多月后，才发现曾氏之六弟国华(字温甫)的无头尸体，曾氏为此悲愤填膺。他也写了一篇《母弟温甫哀词》。哀词的结尾曰："积骸成岳，孰辨弟骨。骨不可收，魂不可招。峥嵘废垒，雪渍风飘。生也何雄，死也何苦！我实负弟，茹恨终古。"作为湘军的统帅，作为家中的大哥，曾氏觉得自己有负于温甫。

手足情重

□原文

沅弟专二人送信，劝我速移东流、建德，情词恳恻，令人不忍卒读。余复信云："读《出师表》而不动心者，其人必不忠；读《陈情表》而不动心者，其人必不孝；读沅季此信而不动心者，其人必不友。"遂定于二十四日，移营去东流，以慰两弟之心。

沅弟来久谈，教以胸襟宜淡远，游心虚静之域，独立万物之表。又每日宜读书少许，以扩识见。弟围安庆，前后皆有强寇，人数甚单，地段甚广，昼夜辛勤，事事躬亲，虽酷暑大雨，而每日奔驰往返常五六十里。余怜其太劳，故欲其以虚静养心也。

□译文

沅弟专门打发两人送信来，劝我迅速移营东流、建德，情词恳切，令人不忍卒读。我回信说："读《出师表》而不动心，这个人必定不忠；读《陈情表》而不动心，这个人必定不孝。读沅甫、季洪这封信而不动心，这个人必定不友爱兄弟。"于是决定于二十四日移营东流，以此安慰两个弟弟的心。

沅弟来营,谈了很久的话,教他胸襟宜淡泊远大,将心游弋于清虚宁静的境界,独立于世俗万物之外。另外,每天宜读一点书,借以扩大见识。沅弟围安庆,前后都有强敌,人数很单薄,地段很广阔,昼夜辛勤,事事躬亲,即便是极热及下大雨,也每日奔驰往返常常达五六十里之多。我怜惜他太劳累,故而希望他能以虚静来养心。

□评点

咸丰十年四月,曾氏署理两江总督,不久即扎老营于安徽南部的祁门县。据野史载,祁门四面环山,形如锅底,只有一条水路与外面相连,极易遭围困,包括李鸿章在内的众多幕僚都认为此地不宜扎大营,但曾氏坚持自己的意见不改,以至于许多幕僚偷偷溜走,最后连李鸿章也借故离开。后来果然遭围,情形十分危急,曾氏作了最坏准备:将一柄剑藏于枕下,老营一旦被攻破,即以此剑自刎。幸而因种种原因,最后终于转危为安。但此事给曾氏以深刻教训,再加上两个弟弟的苦劝,次年四月,遂从祁门迁出,移营长江岸边的东流县。此时老九与国葆(即季洪)正带兵围困安徽省城安庆,与东流相隔不远。八月中旬,老九来到军营与大哥相见。曾氏以虚静养心劝老九。但以老九的个性及围城的艰难现实,大哥的这套虚静之说,对他可谓基本上不起作用。

超然对待荣观

□原文

纪泽儿体气清瘦,系念殊深。或称其读书太勤,用心太过,因教以游心虚静,虽有荣观,晏处超然之义。

□译文

纪泽儿体气清瘦,深为挂念。有人说他读书太勤奋,用心太过了，因而教他将心游弋于虚静境界，即便有荣华景观，也要平淡超然对待。

□评点

曾纪泽从小体气单薄，不耐繁剧，曾氏每每以这种虚静之说教导。比如要他读书不必死记，劝他莳花种竹游山玩水，还要他多读陶渊明、谢朓："能学到陶潜、谢朓一种冲淡之味和谐之音，亦天下之至乐，人间之奇福也。"

子弟骄多因父兄骄

□原文

阅张清恪之子张懿敬公师载所辑《课子随笔》，皆节抄古人家训名言。大约兴家之道，不外内外勤俭，兄弟和睦，子弟谦谨等事，败家则反是。夜接周中堂之子文翕谢余致赙仪之信，则别字甚多，字迹恶劣不堪，大抵门客为之，主人全未寓目。闻周少君平日眼孔甚高，口好雌黄，而丧事潦草如此，殊为可叹！盖达官之子弟，听惯高议论，见惯大排场，往往轻慢师长，讥弹人短，所谓骄也。由骄而奢而淫而佚，以致于无恶不作，皆从骄字生出之弊。而子弟之骄，又多由于父兄为达官者，得运乘时，幸致显宦，遂自忘其本领之低，学识之陋，自骄自满，以致子弟效其骄而不觉。吾家子侄辈亦多轻慢师长，讥弹人短之恶习，欲求稍有成立，必先力除此习，力戒其骄。欲禁子弟之骄，先戒吾心之自骄自满，愿终身自勉之。因周少君之荒谬不堪，既以面谕纪泽，又详记于此。

□译文

读张清恪的儿子张懿敬公（师载）所辑录的《课子随笔》，都是节抄古人的家训名言。大约家庭兴旺之道，不外乎内外勤俭、兄弟和睦、子弟谦谨等方面，家庭衰败则是反其道。夜晚接到周中堂之子文翕谢我送赙仪的信,信里错别字很多,字迹又写得很恶劣,大概是门下的清客办的,主人完全没有过目。听说周家的少爷平日眼界很高,好信口雌黄,但丧事却办得如此潦草,真正可为叹息!达官家子弟,听惯高议论,见惯大排场,往往轻慢师长,讥弹别人的短处,这就是骄傲。由骄傲而奢侈而淫荡而懒散,以至于无恶不作,都是由骄字而生出的弊病。而子弟的骄傲,又多因为做大官的父兄,得运乘时,侥幸而做到显贵的职位,于是忘记了自己本领的低下,学识的浅陋,自骄自满,以至于子弟学他的骄傲而不自觉。我家子侄辈也多有轻慢师长、讥弹人短的恶习,想要稍稍能有所树立,必须先要竭力除掉这种恶习,竭力戒掉骄傲。要想禁子弟的骄傲,先要戒除我自己心中的骄傲,但愿终身自我勉励。因为周家少爷的荒谬不堪,既以当面告诫纪泽,又详细记录于此。

□评点

同治七年正月十七日夜,因接到周祖培的儿子周文翕文字错劣的信,曾氏大有感慨,写了一段长长的日记。官家子弟大多骄傲,其原因,人们多注意在家境的优越上,很少去追究一家之主即官员本人所负的责。曾氏这段话最精彩之处便在于他看到了,而且击中了要害:“得运乘时,幸致显宦,遂自忘其本领之低、学识之陋。”信哉斯言,一个正处时运高峰的达官显宦,能有如此清醒的认识,真是难得!

晚年心态:盼添丁重亲情读理学

□原文

接沅弟信,知纪官侄于正月初九日申刻生子,欣慰之至!吾兄弟共得五孙,丁口渐盛,只望儿侄辈读书少有所成,将来孙辈看作榜样,便是世家好气象。若儿侄辈不能发奋用功,文理不通,则榜样太坏,将来孙辈断难成立。此中关键,全在纪鸿、纪瑞二人。吾家后辈之兴衰，视此二人为转移也。

与纪泽一谈，嘱其看理学书，俾志气日趋于刚大，心思日入于沉细。

鸿儿禀称，澄弟临别以火狐马褂送我，盖眉生述杜小舫之言，谓天下之最暖者莫如火狐，胜于紫貂玄狐云。余曾两次述此言与澄弟听，或弟意疑我畏寒，遂解己所着衣以赠我耶？余本有貂马褂、猞猁马褂，而弟归途少此御寒之具，寸心十分不安。

接澄、沅两弟信，澄劝送眷回籍，沅拟以晚女许聂家，皆有肫诚顾恤之意。久宦于外，疾病相寻，如舟行海中，不得停泊，惟兄弟骨肉至亲能亮之也。

□译文

接到沅弟的信，知纪官侄于正月初九日申刻生儿子，非常欣慰！我兄弟共有五个孙子，人丁渐兴旺，只是希望儿侄辈读书能稍微有所成立，将来孙辈视为榜样，便是世家的好气象。若儿侄辈不能发奋用功，文理不通，则榜样太坏，将来孙辈绝对难以成立。这中间的关键，全在纪鸿、纪瑞二人。我家后辈的兴与衰，将以他们二人为转移。

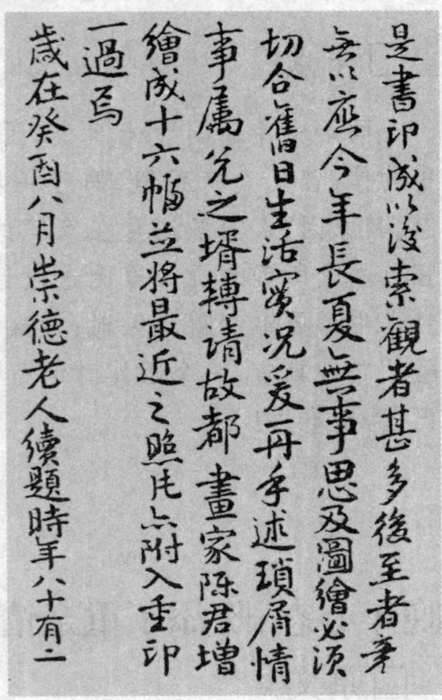
是書印成以後索觀者甚多後至者苦無以應今年長夏無事思及圖繪必須切合舊日生活實況爰再手述瑣屑情事屬兑之壻轉請故都畫家陈君增繪成十六幅並將最近之照片亦附入重印一過焉
歲在癸酉八月崇德老人續題時年八十有二

曾纪芬手迹

与纪泽谈一会儿话，叮嘱他看理学书，使志气日渐趋于刚强宏大，心思日渐进入沉静细致。

鸿儿来禀称，澄弟临别时以火狐马褂送我。盖金眉生转述杜小舫的话，说天下最暖和的莫如火狐，胜过紫貂与黑狐。我曾经两次将这句话说与澄弟听，或许弟怀疑我畏寒，于是解下自己所穿的衣来送我吗？我本有貂皮马褂、猞猁马褂，而弟回家途中少掉这一件御寒之衣，心中十分不安。

接到澄、沅两弟的信，澄弟劝我送眷属回老家，沅弟打算将晚女许聂家，都是诚恳关爱之意。在外做官日久，又患有疾病，如同船航行在海中，不得停泊，只有兄弟骨肉至亲能体谅。

□评点

这几段话均出于曾氏晚年的日记，可见他晚年的部分心态：巴望家中添丁添口，希望纪鸿纪瑞做后辈的榜样，珍惜兄弟情谊，期盼回到老家养老休息，以及看重理学方面的书。曾氏的日记写到他临终的前一天，这一天他三次阅读的书即《理学宗传》。

收管好寄回的信函奏稿

□原文

但求安先人之体魄而无毫发富贵之见者存，此人子心根上工夫，当与鬼神相质证者。此宜时时自省。

舍间凡事费用，日趋奢靡，殊以为虑。莳蔬养鱼二事，先人累代皆时时认真经理，敬求足下代我照料，各种书籍，亦求恒拂尘埃，勿令潮湿。即贱兄弟在外寄回信缄奏稿等件，亦宜聚置一处，免致散失。致人客来往，非房族即亲友，切不可稍稍怠慢，求恭敬相待，虽舍弟等不在家，亦可款留酒饭也。

□译文

但求得能安放先人的遗体而没有一丝毫求富贵的想法，这是作人子的要从心窝里去下的工夫，应当可与鬼神相质证。这方面宜时时自省。

我的家中凡事的费用日趋奢靡，很以此为忧虑。种蔬菜养鱼两件事，是先人世代都时时认真做的事，敬求你代我照料，各种书籍，也求常常扫去灰尘，不要让它潮湿。即便我的兄弟在外寄回的信函奏稿等等，也宜合起来放在一个地方，以免散失。至于人客来往，不是本房本族，就是亲戚朋友，切不可稍稍怠慢，求你恭敬接待，即便我的弟弟不在家，也可留饭款待。

□评点

这是两段曾氏给别人信中的话。前段说的是寻地只求安稳、不求富贵，后段说的请收信者妥为照管他的老家，特别是收管好寄回的信函奏稿一事，可见曾氏的档案意识。

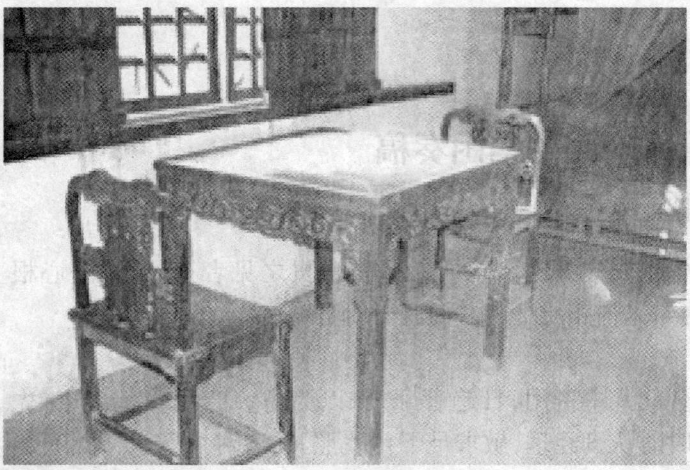

曾氏故居富厚堂内放置的凳桌

治　世

以宽厚之心待人

□原文

近来闻好友甚多,予不欲先去拜别人,恐徒标榜虚声。盖求友以匡己之不逮,此大益也,标榜以盗虚名,是大损也。天下有益之事,即有足损者寓乎其中,不可不辨。

凡有借我钱者,皆光景甚窘之人。此时我虽窘迫,亦不必向人索取。

凡与人交际,当求其诚信之素孚,求其协助,当亮其力量所能为。弟每求人,好开大口,尚不能脱官场陋习。余本不敢开大口,而人亦不能一一应付,但略亮我之诚实耳。

媢嫉倾轧,从古以来共事者,皆所不免。吾辈当躬自厚而薄责于人耳。

悠悠之口,本难尽信,然君子爱惜声名,常存冰渊惴惴之心。盖古今因名望之劣而获罪者极多,不能不慎修以远罪。吾兄弟于有才而无德者,亦当不没其长而稍远其人。

大抵清议所不容者,断非一口一疏所能挽回,只好徐徐以待其自定。近世保人,亦有多少为难之处。有保之而旁人不以为然,反累斯人者。有保之而本人不以为德,反成仇隙者。余阅世已深,即荐贤亦多顾忌,非昔厚而今薄也。

末世好以不肖之心待人,欲媒孽老弟之短者,必先说与阿兄不睦。吾常常欲弟检点者,即所以杜小人之谗口也。

□译文

近来听说好的朋友很多,我不想先去拜访别人,担心只是靠标榜来获得虚名声。这是因为交朋友是要借以匡正自己的不是之处,这才是有大益,而靠标榜来盗得虚名声,这是有大损。天下有益的事中便寓有足以损伤的事,不可不辨。

凡向我借银钱的人,都是光景窘迫的人。现在我虽窘迫,也不必向别人去索取。

凡与人打交道,应当看重他的一向讲诚信,请人帮助,应当视其力量的能否作为。弟每次求人,喜好开大口,还不能脱离官场的陋习。我本来就是不敢开大口的人,而别人也不能对我一一应付,但能略微体谅我的诚实。

嫉妒倾轧,自古以来共事者都难免。我们应当责己厚而责人薄。

悠悠之口,本难完全相信,但君子爱惜名声,常常存着临深履薄的心态。这是因为古今因名望的恶劣而获罪者很多,不能不谨慎修身借以远离罪恶。我们兄弟对于有才而无德的人,也应当不埋没他的长处而稍稍疏远这个人。

大致说来清议所不能宽容的,绝对不是一个人的话一道奏疏所能挽回的,只好慢慢地等待它自己来平息。近世保举人,也有很多为难的地方。有保举一个人却别人不以为然,反而连累此人的。

有保举一个人而本人不认为是恩德,反而成仇怨的。我阅世已很深,即使是保荐贤才也多顾忌,并不是过去厚道而现在刻薄。

处在混乱世道的人好以不肖之心待人,想要寻找老弟的短处的,则必定先说他与老兄不和睦。我常常希望弟能检点,也就是借以杜绝小人的谗言挑拨。

□评点

此处所抄录的这几段话,均出自家书。有写给弟弟的,也有写给儿子的,说的都是与人相处的态度,无论是不向借钱者索账、不求无力者帮忙,还是厚责己薄责人、慎修以远罪、自我检点等等,都体现的是一种以宽厚之心待人的态度。笔者以为,这是人与人相处最宜提倡的姿态。

用人听言皆难

□原文

用人极难,听言亦殊不易,全赖见多识广,熟思审处,方寸中有一定之权衡。

□译文

用人非常难,听取别人的建言也极不容易,完全依赖见多识广,反复思考而慎重对待,自己心中有一个固定的权衡标准。

□评点

曾氏以知人著称于世,此处谈的便是他知人学问中的一个方面。

小心安命埋头任事

□原文

事至今日，惟有“小心安命，埋头任事”二语，兄弟互相勖勉，舍此更无立脚之处。据窦兰泉云：“大丹将成，众魔环伺，必思所以败之。”

□译文

事情到了今天，惟有“小心翼翼安心听命，埋头做事”两句话作为兄弟的互相勉励，除此之外更无立脚之处。据窦兰泉说：“大丹将要炼成的时候，众魔都在一旁围着看，想着如何来破坏它。”

□评点

此为同治三年四月间给老九的信。离破金陵城只有两个月了，各种冲突都到了极点，此正所谓大丹将成之时，要有一种格外谨慎的态度，切防“为山九仞，功亏一篑”的后果出现。

盛时预为衰时想

□原文

凡官运极盛之时，子弟经手公事格外顺手，一倡百和，然闲言即由此起，怨谤即由此兴。吾兄弟当于极盛之时预作衰时设想，当盛时百事平顺之际，预为衰时拂逆地步。弟此后若到长沙、衡州、湘乡等处，总以不干预公事为第一义。

□译文

凡是官运极盛的时候，子弟办起公事来都格外顺手，一倡百和，但是闲言杂语也便由此而起，怨恨诽谤也便由此而兴。我们兄弟在极盛的时候，要预先作衰落时的设想，在兴盛时百事顺利的情况下，预先想到衰落时处处不顺利的地步。弟此后若到长沙、衡州、湘乡县城等地，总以不干预为第一义。

□评点

在家的曾四爷将赴衡州城经营捐米之事，曾氏得知后给他写了这段话，劝他不要参与地方官府的这类公事。曾四爷在家乡办各种事情都很顺利，这是因为他有两个有权有势的兄弟。在顺利的表象下，必定伏有闲言怨谤。当权势旺时它不出来，权势衰时便都出来了。许多人看不到这一层，盛时任意乱来，给自己埋下隐患，后来吞食苦果时已悔之晚矣。曾氏这段话，可为一切得意走红者的清凉剂。

郁怒最易伤人

□原文

独享大名，为折福之道；与人分名，即受福之道矣。

凡郁怒最易伤人。余有错处，弟尽可一一直说。人之忌我者，惟愿弟做错事，惟愿弟之不恭；人之忌弟者，惟愿兄做错事，惟愿兄之不友。弟看破此等物情，则知世路之艰险，而心愈抑畏，气反愈平和矣。

天下之道，无感不应，无绌不伸。以吾心之且怜且敬，知外间必千里应之，亦必怜弟敬弟，万口同声。弟少耐数月以待之，而后知吾言之不谬也。

建非常之功勋而疑谤交集，虽贤哲处此，亦不免于抑郁牢骚。

然盖世之事业既已成就，寸心究可自怡而自慰，悠悠疑忌之来，只堪付之一笑。

□译文

一个人独享大名，为折福之道；与别人分享名誉，则是受福之道了。

大凡抑郁忿怒最容易伤害人。我有错处，弟完全可以一一直说。世人忌恨我的，则惟愿弟做错事，惟愿弟对兄不恭敬；世人忌恨弟的，则惟愿为兄的做错事，惟愿为兄的对弟不友爱。弟要看破这些世态人情，则知道人世间道路的艰险，从而内心则愈加懂得抑制和畏惧，气反而愈加平和了。

天下之道，有感必有应，有绌必有伸。从我心又怜又敬来看，知道外间必定千里之外都有应和，也必定是怜惜弟敬重弟，万口同声。弟稍稍忍耐几个月安心等待，而后知道我所说的不错谬。

建立了非常的功勋反而怀疑诽谤交集，即便是贤哲处在这种地步，也免不了会感到抑郁有牢骚。然而盖世事业既然已经成就了，一颗心毕竟可以自我欣慰，对悠悠疑忌，只堪付之一笑。

□评点

这几段话，是劝老九不要抑郁。打下南京城建天下第一功的老九为何抑郁？这是因为他面临两大无可辩解的指责。一放走了幼天王和李秀成，二打劫城内的金银财宝，并放火烧房灭迹。对这两点，曾氏本人也感到遗憾，但南京城毕竟打下来了，老九已费尽了千辛万苦，作为兄长，怎么能再说他？惟有的是一安慰，二表彰。故而在多次家书中，曾氏一再表示自已的侯爵是老九送的，老九是曾家的最大功臣等等。

天道忌巧盈贰

□原文

吾常言天道忌巧,天道忌盈,天道忌贰。若甫在飨用之际,而遽萌前却之见,是贰也。即与他人交际,亦须略省己之不是。

□译文

我常说天道忌恨乖巧,天道忌恨盈满,天道忌恨二心。若是正在享受的时候,又突然萌发出退却的念头,这就是二心。即使是与他人打交道,也必须略微反省自己的不是。

□评点

关于天道忌恨巧、盈、贰这样的话,曾氏在咸丰九年五月初八日的日记也出现过,也是对老九说的:“夜与沅弟论为人道有四知,天道有三恶。三恶之目曰天道恶巧,天道恶盈,天道恶贰。贰者,多猜忌也,不忠诚也,无恒心也。”曾氏一向提倡拙诚,就是针对世人多巧、贰而言。他主张求缺,便是针对世风喜盈满而言。人们常说有人有小聪明,有人有大智慧。什么是小聪明?乖巧、灵泛、善看脸色风向等等,即巧、贰之谓也;什么是大智慧?笨拙而持之不懈,诚实而善于思索等等,即拙、诚之谓也。不过多地索求,知有缺才是天地人间之常道,当让则让,当止则止,这些便是为人之绝大智慧。

居乡居城利害参半

□原文

欲求学问文章之日进,又似宜在省会,多求良友,以扩充其识,而激发其志。二者利害参半。若不得良友而亲损友,则居省之利少矣。

□译文

希望求得学问文章一天天进步,则又似乎适宜住省会,多访良友,借以扩大学识,激发志气。居乡居省二者利与害各半。若是访不到良友,反而亲近损友,则居住省会的利益就少了。

□评点

曾氏不喜欢湖南的省会长沙,他说过"余意不愿在长沙住,以风俗华靡,一家不能独俭"(同治四年八月谕纪泽纪鸿),但省会毕竟人才多,故而良友多,良友虽多却并非一定能得到,如不得良友,比较起来,还是住乡下好。揣摸曾氏内心深处,还是认为家眷居乡比居大城市为宜。这一点也比较典型地体现曾氏的小农意识。

庸医多而良医少

□原文

药能活人,亦能害人。良医则活人者十之七,害人者十之三;庸医则害人者十之七,活人者十之三。余在乡在外,凡目所见者,皆庸医也。余深恐其害人,故近三年来,决计不服医生所开之方药。见理极明,故言之极切。

□译文

药能救活人,也能够害人。一个良医,在他的行医生涯中,大约能使病人得生的占十之七,能使病人得害的占十之三。庸医则使病人得害的十之七,能使病人得生的占十之三。我无论住家乡还是做官在外,凡亲眼所见的都是庸医。我很担心他们害人,故而近三年来,坚决不服医生所开的药方。因为我看得极为清楚,故而言之极为恳切。

□评点

现在我们终于知道,曾氏之所以秉承祖父家训不信医药,其原因是他所见到的都是害人十之七的庸医。平心而论,过去中国之所以庸医多,不能全怪行医者个人的医德和医能,实乃中医整体上的落后。缺乏科学的检测仪器,缺乏对症的速效药品,加之不能开刀动手术,是中医的三大致命弊病,而西医恰好在这三点上强过中医。稍后一点的西医西药大规模地进入中国,实为中国医药史上的一次巨大飞跃。

成事的动力:贪利激逼

□原文

天下事无所为而成者极少,有所贪有所利而成者居其半,有所激有所逼而成者居其半。

□译文

天下的事情,从事者无所求而成功者极少,因为从事者本人的贪心和想得到利益,而使事情成功的居其中之一半,因为受刺激受逼迫而使事情成功的居其中之一半。

□评点

湘乡修县志,推举家居的曾纪泽为头。曾纪泽感到有点为难,怕文章写不好失面子。曾氏便写了这段话鼓励儿子,说"尔惮于作文,正好借此逼出几篇"。曾氏这话虽是对儿子所说,却很有普遍意义。他分析人成事的动力,有四个方面:贪、利、激、逼。虽不全面,且"一半"之说稍嫌武断,却基本上接近事物的本相。他自己曾对幕僚赵烈文坦言,他当年大办湘军就是被湖南文武官场的刺激逼出来的，别人都说他不行，他就偏要做出个样子来让大家看看！

君子不谓命

□原文

竹如言交情有天有人，凡事皆然。然人定亦可胜天，不可以适然者委之数，如知人之哲，友朋之投契，君臣之遇合，本有定分，然亦可以积诚而致之，故曰："命也，有性焉，君子不谓命也。"

□译文

吴竹如说过，在交朋友这方面，有天意安排也有人事为之，凡事都这样。但人定也可以胜天，不可以完全交给天数。如知人上的睿智，与朋友之间的投合，君臣之间的遇合，原本有定数，然而也可以积累诚意而得到，故而说："属于命运，但也有天性在起作用，所以君子不把它归于命运一类。"

□评点

世间凡大一点的事，其成与败，都有"天与人"两个因素在共同起着作用。有些事，"天"的影响大一些；有些事，"人"的作为大一些。笔者认为，对于前者，则宜采取尽人事而听天命的态度；对于后者，则宜取人定胜天的态度。

读书贵有心得

□原文

镜丈言："读书贵有心得，不必轻言著述。注经者依经求义，不敢支蔓；说经者置身经外，与经相附丽，不背可也，不必说此句即解此句也。”

□译文

镜海老先生说：“读书贵在有心得，不必轻易言著书立说。注释经文的则应依照经文本身来研究其含义，不能支蔓；解说经义的则可置身于经之外，与经相结合，不违背经的本义就行了，不必要说到这句时就要解释这一句。”

□评点

这段话出自道光二十三年二月二十九日的日记。这几年，曾氏一面供职于翰林院，一面与师友们研习程朱理学。唐鉴（字镜海）是曾氏心仪的老师。唐氏此话说的是注释经文与讲解经书之间的区别，一重在忠实原文，一重在探求经义。

良友及不测之祸与窒欲惩忿

□原文

今早友人见示一文稿，读之使人忠义之气勃然而生，鄙私之萌斩焉而灭。甚矣，人之不可无良友也！

盗虚名者，有不测之祸；负隐匿者，有不测之祸；怀忮心者，有不测之祸。

是夜思人之见信于朋友，见信于君父，见信于外人，皆丝毫不可勉强，犹四时之运，渐推渐移而成岁功，自是不可欲速，不可助长。

窒欲常念男儿泪，惩忿当思属纩时。

□译文

今天早上一位朋友拿来一篇文章给我看，读后使人蓬勃而生忠义之气，立即斩灭卑鄙私念的萌发。启迪很大啊，人真的不能没有良友！

盗窃虚名的，有不测之祸；隐藏过失的，有不测之祸；怀有忌恨心的，有不测之祸。

今天夜里想着人在被朋友相信，被君父相信，被外人相信这一点上，都丝毫不能有勉强，好比四季的运行，慢慢地推移自然而成功一年的光阴，不可以人为地加快，不可拔苗助长。

控制欲念时，常常想着男儿弹泪时的情景；惩治忿怒时，当想着临终时的情景。

□评点

这几段话均出自曾氏早年的日记。曾氏日记中的内容主要是两大块，一是记事，一是记所思所感所获。从史学研究的角度来说，前者提供了丰富的第一手资料，从一般阅读的角度来看，后者更能给今天的读者以启发。从日记中可知曾氏是一个勤于思索、善于总结的人。勤于思索，培养他在细致与深刻方面的能力，善于总结则使他在整合与提炼方面有自已的独到之处。这两点，都是芸芸众生所缺乏却又极希望得到的才干。细细地咀嚼曾氏的传世文字，能于此有所裨益。

古人胸次潇洒旷远

□原文

读东坡“但寻牛矢觅归路”诗、陆放翁“斜阳古柳赵家庄”诗、杜工部“黄四娘家花满溪”诗，念古人胸次潇洒旷远，毫无渣滓，何其大也！余饱历世故，而胸中犹不免计较将迎，何其小也！沉吟玩味久之。

□译文

读苏东坡“但寻牛矢觅归路”诗、陆游“斜阳古柳赵家庄”诗、杜甫“黄四娘家花满溪”诗，想到古人的胸襟潇洒旷远，毫无一点渣滓，这种胸襟多么阔大！我虽饱历世故，然而胸中还不免对世俗应酬有所计较，这种胸襟又是何等的狭小！沉吟玩味很久。

曾国藩手书联语

□评点

“将迎”一词典出《庄子》。其《知北游》中说“无有所将，无有所迎”，指迎来送往之类的应酬。曾氏所列的这三句诗，都有一种村夫野老口中的家常话味道，与通常人们心中的高雅文皱的诗句，在风格上有明显的不同。这种诗，非大诗人不能为。这固然是因为大诗人在诗坛的地位已被确定，人们不会因这种诗而认为作者无学问无才华，更重要的是这种诗本身是去雕饰后的天然产物，看似世俗其实脱俗，正是大诗人潇洒胸次澄净心灵的自然流露。这种潇洒澄净是与簿书打交道、与计谋相伴随的文武官员所难以拥有的。

为势所驱

□原文

思夫人皆为名所驱，为利所驱，而尤为势所驱。当孟子之时，苏秦、张仪、公孙衍辈，有排山倒海、飞沙走石之势，而孟子能不为所摇，真豪杰之士，足以振厉百世矣！

□译文

想到人都是为名所驱使，为利所驱使，尤其是为势所驱使。在孟子那个时代，苏秦、张仪、公孙衍一班人，有着排山倒海、飞沙走石的势力，而孟子能够做到不为这种势力所动摇，真正是豪杰之士，足以激励千秋万代！

□评点

曾氏指出，驱使人活动的力量，除名和利之外，还有一种叫做势。孟子不受势所动，所以可贵。仔细琢磨曾氏所说的势，属于势力的范畴，是指一个人或一个团伙，因为有权有钱或有刀枪而形成的一种力量。此外，势还有一层含义，即社会或人群因为大多数人的价值取向而形成的一种定势，这种势通常叫做形势。常听说的"受形势所迫"，即此种驱使力所导致的人的活动。名、利是诱惑，它往往通过主观意识而引发行动，多为主动的。势是约束，它往往通过外界的压迫而引发行动，多为被动。

两副联语

□原文

夜阅《荀子》三篇。三更尽睡，四更即醒，又作一联云："天下无易境，天下无难境；终身有乐处，终身有忧处。"至五更，又改作二联，一云："取人为善，与人为善；乐以终身，忧以终身。"一云："天下断无易处之境遇，人间哪有空闲的光阴。"

□译文

夜读《荀子》中的三篇文章。三更末睡，四更就醒来了，醒后又作一副联语："天下无易境，天下无难境；终身有乐处，终身有忧处。"到五更时又改作两副联语。一副是："取人为善，与人为善；乐以终身，忧以终身。"一副是："天下断无易处之境遇，人间哪有空闲的光阴。"

□评点

曾氏喜制联，也善制联，早年在京师为官，士人中便有"包作挽联曾涤生"的说法。因为喜制善制，所以他常常会将自己的所思所感所获用联语形式表达，并随手记在日记中，故而他的日记便多有这种联语，大多率直随意，通俗如同口语。如"不为圣贤，便为禽兽；莫问收获，但问耕耘"，"世事多因忙里错，好人半从苦中来"等，都广为传诵。

不要求取回报

□原文

天下事一一责报，则必有大失所望之时。佛氏因果之说，不可尽信，亦有有因而无果者。忆苏子瞻诗云："治生不求富，读书不求官，譬如饮不醉，陶然有余欢。"吾更为添数句云："治生不求富，读书不求官，修德不求报，为文不求传，譬如饮不醉，陶然有余欢，中含不尽意，欲辨已忘言。"

□译文

天下的事要想一一都有回报，则必定会有大失所望的时候。佛教的因果之说不可尽信，也有有因而无果的。想起苏东坡的诗："治生不求富，读书不求官。譬如饮不醉，陶然有余欢。"我在此基础上再添几句："治生不求富，读书不求官，修德不求报，为文不求传。譬如饮不醉，陶然有余欢。中含不尽意，欲辨已忘言。"

□评点

人之所以失望，是因为有望，若此望大，则失望也大，故而去失望的釜底抽薪之法，是不要有过多过大的希望。不求取回报，此之谓也。

思得一二好友

□原文

安得一二好友，胸襟旷达、萧然自得者，与人相处，砭我之短。其次则博学能文、精通训诂者，亦可助益于我。

□译文

多么想得到一二个好朋友，他们胸襟旷达、萧然自得，能够指出我在与人相处时的短处。或者稍次一点，他们博学能文、精通训诂，也可于我有帮助。

□评点

从这段日记中可看出，曾氏很渴望能有在胸襟上给他以开启的朋友。曾氏很看重胸襟，他曾多次说过“人生做事仗的是胸襟”的话。

以厚实矫世之浇薄浮伪等

□原文

读书之道，以胡氏之科条论之，则经义当分小学、理学、词章、典礼四门，治事当分吏治、军务、食货、地理四门。

凡做好人，做好官，做名将，俱要好师，好友，好榜样。

当今之世，富贵无所图，功名亦断难就。惟有自正其心，以维风俗，或可补救于万一。所谓正心者，曰厚曰实。厚者，恕也，己欲立而立人，己欲达而达人，己所不欲，勿施于人，存心之厚，可以少正天下浇薄之风。实者，不说大话，不务虚名，不行驾空之事，不谈过高之理，如此可以少正天下浮伪之习。

送人银钱，随人用情之厚薄、一言之轻重。父不能代子谋，兄不能代弟谋，譬如饮水，冷暖自知而已。

与人为善取人为善之道，如大河水盛，足以浸灌小河，小河水盛，亦足以浸灌大河，无论为上为下，为师为弟，为长为幼，彼此以善相浸灌，即日见其益而不自知矣。

□译文

读书的方法，按照胡氏的分类来说，经义方面应当分为小学、理学、词章、典礼四个门类，治事方面应当分为吏治、军务、食货、地理四个门类。

凡是做一个好人，做一个好官，做一个名将，都要有好老师，好朋友，好榜样。

当今这个世道，富贵是无法图谋的，功名亦绝对难以成就，惟有自我正心，借以维护风俗，或者可以补救于万一。所谓正心，在厚与实两点上。厚即恕，自己想成立而让别人成立，自己想通达而让别人通达，自己所不想的，不要加于别人的身上。存心的厚道，可以稍稍矫正天下浇薄的风气。实即不说大话，不务虚名，不做架空的事，不说过高的理论，如此可以稍稍矫正天下浮躁虚伪的习气。

送别人银钱的多少，要看别人用情的厚与薄、说话之间的轻与重来加以区别。这件事上，父不能代替子谋划，兄不能代替弟谋划，好比饮水，冷暖只有自己才知道。

与人为善取人为善中的道理，好比大河水满，足以浸灌支流小河，支流小河的水满，也同样可以浸灌大河，无论为上为下，为师为弟，为长为幼，彼此之间用善来互相浸灌，便可以一天天看到收益而不自知了。

□评点

这几段话说的都是曾氏在平日读书察世方面的感想体会，尤其是其中所说的以厚与实去矫世风之浇薄浮伪，以善来互相影响而彼此获益，都是人世间的金玉良言。

光明俊伟之文章

□原文

孟子光明俊伟之气，惟庄子与韩退之得其仿佛。近世如王阳明亦殊磊落，但文辞不如三子者之跌宕耳。

□译文

孟子文章的光明俊伟气象，惟有庄子与韩愈与它较为相像。近世如王阳明的文气也很磊落，只是章句不如这三个人的起伏跌宕罢了。

曾纪泽手书联语

□评点

曾氏很欣赏光明俊伟的为文风格。他在《鸣原堂论文》中选了王阳明的《申明赏罚以励人心疏》，并为此文写下一段评语。该评语可视为这句话的展述。现摘录如次："文章之道，以气象光明俊伟为最难而可贵。如久雨初晴，登高山而望旷野；如楼俯大江，独坐明窗净几之下，而可以远眺；如英雄侠士褐裘而来，绝无龌龊猥鄙之态。此三者皆光明俊伟之象，文中有此气象者，大抵得于天授，不尽关乎学术。自孟子、韩子而外，惟贾生及陆敬舆、苏子瞻得此气象最多。阳明之文亦有光明俊伟之象，虽辞旨不甚渊雅，而其轩爽洞达如与晓事人语，表里粲然，中边俱彻，固自不可几及也。"

静中细思人生之有限

□原文

静中细思古今亿万年，无有穷期，人生其间，数十寒暑，仅须臾耳。大地数万里不可纪极，人于其中，寝处游息，昼仅一室耳，夜仅一榻耳！古人书籍，近人著述，浩如烟海，人生目光之所能及者，不过九牛之一毛耳。事变万端，美名百途，人生才力之所能办者，不过太仓之一粒耳。知天之长而吾所历者短，则遇忧患横逆之来，当少忍以待其定。知地之大而吾所居者小，则遇荣利争夺之境，当退让守其雌。知书籍之多而吾所见者寡，则不敢以一得自喜，而当思择善而守约之。知事变之多而吾所办者少，则不敢以功名自矜，而当思举贤而共图之。夫如是，则自私自满之见，可渐渐蠲除矣。

□译文

安静时细思古往今来亿万年没有穷期，人生在其间只有数十个寒暑，仅一刻光阴罢了。大地数万里不可丈量，人处在其中，生活安息，白天仅需一个房间，夜晚仅需一张床而已。古人近人所写的书浩如烟海，人生目光所能看得到的，不过九牛一毛而已。事情千千万万、美名可从各种途径上获得，人生才力所能办得到的，不过太仓一粒粟而已。知道天的长远，而我所经历的时间很短，那么遇到忧患不顺心事来到时，应当稍稍忍耐而等待它的平息。知道地的广大，而我所居处很小，那么处于荣利争夺的境地时，应当退让而甘居低下地位。知道书籍的多，而我能见到的少，则不敢以一得而自喜，应当想到要选择好的而精读。知道事情的多，而我所能够办的只是少数，则不敢以所获的功名而自矜，应当想到推举贤能共同谋划。只有这样，则自私自满之见，可以渐渐消除了。

□评点

这一大段话出于曾氏同治元年四月十一日的日记，历来研究者都将它视为曾氏晚年思想变化的证明。曾氏好友欧阳兆熊曾说曾氏在治学上一生有过三变。早年由词章之学变为程朱之学，中年出京办团练，则由程朱之学变为申韩之学，晚年第二次出山，则变为老庄之学。从第一次出山到第二次出山，这中间的六年里，曾氏经历过大成功大挫折。咸丰七年在父丧期间，他反思这些年来的所作所为，终于"大悔大悟"。这大悔大悟的内容，基本上就体现在这段日记中。

读韩文岸然想见古人

□原文

读《原毁》《伯夷颂》《获麟解》《龙杂说》诸首，岸然想见古人独立千古确乎不拔之象。

□译文

读《原毁》《伯夷颂》《获麟解》《龙杂说》诸篇，心中涌出挺拔卓立的感觉，如同见到古人独立千古坚确而不可动摇的形象。

□评点

曾氏读的这四篇文章都是韩愈所作。他曾说过，他平生最喜欢的四种书是《史记》《汉书》、杜诗、韩文，其中韩愈的文章对他的影响更大。曾氏以古文写作而在近代文学史上占有一席地位。他的古文长在气势上，而这种气势，很大程度得力于韩文的熏染。

检讨与小珊争吵的不是

□原文

小珊前与予有隙，细思皆我之不是。苟我素以忠信待人，何至人不见信？苟我素能礼人以敬，何至人有慢言？且即令人有不是，何至肆口谩骂，忿戾不顾，几于忘身及亲若此？此事余有三大过。平日不信不敬，相恃太深，一也；比时一语不合，忿狠无礼，二也；龃龉之后，人反平易，我反悍然，不近人情，三也。

凡睽起于相疑，相疑由于自矜明察。我之于小珊，其如上九之于六三乎？吴氏谓合睽之道，在乎推诚守正，委曲含宏，而无私意猜疑之弊。戒之勉之！此我之要药也。

□译文

小珊先前与我有嫌隙，仔细想来都是我的不是。假若我一向以忠信对待别人，何至于别人不相信？假若我一向能以敬重之态礼貌待人，何至于别人有轻慢之言？况且即便是别人有不是，何至于就要肆口谩骂，愤恨暴戾以至于忘记自己的身份和亲人到这等地步？在这件事上，我有三点过失。平日里缺乏信任缺乏敬重，彼此对恃太厉害，是第一点。当时一句话不合便愤怒无礼，是第二点。争吵之后，别人反而平易，我反而悍然不消，不近人情，是第三点。

凡违离起源于互相怀疑，互相怀疑是由于自以为明察。我与小珊之间，就像《睽卦》中的上九爻与六三爻吗？吴竹如说合好之道，在于推诚心守正位，心境宛转宏大而又无自私猜疑的毛病。警戒吧勉励吧！这是我的要紧良药。

□评点

郑小珊是曾氏在翰林院做官时的朋友,此人擅长医术,常给曾氏一家人把脉诊疾,两人情谊很好。但有一次却发生了争吵,从“肆口谩骂”一词来看,这个架吵得还不小。事后,曾氏在日记中认真检讨了自己的不是,过几天又亲自登小珊的门赔礼道歉,从而消除了意见,和好如初。

誉人言不由衷

□原文

客来,示以时艺,赞叹语不由衷。余此病甚深。孔子之所谓“巧令”,孟子之所谓“餂”,其我之谓乎?以为人情好誉,非是不足以悦其心。试思此求悦于人之念,君子乎?女子小人乎?且我诚能言必忠信,不欺人,不妄语,积久人自知之,不赞,人亦不怪。苟有试而誉人,人且引以为重;若日日誉人,人不必重我言矣。欺人自欺,灭忠信,丧廉耻,皆在于此。切戒切戒!

□译文

客人来家,拿他写的时艺给我看,我的赞叹是言不由衷。我这个毛病很深。孔子所说的“巧言令色”,孟子所说的“言餂”,是说的我吗?以为人都喜好称誉,不这样不足以取悦他的心。试想有这种求悦于人的念头,是君子呢?还是女子与小人呢?况且我真正言必忠信,不欺骗人,不乱说话,时间久后别人自然知道,即便不称赞,别人也不会见怪。倘若偶尔试着称誉别人,别人将会引以为重;倘若天天称誉别人,别人一定不会看重我的话。欺骗人最后将欺骗自己,灭掉忠信,丧失廉耻,都在这点上。切戒切戒!

□评点

誉人而言不由衷这种毛病广为存在，许多人不将它视为毛病。曾氏却毫不留情地解剖，并痛加指责，严戒再犯。曾氏的人生境界之所以比常人高，其原因便在这里。

内讼种种

□原文

竹如说理，实有体验，言舍敬字别无下手之方，总以严肃为要。自问亦深知敬字是吃紧下手处，然每日自旦至夜，瑟僴赫喧之意曾不可得行坐自如，总有放松的意思。及见君子时，又偏觉整齐些，是非所谓掩着者耶？

予与人往还，最好小处计较，意欲俟人先施，纯是和意萦绕，克去一念，旋生一念。饭后静坐，即已成寐，神昏不振，一至于此！

早起心多游思，因算去年共用银数，抛却一早，可惜！

会客时，有一语极失检。由忿字伏根甚深，故有触即发耳。

饭后语及小故，予大发忿语，不可遏，有忘身及亲之忿，虽经友人理谕，犹复肆口谩骂，此时绝无忌惮。树堂昨夜云："心中根子未尽，久必一发。发则救之无及矣。"我自蓄此忿，仅自反数次，余则但知尤人。本年立志重新换一个人，才过两天，便决裂至此。虽痛哭而悔，岂有及乎？真所谓"与禽兽奚择"者矣？

车中无戒惧意，为下人不得力屡动气，每日间总是忿字欲字，往往知而不克去，总是此字颓放耳。可憾可耻！

坐车中频生气，虽下人不甚能干，实由惩忿绝无工夫，遂至琐细，足以累其心。

自去年十二月二十后，心常忡忡不自持，若有所失亡者，至今如故。盖志不能立时易放倒，故心无定向。无定向则不能静，不静则不安，其根只在志之不立耳。又有鄙陋之见。检点细事，不忍小忿，故一毫之细竟夕踌躇，一端之忤终日沾恋，坐是所以忡忡也。志不立，识又鄙，欲求心之安，不可得矣。是夜竟不成寐，辗转千思，俱是鄙夫之见。于应酬小处计较，遂以小故引伸成忿，惩之不暇，而更引之，是引盗入室矣。

言多谐谑，又不出自心中之诚。每日言语之失，直是鬼蜮情状，遑问其他！

观人作应制诗，面谀之。不忠不信，何以为友！圣人所谓善柔便佞之损友，我之谓矣。

年在壮岁而颓惰称病，可耻孰甚？今年瞥已四十日矣，一事不成，晏安自甘，再不惩戒，天其殃汝。惕之惕之！

予对客有怠慢之容。对此良友，不能生严惮之心，何以取人之益？是将拒人于千里之外矣。况见宾如此，遑问闲居火灭修容之谓何？小人哉！

作梅言见得天下皆是坏人，不如见得天下皆是好人，存一番熏陶玉成之心，使人乐于为善云云。盖讽余近日好言人之短，见得人多不是也。

洪琴西来，与之言风俗移人，凡才人皆随风气为移，虽贤者不能自拔于风尚之外，因言："余老无能有所树立，但不欲开坏风气，导天下以恶习耳。"

见隋观察时，词色太厉，令人难堪，退而悔之。

近来事有不如意者，方寸郁塞殊甚，亦足见器量之不闳，养气之不深也。

□译文

吴竹如说道理，确实自己有体验，他说舍除敬字则无别的致力处，总是应以严肃为紧要。自问也深知敬字是紧要致力处，但每天从早到晚，肃穆清冷的意态不可能做到行坐自如，总有放松的想法。到了会见君子时，又偏偏觉得要整齐些，这是不是人们所说的掩掩藏藏呢？

我与别人交往，最好在小处计较，心里想着要别人先表示友好，纯粹是和意环绕，去掉一个念头，很快又生出一个念头。饭后行静坐功夫，很快就睡着了，神志昏昏不振作，到了这个地步！

早上起床心里便有许多游弋心思，因为盘算去年共用去的银钱数目，丢掉了一个早晨，可惜！

会见客人时，有一句话极失检点。这是由于忿字伏下的根子很深，故而一触即发。

饭后说到一件小事，我大发愤恨语，不可遏止，有忘掉自身以及亲人的忿恨，虽经朋友以理晓谕，仍然肆口谩骂。这时完全没有了顾忌。冯树堂昨夜说："心中的根子没有除尽，久后必有一次爆发。爆发时要挽救则来不及了。"我自从积蓄了这个忿恨，仅仅自我反省数次，剩下的只知埋怨别人。今年立志要重新做一个人，才过了两天，便与所立的志向决裂至此。即便痛哭悔恨，又怎能挽救呢？真正所谓"与禽兽有何不同"啊！

坐在车中没有戒惧之心，因为下人不得力屡次动气。每天总是一个忿字一个欲字在作怪，往往明白又不能克服。总是因为这两个字而使人颓放，可憾可耻！

坐在车中频繁生气，虽然是下人不很能干，实在也是因为惩治忿恨完全没有工夫，于是到了琐琐细细地步，足以让心因此劳累。

自从去年十二月二十日后，心里常忧忡不能自我把持，好像丢失了什么，至今如故。这是因为志向不能立定，容易放倒，故心无定向。无定向则不能宁静，不宁静则不能安心，这里的根子只是由于志向没有立定的原故。还有一点便是见识鄙陋。对小事特别计较，不能忍耐小忿恨，故而像一根头发样的细事也能使一个夜晚踌躇不安，一件事情不顺心，一天到晚老想着。因此而所以忧忡。志向不立定，见识又鄙陋，想求得心的安定，不可得到啊！今夜竟然睡不着，辗转反复思想，这便是鄙夫之见。在应酬的小事上计较，于是以小事引发成忿恨，惩治不及时，又更加延伸，这好比引盗入室。

话语中多不庄重，又不是出自心中的诚意。每天在言语上的过失，真像鬼蜮缠身一样，岂能有心来做其他！

看别人作应制诗，当面吹捧。不忠不信，何以为朋友！圣人所谓的善于顺从讨好的损友，就是说的我。

正当壮年而颓废懒惰称病，还有比这更可耻的吗？今年转眼已四十天了，一事不成，安逸自得，若再不惩戒，上天将给你祸殃。警惕警惕！

我对客人有怠慢的表现。对这样的良友，不能生出严厉畏惧之心，何以从他的身上获益？这是将人拒之于千里之外了。何况会见客人都如此，哪能再问闲居时的火灭修容是什么？小人啊！

陈作梅说觉得天下都是坏人,不如反过来觉得天下都是好人,存一番熏陶玉成的心,使人都乐于为善等等。这是他在讽刺我近来喜欢说别人的短处,观察人多看到的是别人的不是。

洪琴西来访,与他说到风俗能影响人,凡人才都是受着风气的影响,即便贤者也不能自拔于风尚之外,因而说:“我已老了,不能有所树立,只是求得不开坏风气,以恶劣习气引导天下罢了。”

会见隋姓道员时,语气太严厉,令别人难堪,会见结束时觉得后悔。

近来遇到不顺心意的事,则胸臆间郁塞厉害,也足见器量不大,修养不深。

□评点

此处所抄录的十多段话,几乎都是曾氏内心的自我反思,自我检讨。从这些日记中来看,曾氏当时对自己的不满意之处主要在两个方面:一是心怀褊急,好计较,不容人,多忿怨。二是思虑繁杂,多欲念,不能做到清心寡欲。

不做权臣

□原文

寸心郁郁不自得,因思日内以金陵、宁国危险之状,忧灼过度,又以江西诸事掣肘,闷损不堪,皆由平日于养气上欠功夫,故不能不动心。欲求养气,不外“自反而缩”、“行慊于心”两句,欲求行慊于心,不外清、慎、勤三字,因将此三字各缀数句,为之疏解。清字曰:名利两淡,寡欲清心,一介不苟,鬼伏神钦。慎字曰:战战兢兢,死而后已,行有不得,反求诸己。勤字曰:手眼俱到,心力交瘁,困知勉行,夜以继日。此十二语者,吾当守之终身,遇大忧患大拂逆之时,庶几免于尤悔耳。

五更醒,辗转不能成寐,盖寸心为金陵、宁国之贼忧悸者十分之七八,而因僚属不和顺恩怨愤懑者,亦十之二三。实则处大乱之时,余所遇之僚属,尚不十分傲慢无礼,而鄙怀忿恚若此,甚矣,余之隘也!余天性褊急,痛自刻责惩治者有年,而有触即发仍不可遏,殆将终身不改矣。愧悚何已!

古人办事掣肘之处,拂逆之端,世世有之,人人不免。恶其拂逆为必欲顺从,设法以诛锄异己者,权臣之行径也;听其拂逆而动心忍性,委曲求全,且以无敌国外患而亡为虑者,圣贤之用心也。吾正可借人拂逆以磨砺我之德性,其庶几乎!

近日心绪之恶,襟怀之隘,可鄙可耻。甚矣,变化气质之难也!

□译文

心情抑郁不能放松,因为想到近日金陵、宁国府军情危险情况,忧愁焦灼过度,又因为江西各种事掣肘,烦闷不堪,这都是因为平时在养气上欠缺工夫,故而不能做到不动心。想要求得养气,不外乎“问心无愧”与“行为能让心惬意”两句话。想要求得行为让内心得到惬意,不外乎清、慎、勤三个字。因此将这三个字各自再联缀数句话,作为疏解。清字:淡薄名与利,清心寡欲,一丝不苟,鬼神都钦伏。慎字:战战兢兢,死而后已,做的事情达不到愿望,反身作自我检查。勤字:手到眼到,心力交瘁,困知勉行,夜以继日。这十二句话,我应当终身守住,遇到大忧患大不顺心时,或许可以免去怨尤悔恨。

五更时醒来,在床上辗转睡不着,这是因为忧惧金陵、宁国之贼势浩大占了十之七八,因为僚属的不和顺恩恩怨怨而愤懑占了十之二三。实际上处于现在这种大乱之时,我所遇到的僚属还不至于十分傲慢无礼,但我却怀着这等忿恨之心,太过分了,我的心太狭隘了。我的天性褊急,自己痛加指责惩治有不少年了,仍然一触即发不可遏止,恐怕是终身改不掉了,惭愧悚惧不已!

从古来办事遇掣肘不顺心,每个朝代都有,人人都不能避免。厌恶违抗一定要别人顺从,于是想方设法清除异己,这是权臣的做法;任凭别人违抗而忍耐,委曲求全,并且从无敌国外患国将易亡这个角度来思虑,这是圣贤的用心。我正好借别人的违抗来磨砺我的道德品性,或许可以有所帮助吧!

近来心绪的恶劣,胸襟的狭隘,真是可鄙可耻。哎呀,改变气质真难啊!

□评点

权这个字,古往今来,为多少男人所梦想所追求。有了权,就可以让别人听自己的话,指使别人为自己办事,可以越分地得到名誉、地位、财富、女人。这是一个方面。另一方面,有了权也可以为团体办好事,谋福祉。对于前者,人们称之为弄权,地位极高的弄权者,则称之为权臣。曾氏位极人臣,大权在握,有条件做权臣,却不做权臣。这固然是道德上的自律,也是识见上的高明。从古到今,许许多多权臣其实生活得并不快乐,死后则更受到历史的指责。道德和识见的双重提升,可以使人获得境界的升华。

于勤俭谨信外加忍浑

□原文

光阴似箭,冉冉又过十年,念德业之不进,愧名位之久窃,此后当于勤、俭、谨、信四字之外,加以忍字浑字,痛自箴砭,以求益秉烛之明,作补牢之计。

近日常见得人多不是，郁郁不平，毋乃明于责人而暗于责己乎？

□译文

光阴似箭，不知不觉又过了十年，想起道德事业上没有长进，惭愧占有大名高位很久，此后应当在勤、俭、谨、信四个字外再加上忍字浑字，严厉地对自己加以针砭，以求得增加老年的秉烛之明，作亡羊补牢的考虑。

近日里常常看到别人总是不行，心里郁郁不平，这不是明于责人而暗于责己吗？

□评点

勤、俭、谨、信、忍这五个字都好理解，浑字是什么意思？曾氏所说的浑，多指浑厚、浑含、不必太精明太剔透这些方面的意义。精明、剔透不容易做到，许多时候都需要它，但过于精明、剔透在某些时候又不十分合宜，这就需要浑。什么时候什么环境需要精明，什么时候什么环境需要浑含，这是一个很难用语言文字来说明白的问题，要靠人的灵活把握。若把握得恰到好处，则进入智慧的领域。

何绍基与冯树堂吴廷栋

□原文

何子贞来谈诗文，甚知要，得艺通于道之旨。子贞能自树立者也。

树堂至情动人，惜不得使舍弟见之兴感，又惜不得使霞仙见之也。说到家庭，诚有味乎言之。

看子贞所批圈古文及《史记》，信乎其能自立者。扬子云云："其为人也多暇日者，其过人也不远矣。"自念如此悠忽，何以自立者？子贞者，名不苟立，可敬也！

竹如兄与人交，虽人极浓厚，渠常冷淡，使人穆然与之俱深，真是可敬。

何子贞来，谈及渠在国史馆，每天手抄书十页，录《东华录》所不载而事有关系者，约五千字。闻之服其敏而好学。予前冬入史馆，而绝不供职，对之愧杀！

□译文

何绍基（字子贞）来谈诗文，很知要领，得到了艺通于道的旨意。他是个能够自我树立的人。

冯树堂的至情能打动人，可惜不能让我的弟弟见到他受他的感染，又可惜不能让刘蓉（字霞仙）见到他。说到家庭，他是真能说得很有兴味。

看何绍基所批解圈点的古文以及《史记》，确信他是能自立的人。扬雄（字子云）说："一个人若多闲暇的日子，那么他的过人之处也便不多。"自思这样悠悠忽忽地过日子，何以能自立？子贞这个人，名不是随随便便立的，可敬啊！

吴廷栋（字竹如）兄与人交往，即便别人态度很浓厚，他也是常常冷淡对应，使别人神情肃穆从而能与他一道深沉，真是可敬。

何绍基来，谈到他在国史馆每天抄书十页，抄录《东华录》中所没有记载而事有关系的,约五千字。听后佩服他的敏捷而好学。我前年冬天进入国史馆,但完全不做职业所要做的事,对照他真是惭愧得要死!

□评点

这五段日记中有三段是说的何绍基。何绍基是近代文化史上的名人。在《评点家书》中,笔者介绍了他,着重说的是书法。前人说他"其学邃于经史百子许郑诸字,旁及金石篆刻历算","诗有色有声,有韵有味,纵横如意,直迈苏黄。其不以诗名者,殆为书名所掩也"(见《湘雅摭残》),可见何的学问和诗也都有很高的造诣,只是因为他的书法太有名了,这些方面的长处被书名所掩了。曾氏称赞何的诗文"得艺通于道之旨",那么我们来读两首他的诗,借以管中窥豹——

《荥泽》:黄沙极目浩无边,望断归鸦塞草连。斜日西飞千嶂转,大河南倚一城悬。人将诗酒填歧路,天以风霜铸少年。广厦长裘他日事,且寻芳屋枕鞍眠。

《春江》:几处渔村欸乃歌,轻烟染就万峰螺。乌篷摇入潇湘路,才知春江是绿波。

良友言行之启迪

□原文

罗椒生来久谈。有志之士,暗然日彰,不胜钦服。

朱廉甫得福建道御史,有志献纳,得居言路,可喜也!读廉甫诗数首,知其用力已深,其心血亦足,可以力战不衰,予所不及。

吴子序言,贤人言保国保天下,老氏言取国取天下,吾道只自守,老氏有杀机云云,其义甚精。好学深思,子序不愧。

接霞仙书，恳恳千余言，识见博大而平实，其文气深稳，多养到之言。一别四年，其所造遽已臻此，对之惭愧无地，再不努力，他日何目面见故人耶?

刘荫渠自新城来见，六年不面，一面即深相爱重，喜其与三十年在京相见无异，仍是朴讷书生气象，未染军营气息，亦无官场气息也。

孙芝房信，寄近作古文一本。夜阅“论治”六首，通达事理，文亦劲快，杰作也。

□译文

罗椒生来访，谈了很久的话。这是个有志之士，暗然自处而日见彰显，不胜钦服。

朱廉甫获得都察院福建道御史一职。他有志于献纳，现在能官居言路，可喜！读廉甫诗几首，知道他于诗用功很深，他的心血也旺盛，可以做到力战不衰，我不能及。

吴子序说，贤人说的是保护国保护天下，老子说的是夺取国夺取天下，我的原则只是自守而已，老子话里有杀机等等。他这番话意义很精确，子序不愧为好学深思者。

接刘霞仙的信，恳挚地写了千多字，他的识见博大而又平实，文字深刻稳重，多有养气工夫到位的言论。一别四年，他的造诣就很快到了如此高度，面对此事惭愧得很，再不努力，他日有何面目见老朋友呢?

刘荫渠从新城来与我相见，六年不见面了，一见面就深为喜爱敬重，喜爱他与道光三十年在京城相见时没有变化，依旧是朴讷书生模样，没有染上军营气息，也没有染上官场气息。

接到孙芝房的信,寄来近日所作的古文一本。夜里阅读其中六篇“论治”方面的文章,对事理看得通达,文风也劲健畅快,是杰作。

□评点

这六段日记,有的记于道光年间的京城,有的记于咸丰年间的军营,先后提到的六人均与曾氏有较深的交情。现作一点简单的介绍。罗椒生名惇衍,广东人,晚年官至户部尚书,当时与曾氏同官翰林院。道光二十三年三月大考翰詹,曾氏名列二等第一,而罗则名列一等第五,名次在曾氏前。曾氏对罗很尊敬,认为他的学问在自己之上。朱廉甫名琦,广西人,是一个敢于直言的言官,曾氏与他很相投合,诗文集中收有题朱诗集十首。称赞朱:“桂林天下秀,生才雅见毅。”仰慕他的敢言:“君试腾汗漫,我当借羽翼。”吴子序名嘉宾,江西人,曾氏会试同年。吴的官运很不好,到后来竟然以落职编修的身份做曾氏的幕僚。刘霞仙即刘蓉,前面已有过介绍。刘荫渠即刘长佑,湘军中另一支人马的统领,晚年官居直隶总督。孙芝房名鼎臣,湖南善化人,小时便有神童之称,道光二十五年为会试朝元。这一科湖南籍十人考中进士,状元萧锦忠也是湖南人,先一年湖南乡试解元周寿昌也在这科点翰林。应该说这是湖南人在科举史上最有脸面的一次大胜,同乡会的主持人曾氏为此撰联:“同科十进士,庆榜三名元。”此联传诵一时。

曾氏在谈到这些人时,一律是称赞敬慕的口吻,且皆具体指出他们的长处所在。此六人固然都是人群中的精英,长处自然不少,但发现与否,也要看观察者的心态。有的人习惯于看别人的短处,也有的人明知别人行却偏偏不买账。这些人则很难在极为私人化的日记中会如此赞美别人。

饱学之士汪梅村

□原文

汪梅村名士铎，绩学士也。江宁人，庚子举人，出胡中丞门下。江宁城破，陷贼中年余，后逃出，至绩溪山中。去年胡中丞请之来鄂署，修《读史兵略》一书。其学精于舆地，曾补画《水经注》图。又精于小学，又曾作《南北史补注》。其师友为胡竹庄培翚、胡墨庄承珙、陈硕甫焕、徐惺伯松、张石舟穆之属。又言胡墨庄六种、胡竹庄《礼仪》及焦理堂《群经宫室图》等书最好。

□译文

汪梅村名士铎，是个饱学之士。江宁人，道光二十年中举，出于胡林翼门下。江宁城被攻破时，陷在太平军中一年多，后逃出城到了绩溪山中。去年胡林翼请他到湖北巡抚衙门，编《读史兵略》一书。他的学问是精于舆地，曾经补画《水经注》图，又精于小学，又曾经作《南北史补注》。他的师友为胡培翚字竹庄、胡承珙字墨庄、陈焕字硕甫、徐松字惺伯、张穆字石舟等人。又说胡墨庄六种、胡竹庄《礼仪》以及焦理堂《群经宫室图》等书最好。

□评点

咸丰九年八月二十五日，曾氏奉旨由江西赴四川途中，在武昌城里会见胡林翼的幕僚汪士铎。汪此时正在鄂抚衙门编辑《读史兵略》。胡林翼有志于从前代军事中汲取用兵打仗的智慧，遂策划了这部书，由汪任总编辑，参与此事的有张裕钊、莫友芝、丁取忠等人。主要从《左传》《资治通鉴》两书中摘录有关资料。咸丰十年冬刊行，“一时四海风行，不胫而走”（俞樾语）。光绪二十六年，此书的续编亦问世。

日记与人才夹袋

□原文

马征麟业师陈雪楼名世镕，乙未进士，曾任甘肃知县，著有《周易廓》及《求志居诗集》、古文。马读书颇有渊源，曾著《三立明辩》，谓立德、立功、立言三者，各纂集诸书，自为条例。又有马寿华号小坡，马复震号星平，皆桐城人，在此投效，志趣亦不卑近。

邓守之颇通小学，盖其父完白先生与其师李申耆先生，皆当代名宿，濡染较深也。

□译文

马征麟的业师陈世镕字雪楼，道光十五年进士，曾做过甘肃省的知县，著有《周易廓》以及《求志居诗集》、古文。马征麟读书比较有渊源，曾著有《三立明辩》一书，说的是立德、立功、立言三方面，每方面都从有关书里选编，自己拟定条例。还有马寿华号小坡，马复震号星平，都是桐城人，在我这里做事，志趣也都不卑近。

邓守之比较通晓小学，这是因为他的父亲完白先生与老师李申耆先生，都是当代的名儒，受的熏陶较深的原故。

□评点

马征麟、马寿华、马复震、邓守之等人都是职务不高的下属，曾氏在与他们见面之后，均在当天的日记中记下他们的字号籍贯以及师承、学问渊源等。类似这样的记载，在曾氏的日记中随处可见俯首可拾。曾氏自称他有一个“人才夹袋”，即我们今天所说的人才档案。其日记，应是他的人才夹袋中的重要部分。

吃苦与不留钱财给子孙

□原文

与季高、次青畅谈，夜又与季高久谈。季高言凡人贵从吃苦中来，又言收积银钱货物，固无益于子孙，即收积书籍字画，亦未必不为子孙之累云云，多见道之语。

□译文

与左季高、李次青畅谈。夜里又与季高久谈。季高说凡人可贵的是经历过苦，积蓄银钱货物，固然无益于子孙，即便是收藏书籍字画，也未必不为子孙的牵累等等，多是有道理的话。

□评点

咸丰九年底，左宗棠因樊燮一案离湘北上，次年闰三月下旬来到曾氏所在的宿松军营，在营中住了二十多天。曾氏与左几乎天天见面谈话，这二十多天是曾左两人一生中关系最为密切的一段时期。在人要有吃过苦的阶段以及不留银钱财富给子孙这两点上，曾左两人的看法完全吻合。这两点“见道之语”很值得今人体味。

罗遵殿是当世第一清官

□原文

罗澹村中丞，以乙未进士历官直隶、湖北、浙江等省，凡二十五年，家无一钱，旧屋数椽，极为狭陋。闻前后仅寄银三百两到家，夫人终身未着皮袄，真当世第一清官，可敬也！

□译文

罗澹村中丞，以道光十五年进士的身份历任直隶、湖北、浙江等省，共二十五年，家中无一余钱，旧房子几间，极为狭窄简陋。听说前后只寄过三百两银子给家里，他的夫人一辈子没有穿过皮袄，真正是当今第一清官，可敬啊！

□评点

罗遵殿字澹村，咸丰九年出任浙江巡抚，次年太平军攻克杭州时自杀。罗是安徽宿松人，曾氏当时便驻军于此，所说的"家无一钱，旧屋数椽"应是事实。这样的清官的确世间少有，令人尊敬。

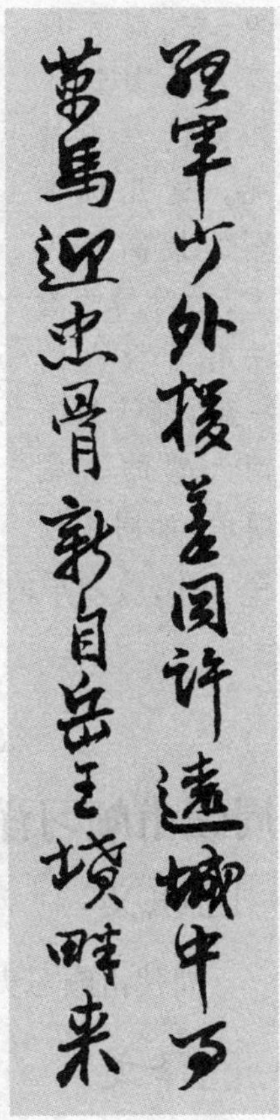

曾国藩手书挽罗遵殿联

与胡林翼互许为知言

□原文

与胡中丞熟商江南军事，夜胡公谈及，凡事皆须精神贯注，心有二用则不能成。余亦言军事不日进则日退，断无中立之理。二人者皆许为知言。

□译文

与胡林翼反复商量江南地区的用兵情况。夜里胡公谈到，凡事都必须精神贯注，心有二用则不能成事。我也说军事上若不日进则日退，绝没有中立的道理。两个人都互称对方是知言。

□评点

因为罗遵殿的死，湖北巡抚胡林翼从靠近安徽的牌石来到宿松凭吊罗，住在曾氏军营中。此期间，胡与曾、左、李元度等人反复讨论江南的军事情况。这几位湘军的最高层人士，对时局的看法有着极大的一致，都认为江南大营的彻底崩溃，如同脓包穿了孔，给湘军的崛起将带来千载难遇的机会。

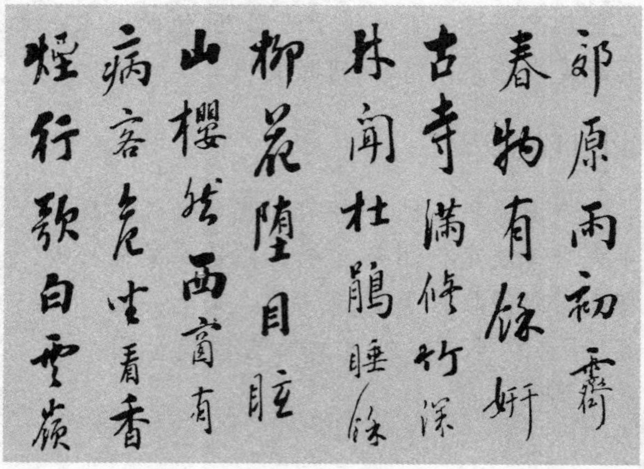

胡林翼书法

周弢甫颇习洋务

□原文

周弢甫颇习夷务，所言亦晓畅事理。

□译文

周弢甫比较熟悉洋务，所说的话也通达事理。

□评点

咸丰十年十一月，曾氏上了一道名曰《遵旨复奏借俄兵助剿发逆并代运南漕折》，提出"目前资夷力以助剿济运，得纾一时之忧，将来师夷智以造炮制船，尤可期永远之利”的重要观点，朝廷立即给予回应，并很快在京师成立总理各国通商事务衙门，曾氏亦遵旨在安庆建立中国第一所现代意义的兵工厂，影响近代中国极为深巨的洋务运动就这样拉开了序幕。曾氏无疑是近代中国最具世界眼光的人中之一。咸丰十一年十月，江苏人周腾虎（字弢甫）来到曾氏军营，曾氏对他熟悉洋务的特长颇为欣赏。

演奏浏阳古乐

□原文

贺宏勋带浏阳精于古乐者邱庆籥等六人来。邱系谷士先生之子，六人者，皆承谷士之教，讲求古乐，带来乐器：琴一、瑟一、凤箫一、洞箫一、匏一、埙一、篪一、笙一，因令奏乐，以鼓节之，音节清雅，穆然令人想三代之盛。古昔圣王修己治人之术，其精者全存乎乐，而后世人独阙者，乃首在乐。余因古人治兵之道作诗之法，皆与音乐相通，而懵然不知，深以为耻。思访寻谷士先生之徒党，相与讲求一二，故招集六人者自浏阳来皖。儿子纪泽粗晓音律，明年当令其来营，究心兹事。

□译文

贺宏勋带领浏阳县精于古乐者邱庆籥等六人来。邱系谷士先生的儿子，六个人都接受过谷士的指教，讲求古乐，带来的乐器有：琴一张、瑟一张、凤箫一管、洞箫一管、匏一个、埙一个、篪一个、笙一管。于是令他们奏乐，以击鼓来节制。音节清雅，使人肃穆而遥想三代时的盛世光景。古时候圣贤君王修炼自身、治理他人的方法，其中的精华全部保存在音乐中，至于后世人们所独缺的，首在音乐，我因为古人治兵之道作诗之法，都与音乐相通，而我则懵然不知道，深以为耻。想着寻访谷士先生的弟子同行与他们谈论一二，故而招集这六个人从浏阳来皖。儿子纪泽大致懂得些音律，明年应当叫他来军营,究心这件事。

□评点

咸丰十一年十月,曾氏从湖南浏阳招集一个六人乐队来到安庆。乐在儒家学说中,是起着教化与陶冶双重作用的一门重要功课。古乐中的内容,后世失传甚多。浏阳古乐则保存得较好。浏阳的祭孔乐舞源远流长,久负盛名。道光九年,浏阳县成立了专门练习礼仪和乐舞的礼乐局,每年分春秋两季,举办大型的祭孔活动。曾氏对浏阳古乐向来很重视,其年谱在"道光十七年"中记载:"公闻浏阳文庙用古乐,诣浏阳县,与其邑举人贺以南等咨考声音律吕之源流,留两月乃归。"

严树森效胡林翼而适得其反

□原文

钱子密送其尊甫钱警石先生《泰吉文稿》。泰吉为香树先生之曾孙,衎石先生之弟,为海宁教官二十七年,在海宁为山长九年,现避乱寓江西新建乡间。生平最喜校书,所校各本题识名曰《曝书杂记》。

严渭春中丞信中,抄寄渠与司道论湖北军务一函,地势之熟词气之谦,均不可及。

□译文

钱子密送来他父亲钱警石先生的《泰吉文稿》。泰吉为香树先生的曾孙,衎石先生的弟弟,做海宁教官二十七年,又在海宁做山长九年,现避乱暂住江西新建县乡间。生平最喜欢校书,所校各种版本上的题识汇集取名叫《曝书杂记》。

严渭春中丞的信中，抄来他与司道官员们讨论湖北军务的一封信。他对地势的熟悉及遣词的谦虚，我都比不上。

□评点

关于曾氏的幕僚钱应溥（字子密）的情况，前面已说过，此处不再说了。胡林翼在咸丰十一年八月病逝于湖北巡抚任上。严树森（字渭春）以河南巡抚的身份平调湖北接替胡林翼。严与湖广总督官文不合。在官的弹劾下，由巡抚降为道员。后再逐步起复，临终前一年又回到巡抚的位置上。《清史稿》说他“恃才器小，效胡林翼而适得其反”。

称赞李鸿章杀降

□原文

李少荃杀苏州降王八人，殊为眼明手辣。

□译文

李少荃杀苏州城里的降王八人，很是眼明手辣。

□评点

同治二年十一月，李鸿章（字少荃）在围攻苏州城时，以重赏引诱太平军守将纳王郜云官等八个王献城。等到郜等人献城后，李违背诺言又将他们杀害了。李这种杀降的做法有背打仗常规且不仁道，当时参与其事的常胜军首领英国人戈登就大为不满，声言要上国际法庭告李。但曾氏却称赞李的做法是“眼明手辣”。曾氏、李鸿章与戈登在同一件事上的两种态度，固然出于个人的不

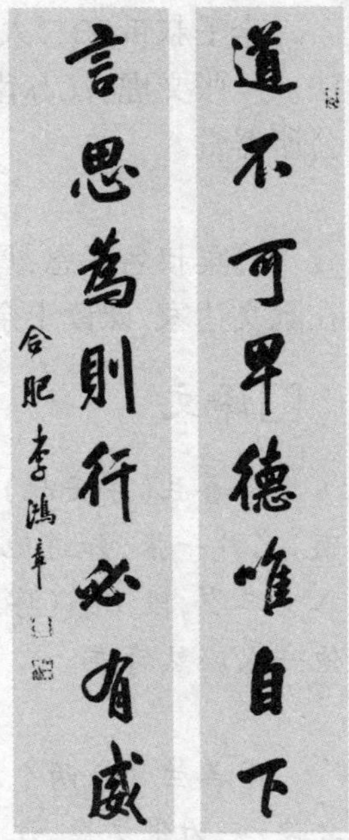

李鸿章手书对联

同心性，但可能更多的是源于中西文化上的差异。

李善兰与张斯桂张文虎

□原文

李善兰壬叔、杨岘见山来坐，携陈硕甫先生奂片一纸，知已由贼中逃出至沪，言将来皖。年八十二岁，段茂堂之弟子，东南之精于经学、小学，岿然仅存矣。

李壬叔带来二人。一张斯桂，浙江萧山人，工于制造洋器之法。一张文虎，江苏南汇人，精于算法，兼通经学、小学，为阮文达公所器赏。

柳宾叔名兴恩，丹徒壬辰举人，七十六岁，精于《穀梁》之学，曾在阮文达家，课读十余年，学术颇有家法也。

□译文

李善兰（字壬叔）、杨岘（字见山）来衙门一坐，携带陈奂（字硕甫）名片一张，知道他已经从贼人中逃到上海，说要来安徽。陈已八十二岁，段玉裁（字茂堂）的弟子，东南一带精通经学、小学者，只他一人岿然存在。

李善兰带来两个人。一为张斯桂，浙江萧山人，工于制造洋器之法；一为张文虎，江苏南汇人，精于算术，兼通经学、小学，为阮元所器重赏识。

柳宾叔名兴恩，江苏丹徒人，道光十二年举人，七十六岁，精于《穀梁》之学，曾在阮元家做塾师十多年，学术上较有家庭传授。

□评点

李善兰、杨岘、陈奂、张斯桂、张文虎、柳兴恩都是曾氏眼中的人才，这几段话也都是曾氏的人才档案。

老辈好善

□原文

单地山尚书于席间盛称余所作《江忠烈神道碑》，背诵如流。老辈好善，不可及也。

□译文

单地山尚书在席间大为称赞我所写的《江忠烈神道碑》，背诵如流。老辈对为善的爱好这种品德，不可企及。

□评点

同治七年年底，曾氏在由南京赴保定出任直隶总督途中路过北京。次年正月初十晚上赴礼部宴席，席上吏部尚书单懋谦(字地山)当面背诵曾氏所写的《江忠烈神道碑》，并大为称赞。曾氏很高兴，回来后记在当天日记上。他将单的此举叫做“老辈好善”，又检查自己在这方面的不及。曾氏这样写，体现着他一贯的谦逊反省。

人才档案

□原文

冯树堂来久谈。三十年前老友，自祁门一别，至是忽十余年矣。畅叙一切，渠殊无老态，在山中善于调养也。

阅霞仙近来所作诗文，渊懿畅达，较昔年已大进。

邵蕙西来，示以方世兄所作论，年方十五而才华如此。黄子寿来，示以所作《选将论》，真奇才也！

吴翔冈言："识见高明者，特患践履不平实。"高明则崇效天，平实则卑法地，因进之以脚踏实地，事事就平实上用功。

次青又作怀人诗十六首，再用何廉舫原韵，绵丽遒劲，才人之笔。

观邓弥之、吴竹庄和诗。竹庄诗牢骚喷薄而出，不忍卒读，盖其中郁抑深矣。

接何廉舫信，写作俱佳，依恋之意，溢于言表，才士不遇，读之慨然。

张廉卿近日好学不倦，作古文亦极精进，余门徒中望有成就者，端推此人。临别依依，余亦笃爱不忍舍去。求为其祖作墓志，近日当应之也。

陈大力来，与之言襟怀贵宏大，世俗之功名得失，须看得略平淡些。

赵蕙甫上条陈一篇，识解闳远，文辞通雅，逸才也。

刘仲良庶常秉璋，庐江人，李少荃之门生，气象峥嵘，志意沉着，美才也。

严仙舫信来，荐其内侄向师棣，果令器也。

郭雨三之胞弟用中，与其子阶自东台来，谈最久。阶字慕徐，其业师为扬州刘孟瞻文淇之子，经学已有师法矣。

阅严秋农《先器识而后文艺论》。严系仙舫通政之子，乐园廉访之孙。年十八中咸丰丁巳举人，今仅二十三岁，而史事烂熟，识见远大，洵吾乡英俊也。

与许仙屏谈气节、文章，二者缺一不可，嘱其勉于此，以与乡人相切磋。

歙人汪宗沂者，王子怀之婿，呈所作《礼乐一贯录》，虽学识尚浅，而颇有心得。

张文川、贾钟麟，皆绅士之有才者也。

薛晓帆之子薛福成所递条陈，约万余言，阅毕，嘉赏无已。

戴醇士之长子有恒、季子穗孙来见，尚能世其家学，穗孙新得优贡，器宇轩昂，可喜也。

其地系蒙阴管，县令福曜，河南驻防，系倭良峰相国之胞侄，福新伯观察咸之堂弟，字焕臣，颇雅饬，有循吏风。

石琢堂之曾孙，名师铸字似梅者，自湖南来，筠仙有书荐之，盛称其才，果俊才也。

雷州举人陈侨森，谈甚久。陈号逸仙，许仙屏有书，极赞其文行不群也。

□译文

冯树堂来访，谈了很久的话。三十年前的老朋友，自从祁门一别,到今天已是十多年了。畅谈一切,他很没有老态,在山里住善于调养。

读刘霞仙近来所作的诗文,渊懿畅达,比过去大有长进。

邵蕙西来访,把方家的儿子所作的论文给我看。年方十五岁而才华竟然这样好。黄子寿来访,将他写的《选将论》给我看,真是奇才!

吴翔冈说:"识见高明的,则特别担心不能脚踏实地。"高明则崇隆,出于效法天,平实则卑近,出于效法地,因而以脚踏实地,事事在平实上用功这些话来勉励。

李次青又作了怀人诗十六首,再次用何廉舫的原韵,绵丽而遒劲,是才人的文笔。

看邓弥之、吴竹庄的和诗。竹庄的诗中牢骚喷薄而出,不忍心读完,这是因为他心中的郁抑很深。

接到何廉舫的信,书法和内容都好,依恋之意溢于言表,有才的人没有遇到机会,读了心中很感慨。

张廉卿近来好学不倦,作古文也很精到上进。我的门徒中指望能有成就的,真的首推此人。临别时依依不舍,我也很喜爱他不忍让他走。他求我为他的祖父作墓志铭,这几天当为他撰写。

陈大力来访,对他说胸怀贵在宏大,世俗的功名得失必须看得略为平淡些。

赵蕙甫呈上条陈一篇,识见宏阔远大,文辞通顺雅致,是个俊逸之才。

刘仲良庶常名秉璋，安徽庐江人，李少荃的门生，气象峥嵘，志意沉着，是个优秀人才。

严仙舫来信推荐他的内侄向师棣，果然是个有才具的人。

郭雨三的胞弟用中，与他的儿子郭阶从东台来。谈话时间最久。阶字慕徐，他的业师为扬州刘文淇字孟瞻之子，在经学上已有师承了。

读严秋农的《先器识而后文艺论》。严秋农系严仙舫通政的儿子，严乐园廉访的孙子。年纪十八中咸丰七年的举人，今年仅二十三岁，然而史事烂熟，识见远大，真是我们家乡的英俊之才。

与许仙屏谈气节与文章，二者缺一不可，嘱咐他在这方面用功，并以此与家乡人互相切磋。

安徽歙县人汪宗沂是王子怀的女婿，呈上所作的《礼乐一贯录》，虽然学识尚浅薄，但较为有心得。

张文川、贯钟麟，都是绅士中有才干的。

薛晓帆的儿子薛福成所递上的条陈，大约有万多字，读完后十分欣赏。

戴醇士的大儿子有恒、小儿子穗孙来拜见，尚能传承戴氏的家学。穗孙新近获得优贡，器宇轩昂，可喜。

这个地方属蒙阴县管辖，县令福曜，驻防在河南，是倭艮峰大学士的胞侄，福咸（字新伯）道员的堂弟，字焕臣，颇为文雅规矩，有良吏之风。

石琢堂的曾孙，名师铸字似梅的，从湖南来，郭筠仙有信荐举他，大为称赞他的才华，果然是个俊才。

雷州的举人陈侨森来访，交谈很久。陈号逸仙，许仙屏在信中极为称赞他的为文为人不一般。

□评点

这二十余段日记，记下了二十多个人。有的是曾氏几十年来的老朋友，有的是下属，有的是门生，有的是趋势慕名之来访者。对待这些人，曾氏有一个共同点，即用心读他们所送的诗文条陈，用心与他们谈话。对于一个普通人来说，做到这样并不难，但对一个日理万机的军事统帅、行政长官而言，能长期坚持如此，则极不容易。在曾氏那个时代，位高权重者与平民布衣之间，是不存在着平等、民主这些意识的。曾氏能这样做，显然也不是出于此种意识，而是出于他真心实意地爱才惜才。

叹惜友人凋落

□原文

监印委员莫祥芝，患病入城医治，求一见。语言时明时昧，颠连可悯。

黎宗铭，零陵人，向在王璞山营，聪明警敏，字仿左季高，体绝肖，志趣高亢。方期渐进于诚实，遽以疾殁，殊为可惜。

成章鉴在吴城病故，不胜悲悼。成以武弁而知忠义爱民，谋勇兼优，方冀其继塔、杨而起，不意其遽逝也。

梦江岷樵，如平生欢。多年未入一梦，兹忽梦之，不胜伤感，但不知温甫弟果尚生存否，温与岷亦至交也。

接孙芝房信，告病势垂危，托以身后之事，并请作其父墓志，及刻所著诗十卷、《河防纪略》四卷、散文六卷。又请邵位西作墓志，亦自为手书别之，托余转寄。又接意诚信，告芝房死矣。芝房于去岁六月，面求作其父墓志，余已许之。十一月，又寄作古文一本，求余作序。余因循未及即为，而芝房遽归道山，负此良友，疚憾何极！芝房十三岁入县学，十六岁登乡举，二十六岁入翰林。少有神童之目，好学励品，同辈所钦。近岁家运极蹇，其胞弟鳌洲主事、叔孚孝廉，相继下世，又丧其长子、次子，又丁母忧，又丧其妻，又丧其妾，皆在此十年之内，忧能伤人，遂以陨生。如此美才，天不假之以年，俾成大器，可悲可悯。因忆道光二十八年刘茮云将死之时，亦先为一书寄京以告别，请余为作墓志。凡内伤病，神气清明不乱，使生者愈难为情耳。

子序寄其侄昌筹之文，因阅一过，识见卓越，有子序之风，惜其早死也。

袁漱六有志读书，期至于古之作者，而竟百不能偿其一二，良可痛惜。今年六月，郭雨三亲家阵亡，兹又闻漱六之丧，中年哀乐，触绪生感，古人所云："既悲逝者，行自念也。"

胡宫保于八月廿八日亥时去世，哀痛不已。赤心以忧国家，小心以事友生，苦心以护诸将，天下宁复有似斯人者哉？

罗伯宜来谈甚久，深叹黎寿民之敦厚早逝为可惜。

周弢甫在沪沦逝。老年一膺荐牍，遽被参劾，抑郁潦倒以死。悠悠毁誉，竟足杀人，良可怜伤。

赵景贤竹生以一在籍绅士，苦守孤城，四面援绝至半年之久，城陷身殉,良可痛悯。拟为一疏,历叙其贤行勋绩,而自请不能赴援之咎。

闻姚秋浦之丧,深以为忧。姚自去年五月署皖南道,至今年余,无日不在艰难困苦之中,兹于疫病,四日不起,可胜悲惋!

邓守之子解字作卿,于本日寅正在公馆内去世,完白先生之孙也。余派人料理殓殡,未刻舁出。其父曾谆托教训培植,余以公私繁冗,久未一省视,不知其一病不起,有负重托,殊为歉疚。

至杨朴庵处看病,观其安闲淡定,视死如归,不愧学道君子之自然。病则十分沉重,无可挽回矣。

袁午桥临终有遗函寄余,中云:“勿以苗逆为易剪,勿以长淮为易收。”读之悚动哀感。

李希庵于十月廿八日子刻弃世,苦战多年,家无长物,忠荩廉介,可敬可伤。旋又闻钱警石先生仙逝,老成凋谢,弥深怅惘。

范云吉于十二日戌刻弃世。仁厚正派,而有识见,方意其大有为于时,而止于此,良可痛也。

闻张炼渠没于安庆,为之怛然不释。盖炼渠于徽、休闹饷时,百计维持,大受殴辱,而余查办之札,复过于严厉也。

至塔军门家,直延入上房,具酒相待。其母八十岁,相对涕泣。其三弟咸丰四年已死,其次弟本年八月十三日亦死,其两弟妇寡居,并出拜见。三兄弟皆无子,仅塔军门一女、次弟阿陵布四女,亲房无可承继之人,实为可惨。其妹其女,并出拜见,泣求提拔其婿等。

□译文

监印委员莫祥芝,生病将要进城医治,请求见一面。说话时明朗时隐晦,他的痛苦令人怜悯。

黎宗铭,零陵人,一向在王璞山的军营,聪明警敏,写字模仿左宗棠,结体像极了,志趣高亢。正期待他在诚实上慢慢增进,却突然病故,很是可惜。

成章鉴在吴城病故,不胜悲伤。成章鉴以一个武弁的身份而知道忠义爱民,且谋勇兼优,正企盼他继塔齐布、杨载福而担当重任,却不料他突然逝世了。

梦见江岷樵,像过去一样的彼此欢快。多年来他未曾进入梦境,这次忽然梦见,不胜伤感。但不知道温甫弟是真的还在世不,温甫与岷樵也是至交。

接到孙芝房的信,告诉我他的病势已垂危,以身后之事相托,并请为他的父亲作墓志铭,以及帮他所著的诗十卷、《河防纪略》四卷、散文六卷刻印出来,又请求邵位西为他作墓志铭,也亲自写了一封信与邵告别,托我转寄。又接到郭意诚的信,告诉我芝房已死。芝房在去年六月,当面求我为他父亲作墓志铭,我已答应他。十一月,又寄来所作的古文一本,求我作序。我因为一些事没有即时作,而芝房突然间辞世。辜负了这样的好朋友,惭愧遗憾何极!芝房十三岁中秀才,十六岁中举人,二十六岁入翰林院。小时便有神童的称呼。勤奋好学砥砺品性,为同辈所钦佩。近年家运极为不好,他的胞弟鳌洲主事、叔孚举人,相继去世,又丧长子、次子,又丧母亲,又丧妻子,又丧妾,都在这十年内发生。忧愁能伤害人,于是失掉生命。这样的优秀人才,天不能给他以更多的生年,使他成为大器,可悲可悯。因为孙的死又想起道光二十八年刘茮云将死的时候,也是先寄信到北京作为告别,请我为他作墓志铭。凡是因内伤而起的病，至死都神志清楚不糊涂，使得在生者心里更难受。

吴子序寄来他的侄儿昌筹的文章，于是读了一遍，识见卓越，有子序的风范，可惜他早死了。

袁漱六有志读书，期望能达到古时著作者的水平，然而竟然百分之一二的程度都达不到，很是值得痛惜。今年六月，亲家郭雨三死于战场，现在又听到漱六的死讯。中年的哀与乐，是有所触及而生发，正如古人所说的："既为逝者悲痛，又想到自己。"

胡林翼（封太子少保）于八月二十八日亥时去世，哀痛不已。赤胆忠心忧虑国家，小心翼翼对待朋友，用心良苦保护诸将，天下能再有像这样的人吗？

罗伯宜来访，交谈很久，深为叹息黎寿民的人品敦厚却早逝之可惜。

周弢甫在上海病逝。到了老年刚获得荐举，便遭参劾，抑郁潦倒而死。悠悠毁言竟然足以杀人，真是值得怜伤。

赵景贤字竹生，以一个在籍绅士的身份苦守孤城，四面的支援皆断绝达半年之久，城陷落后以身相殉，确实值得敬悯。拟上一疏，历述他的贤良行为与功绩，并自请承担不能赴援的咎责。

闻姚秋浦去世的消息，深以为忧郁。姚自去年五月代理皖南道员至今一年多，无日不在艰难困苦中，这次得了疫病，病四天后终于不治，多么悲痛惋惜！

邓守之的儿子解字作卿，于今日凌晨四点钟在公馆内去世，系完白先生的孙子。我派人料理殓葬事，午后抬出。他的父亲曾谆谆托付我教育培植他，我因为公务私事繁忙，很久没有去看一次了,不知道他一病不起,有负重托,心里很觉得不安。

到杨朴庵处看他的病况,见他安闲淡定视死如归的神态,不愧学道君子的自然本色。病情则是十分沉重,不可挽回了。

袁午桥临终时有遗信寄给我,信中说:“不要以为苗霈霖易于剪灭,不要以为长江淮河一带易于收回。”读后悚然而起哀痛之感。

李希庵于十月二十八日半夜逝世,苦战多年,家中并无多余的财物,忠诚廉介,可敬可伤。接着又听说钱警石先生仙逝,有成就的老一辈倒下,更令人怅惘。

范云吉于十二日晚上八九点钟去世。范仁厚正派,又有见识,正想着他对时代会大有作为,然而停止于这个地步,确实痛心。

听说张炼渠死于安庆,心里为这事悲痛不已。这是因为炼渠在徽州、休宁一带闹饷时千方百计维持,大受殴打侮辱,而我的查办札子中的话又说得过于严厉了。

到塔齐布军门的家里,一直被请入上房,以酒食款待。他的母亲八十岁,当着我的面哭泣。他的三弟咸丰四年已死,其次弟今年八月十三日也死了。他的两个弟媳妇寡居,一起出来拜见我。三兄弟都没有儿子,仅塔齐布一个女儿、次弟阿陵布四个女儿,嫡亲房内没有承继香火的人,实在可惨。他的妹妹和女儿,一道出来拜见,哭着请求提拔他的女婿。

□评点

此处辑录这十几段日记绝大部分属于悼亡类文字。曾氏身为群伦领袖,与许多人有着这样那样的联系,社会交往面比一般人要宽广得多,在分享因情谊而带来的喜悦的同时,也自然要分担着因情谊而带来的诀别伤痛,这好比双刃剑,是无法剥离的。道光晚年,京师流传一句话,说是“包作挽联曾涤生”。这话固然说明曾氏善于制联、制挽联,更说明曾氏重视人类这种永别的悲哀。悲哀的本质乃是对生命的珍惜。南京城打下后不久,在曾氏的领导下立即抢修被战争损坏的城墙。面对修复的城墙,他没有颂扬“天下第一功”的辉煌,而是哀悼为复城而死的将士。毫无疑问,对生命的珍重此时已置于军功之上。当然,曾氏哀悼的仅只是湘军战士,须知太平军将士为此而死的人更多,他们同样也是生命。从人本这个角度来看,曾氏自然也逃脱不了谴责。

取笃实践履之士

□原文

盖尝抉剔平生之病源,养痈藏瘤,百孔杂出,而其要在不诚而已矣。窃以为天地之所以不息,国之所以立,贤人之德业之所以可大可久,皆诚为之也。故曰:“诚者,物之终始,不诚无物。”今之学者,言考据,则持为骋辩之柄;讲经济,则据为猎名之津。言之者不怍,信之者贵耳,转相欺谩,不以为耻。至如仕途积习,益尚虚文,奸弊所在,蹈之而不怪,知之而不言,彼此涂饰,聊以自保。泄泄成风,阿同骇异,故每私发狂议,谓今日而言治术,则莫若综核名实;今日而言学术,则莫若取笃实践履之士。物穷则变,救浮华者莫如质,积玩之后,振之以猛,意在斯乎!方今时事孔棘,追究厉阶之生,何尝不归咎于发难者,彼岂实见天下之大计,当痛惩而廓清之哉?岂预知今日之变,实能自我收之哉?不过以语言欺人,思先登要路耳。国藩以兹内省早岁所为,涉览书册讲求众艺者,何一非欺人之事?所为高谈古今嘐嘐自许者,何一非欺人之言?中夜以思,汗下如霤,顷观先生所为楹帖“道在存诚”云云,旨哉,其奄然君子之言乎!果存诚而不自欺,则圣学王道又有他哉?

□译文

我曾经解剖平生毛病的根源，之所以养痈藏患，有许多漏洞，最主要是在不诚这一点上。我私下认为，天地之所以不止息，国家之所以矗立，贤人的德业之所以可大可久，都是以诚为之。故而说："诚，始终贯穿事物中，不诚则无物。"今天的学者，说考据，则拿来作为辩论的依据；说经济，则据此作为博得名声的工具。说的人不惭愧，相信的人还以此为贵，互相欺骗，不以为耻。至于官场上的积习，是更加崇尚虚文，面对着各种奸弊，涉及者不以为怪，知道的人也不去指出，彼此互相涂抹掩饰，聊借以自保。疲塌而成风气，大家都认同，稍有不同则会感到诧异。故而我每每私下发出狂论，说今日讲求治术，则不如考察名实之间相符与否；今日讲求学术，则不如去拔取笃实做事的士人。事物到了极端则生变化，挽救浮华不如质朴，玩忽习气积累已久，必须以猛烈来振作，其意就在这里。当今时事危迫，追究恶劣状况产生的原因，何尝不归咎于发难者，他们能说确实看到整治天下的大计，应当痛加检讨并予以廓清吗？哪能就预知今日的变故，确实可由我们自己来收拾呢？不过是以语言欺骗人，为了抢先升得要职罢了。国藩以此反思自己早年的作为，博览群书操习众艺的努力，其中有哪一点不是为了欺骗别人？所做的那些高谈古今夸夸自许的事情，其中有哪一点不是欺人之谈？半夜想起来，汗如水滴，刚才看先生所写的楹帖中"道在存诚"等等，说得很中肯啊，俨然君子的言论！果真心存诚意而不自欺，则圣贤之学王政之道还有别的吗？

□评点

这段话出自道光二十三年曾氏给贵州巡抚贺长龄的信中。关于贺长龄，前面已作介绍，此处不再赘述。从这段话中，我们可以依稀看到一个年轻位卑却不同流俗旨趣远大者的踔厉风姿。

君子之看待施与报

□原文

君子之自处常严重而不可干。其待人也,以敬其身者敬之,道胜己者,抑志事之。仆虽蠢顽,亦颇识轻重之分。

缓急之求,无贵贱贤否皆有之者也。求人而甘言谢之,夫人而能也;德于人而责报,亦夫人而能也。至知道者,有进焉,其受人赐,中心藏之,不以口舌云报也;其忠于谋人,过辄忘之。彼德我,吾安焉,彼不德我,吾安焉。徐以观其他,他行合义,友之如故,他行不义,而后绝之,终不相督责也,所谓"道济万物而不自居,施及后世而不伐",皆自于此。

君子有高世独立之志,而不予人以易窥;有藐万乘却三军之气,而未尝轻于一发。道之未光,忠信之未孚,而欲人之坦坦以相谅,盖其难矣。

□译文

君子对待自己的处世,常谨严持重而不可冒犯。他对待别人,以尊重自己之心来尊重,对于道德超过自己的,则降低身份来师事。我虽愚蠢顽劣,也稍稍懂得轻重之分。

遇到急事求人,这是无论贵与贱贤与不贤都有的事。求过别人后好言感谢,这是一个人可能做的,有恩德于别人而希望获得报答,这也是一个人可能想的,至于那些明道的人,则又有更进一步的表现。他受到别人的恩德,心里记住,而不以言语来表示回报。他忠心给人办事,过后则将它忘掉。别人感谢他,他安然接受,别人不感谢他,他心里也安然,慢慢地观察那个人,他的行为合乎道义，则以朋友相待如故，他若行不义，则与断绝友情，始终不去责备他。所谓“道拯救万物但自己不居功，施惠泽于后世而自己不矜伐”，都源于此。

君子有高出世俗、独立特行的志向，然而却使别人不容易看到；有藐视万乘斥退三军的气概，然而却未尝轻易发露。德行未显现出来，忠信未取得接受，然而却希望别人坦诚地予以体谅，这是难事。

□评点

这三段话都出自于道光二十四年，曾氏写给王拯的信。王拯字定甫，号少鹤，广西人，当时与曾氏同在翰林院供职。通读曾氏全信，可知事情原来是这样的：翰林院编修陈源充的妻子产子后不久去世。曾氏与陈同乡同年，关系密切（后又结为儿女亲家），听说王拯为人仗义，便请他代陈买棺木。王买了棺木，又亲去凭吊。但陈之前并不认识王，曾氏又未将此事告诉陈，于是陈家的仆人没有及时通报，陈也未对王言谢。王遂极不舒服，写了一封言辞激烈的信责备曾氏。曾氏回信道歉。在道歉的同时，曾氏说了所抄的这几段话。曾氏所说的这几段话，对今天的读者也有启迪，即应当怎样看待人与人之间的施与报。

以朱子之说格物致知

□原文

天下之道，非两不立，是以立天之道，曰阴与阳；立地之道，曰柔与刚；立人之道，曰仁与义。乾坤毁则无以见《易》，仁义不明，则亦无所谓道者。《传》曰天地温厚之气，始于东北，而盛于东南，此天地之盛德气也，此天地之仁气也。天地严凝之气，始于西南，而盛于西北，此天地之尊严气也，此天地之义气也。斯二气者，自其后而言之,因仁以育物,则庆赏之事起,因义以正物,则刑罚之事起,中则治,偏而乱。自其初而言之,太和絪緼,流行而不息,人也,物也,圣人也,常人也,始所得者均耳。人得其全,物得其偏,圣人者既得其全,而其气质又最清且厚,而其习又无毫发累,于是曲践乎所谓仁义者,夫是之谓尽性也。推而放之凡民而准,推而放之庶物而准,夫是之谓尽人性尽物性也。常人者,虽得其全,而气质拘之,习气蔽之,好不当则贼仁,恶不当则贼义,贼者日盛,本性日微,盖学问之事,自此兴也。

学者何?复性而已矣。所以学者何?格物诚意而已矣。格物,则剖仁义之差等而缕析之;诚意,则举好恶之当于仁义者而力卒之。兹其所以难也。吾之身,与万物之生,其理本同一源,乃若其分,则纷然而殊矣。亲亲与民殊,仁民与物殊,乡邻与同室殊,亲有杀,贤有等,或相倍蓰,或相什百,或相千万,如此其不齐也。不知其分而妄施焉,过乎仁,其流为墨,过乎义,其流为杨。生于心,害于政,其极皆可以乱天下,不至率兽食人不止。故凡格物之事,所为委曲繁重者,剖判其不齐之分焉尔。

朱子曰:“人心之灵,莫不有知。”此言好恶之良知也。曰天下之物,莫不有理,惟于理有未穷,故其知未尽。此言吾心之故有限,万物之分无穷,不究乎至殊之分,无以洞乎至一之理也。今王氏之说,曰致良知而已,则是任心之明,而遂曲当乎万物之分,果可信乎?冠履不同位,凤凰鸱鸮不同栖,物所自具之分殊也。瞽瞍杀人,皋陶执之,舜负之;鲧堙洪水,舜殛之,禹郊之。物与我相际之分殊也。

仁义之异施,即物而区之也。今乃以即物穷理为支离,则是吾心虚悬一成之知于此,与凡物了不相涉,而谓皆当乎物之分,又可信乎?朱子曰:“知为善以去恶,则当实用其力,务决去而求必得之。”此言仁义之分既明,则当毕吾好恶以既其事也。今王氏之说,曰即知即行、格致即诚意工夫,则是任心之明,别无所谓实行。心苟明矣,不必屑屑于外之迹,而迹虽不仁不义,亦无损于心之明,是何其简捷而易从也!循是说而不辨,几何不胥天下而浮屠之趋哉?尧、舜、禹、汤、文、武、周公、孔子之学,岂有他与,即物求道而已。

物无穷，则分殊者无极，则格焉者无已时，一息而不格，则仁有所不熟，而义有所不精。彼数圣人者，惟息息格物而又以好色恶臭者竟之，乃其所以圣也。不如是，吾未见其圣也。自大贤以下，知有精粗，行有实不实，而贤否以次区焉。

国藩不肖，亦谬欲从事于此。凡伦类之酬酢，庶务之磨砻，虽不克衷之于仁，将必求所谓蔼然者焉；虽不克裁之于义，将必求所谓秩然者焉。日往月来，业不加修，意言意行，尤悔丛集，求付一物之当其分而不可得，盖陷溺者深矣。自维此身纵能穷万一之理，亦不过窥钻奇零，无由底于逢原之域，然终不敢弃此而他求捷径，谓灵心一觉，立地成圣也。下愚之人，甘守下愚已耳。智有所不照，行有所不慊，故常馁焉，不敢取彼说者廓清而力排之。愚者多柔，理有固然。

□译文

天地间的法则，没有对称则不成立，所以使天得以立的法则是阴与阳，使地得以立的法则是柔与刚，使人得以立的法则是仁与义。乾坤破坏则不可见到《易经》这部书，仁义不彰显，则也无所谓道德。《易传》说，天地的温厚之气，起始于东北，而旺盛于东南。这是天地之间旺盛的道德之气，这是天地之间的仁气。天地之间的严凝之气，起始于西南，而旺盛于西北，这是天地之间的尊严气，这是天地之间的义气。这两种气，从它后来的作用来说，因为仁用来哺育万物，则庆赏方面的事兴起，因为义用来匡正万物，则刑罚方面的事兴起。居中则安定，偏斜则混乱。从它初始的状态来说，太和之气弥漫于宇宙，人也好，物也好，圣人也好，常人也好，最先所得到的多少都一样。人得到它的全部，物体得到它的部分，圣人不但得到它的全部，而且他的气质又最清纯最厚实，他的习性又没有毫发拖累，于是所谓践行仁义，就是尽性。推而广之所有人都如此，推而广之所有物体都如此。这就叫做尽人性尽物性。普通人虽然得到它的全部，但因其气质和习性的拘蔽，表现在庆赏方面不恰当则贼害仁，表现在刑罚方面不当则贼害义。贼害若一天天加大，则本性一天天减弱，于是学问方面的事情则由此而兴起。

学习的目的是什么？恢复本性罢了。学习的途径在哪里？格物诚意罢了。格物，则剖分仁义上的差别等级而加以缕析，诚意，则是用仁义来衡量好恶之当否而加以力促。此事之所以困难。我的身体与生长着的万物，在道理上是同出一个源头，若是加以分析，则复杂而彼此不同了。亲爱自己的血亲与对待别的人则不同，仁爱人民与对待物体则不同，乡邻与同室者有不同，血亲上也有血缘远近的区别，贤良的人也有等级上的高低，或差一倍，或相差十倍百倍，或相差千倍万倍，就因为这样而不齐了。如果不知道区别而随意作为，仁上过了头，则流为墨翟，义上过了头，则流为杨朱，这些都生发于心中，而遗害于政事，它的极端也可以使得天下混乱，不到导致野兽吃人不停止。所以格物上的事，做起来曲折麻烦之处，是在剖析判别它的不一致的区分上。

朱子说："人心的灵明，在于有知。"这话说的是人对好与恶的良知。又说"天下的物体，都有它的存在道理，只是因为道理本身无穷无尽，故而知识无穷无尽"。这话说的是我们的心所知有限，万事万物的区分是无穷无尽的，若不研究差别上的精细，则没办法洞察最高的道理。现在王阳明的学派说致力于良知罢了，则是听任心的灵明，于是便可以将万物区分允当，果真能相信吗？帽子与鞋子穿戴在不同的体位上，凤凰与鸱鸮不住在同一个窝里，事物所本身具备的差别是很大的。瞽叟杀人，皋陶将他抓起来，舜则背着他逃走；鲧治洪水不成，舜对他处以极刑，禹则郊祭他。别人与我之间的差别是很大的。

仁义的不同施与，也就是因物体的不同而区分。现在有人将穷究物体的道理视为支离破碎，认为我的心一旦虚悬即可认识到，与一切事物不相联系，而说我对事物的处置都允当，又可能相信吗？朱子说："知道以为善来去掉恶，则应当实实在在用力，务必坚决去掉而所求一定要得到。"这话说在仁义上的区分既已明朗，则应当竭尽我对此的好与恶之心来从事。现在王阳明的学派说知即是行，格物就是诚意的工夫，则是只听任心的明朗，再没有所谓的实行；心如果明朗了，就不必要再很在乎外表上的行为，甚至行为上虽然不仁不义，也无损于心灵的明朗，这是何等简捷而易于做到！听从这个学说而不加分辨，岂不是带领天下去走向佛教吗？尧、舜、禹、汤、文、武、周公、孔子的学说，岂有别的，就是即物求道而已。

事物无穷，则差异无穷，则研究无止境，一刻不研究，则于仁上便有所不熟悉之处，在义上便有所不精通之处。那几个圣人，他们只是时时刻刻在研究事物，而又以喜好美色厌恶臭味的态度来做到底，于是才成为圣人。不这样，我未见到他们的圣贤之处。自大贤以下，知识上有精与粗，行动上有实与不实，而贤与不贤则以此次第区分。

国藩无能，也想勉强从事这件事。凡人群中的应酬，日常琐事的麻烦，虽然不能以仁折中，但务必求得神情蔼然；虽不能以义裁决，但务必求得秩序井然。年年月月，学业的修理没有增加，言行随意，悔怨交集，求得允当处置一物而不可能，这是因为陷溺深的缘故。自认此身纵使能够穷究万分之一的道理，也不过是窥视得一点零头，没有办法到达左右逢源的境地，然而毕竟不敢放弃此途而另求捷径，说什么灵心一旦觉悟便可立地成圣。我是一个下等愚蠢者，心甘情愿去死守愚蠢。智慧有所不能照应，行为有所不能满足，故而心里常不得充实，不敢将异端学说予以廓清而力排其非。愚蠢者多柔弱，从道理上讲有它的必然。

□评点

世人批评曾氏，说他是没有理学著作的理学家，若一定要找他的理学著作，则只有零散的几篇书信、短文。这话是不错的。曾氏算不上理学的理论家，他是理学的践履者。在学问上他没有创新与发展，但在实行上却少有人能及。但凡研究曾氏的理学观念，一定会提到道光二十五年他写给刘蓉的信。这段话即出于此信。从这段话中可看出曾氏从朱子而去阳明的理学信念。

生平重视友谊

□原文

仆寡昧之资，不自振厉，恒资辅车以自强，故生平于友谊兢兢焉。尝自虑执德不宏，量既隘而不足以来天下之善，故不敢执一律求之。虽偏长薄善，苟其有裨于吾，未尝不博取焉以自资益。其有以谠言诤论陈于前者，即不必有当于吾，未尝不深感其意，以为彼之所以爱我者，异于众人泛然相遇之情也。

□译文

我是德寡智昧的资质，不能自我振励，常常想有所借助而达到自强，故而生平对于友谊怀战战兢兢之心。曾自虑所拥有的道德不宏大，器量狭隘而不足以招致天下的良善，故而不敢坚持以一律求之。即便是偏激缺乏善意的言语，假如对我有益，未尝不广为获取以使自己得益。他若有正直亢爽的言论出现在眼前，即便对我并非适合，未尝不深为感谢他的好意，认为他对我的关爱，不同于那些泛泛相交者的感情。

□评点

这是道光二十七年写给欧阳勋的信。勋为曾氏好友欧阳兆熊的儿子，此时年仅二十一岁，比曾氏小了十六岁。勋为湖南一布衣书生，曾氏已是朝中二品大员。无论从辈分年龄，还是从功名地位来说，二人之间相距甚大，但曾氏却以平等之态度待勋。此固出于曾氏的修养，亦缘于曾氏甚为欣赏勋，他视勋为桐城文派在湖南的传人。惜勋不到三十便去世，文章未大成。

转机始赖一二人

□原文

大抵事机之转,其始赖一二人者,默运于深渊微莫之中,而其后,人亦为之和,天亦为之应。

□译文

大凡事机的转变,它的开始靠着一二个人默默地在深入细微之中致力,到了后来,人也为他唱和,天也为他呼应。

□评点

这里说的是人群中先知先觉者的重要性。当然,先知先觉者后来也要取得大多数人的应和,否则,便只能成为卓越的思想家,而不能成为有实效的政治家。譬如引进西方科技以图自强一事,魏源便只能称之为卓越的思想家,曾氏才是有实效的政治家。

不忧兵与饷而叹人才缺

□原文

无兵不足深忧,无饷不足痛哭,独举目斯世,求一攘利不先,赴义恐后,忠愤耿耿者不可亟得,或仅得之而又屈居卑下,往往抑郁不伸,以挫,以去,以死,而贪饕退缩者,果骧首而上腾,而富贵,而名誉,而老健不死。此其可为浩叹者也。

□译文

没有兵员不足以深忧,没有饷银不足以痛哭,惟有放眼看当今世道,要求得一个揽取利益不走在前、奔赴正义惟恐在后、忠愤耿耿的人不可很快得到,或者只是仅仅得到却又屈居卑下,往往心情抑郁不伸,从而遭受挫折,从而因此离开,从而因此死去,而那些贪婪退缩者,却昂首而迁升,而富贵,而获得名誉,而老健不死。这是可为之浩叹的事。

□评点

这段话,也出现在本书正篇书札部分,只是删除"或仅得之而又屈居卑下"到"而老健不死"几句。曾氏说这段话是带有情绪的,被梁氏删除的那几句反衬话更是情绪激烈。这虽是当时的部分实际情况,却也反映出曾氏的思维方式。曾氏常说自己褊急,看来他的确有此毛病。

官府若不悔改则乱萌未息

□原文

干戈之后,自缙绅先生下逮厮役走卒,皆宜有怵惕创痛之意,以惩前而毖后。若仍酣歌恒舞,事过忘忧,漫无悔祸之意,而各逞亡等之欲,则此间之乱萌,尚恐未能遽息。

□译文

战争爆发后,自官员到下面的办事人员,都应该有遭受伤痛的恐惧感觉,借以惩前毖后。假若依旧沉醉在歌舞升平中,事情一过则忘记忧虑,毫无悔过之心,而都沉溺于自我戕害的欲念中,那么这里的混乱迹象,恐怕未能很快息灭。

□评点

为什么会有这场战争的爆发?关键的原因是社会上有一部分人无法正常生活下去,于是抱团揭竿起义。对于此,官府要负极大的责任。若官府在事过之后依旧醉生梦死毫无悔改之心,则混乱决不会止息。作为官场中的一员,曾氏此种认识可谓难得。

希图挽回天心

□原文

今日百废莫举,千疮并溃,无可收拾,独赖此精忠耿耿之寸衷,与斯民相对于骨岳血渊之中,冀其塞绝横流之人欲,以挽回厌乱之天心,庶几万有一补。不然,但就局势而论之,则滔滔者,吾不知其所底也。

□译文

眼下百废不能复兴,千疮一齐溃烂,无可收拾,独独依靠这颗耿耿忠心,与老百姓一道处在骨山血海之中,希望能够堵塞横流的人欲,借以挽回厌乱的天心,或许能补救万分之一。不然的话,但就局势而论,则目前好比遇上滔滔洪水,我不知它的止境在哪儿。

□评点

这段话前面也出现过,是曾氏咸丰三年二月对江忠源、左宗棠说的。此信系劝新宁勇头领江忠源接受向荣所奏请的翼长一职,希望他借翼长职务来施展夙抱,即便不为重用,也可据此"尽究军情得失"。

直道而行

□原文

君子直道而行,岂肯以机械崄巇与人相竞御哉?

□译文

君子以直爽之道而行世,岂愿意以复杂机心来与人相竞争?

□评点

曾氏后来说过以至诚应至伪、以至拙应至巧的话,其用意与此话同。

厌恶宽容之说

□原文

国藩入世已深,厌阅一种宽厚论说、模棱气象,养成不白不黑不痛不痒之世界,误人家国,已非一日。

□译文

国藩入世已久,厌恶看到一种宽容厚道的论说、模棱两可的现象,培养成不白不黑不痛不痒的世界,贻害家庭国家,已非一日。

□评点

这段话中的意思,在组建湘军之初期,曾氏对许多人说过。梁启超对它也很看重,本书正篇收录了两段。凭着这种血性,曾氏迅速开创了局面;也因为这种血性,让曾氏得罪了当时的腐败官场。

相信与相疑

□原文

平昔有相信之素,则臭腐皆变芬芳;平昔有相疑之端,则见闻无非荆棘。

□译文

平时有相互信任的经历，则臭腐都变成芬芳；平时有相互怀疑的念头，则所见所闻都是荆棘。

□评点

疑人偷斧，乃人性中的普遍现象。

窗棂愈多则愈蔽明

□原文

两心炯炯，各有深信之处，为非毁所不能入，金石所不能穿者，别自有在。今欲多言，则反以晦真至之情，古人所谓"窗棂愈多则愈蔽明"者也。

□译文

两颗心光亮，各自有深信之处，为非议毁谤所不能进入，金石所不能穿破，另有一种坚硬所在。现在想要用语言来表白，则反而将使至真之情变得晦暗，正是古人所谓的"窗棂越多则越遮蔽光明"。

□评点

所谓两心相印，是人与人相处最难达到也最为可贵的境界；若要靠语言来表白，则已落入低一个层面了。

荆轲之心苌宏之血

□原文

虹贯荆卿之心，而见者以为淫氛而薄之；碧化苌宏之血，而览者以为顽石而弃之。古今同慨，我岂伊殊？屈累之所以一沉而万世不复返顾者，良有以也。仆之不能推诚与人，盖有岁年，今欲矫揉而妁妁向人，是再伪耳！

□译文

荆柯的心化为长虹贯于天空，但看见者却将它视为怪异之气而鄙薄；苌宏的血化为碧玉，但鉴赏者却将它视为顽石而丢弃。无论是古代还是现在，这种事情都常有，我又怎能够与人不同？屈原之所以毅然决然地投水自沉，虽千年万世也不回顾，的确是有他的原因的。我的不能推诚待人有不少年了，现在想要改变个性委屈自己顺从别人，不过是再次作伪罢了！

□评点

这几句沉痛至极的话，前面已作过评点，此处便不再赘述了。

士各有志

□原文

蟾蜍触沙而不行，於菟腾风而万里。士各有志，不相及也。

□译文

蟾蜍爬在泥沙上而不能远行，老虎借助风势而奔跑万里。士各有志,彼此不相干。

□评点

志趣不同,导致人的不同行为取向,故立志最重要。

互相箴规

□原文

吾乡数人,均有薄名,尚在中年,正可圣可狂之际,惟当兢兢业业,互相箴规,不特不宜自是,并不宜过于奖许,长友朋自是之心。彼此恒以过相砭,以善相养,千里同心,庶不终为小人之归。

□译文

我们家乡几个人都有薄名,尚处在中年,正是可以做圣人也可以做狂人的时候,惟独应当兢兢业业,互相规谏,不但不宜自以为是,而且不宜过于夸奖,从而促长朋友的自以为是之心。彼此之间常常互相批评过失,互相培植良善,千里之外同心同德,这样或许最终不会变成小人。

□评点

朋友之间不夸奖而互相砥砺,这种古风,惜乎当今之世愈来愈少见了。

以得人为强

□原文

国家之强,以得人为强,所谓"无竞维人"也。若不得其人,则毛羽未满，亦似难以高飞。昔在宣宗皇帝亦尝切齿发愤，屡悔和议而主战守，卒以无良将帅，不获大雪国耻。今欲罢和主战，亦必得三数引重致远折冲御侮之人以拟之。若仅恃区区楚材目下知名之数人，则干将、莫邪恐亦未必终不刓折，且取数太少，亦不足以分布海隅。

□译文

国家的强大，以得到人才乃可称之为强大，所谓“不能竞争的只有人”。若是不能得到这样的人，则羽毛未丰满，也似乎难以高飞。先前，宣宗皇帝也曾经切齿发愤，屡屡后悔和议而主张以战争来守卫国家，终于因为没有好的将帅，没有获得大雪国耻的成功。现在若要罢和而主战，也必须得到几个能够负重致远、折冲御侮的人来担负此事。若仅仅只依靠区区楚地眼下著名的几个人，则即使是干将、莫邪这样的宝剑恐怕也未必始终不会钝折，而且为数太少，也不足以分发到偏远地方去。

□评点

“无竞维人”一语，出自《诗经·大雅》中《抑》。诗里说“无竞维人，四方其训之”。意谓有了人才国力强盛，四方诸侯都来归顺。人是第一要素，这是古往今来人们在理论上的共识，但在具体实施过程中，却有不同的做法，从而引发不同的结果。曾氏在识人用人上有许多独到之处，很值得当今团队领袖们研究。

渐实则能渐平

□原文

高明、平实二义，张杨园先生尝言之矣。大抵莅事以明字为第一要义。明有二，曰高明，曰精明。同一境，而登山者独见其远，乘城者独觉其旷，此高明之说也；同一物，而臆度者不如权衡之审，目巧者不如尺度之确,此精明之说也。凡高明者,欲降心抑志以遽趋于平实,颇不易易。若能事事求精,轻重长短一丝不差,则渐实矣,能实则渐平矣。

□译文

高明、平实两个词的含义,张杨园先生曾经说过了。大凡临事以明字为第一重要。明有两种,叫做高明,叫做精明。同一个环境,登到山顶上的人独独看到它的辽远,踏上城墙的人独独感觉到它的空旷。这说的是高明。同一个事物,随心猜测则不如仔细权衡的精审,眼睛厉害不如以尺度量的精确。这说的是精明。凡是高明者,想要降压心志立即趋于平实,颇为不容易。若是能够事事求精,轻重长短一丝不差,则能渐渐做到实在,能够实在也便能渐渐做到平常。

□评点

现实中,高明者难平实,平实者亦难高明。曾氏却认为,真正把高明做到家,即将高明引向精明发展,事事求精,则可渐实渐平。于是,高明与平实可兼而得之。

饱谙世态

□原文

耿介人类不耐事,从古已然。更与饱谙世态,当无是虑。

□译文

性格耿介的人大多不耐烦做具体事,自古以来便是这样。待到饱经世态之后,应当没有这个顾虑了。

□评点

社会是人生的最好课堂,它能教给人以实实在在的生存理念与生存方式。所以,人在饱谙世态后,多能弥补不足,逐渐成熟。

礼义法度当应时而变

□原文

庄生有言礼义法度者,应时而变者也。行周于鲁,犹推舟于陆也。古今之异,犹猨狙之异乎周公也。

□译文

庄子曾经说过,礼义法度这些东西,是顺应时代而变法的。将周可行的礼法移到鲁,好比推船在陆地上行走。古与今之间的差别,好比猿猴与周公之间差别一样。

□评点

礼义法度,是人制定出来的。鉴于当下人类社会所出现的问题,负有治理责任的人制定一些规范出来,企图使用这些规范来使人类社会和谐、稳定、有序地存在。这些规范便是礼义法度,它来源于当时的人类社会,服务于当时的人类社会。明白了这个道理,便可知道,古人的礼义法度是那个时代的产物,时代变了,礼义法度也需要变化,否则便是推舟于陆——行不通。

湘军兵勇体质茬弱

□原文

来示谓"求才之效,不可必得,求才之道,仍须自尽",自是破的之论。近好求筋力健整能吃辛苦之人,一药吾党茬弱之风,尚未遽见。

□译文

来信说"求取人才的效果,不可能一定就得到,求取人才的途径,仍需要加以完善",自是说得很准确。近来很想求得筋力健全能耐辛苦的人,用来医治我们这个团体的柔弱之风,但尚未很快见到。

□评点

咸丰三年十一月,曾氏在给刘蓉的信中谈到湘军的长处与短处,其短处之一为:"体质薄脆,不耐劳苦,动多疾病。"此段话中所说的"好求筋力健整能吃辛苦之人",即基于此。曾氏后来决定组建淮军,其动因之一亦由此。他认为江淮人慓悍,一过江北后,湘人体质薄脆更显突出。

穷途白眼

□原文

近来饱尝艰险,穷途白眼所在多有。渠自赋诗有云"沉舟转侧波涛里,败絮周旋荆棘中",盖实录也。

□译文

近来饱尝艰难危险,无路可走与遭人白眼等处境随时遇到。他自己写诗,诗中说:"将沉的船翻倒在波涛里,飘落的花絮周旋在荆棘中",这是真实的纪录。

□评点

湘军在十余年与太平军的角逐中,败多胜少,因而遭遇白眼是常事,曾氏就说过他"几为通国不容",可见道路穷迫之至。

此处好比夷齐之垅

□原文

惠书称申夫有揽辔澄清之志，只愧尺波不足以纵巨鳞，陋邦不足以发盛业。昔有巨盗发冢，椎掘方毕，棺中人忽欠身起坐曰："我乃伯夷，何为见访?"盗逡巡去。易一丘，方开凿墓门，见前欠伸者随至曰："此舍弟叔齐冢也。"今将施巨钩犗饵于蹄涔之水，是犹索珠襦玉押于伯夷之垅，多恐有辜荐贤之盛心。至于推诚扬善，力所能勉，不敢或忽。

□译文

来信说李申夫有指挥军队澄清天下的志向，只是惭愧我这里仅一尺的波澜，不足以让大鱼纵身腾跃，卑陋的地方不足以创造盛业。从前有大盗窃墓，挖掘刚完成，棺木中的人忽然弯腰坐起说："我是伯夷，为何来拜访我?"盗贼四处看看后离开了。换一个山包，正在开凿墓门时，见刚才弯腰坐起者随后跟来说："这是我的弟弟叔齐的墓。"现在垂下巨钩钓于马蹄大的水坑，正好比索取珠服玉匣于伯夷的墓中，恐怕多半会辜负你的荐贤美意。至于以诚相待表扬良善，这是努力而可勉强做到的事，不敢有所疏忽。

□评点

这段话中的比喻极富幽默感。伯夷、叔齐兄弟因不食周粟而饿死在首阳山，其墓中自然无分文可取，盗墓者盗夷、齐之墓，可谓完全找错了目标。曾氏出名后，从各地来投靠者络绎不绝，投奔的目的也各有不同，不少人是怀着获取大利的心愿而来，故而与早期不同，曾氏此时对前来投靠者往往先泼点冷水，压一压他的胃口，以免到时失望。以夷、齐墓来比喻他这块地盘，其用意便在此。李榕四川人，字申夫，以礼部主事身份来到曾氏幕中后，与曾氏很是投契。曾氏很欣赏他的才具,但他只做到湖南布政使,便被弹劾丢了官,并未做出“揽辔澄清”的事业来,晚年更因贫困而就食于老朋友处。

懵懂被不祥

□原文

手示敬悉。安乐弃予,世态之常,侍去年过此,与今年情形迥异。所示“莫危于渐”,诚为笃论,然此时只当用老僧不见不闻法。天下惟忘机可以消众机,惟懵懂可以被不祥也。万事无成四字,是鄙人一生考语,公安得攘而有之?

□译文

来信敬悉。安乐厌弃我,这是世间的常态。我去年经过这里,与今年情形完全不同。信中所说“危险莫过于在渐变中产生”,的确是笃实之论,但此时只能采用老僧的不见不闻之法。天下的法则,惟有忘掉自己的机心才能消除众人的机心,惟有懵懂可以被去不祥。万事无成这四个字,是我一生的评语,您怎能抢夺呢?

□评点

湖南有句俚语,叫做“阴阳怕懵懂”。面对着太多的钩心斗角、攻击中伤,曾氏已见怪不怪,惟有采取浑然不知的态度去应付,这就是他所说的懵懂。他还说过“惟大愚可治大奸”的话,也是这个意思。曾氏与胡林翼的关系极为亲密,故而这段对胡说的话也说得很贴心。前面正篇中也收录此中“惟忘机”“惟懵懂”两句。

取人小处实处与人大处空处

□原文

前曾语阁下以“取人为善，与人为善”，阁下默记。近数日内，取诸人者若干事，与人者若干事？大抵取诸人者，当在小处实处，与人者，当在大处空处。

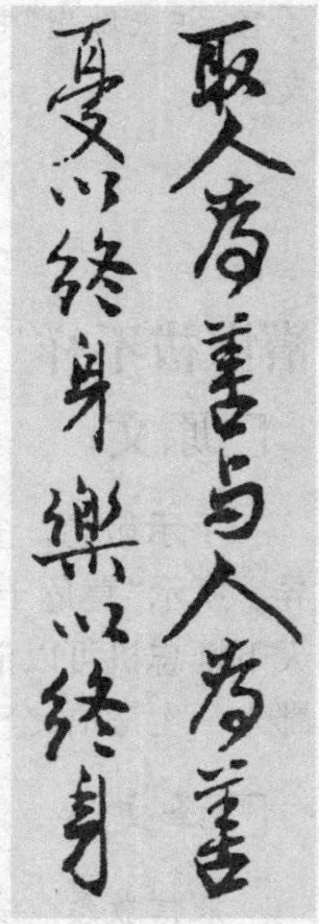

曾国藩手书联语

□译文

参见前面正篇书札部分。

□评点

关于这段话的评点，也请读者参见前文。这里再录几首曾氏类似格言，以飨诸君：

战战兢兢，即生时不忘地狱；坦坦荡荡，虽逆境亦畅天怀。

好人半从苦中来，莫图便益；世事多因忙里错，且更从容。

丈夫当死中求生，祸中求福；古人有困而修德，穷而著书。

天下事理皆成两片

□原文

昔邵子将天下万事万理看成四片，近姚惜抱论古文之法，有阳刚、阴柔两端。国藩亦看得天下万事万理皆成两片，与友石所云“阳智阴智”殆有同符。第邵子四片之说，颇多安排附会，友石亦不免此弊。能进于自然，则几矣。

□译文

从前邵雍先生将天下万事万理看成四片，近世姚鼐论古文之法有阳刚、阴柔两端之说。国藩也认为天下万事万物皆成两片，与友石所说的“阳智阴智”略相符合。但邵雍先生的四片之说，较多附会，友石也不免有这样的弊病。能够进到自然而然的地步，则差不多了。

□评点

关于天下事理皆成两片之说，曾氏道光二十五年给刘蓉的信中表述得较为详细：“天下之道，非两不立，是以立天之道，曰阴与阳；立地之道，曰柔与刚；立人之道，曰仁与义。”其源则出于《易·系辞》：“一阴一阳之谓道。”

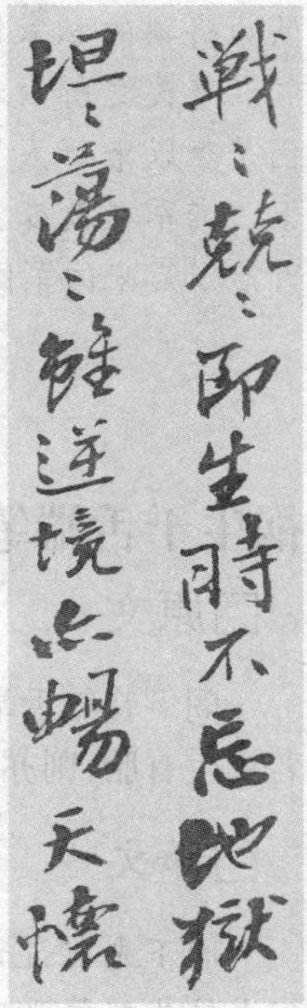

曾国藩手书联语

忠于统领

□原文

既隶其麾下，尚祈忠于所事，无存歧异之见。古人有言“行衢路者不至，事两君者不容”，“锲而舍之，朽木不折，锲而不舍，金石可镂”。“其仪一兮，心如结兮”，窃愿以《尸鸠》之诗奉勖也。

□译文

既然属于他的部下，尚请忠于他的事情，不要在意见上存有分歧。古人说过“走交叉道路到不了目的地，服务于两个君王则不能容许”，“镂刻而又舍弃，朽木都不能折断；镂刻而不停止，则金石都可雕琢”。“他的言行一致，心如固结”，我私下愿以《尸鸠》这首诗赠送给你作为勖勉。

□评点

湘军的特点是"兵为将有",说白点,即军队为将领的私家财产,故而部属必须忠于首领。曾氏之所以参劾李元度,背后的真正原因是李以湘籍人员改投浙江体系,为他所恼恨。湘军在改变清朝廷的世兵制之后,无形开启了后来的军阀制。

曾国藩手书联语

祸生于舌端笔端

□原文

阁下昔年舌端或有弹射,笔端亦颇刻酷,若祸生有胎,则亦不可不自省而敛抑也。

□译文

阁下先前说话或许有伤害性,笔下的文字也较为刻薄严酷,倘若祸起有其原由的话,则也不可不自我反省且加以收敛抑制。

□评点

以言沽祸,以文沽祸,古往今来不知多少!正因为此,便有"沉默是金"之说。即便如此,许多人仍然不爱沉默之金,好说话,好舞文弄墨。这是为何?或许出于人之好表现的本性吧!

君子愈让小人愈妄

□原文

大抵乱世之所以弥乱者，第一在黑白混淆，第二在君子愈让，小人愈妄。侍不如往年风力之劲，正坐好让。公之稍逊昔年，亦坐此耳。

□译文

大凡之所以使乱世更乱的原因，第一在黑白混淆，第二在君子愈加谦让，小人愈加狂妄。我的风力不如往年的强劲，正是因为好谦让。您的稍逊从前，也是因为这个原故。

□评点

曾氏出山办团练之初，秉一腔护卫正义的血性，在与太平军作战的同时，也与同一营垒的不正之风作斗争。面对这两股力量，他都采取不妥让的态度。这里所说的“君子愈让，小人愈妄”，就是在此背景下说的话。然而，太平军可消弭，不正之风却不可消弭。晚期的曾氏，在强大的世风面前，也只得步步退让了。

功效

□原文

天下之事，有其功必有其效，功未至而求效之遽臻，则妄矣。未施敬于民，而欲民之敬我；未施信于民，而欲民之信我；卤莽而耕，灭裂而耘，而欲收丰穰十倍之利，此必不得之数也。

在《易·恒》之初六曰：“浚恒贞凶，无攸利。”胡瑗释之曰：“天下之事,必皆有渐,在乎积日累久而后能成其功。”是故为学既久,则道业可成,圣贤可到;为治既久,则教化可行,尧舜可至。若是之类,莫不由积日累久而后至,固非骤而及也。

初六,居下卦之初,为事之始,责其长久之道、永远之效,是犹为学之始,欲亟至于周孔,为治之始,欲化及于尧舜。不能积久其事,而求常道之深,故于贞正之道见其凶也。“无攸利”者,以此而往,必无所利。孔子曰“欲速则不达”也。是故君子之用功也,如鸡伏卵,不舍而生气渐充;如燕营巢,不息而结构渐牢;如滋培之木,不见其长,有时而大;如有本之泉,不舍昼夜,盈科而后进,放乎四海。但知所谓功,不知所谓效,而效亦徐徐以至也。

嵇康曰:“夫为稼于汤之世,偏有一溉之功者,虽终归于焦烂,必一溉者后枯,然则一溉之益,固不可诬也。”此言有一分之功,必有一分之效也。程子曰:“修养之所以引年,国祚之所以祈天永命,常人之至于圣贤,皆工夫到这里,则自有此应。”此言有真积力久之功,而后有高厚悠远之效也。孟子曰:“宋人有闵其苗之不长而揠之者,其谓人曰予助苗长矣。其子趋而往视之,苗则槁矣。”此言不俟功候之至,而遽其速效,反以害之也。苏轼曰:“南方多没人,日与水居也。七岁而能涉,十岁而能浮,十五而能没矣。北方之勇者,生不识水,问于没水,而求所以没,以其言试之河,未有不溺者也。”此言不知致功之方而但求速效,亦反以害之也。

□译文

天下的事情,有它的功夫在内就必定有它的效果,功夫未到而求效果的很快到来,则是无知。没有给民众以尊敬,而希望民众尊敬我;没有给民众以信任,而希望民众信任我;以卤莽的方式耕种,以粗暴的方式耘田,而希望得到十倍的收获。这些都是必定得不到的。

《易经》中的《恒卦》初六爻说:“破坏常规为凶险,没有任何好处。”胡瑗解释说:“天下的事情,必定是渐进的,要有日积月累的工夫而后才能成功。”所以治学长久,学业才可望有成,圣贤榜样才有可能接近;治政长久,教化才可望实行,尧舜时代的风气才可望到来。诸如此类,莫不由于日积月累的工夫之后才能获得,决不是骤然之间便可达到的。

初六爻居于下卦的开初，是事情的起始，指望它有长久之道、永远之效，这好比为学的初始，便想立刻到达周公孔子的地步，治政的初始，便想把国家教化得如同尧舜时代。不能做到累积长久的事功，而想求得常道的深厚，故而将会在正大之道上遇到凶险。“无攸利”，是指按照这样做下去，必将得不到利益。这就是孔子所说的“想快则反而达不到”。所以君子的用功，好比母鸡伏在蛋上，日夜不舍，于是生气渐渐充实蛋中；好比燕子经营窝巢，天天不息，于是窝巢结构逐渐牢固；好比培植树木，似乎看不到它在生长，但到时它却长大了；如有来源的泉水，昼夜不舍，盈满前面的坑坑坎坎后再流进江河，最后归于四海。只知道去用功，而不去时时计较它的效果，而效果慢慢地也就有了。

嵇康说：“在大旱年代做农民，下过一次灌溉工夫的，虽然到头来禾苗还是焦烂，但它必定是在这次浇灌之后才枯萎，然则这一次灌溉的好处，确实不应该否定。”这话说的是有一分功夫，必有一分效益。程子说：“修养之所以延长寿命，国家的寿命之所以能够长久，常人之所以到达圣贤的境地，都是因为工夫到了这一步，则自然有这样的照应。”这话说的是真正有累积之工夫，而后便有高厚悠远的效果。孟子说：“宋国有一个忧虑他的禾苗不长而拔它的人，他对人说我已帮助禾苗长高了。他的儿子赶快去看，发现禾苗已经枯槁了。”这说的是不等工夫的火候来到，而加快它的速度以求得效果，反而害了它。苏轼说：“南方多潜水的人，每天与水相居。七岁便能在水中行走，十岁就能浮在水面，十五岁便能潜伏于水中。北方的勇敢者，生来便不识水性，询问潜水一事，从而求取潜水的方法。用别人所教的方法到河里去试验，没有不被河水淹溺的。”这话说的是不懂得用功的方法，但求获得速效，也会反而害了他。

□评点

这是一则笔记。先提出积功才能奏效的论点，然后以现实以典册以圣贤之言来层层论证，又穿插一连串的比喻来加深读者的印象。整篇笔记对论点的论述，既厚实又生动，毫无说教之味。

治 政

不轻受人惠

□原文

我自从己亥年在外把戏,至今以为恨事,将来万一作外官,或督抚,或学政,从前施情于我者,或数百,或数千,皆钓饵也。渠若到任上来,不应则失之刻薄,应之则施一报十,尚不足以满其欲。故自庚子到京以来,于今八年,不肯轻受人惠,情愿人占我的便益,断不肯我占人的便益。

□译文

道光十九年我在外面应酬,至今引以为遗恨的事,将来万一作地方官员,或者总督巡抚,或者学政,从前送人情给我的,或几百,或几千,都是钓饵。他若是到我的上任之地来,不应付则失之刻薄,应付则施一而报十,尚且不足以满足他的要求。故自道光二十年到京师以来,到现在已经八年,不愿意轻易接受别人的恩惠,情愿别人占我的便宜,决不想我占别人的便宜。

□评点

曾氏道光十八年中进士点翰林,随即回家读书。道光十九年这一年,曾氏以一个即将赴任的官员身份在家乡度过。湘乡乃至长沙府识与不识者,纷纷前来与曾氏攀上关系,送钱送物,其中固然不乏诚心诚意祝贺的,但更多的则另有目的。其目的即曾氏这段家书中所指出的。但此目的,无法让他们达到,故曾氏将那一年所接送的馈赠引为“恨事”。从那以后，他就再不接受人惠，不让这种恨事再出现。曾氏所遇到的这个麻烦事，想必一切有权者都会遇到，因此他的这段话很值得人们特别是有权者重视。

不得罪东家好来好去

□原文

见可而留，知难而退，但不得罪东家，好去好来，即无不可耳。

□译文

见情形可留则留下，发现难相处时则退出，但求不得罪主人，好去好来，如此则无论留与退都无不可。

□评点

曾氏的六弟国华是个心高气傲却才又不足以副之的人，屡试不中后于道光二十五年九月进京入国子监，次年参加直隶乡试，又不中。二十七年底在京自行谋馆。曾氏知老六的性格不宜为塾师，故只希望他能“好去好来”，“不得罪东家”就可以了。“好来好去”，应是一种人群相处的原则，看似容易，做起来也并不容易。

愚公移山

□原文

事断不可求速效，求速效必助长，非徒无益，而又害之。只要日积月累，如愚公之移山，终久必有豁然贯通之候，愈欲速则愈锢蔽矣。

□译文

办事断不可求速效，想求速效则必定会拔苗助长，不但无益，反而有害。只要日积月累，如愚公移山，最终必定有豁然贯通的时候，愈想求快则愈会感到受禁锢掩蔽。

□评点

在笔记《功效》篇中，曾氏详细说明积功才能奏效的道理。这次又以愚公移山为例，说明持恒持久的重要。

凡事皆贵专

□原文

凡事皆贵专。求师不专，则受益也不久；求友不专，则博爱不亲。心有所专宗而博观他涂，以扩其识，亦无不可；无所专宗，而见异思迁，此眩彼夺，则大不可。

□译文

凡事都可贵在专。求师不专，则受益不长久；求友不专，则广泛友好而不能亲密。心有所专宗，又能博览其他途径，以求扩大见识，也无不可，若无所专宗而见异思迁，目光为这为那所眩夺，则大为不可。

□评点

人生的精力和时间都有限，而所办的事情又大多不易，故而有识者都认为办事宜专一，不宜泛众，专一可望有所成，泛众则往往一事无成。

在外与居乡不同

□原文

在外与居乡不同。居乡者紧守银钱,自可致富;在外有紧有松,有发有收,所谓大门无出,耳门亦无入。全仗名声好,乃扯得活;若名声不好,专靠自己收藏之银,则不过一年即用尽矣。

□译文

在外做事与居乡间不一样。居乡间的人要紧守银钱,自然可以致富;在外做事于银钱上有时紧有时松,有时发出有时收进,所谓大门不送出,小门也就没有收入。全仗名声好,才可以拉扯得活泛;若名声不好,全靠自己收藏的银子过日子,则不过一年就用完了。

□评点

曾氏刚去北京那几年待遇并不高,常常要靠东拉西扯来应付,老家亲人担心他负债,于是曾氏在家书中以这段话作答。在外与居乡最大的差别是,居乡乃典型的自给自足的小农经济,"守"乃过日子的要诀;在外近于开放性的经营,交流更显得重要。交流的基础在信誉,即这段话中的"名声"。

风水未可尽信

□原文

山向吉凶之说,亦未可尽信。山向之说,地理也;祖父有命而子孙从之,天理也。祖父之意已坚,而为子孙者,乃拂违其意,而改卜他处,则祖父一怒,肝气必郁,病势必加,是已大逆天理,虽得吉地,犹将变凶,而况未必吉乎?自今以后,不必再提改葬之说,或吉或凶,听天由命,只要事事不违天理,则地理之说可置之不论不议矣。

□译文

山向吉凶这些说法,也不可全信。山向之说,属于地理,祖父有命令而子孙顺从,属于天理。祖父的心意已经坚定,而作为子孙的违背他的心意,改为选择另外一处,那么祖父一怒,肝气必然郁积,病势必定加重,这样便是已经大为违逆天理,即便得到好地,也将变为凶地,何况未必是吉地呢?从今以后不要再提改葬之说,或吉或凶,听天由命,只要事事不违背天理,则地理之说可放置一边不去议论了。

□评点

关于阴宅,过去也有一套系统的学问,然而这一套学问完全出自活人的感觉。比如说“山环水抱”、“气势团聚”等等,带给活人的感觉是好的,于是风水家便说这是好地,是吉壤。至于死去的人葬在此处会好,子孙后代会发达等等,这纯粹是没有根据的臆测。故而选择墓地,活人觉得好就好,而将要葬于此地的活人认为好就更没有理由反对。曾氏要说的其实就是这个意思,他换成地理、天命之类的说法,只是看起来更具有理论性罢了。

大员之家不涉公庭

□原文

凡大员之家无半字涉公庭,乃为得体。为民除害之说,为所辖之属言之,非谓去本地方官也。

□译文

凡大官员的家庭若无半个字牵涉到官司,才是得体。为民除害之说,针对的是官府所辖的下属部门,不是说不要本地的主管官员。

□评点

大官的家属若参与当地官府诉讼,有许多不便之处。地方官员与老百姓都会有许多说辞,而这些说辞往往是贬多褒少。故为名声作想,以不涉及官府政务为得体。

不贪财不失信不自是

□原文

不贪财,不失信,不自是,有此三者,自然鬼伏神钦,到处人皆敬重。此刻初出茅庐,尤宜慎之又慎。若三者有一,则不为人所与也。

□译文

不贪钱财,不失诚信,不自以为是,有此三者,自然鬼神钦伏,随便到哪里人人都敬重。此时初出来办事,尤其宜慎之又慎。若三者中有一者未做到,则得不到别人的赞许了。

□评点

这是道光二十八年六月给诸弟家信中的话。老四国潢近来在县城和邻乡帮人打官司,能取信于人,曾氏在信中称赞他。曾氏本不情愿家人涉及官司一类事,但随着他本人官位的显赫,曾家在湘乡县境也相应显赫起来。于是,上门求助者也便增多,老太爷可以杜门谢客,少爷们却不能不问,而应酬社会,本亦是极重要的历练。

曾氏因此教诸弟守住“不贪财,不失信,不自是”三点,作为与社会打交道的三条原则。

并非升官即贤肖

□原文

澄弟每以我升官得差,便谓我是肖子贤孙,殊不知此非贤肖也。如以此为贤肖,则李林甫、卢怀慎辈何尝不位极人臣,舄弈一时,讵得谓之贤肖哉?要令罢官家居之日,己身可以淡泊,妻子可以服劳,可以对祖父兄弟,可以对宗族乡党,如是而已。

□译文

澄侯弟每每因我升官得差,便说我是肖子贤孙,岂不知这并不是贤肖。若以此为贤肖,则李林甫、卢怀慎辈何尝不位极人臣,神气一时,怎么能就称之为贤肖呢?只是要求自己罢官家居的时候,自身可以淡泊,妻与子可以做粗事,可以对得起祖父与父亲兄弟,可以对得起宗族乡党,如此而已。

□评点

升官发财,历来为社会所看重。儿孙若升官发财,父祖们既得实利,又脸上极有光彩。从这个层面来说,升官发财的儿孙,的确是父祖辈的肖子贤孙。但曾氏是以圣贤为榜样,故而他的眼界更高一层。他有更高的追求,并不把升官发财的本身视为贤肖。应当说,曾氏的观点是对的。若仅从升官发财一点来看的话,秦桧、李林甫这些人的官位都够高了,山大王、江洋大盗的钱也够多了,他们能算父祖辈的肖子贤孙吗?

拟办社仓

□原文

予又思得一法。如朱子社仓之制,若能仿而行之,则更为可久。朱子之制,先捐谷数十石,或数百石,贮一公仓内,青黄不接之月,借贷与饥民,冬月取息二分收还(每石加二斗)。若遇小歉,则蠲其息之半(每石加一斗),大凶年,则全蠲之(借一石还一石),但取耗谷三升而已。朱子此法,行之福建,其后天下法之,后世效之。今各县所谓社仓谷者是也,其实名存实亡,每遇凶年,小民曾不得借贷颗粒,且并社仓而无之,仅有常平仓谷,前后任尚算交代,小民亦不得过而问焉。盖事经官吏,则良法美政,后皆归于子虚乌有。

国藩今欲取社仓之法,而私行之我境。我家先捐谷二十石,附近各富家,亦劝其量为捐谷。于夏月借与贫户,秋冬月取一分息收还(每石加一斗),丰年不增,凶年不减。凡贫户来借者,须于四月初间,告知经管社仓之人。经管人量谷之多少,分布于各借户,令每人书券一纸,冬月还谷销券。如有不还者,同社皆理斥议罚加倍。以后每年我家量力添捐几石,或有地方争讼理曲者,罚令量捐社谷少许,每年增加,不过十年,可积至数百石,则我境可无饥民矣。盖夏月谷价昂贵,秋冬价渐平落,数月之内,一转移之间,而贫民已大占便宜,受惠无量矣。

□译文

我又想到一个办法。比如朱熹的社仓之制,若是仿照它实行,则更加能够做到长久。朱熹的制度是,先捐谷数十石,或数百石,贮放在一个公共的仓库里,到了青黄不接的月份,则拿出来借贷给饥民。冬天还谷时收取二分利息(即每石加二斗)。若遇到程度较轻的歉收的年景,则减去利息的一半(即每石加一斗),若遇到灾荒年景,则利息全减去(即借一石还一石),只收取所损耗的三升而已。朱熹此法，在福建推行，这之后天下模仿，后世效法。但现在各县所谓的社仓谷，其实已名存实亡，每遇到灾荒年景，普通百姓借不到一粒谷，而且连同社仓都不存在，仅有往常的平仓谷，前后任交接时还算有交代，普通百姓也不得过问此事。这是因为事情一旦经过官吏之手，则良法美政，到了后来都归于子虚乌有。

国藩现在想将社仓之法拿过来，私下里在我居住的境内推行。我家先捐谷二十石，附近各富裕家庭，也劝他们酌量捐谷，在夏月借给贫户，秋冬月收还时加一分利息（每石加一斗）。丰收年景不增加，灾荒年景也不减少。凡是贫户来借的，必须在四月初告诉经管社仓的人。经管人依谷的多少，分发给各个借户，令每人写借据一张，冬月还谷时销毁借据。若有不还的，同社皆据理斥责并加倍处罚。以后我家每年量力加捐几石，或者是地方上闹纠纷理曲者，罚他酌量捐谷少许。这样每年增加，不过十年，便可积累到数百石，则我境便可没有饥民了。这是因为夏月谷价贵，秋冬谷价渐渐回落。数月之内，转手之间，而贫民已大占便宜，受惠不可估量了。

曾氏故居富厚堂一角

□评点

咸丰元年，身为侍郎的曾氏觉得自己有为家乡做点实事的地位和实力了，于是在与诸弟的家书中提出建朱子社仓的想法。曾氏自以为设想得很周到，做起来也不会难，谁知架不住诸弟的一句话：社仓虽好，但有借无还，不可长久。简直如釜底抽薪，一下子就把曾氏的满腔热情完全打掉了。湘乡县二十四都的曾家昆仲，远比礼部衙门里的侍郎爷现实，在绝大多数人都处于朝不保夕的状态时，这种社仓怎么能办？他原本就不可能有多余的粮谷，借后如何能还？所谓“大占便宜，受惠无量”云云，纯是书生的一厢情愿！

上疏批评皇上的用意

□原文

现在人才不振，皆谨小而忽于大，人人皆习脂韦唯阿之风，欲以此疏，稍挽风气，冀在廷皆趋于骨鲠，而遇事不敢退缩。此余区区之余意也。

□译文

现在人才不振作，都在小事上谨慎而在大事上玩忽，人人都习惯于顺从听命的风气，想以这道疏稍稍挽回风气，希望在朝廷上做官的都向骨鲠之士看齐，遇事不敢退缩。这是我的一点小小的另外的心愿。

□评点

咸丰元年四月二十六日，曾氏上《敬呈圣德三端预防流弊疏》。关于这道折子，笔者在《评点奏折》一书中有较为详细的评述。上折十多天后，曾氏在诸弟的家书中谈到上此折的目的，即所抄的这段话。接下来，他写道：“折子初上之时，余意恐犯不测之威，业将得失祸福置之度外矣，不意圣慈含宏，曲赐矜全。自是以后，余益当尽忠报国，不得复顾身家之私矣。”曾氏后来组建湘军驰驱沙场，遇难不退，受屈不怨，可从这几句话中找到答案。

乡民可与谋始难与乐成

□原文

乡民可与谋始，难与乐成，恐历时稍久，不能人人踊跃输将，亦未必奏效无滞。我家倡义，风示一邑，但期鼓舞风声，而不必总揽全局，庶可进可退，绰绰余裕耳。

□译文

乡下老百姓可与他们商议初始阶段，却难于与他们共同快乐地享受成功，恐怕历时稍久，不能做到人人踊跃共赴，也未必能不断奏效。我们家倡议，影响一方，只是期望鼓动情绪，不必总揽全局，或许今后可进可退，游刃有余。

□评点

有始无终，这是人之常性，作为普通人的群体——乡民，在这一点上，必定会因互相影响而显得更为突出。故而“可与谋始，难与乐成”，是一个对民众的清醒认识。从事公众事业的人，在办事之初都必须要有此认识，方不会在事情举办后便立即有受打击以至于沮丧、心灰意冷等情绪出现。

以写日记治无恒之弊

□原文

余向来有无恒之弊，自此写日课本子起，可保终身有恒矣。盖明师益友，重重挟持，能进不能退也。

□译文

我向来有无恒心的弊病，自从写日记起，可保证终身有恒心了。这是因为明师益友重重挟持，只能进不能退。

□评点

以写日记来培养恒心，的确是一个好办法。咸丰八年复出之后的曾氏日记写到临终前一天，也算得上持之以恒了。

书吏中饱

□原文

向来书吏之中饱，上则吃官，下则吃民，名为包征包解，其实当征之时，则以百姓为鱼肉而吞噬之，当解之时，则以官为雉媒而播弄之。官索钱粮于书吏之手，犹索食于虎狼之口，再四求之，而终不肯吐，所以积成巨亏，并非实欠在民，亦非官之侵蚀入己也。

□译文

向来书吏的中饱，是向上则吃官，向下则吃民。名义说是包征包解，其实，当征的时候，则把百姓当作鱼肉来吞噬，当解的时候，则把官员当作雉媒而玩弄。官府从书吏手中索取钱粮，好比从虎狼口中索取食物，再四恳求而终于不肯吐出，所以积压成巨大亏空，并非百姓拖欠，也不是官员的侵吞贪污。

□评点

曾氏所说的书吏中饱，颇近似当代的经办人弄权。古今一理，痼疾难消。

惜物

□原文

可珍之物,固应爱惜,即寻常器件,亦当汇集品分,有条有理。竹头木屑皆为有用,则随处皆取携不穷也。

□译文

值得珍贵的物品,固然应当爱惜,即便寻常的器件,也应当汇集起来按类区分,有条有理。竹头木屑都看成有用之物,则随处都有收取不尽的东西。

□评点

曾氏出身清寒农家,深知一丝一粟来之不易,故而节俭惜物成为习惯。后来虽贵为将相,亦不改农家子弟本色,生平极为服膺陶侃"竹头木屑皆为有用"的观点,并时时以俭字教育儿侄辈。

功名之地难居

□原文

功名之地自古难居。兄以在籍之官,募勇造船,成此一番事业,名震一时。人之好名,谁不如我?我有美名,则人必有受不美之名者,相形之际,盖难为情。兄惟谨慎谦虚,时时省惕而已。

但愿官阶不再进,虚名不再张,常保此以无咎,即是持身守家之道。

名者造物所珍重爱惜,不轻以予人者。余德薄能鲜,而享天下之大名,虽由高曾祖父累世积德所致,而自问总觉不称,故不敢稍涉骄奢。家中自父亲叔父奉餐宜隆外,凡诸弟及吾妻吾子吾侄吾诸女侄女辈,概愿俭于自奉,不可倚势骄人。古人云无实而享大名者必有奇祸,吾常常以此儆惧,故不能不详告贤弟,尤望贤弟时时教戒吾子吾侄也。

□译文

功名场自古难以居留。兄以去职在籍的官员身份,募勇造船,成就了这一番事业,名震一时。人的好名,谁不如我?我有美名,则别人必有遭受不美名的,相互一比较,别人就难为情。兄惟有谨慎谦虚,时时反省警惕而已。

但愿官职不再提升,虚名不再张扬,常常保持这个状态不获咎责,这就是持身守家的原则。

名为造物者所珍重爱惜,是不轻易给予人的。我德行浅薄能力不强,却享受天下之大名,虽然是由高祖、曾祖、祖父与父亲累世积德所招致,但自问总觉得不相称,故而不敢稍稍涉及骄傲奢侈。家中除父亲叔父吃饭宜丰盛外,凡各位老弟以及我的妻与子各位侄辈我的女儿们各位侄女辈,一概希望他们自奉俭朴,不可倚势骄人。古人说没有实绩而享受大名的必有奇祸,我常常以此作为儆惧,故而不能不详告贤弟,尤望贤弟时时刻刻教育我的子侄们。

□评点

湘军在衡州府粗粗练就,便于咸丰四年正月底誓师北上,经过几次败仗后,于该年八月二十七日一举收复武昌、汉阳。这既是湘军组建以来的最大胜利,也是太平军起事来朝廷方面的最大军事胜利。一时间湘军声名鹊起,作为湘军首领,曾氏也自然声名鹊起。朝廷大为嘉奖,并任命曾氏为代理湖北巡抚。曾氏此时尚在母丧未除期间,不便接受,乃上疏辞谢。在九月十三日的家信中,曾氏谈到辞谢的原因,并接下来写了这段话。初获大胜,曾氏便有如此清醒认识,实为明白人。然而事实上,不待曾氏辞谢,任命书下达七天后,咸丰帝便改变主意,取消前命而令其率勇沿江东下。据野史记载,咸丰帝之所以改变主意,是身边有人说曾氏的坏话。此人提醒咸丰帝,不能授曾氏以地方实权。

对世态的略识与不识

□原文

用绅士不比用官,彼本无任事之责,又有避嫌之念,谁肯挺身出力以急公者?贵在奖之以好言,优之以廪给,见一善者,则痛誉之,见一不善者,则浑藏而不露一字。久久,善者劝,而不善者亦潜移而默转矣。

官场交接,吾兄弟患在略识世态,而又怀一肚皮不合时宜,既不能硬,又不能软,所以到处寡合。迪庵妙在全不识世态,其腹中虽也怀些不合时宜,却一味浑含,永不发露,我兄弟则时时发露,终非载福之道。

□译文

用绅士与用官不同,他们本就没有做事情的责任,又存有避嫌疑的念头,谁愿意挺身而出为公众的事着急?重在以好言来奖励他们,给他们以优厚的待遇,见到一个好绅士,则竭力称誉,见到一个不好的绅士,则持浑含的态度而不以一字批评。久而久之,好的得到鼓励,而不好的也渐渐潜移默化了。

与官场交往,我们兄弟所患在于略为懂得点世态,而又怀着一肚子不合时宜,既不能做到硬,又不能做到软,所以到处落落寡合。李迪庵妙就妙在完全不识世态,其腹中虽然也怀有些不合时宜,却一味浑含,永不发露出来,我们兄弟则时时都在发露,终究不是载福的做法。

□评点

这两段话,都是咸丰七年间写给老九的,前段说的是与绅士打交道的办法,后段说的是与官场打交道的法则。绅士,即非官员却又有声望有才干的人士。鉴于当时官场的腐败,曾氏力主使用这批人。但因为他们无职责,亦不拿俸禄,故宜优待。对于官场,曾氏教老九以浑含姿态与人相处。这是曾氏出山办团练五年来,与地方官场打交道办实事后得出的切身体验。要说中国官场的特色,用浑含二字,可以影绘出其中的许多内容。此二字大可研究。

等差与仪文

□原文

民宜爱,而刁民不必爱;绅宜敬,而劣绅不宜敬。弟在外能如此调理分明,则凡兄之缺憾,弟可一一为我弥缝而匡救之矣。昨信言无本不立,无文不行,大抵与兵勇及百姓交际,则心虽有等差,而外之仪文不可不稍隆。余之所以不获于官场者,此也。去年与弟握别之时,谆谆嘱弟,以效我之长,戒我之短,数月以来,视弟一切施行,果能体此二语,欣慰之至!惟作事贵于有恒,精力难于持久,必须日新又新,慎而加慎,庶几常保令名,益崇德业。

□译文

民众宜爱惜,但刁民不必爱惜;绅士宜尊敬,但劣绅不宜敬重。弟在外面能够像这样处置分明,则凡是为兄的缺憾,弟都可以一一为我弥补,并加以匡正挽救。昨日的信中说没有根本则不可能成立,没有文采不可能远行,大致说来,与兵勇及百姓打交道,则心中即便存在等级区别,但外面的形式不可不稍稍隆重。我之所以在官场上没有什么获取，就是因为此。去年与弟握手告别之时，谆谆嘱咐弟，要学习我的长处，戒除我的短处，这几个月来，看弟的一切行动，果然能够体悟到这两句话，非常欣慰！只是要注意做事情贵在有恒，精力难以持久，则必须天天要有新的气象，谨慎而又谨慎，才有可能常常保持好的名望，更加提高德业。

□评点

曾氏六弟国华咸丰六年三月募勇组营、九弟国荃同年八月募勇组营。咸丰八年十月，老六死于三河之役。在长达两年半的时间里，同时有两个弟弟带兵打仗，然此期间，曾氏给老六的信仅一封，给老九的信却多达七十余封，可见他于两弟之间的情谊厚薄相差之大。从所抄的这段话中，也足见曾氏对老九的情之厚、望之重。与老九的这段谈心，其关键词在“心虽有等差，而外之仪文不可不稍隆”这句话里。

随缘布施

□原文

先星冈公云济人，须济急时无。又云随缘布施，专以目之所触为主，即孟子所称是乃仁术也。若目无所触，而泛求被害之家而济之，与造册发赈一例，则带兵者专行沽名之事，必为地方官所议，且有挂一漏万之虑。

□译文

故去的星冈公说救济别人，必须救济他在急难时所缺乏的。又说随着缘分布施，专以眼睛看到的为主，即孟子所说的这就是仁的行为。若眼睛没有看到，而广泛地寻找被害之家来救济，这与造册发赈是一回事，带兵者专门做获取名声的事，必定为地方官所议论，而且有挂一漏万的担心。

□评点

对于有心行善的人,如何行善也是一个值得思考的问题。任何事都有它的两面性,即便行善这样的大好事亦不例外。笔者很赞成这种随缘布施、目触为主的行善方式,因为这样可以最大限度地减少其负面影响。

耐烦

□原文

昔耿恭简公谓居官以耐烦为第一要义,带勇亦然。兄之短处在此,屡次谆谆教弟亦在此。二十七日来书有云:“仰鼻息于傀儡羶腥之辈,又岂吾心之所乐?”此已露出不耐烦之端倪,将来恐不免于龃龉。去岁握别时,曾以惩余之短相箴,乞无忘也。

□译文

以前耿恭简公说做官以耐烦为第一等重要事,带勇也是这样。兄的短处在这里,屡次谆谆教弟的也在这里。二十七日的来信有这样的话:“处在傀儡与羶腥这一类人中间,仰他们的鼻息,又哪里是我心中的快乐?”这话已流露出不耐烦的迹象,将来恐怕免不了彼此有冲突。去年握手告别时,曾以避免我的短处相规谏,请莫忘记。

□评点

傀儡,指尸位素餐者,当时官场多这种只拿俸禄而不做事的官员。羶腥,指好吃羊肉的满蒙人。满蒙官员依仗血统高贵,不学无术却颐指气使。老九夹在这两种人中间,心里很憋气,但既要出山办事,便不能不与他们打交道,所以得耐烦。

去冗员浮杂

□原文

善觇国者，睹贤哲在位，则卜其将兴；见冗员浮杂，则知其将替。善觇军者亦然，似宜略为分别。其极无用者，或厚给途费，遣之归里；或酌赁民房，令住营外，不使军中有惰慢喧杂之象，庶为得宜。

□译文

善于预测国运的，看到贤哲在位，则可以预卜国运将兴；见人浮于事，则知国运将衰落。善于预测军事的也是这样，但似乎还要略为加以区别。那些特别无用的，或是多给途费，打发他回家；或是斟酌租民房，令他住在营房外，不使得军中有懒惰喧杂的现象，或许较为得宜。

□评点

咸丰七年二月底至三年六月初，曾氏为守父丧在家居住约一年半。此期间，他为自己出山五年来所做的一切予以检讨反思，且常常将反思所得告诉诸弟，其中与老九所谈最多。这段话便是咸丰八年三月写给老九的。作为团队首领，特别注意要用人才而不用庸才，即便牛骥同槽，也将令英雄气短。

声闻可恃又不可恃

□原文

声闻之美，可恃而不可恃。兄昔在京中，颇著清望，近在军营，亦获殊誉。善始者不必善终,行百里者半九十里。誉望一损,远近滋疑,弟目下名望正隆,务宜力持不懈,有始有卒。

□译文

声望之好,可以凭恃也不可以凭恃。兄先前在京师时,较为有清望,近年在军营,也获得特别好的赞誉。善于开始的不一定善于结束,百里路的行程九十里才是它的一半。名誉声望一旦损折,远远近近都会产生怀疑。弟眼下名望正兴隆,务必坚持不懈,有始有终。

□评点

声望属无形资产一类。无形资产与有形资产相较,有它的特殊性。善于使用,可能大有收获;不善使用,也许一文不值。善与不善,关乎智慧,非言语文字所能表达也。

去阘冗

□原文

当常以求才为急,其阘冗者,虽至亲密友,不宜久留,恐贤者不愿共事一方也。

□译文

应当常常以求取人才作为急务,那些无才无德者,即便是至亲密友,也不宜长期收留,恐怕贤能者不愿与他们在一起共事。

□评点

一个团体当达到一定规模时,便自然有了冗员。裁汰阘冗,往往是首领的棘手事。能不能对阘冗中的至亲密友下手,便成为考验首领的难题。忘恩负义、刻薄寡恩、六亲不认等等,如飞矢利箭,寻常人能挡得住吗？

不要钱不怕死

□原文

余在外，未付银至家，实因初出之时，默立此誓。又于发州县信中，以“不要钱，不怕死”六字自明。不欲自欺其志，而令老父在家受尽窘迫，百计经营，至今以为深痛。

□译文

我在外面做事，没有寄银钱给家里，实在因为初出山的时候，默默地立下这个誓言，又在发给各州县官的信中，以“不要钱，不怕死”六字自为明志，不愿意自己欺骗自己，而令老父亲在家受尽窘迫，以至于要多方经营过日子，至今以为深重的痛苦。

□评点

曾氏就任团练大臣之初，曾发出一份《与湖南各州县公正绅耆书》，此信实为他的就职文告。信中的最后一段为：“国藩奉命以来，日夜悚惕，自度才能浅薄，不足谋事，惟有‘不要钱，不怕死’六字，时时自矢，以质鬼神，以对君父，即借以号召吾乡之豪杰。湖南之大，岂乏忠义贯金石、肝胆照日星之人？相与倡明大义，辅正除邪，不特保桑梓于万全，亦可荡平贼氛，我国家重有赖焉者也。”“不要钱，不怕死”，说得轻易，行之则难。曾氏不寄银钱至家，借以验证不要钱；后来两次兵败投江，借以表明不怕死。凡此种种，意在言行一致也。

抓住时机做成一个局面

□原文

现在上下交誉，军民咸服，颇称适意，不可错过时会，当尽心竭力，做成一个局面。圣门教人，不外敬、恕二字。天德王道，彻始彻终，性功事功，俱可包括。余生平于敬字无工夫，是以五十而无所成。至于恕字，在京时亦曾讲求及之，近岁在外，恶人以白眼藐视京官，又因本性倔强，渐近于愎，不知不觉，做出许多不恕之事，说出许多不恕之话，至今愧耻无已。弟于恕字颇有工夫，天质胜于阿兄一筹，至于敬字，则亦未尝用力，宜从此日致其功，于《论语》之"九思"、《玉藻》之"九容"，勉强行之，临之以庄，则下自加敬，习惯自然，久久遂成德器，庶不至徒做一场话说，四十五十而无闻也。

□译文

现在上下交相称赞，军队百姓都拥服，较为称心适意，不可以错过时会，应当尽心竭力做成一个局面。儒家学派教育人，不外乎敬与恕两个字。仁义道德须贯彻始终，人格修炼与事功建立都应将敬、恕包括在内。我平生在敬字上没有工夫，所以到了五十岁还无所成就。至于恕字，在京师时也曾经注意讲求，近年来在外面做事，厌恶别人用白眼藐视京官，又因为本性倔强，逐渐近于刚愎，不知不觉间做出许多不恕的事，说出许多不恕的话，至今惭愧不已。弟在恕字上较为有工夫，天生性格上胜过为兄的一筹，至于敬字，则同样也没有用力，宜于从此每天用功，按照《论语》中所说的"九思"、《玉藻》中所说的"九容"，勉力实行。以庄敬的态度待人，则下属们自然恭敬，习惯成为自然，久而久之于是成为好的本性，或许不至于只是说说而已，到四十五十岁还不为人知。

□评点

有一句话说得好:“播下习惯的种子,将有命运的收获。”这话说的是习惯对人生影响的巨大。曾氏说“习惯自然,久久遂成德器”,即此话的另一种表述。

勉力去做而不计成效祸福

□原文

以精力极疲之际,肩艰大难胜之任,深恐竭蹶,贻笑大方。然时事如此,惟有勉力作去,成效祸福,不敢计也。

以私事言之,则余为地方官,若仅带一胞弟在身边,则好事未必见九弟之功,坏事必专指九弟之过。嫌疑之际,不可不慎。

□译文

在精力极为疲倦的时候,肩负着艰巨难以胜任的重任,深怕遭受挫折失败,贻笑大方。但是时事如此,惟有勉力去做,至于成效如何是祸是福则不去计较。

以私事而言,则我为地方官,若是仅仅只带一个胞弟在身边,则有好事未必能看出九弟的功劳,有了坏事别人一定专门指责九弟的过失。容易招致嫌疑的地方,不能不慎重。

□评点

咸丰十年四月二十八日,曾氏奉到署理两江总督的任命,朝廷命令他带兵立即前赴江苏,以救苏南的危急。第二天以及五月初四日,曾氏给在家主事的老四写了两封信,这里所抄录的两段话,即分别出于这两封信中。读前段话很令人想起林则徐的诗:“苟利国家生死以，不因祸福避趋之。”林则徐以湖广总督的身份前往广州禁烟，曾氏以两江总督的身份带兵去收复失地，事虽不一，责任之重大是一样的。一个真诚的以国事为重的大员，此时不将一己私利置于国家利益之上，这种态度，即便像笔者这样的一介书生，也是可以理解的。老九这个时候正屯兵安庆城外，准备拿下这座安徽省垣。曾氏不调动老九的吉字营，无论于公于私都是明智的决策。

做湖南出色之人

□原文

弟此次出山，行事则不激不随，处位则可高可卑，上下大小，无人不翕然悦服。因而凡事皆不拂意，而官阶亦由之而晋，或者前数年抑塞之气，至是将畅然大舒乎！《易》曰：“天之所助者顺也，人之所助者信也。”我弟若常常履信思顺，如此，名位岂可限量！

吾湖南近日风气蒸蒸日上，凡在行间，人人讲求将略，讲求品行，并请求学术。弟与沅弟既在行间，望以讲求将略为第一义，点名看操等粗浅之事，必躬亲之，练胆料敌等精微之事，必苦思之。品学二者，亦宜以力余自励。目前能做到湖南出色之人，后世即推为天下罕见之人矣。大哥岂不欣然哉？

□译文

弟这次出山办军务，做事则采取不激烈也不随声附和的态度，处位则采取能上能下的态度。如此，则上上下下没有人不欣然悦服的。所以凡事都不会不顺心，而官阶也便因此晋升，或许前几年的抑郁受阻之气，到现在将会大为舒畅吧！《易经》说：“天所帮助的是顺其自然的人，人所帮助的是诚信者。”我的弟弟若常常守信用并顺其自然，如此，名与位岂可限量！

我们湖南近日风气蒸蒸日上，凡是在军营中的人，个个讲求为将方略，讲求品行，并且讲求学术。弟与沅弟既然在军营中，希望以讲求将略为第一要务，点名看操等粗浅事，务必亲自办理，训练胆量预料敌情等精微事，务必苦苦思索。品行与学术两者，也宜以余力自我勉励。目前能做一个湖南的出色之人，后世则将推举为天下罕见之人。做大哥的岂不欣然啊！

□评点

这是曾氏在咸丰十年六月给他最小的弟弟国葆写的。曾氏很少单独给国葆写信，这是因为他很少独立行动。咸丰二年底，曾氏出山办团练时曾带他在身边，后又任命他为营官，但国葆仗打得不好，故而在咸丰四年整顿时被裁撤回家，直到咸丰九年才再次出山，投靠在湖北巡抚胡林翼的帐下。胡林翼给他一支人马，由他统领。不久，他的这支人马与沅甫的吉字营合为一体，围攻安庆。此时，他正与沅甫同在安庆城外军营。早两天，国葆升了官：以训导加国子监学正衔。曾氏写信祝贺，这两段话即此信的基本内容。国葆比曾氏小十八岁，故而此信的语气极为和缓温婉，犹如对子侄言，每句话都说得实实在在，不讲大道理，其中关于湘军将领人人讲求将略、品行、学术的几句话，更为我们留下当年湖湘从军士人崭新风貌的实录。“目前能做到湖南出色之人，后世即推为天下罕见之人”两句，固然是曾氏对小弟的鼓励期望，但也可从中看出湘军在当时海内的特殊地位。

力除官气

□原文

吾批二李详文云：“须冗员少而能事者多，入款多而坐支者少。”又批云：“力除官气，严裁浮费。”弟须嘱辅卿二语：“无官气，有条理。”守此行之，虽至封疆不可改也。

□译文

我批复二李所上的报告说:"必须冗员少而能干事的多,进的银子多而支出的银子少。"又说:"竭力除掉官气,严格裁减不必要的开支。"弟必须叮嘱文辅卿两句话:"没有官气,办事要有条理。"守着这几句话行事,即便做到封疆大吏也不可改变。

□评点

什么是官气?从曾氏的批文中可知当时官气主要的表现有:不干事,开支大,无条理。衡之于今日的衙门机关,实有惊人相似之处。看来官气的根除,有赖于行政管理体制上的根本改变。

痛恨不爱民之官

□原文

凡养兵以为民,设官亦为民也。官不爱民,余所痛恨。

□译文

凡养兵是为了民众,设置官府也是为了民众。官员不爱民众,这是我所深为痛恨的事。

□评点

兵为民所供养,官亦为民所供养,兵要爱民,官亦要爱民,这本是天经地义又简单至极的道理。但事实上,许多兵不爱民,许多官亦不爱民,此中原因何在?在于手中有刀,手中有权,便有所依恃,便可以做出不讲道理的事来。归根结底,是强和权使之异化了。

天下似无戡定之理

□原文

默观近日之吏治人心,及各省之督抚将帅,天下似无戡定之理。吾惟以一勤字报吾君,以爱民二字报吾亲。才识平常,断难立功,但守勤一字,终日劳苦,以少分宵旰之忧。行军本扰民之事,但刻刻存爱民之心,不使先人之积累,自我一人耗尽。

□译文

默默观察近日的吏治与人心,以及各省的督抚将帅,天下好像没有勘定的道理。我惟有以一个勤字来报答我的君王,以爱民二个字来报答我的双亲。我的才识平平常常,断难立功,但守住一个勤字,终日劳苦,借以稍微分担朝廷的忧虑。行军本是扰民的事情,只能时刻存着爱民的心,不让先人的积累,在我一个人的身上耗尽。

□评点

一个青年时代便立定澄清天下之志的孔孟信徒,一个对君王忠心耿耿的朝廷大员,在带兵七八年后,居然得出"天下似无戡定之理"的结论,而这个结论又是在默观吏治人心及督抚将帅的基础之上,可见当时的政局是何等的腐败!天下乱到这般地步,第一个要负责任的便是这个政局的总管,也就是曾氏的"吾君"。不知曾氏的心里想没想到这一层。

不轻进人不妄亲人

□原文

然不轻进人，即异日不轻退人之本；不妄亲人，即异日不妄疏人之本。

□译文

然则不轻易进人，即是将来不轻易退人的基础；不随便亲近人，即是将来不随便疏远人的基础。

□评点

不轻不妄，说的都是慎重、稳重、郑重方面的意思。古人说为政在稳，曾氏向来推崇一个重字，其原由即在此。

勤王宜兄弟同行

□原文

为平世之官，则兄弟同省必须回避；为勤王之兵，兄弟同行愈觉体面。

□译文

为承平时期的官，则兄弟同在一个省必须回避；为勤王的将士，则兄弟同行愈觉得体面。

□评点

承平时的官员面对的是权利，“回避”是免于官官相护、兄弟联手谋利之嫌。勤王的将士面对的是血火生死,“体面”是因为兄弟共赴危难,国事、亲情两者兼顾。

接洋人条款知大局已坏

□原文

余近年在外,问心无愧,死生祸福,不甚介意,惟接到英、法、美各国通商条款,大局已坏,令人心灰。时事日非,吾家子侄辈总以谦、勤二字为主,戒傲戒惰,保家之道也。

□译文

我近年在外问心无愧,对于死生祸福不很介意,惟有接到英、法、美各国通商条款,知道大局已坏,令人心灰。时事日非,我家的子侄辈总以谦、勤二字为主,戒傲戒惰,这是保守家业的法则。

□评点

中国近代的洋务运动,为什么会发轫于曾国藩、左宗棠、李鸿章等人,就是因为他们身为带兵统帅兼地方督抚的缘故。因为身为带兵统帅,他们深知洋人坚船利炮的威力;因为身为地方督抚,他们在与洋人打交道中深受强权政治的压抑,而在晚清,他们又是最有实力的人物。于是他们自然而然地承担起开创一个时代的历史重任。

择术不慎

□原文

吾家兄弟带兵,以杀人为业,择术已自不慎,惟于禁止扰民、解散胁从、保全乡官三端,痛下工夫,庶几于杀人之中寓止暴之意。

□译文

我家兄弟带兵打仗,以杀人作为职业,选择的工作已是不慎重了,只有在禁止扰民、解散胁从、保全地方官三点上痛下工夫,或许可以在杀人之中寄寓止暴的意思。

□评点

曾氏所说的杀人,自然是指的杀太平军将士。对于太平军将士,曾氏一贯主张痛加诛戮,甚至对待俘虏,也曾说过"一律剜目凌迟"这样血淋淋的话。但读这段话,又可见他并不以此为好事。过去的研究者,一定认为曾氏"择术""不慎"的话是虚伪。其实,对曾氏来说,并不存在虚伪不虚伪的问题。站在维护纲纪的立场,他对叛乱分子要坚决镇压;站在人性的立场,他毕竟对人的生命心有怜惜。

说话要中事理担斤两

□原文

凡说话不中事理、不担斤两者,其下必不服,故《说文》"君"字"后"字从口,言在上位者出口号令,足以服众也。

□译文

凡说话不中事理、没有分量的,他的下属必不服气。故而《说文》的"君"字"后"字都从口,意思是说在上位者从口里发出命令,足以服众。

□评点

曾氏看人口诀中有两句话:"若要看条理,全在言语中。"这的确是经验之谈。言语是思维的外在表现，没有言语上东拉西扯、前后矛盾而思维上清晰明了、有条有理的。

不忍独处富饶

□原文

近世所称羡督抚之荣，不外宫室衣服安富尊荣等事，而侄则受任于败军之际，奉命于危难之间，所居仅营中茅屋三间，瓦屋一间，所服较往岁在京尤为减省。自去冬至三月，常有贼党十余万，环绕于祁门之左右前后，几无日不战，无一路不梗，昼无甘食，宵有警梦，军士欠饷至五月六月之久，侄亦不忍独处富饶，故年来不敢多寄银钱回家，并不敢分润宗族乡党者，非矫情也。一则目击军士穷窘异常，不忍彼苦而我独甘，一则上念高曾以来，历代寒素，国藩虽忝食旧德，不欲飨受太过，为一己存惜福之心，为阖族留不尽之泽。此侄之微意，十叔如访得营中家中，有与此论不相符合之处，即请赐书诘责，侄当猛省悛改。

□译文

近世所称赞羡慕总督巡抚的荣耀，不外乎宫室壮丽衣服豪华安富尊荣等等，但侄儿则是在军事失败、时事危难的时候受任奉命，所居住的仅军营中的三间茅屋、一间瓦屋，所穿的比先前在京师更为节省。自去年冬天到今年三月，常有贼众十多万，环绕在祁门的前后左右，几乎没有哪天不打仗，没有一条路不遭到梗阻，白天食则无味，夜里不能安睡，军士欠饷达五六个月之久，侄儿也不能一个人独自富饶。故而近年来不敢多寄银钱回家，也不敢分赠各位亲戚同乡，这并不是矫情。一则眼见军士们异常艰苦，不忍心他们苦而我独好，一则想到高祖、曾祖以来历代皆清寒，国藩虽然蒙受祖宗世德，但也不想享受太过，为一己保存惜福之心，为曾氏全族留下享用不尽的福泽。这是侄儿的微意，十叔您若访得军营中的情况及家里的情况，有与所说的不相符合之处，即请寄信来指责，侄儿当猛省而痛加改正。

□评点

这是曾氏写给他的堂叔曾丹阁的信。曾丹阁与曾氏年纪相仿佛，二人同学达十年之久，但他的功名只止于秀才。道光二十四年四月，曾氏在给诸弟的家信中提到他的情况："丹阁叔与宝田表叔昔与同砚席十年，岂意今日云泥隔绝至此！知其窘迫难堪之时，必有饮恨于实命之不犹者矣。丹阁戊戌年曾以钱八千贺我。贤弟谅其景况，岂易办八千者乎？以为喜极，固可感也，以为钓饵，则亦可怜也。"曾丹阁不仅功名不顺，且经济状况也不好。曾氏中进士时他送钱，其目的有钓鱼之嫌。了解这个背景后，便知曾丹阁很可能是向曾氏开口要一笔钱，曾氏便以此信回复他。

一门之内迭被殊恩

□原文

一门之内，迭被殊恩，无功无德，忝窃至此，惭悚何极！惟当同心努力，仍就"拼命报国侧身修行"八字上切实做去。

□译文

一家之中接连蒙受殊恩，无功无德而得到此荣，惭愧恐惧何极！只有同心努力，依旧在"拼命报国侧身修行"八个字上切切实实去做。

□评点

同治元年二月，曾氏奉旨升协办大学士，其九弟沅甫升浙江按察使。曾氏之职已属拜相，而曾国荃以从军仅五六年的资历便已升为正三品的省级官员，也属升迁迅速，故而曾氏有"一门之内迭被殊恩”的感叹！

多选替手为第一义

□原文

办大事者，以多选替手为第一义，满意之选不可得，姑节取其次，以待徐徐教育可也。

□译文

办大事的人以多选拔替手为第一要务。满意之选不可能得到，姑且节选其次等的，以待慢慢教育，这样也是可以的。

□评点

所谓替手，就是能够代替自己的人，部分代替的人即部下，全部代替的人即接班人。办大事的人因为事大事繁，必须要有很多能干的人来代替自己，所以要“多选替手”。曾氏历来十分重视人的作用，故而他将此事列为“第一义”。曾氏的这个观点，道出了他成大事的秘诀，也向来为办大事者所称道所重视。

强矫与谦退

□原文

势利之天下，强陵弱之天下，此岂今日始哉，盖从古已然矣。从古帝王将相，无人不由自立自强做出，即为圣贤者，亦各有自立自强之道，故能独立不惧，确乎不拔。昔余在京，好与诸有大名大位者为仇，亦未始无挺然特立不畏强御之意。近来见得天地之道，刚柔互用，不可偏废，太柔则靡，太刚则折。刚非暴虐之谓也，强矫而已;柔非卑弱之谓也,谦退而已。趋事赴公,则当强矫,争名逐利,则当谦退;开创家业,则当强矫,守成安乐,则当谦退;出与人物应接,则当强矫,入与妻孥享受,则当谦退。若一面建功立业,外享大名,一面求田问舍,内图厚实,二者皆有盈满之象,全无谦退之意,则断不能久。

□译文

势利的天下,以强凌弱的天下,这哪里是今天才开始的,而是自古以来就是这样的。自古帝王将相,没有哪个不从自立自强做出,即便做圣贤的,也各有自立自强的方法,所以能够独立不惧,坚定不移。过去我在京师,喜欢与那些有大名大位者作对,也未尝没有卓然特立不畏豪强的意思。近来悟到天地的大道是刚柔相济,不可偏废,太柔则委靡,太刚则易折。刚不是指的暴虐,雄强矫健而已;柔不是指的卑弱,谦虚退让而已。办事为公义,则当雄强矫健,争名逐利,则当谦虚退让;开创家业,则当雄强矫健,守成安乐,则当谦虚退让;外出应对人事,则当雄强矫健,回家与妻儿子女享受家庭之乐,则当谦虚退让。若一面建功立业,享大名于外界,一面又买田起屋,图厚实为家内,这二者都有盈满的迹象,完全没有谦虚退让的意思,则断然不能长久。

□评点

同治元年五月十五,曾氏给国荃、国葆的信中说到曾家目前正处鼎盛之际,他本人位居将相,国荃统兵二万,国葆统兵四五千,此种状况,近世没有几家。月盈则亏,日中则昃,一旦盈满,接下来的将是亏损。曾氏引用管子的话:“斗满则人概之,人满则天概之。”又引霍光、诸葛恪之例为证,意在警告国荃要谦虚谨慎,不要大举买田起屋,招致众人非议。曾国荃却不以大哥的话为然,回信说当今天下本就是势利的,本就是以强凌弱的。于是曾氏在二十八日又给两弟一信,信中的内容即所抄的这段话。曾氏并不否认“强”的重要,但不能事事都强,要“强矫”与“谦退”相济互用。

盐务利弊

□原文

盐物利弊，万言难尽，然扼要亦不过数语。太平之世两语曰："出处防偷漏，售处防侵占。"乱离之世两语曰："暗贩抽散厘，明贩收总税。"

何谓出处防偷漏？盐出于海滨场灶，商贩赴场买盐，每斤完盐价二三文，交灶丁收，纳官课五六文，交院司收，其有专完灶丁之盐价，不纳院司之官课者，谓之私盐，即偷漏也。何谓售处防侵占？如两湖、江西，均系应销淮盐引之地，主持淮政者，即须霸住三省之地，只许民食淮盐，不许鄂民食川私，湘民食粤私，江民食闽私，亦不许川、粤、闽各贩侵我淮地。此所谓防侵占也。

何谓暗贩抽散厘？军兴以来，细民在下游贩盐，经过贼中金陵、安庆等处，售于上游华阳、吴城、武穴等处，无引无票无照，是为暗贩，无论贼卡官卡，到处完厘，是谓抽散厘也。何谓明贩收总税？去年官帅给票与商人和意诚号，本年乔公给票与商人和骏发号，目下余亦给票与和骏发，皆令其在泰州运盐，在运司纳课，用洋船拖过九洑洲，在于上游售卖。售于湖北者，在安庆收税，每斤十文半，在武昌收九文半；售于江西者，在安庆每斤收十四文，在吴城收八文。此所谓明贩收总税也。

□译文

盐类物品的利与弊，万言难尽，然而扼要之处也不过几句话。太平时代两句话："出产地防止偷漏，销售地防止侵占。"乱离时代两句话："非法商贩抽散厘，合法商贩抽总税。"

什么叫出产地防止偷漏？盐出于海边的场灶，商贩到盐场去买盐，每斤盐价二三文，交给灶丁收，纳官税五六文，交给院司收。其中有的只交灶丁买盐的钱，不交院司的官税，这就是私盐，即偷漏。什么叫销售地防止侵占？比如湖南、湖北、江西这些省份，都是应该销售淮盐的地方。主持淮盐事务的，则必须守住这三省，只许民众食淮盐，不许湖北民众食四川的私盐，湖南民众食广东的私盐，江西民众食福建的私盐，也不许四川、广东、福建的商贩侵占我淮盐的销售地。这就是所谓的防止侵占。

什么叫暗贩收散厘？战争爆发以来，小百姓在长江下游一带贩盐，经过贼军占领的金陵、安庆等地，销售到上游的华阳、吴城、武穴等地，没有证件票据，这就是暗贩，无论是贼军还是官军设的厘卡，所到之处都要交厘金，这就叫抽散厘。什么叫明贩收总税？去年官文将票给与商人和意诚号，今年乔松年将票给与商人和骏发号，眼下我也将票给与和骏发，都令他们在泰州运盐，在运司交税，用洋人的船拖过九洑洲，到上游去卖。在湖北销售的，在安庆收税，每斤十文半，在武昌收九文半；在江西销售的，在安庆每斤收十四文，在吴城收八文。这就叫做明贩收总税。

□评点

老九带领吉字营围攻安庆，所遇到的难事，除打仗艰苦外，其次便是饷银欠缺，他有意在盐场上打主意。私贩、明贩他都做过，试图以偷税漏税来获利发军饷。曾氏写信给他，在详述盐务的利弊后，劝他不要再打盐的主意。因为淮盐归两江总督管，偷漏所造成亏损最终都归到两江总督的头上，也就是曾氏的头上，岂不是“大水冲了龙王庙”？同时，还给兄弟两人都留下坏名声。所以这封信的最后，曾氏明确对老九说“弟以后专管军事，莫管饷事”。

怀临深履薄之惧

□原文

古来成大功大名者，除千载一郭汾阳外，恒有多少风波，多少灾难，谈何容易！愿与吾弟兢兢业业，各怀临深履薄之惧，以冀免于大戾。

吾兄弟誓拼命报国，然须常存避名之念，总从冷淡处着笔，积劳而使人不知其劳，则善矣。

□译文

古来成就大功大名的，除开千年一个郭子仪外，常有多少风波，多少灾难，谈何容易！愿与我弟兢兢业业，各自怀着临深履薄的恐惧之心，以求得免于大灾难。

我们兄弟发誓拼命报国，然而也必须常常存着避名的念头，总是要从冷淡之处致力，积劳而又让人不知道你在劳苦，这样才好。

□评点

作为一个成就大功大名的人，曾氏能常存临深履薄之心，这是他的过人之处。避名避利，即临履心态表现在外的两个重要方面。其实，不必有大功大名才如此，即便是小有功名也得有这种心态才好。

死在金陵不失为志士

□原文

不带勇则已，带勇则死于金陵，犹不失为志士。弟以季之殁于金陵，为悔为憾，则不可也。袁简斋诗云："男儿欲报君恩重，死到沙场是善终。"当时以为名句。

□译文

不带勇则已，带勇则死在金陵，还不失为志士。弟因季弟之死于金陵为后悔遗憾，则不可以。袁简斋诗说："男儿欲报君恩重，死到沙场是善终。”当时将此视为名句。

□评点

同治元年七八月间,金陵城内外瘟疫盛行,湘军和太平军都死了许多人。曾氏最小的弟弟国葆(字季洪)也染病身亡,年仅三十四岁。国葆无子,将两个哥哥的一子一女(国潢之子纪渠及曾氏之小女纪芬)过继为子女。国葆死后,朝廷追赠为按察使,照按察使军营立功病故例议恤。

乱政与善政

□原文

余三年以来,因位高望重,时时战兢省察,默思所行之事,惟保举太滥,是余乱政,不办团不开捐,是余善政。此外尚不了了。

□译文

这三年来,我因为位高望重,时刻战战兢兢自我反省,默默思考过去所做过的事,惟有保举太滥,是我做的错事,不办团练不开捐局,是我做的好事。此外则属一般般。

□评点

咸丰七年,曾氏守父丧时曾反思自己之所以得不到支持,是因为保举太拘泥,故而再次出山后从当时的习气,放宽保举。从这段话看来,曾氏这种做法完全是为风气所迫,他的心里其实并不认可。

不恃无意外之罚

□原文

两宫太后及恭邸,力求激浊扬清,赏罚严明,但患无可赏之实,不患无不次之赏,而罚罪亦毫不假借。如去年之诛二王一相,今年之戮林、米与何,近日拿问胜帅,又拿问前任苏藩司蔡映斗进京,谕旨皆严切异常。吾辈忝当重任,不恃无意外之罚,而恃无可罚之实。

□译文

两宫太后及恭王,力求激浊扬清,赏罚分明,只是担心没有奖赏的实绩,不担心没有超过常规的奖赏,而惩罚有罪也毫不含糊。如去年之诛灭两个王爷一个协办大学士,今年之杀戮林福祥、米兴朝与何桂清,近日拿问胜保,又捉拿前任江苏藩司蔡映斗进京,谕旨都异常严厉。我们担当重任,不去依恃不会有意外的处罚,依恃的是没有可以处罚的事实。

□评点

这段话出于同治元年十二月给老九的信。信由李鸿章上折为曾国葆请求赠予谥号并建祠堂一事讲起,曾氏认为国葆本人立的功不够予谥建祠,今后在他们兄弟克复金陵后再请求,则或许有可能。接下来便是这段话。细读这段话,曾氏的重点是落在惩罚上,意在敲敲这个心高气傲的九弟,不要重蹈载垣、端华、肃顺、胜保等人的覆辙。

处大位大权能善末路者少

□原文

处大位大仅而兼享大名，自古曾有几人能善其末路者？总须设法将权、位二字，推让少许，减去几成，则晚节渐渐可以收场耳。

□译文

处在高位拥有大权又兼享大名的人，自古以来曾有几个下场好的，总得设法将权与位两个字推让一些，减去几成，则晚节可以渐渐保住。

□评点

有的人处高位还想更高，拥重权还想更重，享大名还想再大，但曾氏却认为这样做难善末路，因而他要推让要减去，对待权、位、名如此不同的态度，显现出人的不同境界和追求。

上奏折是人臣要事

□原文

吾兄弟报称之道，仍不外“拼命报国侧身修行”八字。至军务之要，亦有二语曰：“坚守已得之地，多筹游击之师”而已。

初膺开府重任，心中如有欲说之话，思自献于君父之前者，尽可随时陈奏。奏议是人臣最要之事，弟须加一番工夫。弟文笔不患不详明，但患不简洁，以后从简当二字上着力。

□译文

我们兄弟报答的方法，仍然不外乎"拼命报国侧身修行"八个字。至于军务上的要点，也有两句话，叫做："坚守已获得的地方，多筹划游击之师"而已。

曾氏故居富厚堂内放置的洗脸架

刚刚肩负起巡抚的重任，心里如果有想说的话要呈献给皇上，尽可随时上奏。拟奏折是做人臣的最重要的事情，弟必须为此再多用一番工夫。弟的文笔不怕不详尽明白，怕的是不简洁，以后要从简当二字上用功。

□评点

同治二年三月二十八日，曾氏接到任命老九为浙江巡抚的谕旨，当天写信告诉身在雨花台军营的九弟，信中勉励以尽心于军事和个人修养来报答君恩。四月初一日，由谢恩折而谈到奏折事，希望九弟今后在这方面多下点工夫。为帮助老九提高办折的水平，曾氏后来专门从历代好的奏折之中挑选十九篇经典之作，分段予以讲解，又作总体评析，为之取名曰《鸣原堂论文》。

以明强为本

□原文

来信"乱世功名之际尤为难处"十字，实获我心。本日余有一片，亦请将钦篆、督篆二者，分出一席，另简大员。吾兄弟常存此兢兢业业之心，将来遇有机缘，即便抽身引退，庶几善始善终，免蹈大戾乎！至于担当大事，全在明强二字。《中庸》学、问、思、辨、行五者，其要归于“愚必明，柔必强”。弟向来倔强之气，却不可因位高而顿改。凡事非气不举，非刚不济，即修身齐家，亦须以“明强”为本。

□译文

来信中的“乱世功名之际尤为难处”十个字，确实很合我的心思。今天我有一道奏片，也请将钦差大臣与两江总督两个职务分出一个，另委派一个大员承担。我们兄弟常常存着这份兢兢业业的心，将来遇到机会，便脱身引退，或许能够善始善终，免于碰上大祸灾。至于担当大事，则全在明强两个字上。《中庸》里说的学、问、思、辨、行五个方面，其重点要落脚在“虽愚但必须明，虽柔但必须强”这个道理上。弟向来有一股倔强之气，不要因为官位高而立即改变。凡事没有气则不能办，没有刚则不能成功，即便是修身齐家，也必须以明强为本。

□评点

倔强好胜，是曾氏与其九弟在性格上的相同之处。曾氏说他们兄弟的这种性格是“秉母德”。只是因为曾氏仕途早达且更事多，加之智慧上要高出一筹，故而能将此一性格的负面看得较为透彻，于是后来屡屡对自己强行检束，并时常以此劝谕老九。现在看到身为巡抚的弟弟能有“乱世功名之际尤为难处”的感慨，他很高兴，欣喜兄弟对世事的认识已渐成熟。但此时的老九毕竟担负攻坚重任，处在与对手拼倔拼强非胜不可的关键时刻，决不能有因“难处”而萌发的退缩心态，故而要以明强来予以止住。

不表无形之功

□原文

无形之功，吾辈不宜形诸奏牍，并不必腾诸口说见诸书牍。此是谦字之真功夫，所谓君子之所不可及，在人之所不见也。

□译文

没有形迹的功劳，我们不宜写在奏折上，而且也不必说出来表现在书信中。这是谦字的真工夫，所谓君子的不可企及之处，是在别人看不见的那些地方。

□评点

因为老九强围强攻南京城，将太平军的兵力都吸引到南京附近，于是间接支援了在其他地方与太平军作战的友军，使他们的军事进展顺利。在他们的功劳中无疑有老九的一份在内，但这些都属于"无形之功"。对于这种无形之功，老九比较计较，曾氏劝他不要计较，一则别人所不见之功不说是真谦虚，二则这种功既然无形，若对方不承认，你也拿不出过硬的实据，最后只落得个彼此都不愉快，所以任何情况下都不要提及。

每折看两遍

□原文

凡有咨送折稿到弟处者，弟皆视如学生之文，圈点批抹。每折看二次，一次看其办事之主意，大局之结构，一次看其造句下字之稳否。一日看一二折，不过月余，即可周知时贤之底蕴，然后参看古人奏稿，自有进益。

□译文

凡有咨送到弟处的奏稿，弟都将它当作是学生送上的作文，仔细审读圈点批改。每一道折子看两次，一次看他办事的主意，文章总体的结构，一次看他遣词造句稳妥不稳妥。一天看一二道折子，不过个多月，便可完全知道目前这些出头露面人的底蕴，然后再参看古人的奏稿，自然会有进益。

□评点

老九以贡生身份组建吉字营，因军功频频升官。一天衙门都没坐过，一点行政经历都没有，便授予掌管一省钱粮民政重任的巡抚之职，虽说眼下不必就任，但一旦战事结束，就要赴任就职，身为总督的大哥很替九弟思虑此事，办折即为其中一项重要内容。前次已谈到了，此次又提奏折事。曾氏教老九细细揣摩别人的奏折。他的"看二次"，也适宜揣摩一般文章。有心写好文章的人，读别人的好文章，也可采取这种方法：第一遍看通篇的立意和布局，第二遍看遣词造句。

居上位而不骄极难

□原文

弟于吾劝诫之信，每不肯虚心体验，动辄辩论，此最不可。吾辈居此高位，万目所瞻。凡督抚是己非人、自满自足者，千人一律。君子大过人处，只在虚心而已，不特吾之言当细心寻绎，凡外间有逆耳之言，皆当平心考究一番，故古人以居上位而不骄为极难。

□译文

弟对于我的规劝告诫的信，每每不肯虚心体会，动辄辩论，这是最不可以的事。我们居此高位，万目所瞻视。大凡总督巡抚自以为是指责别人、自我满足这种现象，一千个都是一样的。君子大过于别人的地方，只是在虚心而已。不仅我的话应当细心研究，凡是外间有逆耳之言，都应当平心静气地考察一番，故而古人认为居上位而不骄矜是极难做到的。

□评点

做了巡抚的老九，未免官大气粗，常常要与大哥分辩分辩，年长十四岁的大哥心里不大乐意。但即使是这种时候的批评，曾氏也能从大处远处着眼，指出虚心是君子的过人之处，对于身处高位的人来说，这点更为重要。

不可市恩

□原文

凡大臣密保人员，终身不宜提及一字，否则近于挟长，近于市恩。此后予与湘中函牍，不敢多索协饷，以避挟长市恩之嫌。弟亦不宜求之过厚，以避尽欢竭忠之嫌。

□译文

凡大臣密保人员，一辈子都不宜在此事上提一个字，否则近于挟功，近于要人家感谢恩德。此后我与湖南的书信，不敢多索取协助之饷，以避开挟功要人感谢的嫌疑。弟也不宜索求过多，以避开人家要竭力讨好你的嫌疑。

□评点

这段话的前面有一句“恽中丞余曾保过”的话。恽中丞即恽光辰，曾经得到过曾氏的保荐，也就是说受过曾氏的恩惠，此时恽正做湖南巡抚。大臣向朝廷保荐人员，这是大臣为国举贤，乃本身职责，不应因此而向被保过的人索取报答，而且不宜对人说起这事，因为一旦说出，便有希望别人答谢的一层意思在内。曾氏说的是一种很高的境界，事实上一般人很难做到。当今世道，保人荐人，只要是出以公心不为私利，透露出来只是为了让人心里明白而不索取钱物或其他好处，这种人大概也就是君子了。

江西盐务

□原文

江西自道光年间,从无销足额引之事,乱后人口减少,即令全食淮引官盐,亦不能销至六万大引之多,况引地被邻私侵占殆尽,焉能一一骤尔夺回?商人奏办三万引之成本四十余万已极不易,二分之利,又不能动其涎羡之心,加以引地毫无把握,销售难期畅旺,时日稍滞,获利日微。商利既薄,则所谓包缴厘金盈余者,皆成拖欠展缓之局。

□译文

江西省自从道光年间起,从来没有将所定的数额销售足够的事,战争造成动乱后人口减少,即便令全省都食官府定的淮盐,也不能销售到六万引这样的大数,何况规定食淮盐的地方被邻近省份的私盐侵吞得差不多了,岂能一一立刻夺回?商人凑齐四十余万银子成本奏请办三万引盐已经极不容易,二分的利息,又不能打动他们垂涎羡慕之心,加之销售的地区毫无把握,销售难以期待畅旺,在时间上稍稍停滞,获利就会愈加微薄。商人的利息既微薄,则所谓包缴厘金盈余这些话,结果都会成拖欠展缓的局面。

□评点

这是同治二年七月间写给老九的信。信中所谈乃江西的盐务,谈盐务的原因是筹军饷。当时军饷中的很大部分来自厘金,而盐务又是厘金收入的大头。

大事有天运与国运主之

□原文

不特余之并未身临前敌者，不敢涉一毫矜张之念，即弟备尝艰苦，亦须知谋事在人成事在天、劳绩在臣福祚在国之义，刻刻存一有天下而不与之意，存一盛名难副、成功难居之意。蕴蓄于方寸者既深，则侥幸克成之日，自有一段谦光，见于面而盎于背。

大事实有天意与国运为之主持，非吾辈所能为力所能自主者。虚心实力勤苦谨慎八字，尽其在我者而已。

余昨日具疏告病，一则以用事太久，恐中外疑我兵权太重，利权太大，不能不缩手以释群疑。一则金陵幸克，兄弟皆当引退，即以此为张本也。

事事落人后着，不必追悔，不必怨人，此等处，总须守定畏天知命四字。金陵之克，亦本朝之大勋，千古之大名，全凭天意主张，岂尽关乎人力？天于大名吝之惜之，千磨百折，艰难拂乱而后予之。老氏所谓不敢为天下先者，即不敢居第一等大名之意。弟前岁初进金陵，余屡信多危悚儆戒之辞，亦深知大名之不可强求。今少荃二年以来，屡立奇功，肃清全苏，吾兄弟名望虽减，尚不致身败名裂，便是家门之福。老师虽久而朝廷无贬辞，大局无他变，即为吾兄弟之幸。只可畏天知命，不可怨天尤人，所以养身却病在此，所以持盈保泰亦在此。千嘱千嘱，无煎迫而致疾也。

□译文

不仅我这个并未身临前敌者，不敢有一丝毫骄矜夸耀的念头，即便是弟备尝艰苦，也必须知道谋事在人成事在天、劳苦在人臣福气在国家的道理,时刻存一个即便有天下也不参与的念头,存一个盛名难副、成功难居的念头。这些念头蕴蓄于心中深入了,则在大功告成的时候,自然有一种谦虚之光,显露出举止言行的各个方面。

大事确实是有天意与国运在主持,不是我们所能为力所能自行做主的,只有虚心实力勤苦谨慎这八个字,是我所要尽力的。

我昨天上折报告病情,一则因为任事太久,担心朝中及外省怀疑我的兵权太重、利权太大,不能不将手缩回以释群疑。一则金陵城幸而克复,我们兄弟都应当引退。这道折子即预为张本。

事事落在别人的后面不必追悔,不必怨人,这些地方总是要守定畏天知命四个字。金陵的攻克,也是本朝的大功勋,千古的大名,全凭天意来主张,哪里是完全关系到人力?天对于大名是吝惜的,千磨百折,艰难困苦坎坷曲折而后才给予。老子所谓不敢为天下先这句话,即不敢居第一等大名的意思。弟前年刚进驻金陵城下,我屡次信中多说的是危悚儆戒的话,也是出于对大名不可强求的深知。现在李少荃两年来屡立奇功,肃清整个苏州地区,我们兄弟的名望虽然减退,尚不至于身败名裂,这便是家门之福。军队虽驻城外很久但朝廷没有贬辞,大局没有其他的变化,这就是我兄弟的幸运。只可畏天知命,不可怨天尤人,养身去病在这里,持盈保泰也在这里。千嘱千嘱,不要使心受煎迫而招致疾病。

□评点

此处所抄录的这四段话,分别出自同治三年正月二十三日、三月十二日、三月二十六日、四月二十日,曾氏给老九的家信。老九在六月十六日那天用炸药炸开金陵城墙,算是拿下这座围了整整两年的太平天国都城。在此之前,以一个吉字营(刚开始兵力不足二万,最后增至近五万)围困周长九十里的天下第一城,朝野内外普遍都不看好,只是一则碍于曾氏的面子,二则鉴于老九有打下安庆的经验在前，故而不公开提出异议。进入同治三年，浙江、苏南的战事已十分利于清廷。二月，左宗棠收复杭州，四月，李鸿章继先前十月收复苏州后又收回常州，左、李的频频得手对老九既有利又不利。有利，是因此进一步瓦解太平军的军心，不利是将太平军都赶到金陵城内城外，对老九的压力更大。金陵战役随时都有可能出现意外，围城两年的辛劳随时都有可能功亏一篑，而随着江南各城一座座的收复，认为老九劳师耗饷的人开始从腹非到公开的议论。到了四月，便有李鸿章援助攻金陵的说法出来，令老九在强大的压力下又增添几分恼怒。这便是曾氏这段时期的家书背景。曾氏所说的“谋事在人，成事在天”、“大事实有天意与国运为之主持”等等，意在松弛老九的焦灼，而“不敢为天下先”等等，意在劝老九不必独占天下第一功，与人合攻金陵的意见也是可以接受的。

何必郁郁

□原文

弟肝气不能平伏，深为可虑，究之弟何必郁郁？从古有大勋劳者，不过本身一爵耳。吾弟于国事家事，可谓有志必成，有谋必就，何郁郁之有？

□译文

弟的肝气不能平复，深为可虑。细细追究，弟又何必郁闷呢？自古立有大功劳的人，不过是自身得到一个爵位罢了。我弟于国事家事，可以说得上有志必成，有谋必就，哪里来的郁闷呢？

□评点

这段话见于同治三年七月二十九日，曾氏给老九的家信。此时老九已大功告成，朝廷也封他一等伯爵，加太子少保衔，赏戴双眼花翎。按理说，老九应该是志得意满欢天喜地才对，但他却心情郁闷。究竟郁闷什么呢？曾氏虽然这样反问老九，然则自己心中是清楚的，只不过没有挑明罢了。笔者略知一二，不妨说与诸位听听。老九的郁闷，首先是因为打下金陵城这个天下第一功立得并不圆满，城破之时没有抓住幼天王和李秀成。其次，吉字营将士们大抢金银财宝，放火焚毁城内王府仓库的举动遭受指摘。第三，大封时封了三个伯爵，即官文、李鸿章与老九。老九自认功在官、李之上，朝廷将他与官、李同封一等伯爵，不公平。当然，老九心中的郁闷还有一些，但主要的应不出于这三个方面。关于这三个方面，曾氏都不好说什么。附和老九的不满将违心，指责老九的失误说他本就不应该不满则不忍心，所以只能说一些泛泛之言。这些话对老九的释怀，显然是没有多大帮助的。

沅甫恐难久甘寂寞

□原文

大凡才大之人，每不甘于岑寂，如孔翠洒屏，好自耀其文采。林文忠晚年在家，好与大吏议论时政，以致与刘玉坡制军不合，复思出山。近徐松龛中丞与地方官不合，复行出山。二人皆有过人之才，又为本籍之官所挤，故不愿久居林下。沅弟虽积劳已久，而才调实未能尽展其长，恐难久甘枯寂。

不如兄弟尽力王事，各怀鞠躬尽瘁死而后已之志，终不失为上策。

吾兄弟受厚恩，享大名，终不能退藏避事，亦惟循沅前信所言，置祸福毁誉于度外，坦然做去，行法俟命而已。

□译文

大凡才能大的人，每每不甘于寂寞，好比孔雀开屏喜欢自己夸耀文采。林则徐晚年家居时,喜欢与大官员议论时政,以至于与刘韵珂总督不合,再想出山。近来徐继畬巡抚与地方官不合,再行出山。这两个人都有过人之才,又为在原籍任职的官员所排挤,故而不愿意久居山林。沅弟虽积劳很久,但才干确实未能尽展,恐怕难以长久甘于枯寂。

不如兄弟都尽力于国事,各自怀着鞠躬尽瘁死而后已的志向,终究不失为上策。

我们兄弟享受厚恩大名,终究不能隐藏起来逃避责任,也只有按照沅甫前信所说的,将祸福毁誉置之于度外,坦然去做,按照法规听任命运罢了。

□评点

金陵打下不久,老九即上疏朝廷:因病情严重请开除浙江巡抚之职回家养病。老九此举的真正原因,是以辞职来避开朝野的指摘。朝廷顺水推舟,很快即批准。老九十月初离开金陵,十一月中旬抵达湘乡老家。

第二年三月,老九奉到朝廷命他"来京陛见"的上谕,他以病辞。五月,又奉"即日北上"之旨,他又以病辞。七月,朝廷授老九山西巡抚之职。他又以病重未逾推辞,朝廷同意他暂不赴任,再赏假六个月。看来朝廷是一定要用老九了,于是兄弟之间的家书便时常会讨论老九的出与处的事。同治四年十二月十五日,曾氏在家书中"劝弟出山不过十分之三四,劝弟潜藏竟居十分之六七"。曾氏为什么会这样考虑,乃是出于"言路于任事有功之臣责备甚苛,措辞甚厉,令人寒心"。但他想到老九的个性,

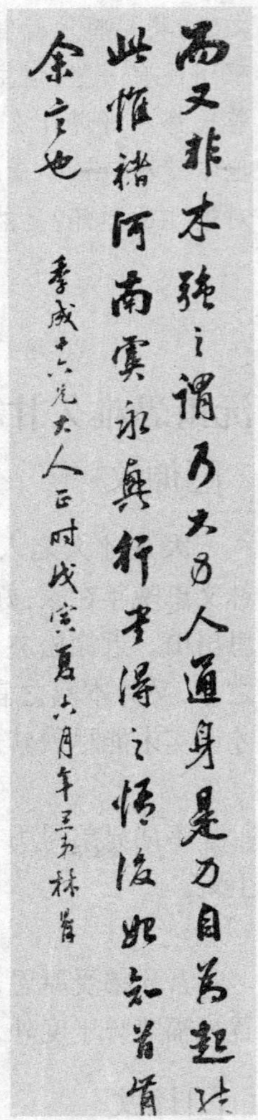

林则徐手迹

有点像林则徐、徐继畬等人一样喜展才任事，估计“恐难久甘枯寂”。于是十天后的家书中变了腔调，认为“尽力王事”是上策。又过十天，他在家书中明确表示赞同老九的意见，“置祸福毁誉于度外”，伺机再度出山。不久，老久奉旨赴湖北巡抚任，结束一年多的家居生涯。

天下多有不深知之人事

□原文

弟此次赴鄂，虽不必效沈、蒋之枉道干誉，然亦不可如云仙之讥侮绅士，动成荆棘，大约礼貌宜恭，银钱宜松，背后不宜多着贬词，纵不见德，亦可以远怨矣。

督抚本不易做，近则多事之秋，必须筹兵筹饷。筹兵则恐以败挫而致谤，筹饷则恐以搜括而致怨，二者皆易坏声名。而其物议沸腾，被人参劾者，每在于用人之不当。沅弟爱博而面软，向来用人失之于率，失之于冗，以后宜慎选贤员，以救率字之弊，少用数员，以救冗字之弊。位高而资浅，貌贵温恭，心贵谦下。天下之事理人才，为吾辈所不深知不及料者多矣，切勿存一自是之见。用人不率冗，心存不自满，二者本末俱到，必可免于咎戾，不坠令名。

谢绝陋习，慎重公事，严密以防门内，推诚以待制府，数者皆与余见相合，声誉亦必隆隆日起矣。

□译文

弟此次去湖北，虽然不必要效法沈葆桢、蒋益澧那样以不正派的作法赚得称誉，但也不可像郭嵩焘那样讥笑侮辱绅士，与别人相处很不好，大约礼貌上宜恭敬，银钱上宜宽松，背后不宜多使用贬词，纵使没有恩德，也可以远离怨尤。

总督、巡抚这个官本不容易做，近世则是多事之秋，必须筹兵筹饷。筹兵则惟恐因为打败仗而招致谤谚，筹饷则惟恐因为搜括银钱而招致怨恨，这两点都容易败坏名声。至于议论纷纷，被人参劾，则每每在于用人的不当。沅弟的爱心广博而情面重，向来在用人上失之于轻率，失之于冗杂，以后宜慎选贤良人员，借以挽救轻率的弊病，少用几个人，以挽救冗杂的弊病。职位高而资历浅，外貌上贵在温和恭敬，心思上贵在谦逊平易。天下的事理人才，为我们所不深知不及料到的很多，切勿存一点自以为是的想法。用人上不轻率冗杂，心里不存自我满足，这两点上的方方面面若都做到了，必定可以免去咎戾，不损毁好名声。

拒绝接受陋习，谨慎郑重办理公事，严格要求家人及仆役，与制台、府、县等推诚相待，这几点都与我的看法相合，声誉也必定会一天天隆重兴起。

□评点

同治五年三月中旬，老九来到武昌，接任湖北巡抚一职。朝廷之所以任命老九为鄂抚，主要目的还是想借重他的军事才干，配合正在剿捻战场上的曾氏。老九无一天地方行政官员的经历，一上任便做一省之长，身为大哥的曾氏免不了要在这方面为弟弟指点一番。这几段分别见于该年三月十六、三月二十六、四月二十一日家信中的话，说的便是这些指点。归纳起来，其要点在：一善待绅士，二用人慎重，三对人谦敬，四拒绝陋习，五严防门内，尤其是“天下之事理人才为吾辈所不深知不及料者多矣”这句话，真可为一切处高位者之座右铭。

湘军中的哥老会

□原文

提镇副将，官阶已大，苟非有叛逆之实迹实据，似不必轻言正法。如王清泉，系克复金陵有功之人，在湖北散营，欠饷尚有数成未发，既打金陵，则欠饷不清，不能全归咎于湖北，余亦与有过焉。因欠饷不清，则军装不能全缴，自是意中之事。即实缺提镇之最可信为心腹者，如萧孚泗、朱南桂、唐义训、熊登武等，若有意搜求，其家亦未必全无军装，亦难保别人不诬之为哥老会首。余意凡保至一、二、三品武职，总须以礼貌待之，以诚意感之，如有犯事到官，弟在家常常缓颊而保全之。即明知其哥老会，唤至密室，恳切劝谕，令其自悔而贷其一死。惟柔可以制刚狠之事，惟诚可以化顽梗之民。即以吾一家而论，兄与沅弟带兵，皆以杀人为业，以自强为本，弟在家当以生人为心，以柔弱为用，庶相反适以相成也。

□译文

提督、总兵、副将，官阶已高，倘若不是叛逆行为确有实据，似乎不必轻言正法。如王清泉，是克复金陵的有功之人，在湖北解散军营时，欠饷还有几成未发，既然是攻打金陵，那么欠饷不清，不能完全归咎于湖北，我也有过错。因为欠饷不清，则军装不愿完全上缴，自是意料中的事。即便是担任提督、总兵实职最可相信引为心腹的，如萧孚泗、朱南桂、唐义训、熊登武等，若有意搜求，他们家中也未必就完全没有军装，也难保别人不诬陷他们为哥老会的首领。我的意思是凡保举至一、二、三品武职者，总须以礼貌对待，以诚意感化。如果有犯了事被召到官府，弟在家常常为他们说些好话保全。即便明知他们是哥老会，叫到密室，恳切劝告，令他们自己悔改而免除一死。惟有柔可以制止刚烈猛狠之事，惟有诚可以教化顽固横梗之民。就拿我们家来说，为兄的与沅弟带兵，都以杀人作为职业，以自强为根本，弟在家应当以让人活命作为存心，以柔弱作为手段，这样或许借相反的做法而导致家庭的成功。

曾国潢居所万宜堂的窗饰

□评点

哥老会是清代民间的秘密团体，属天地会的支派，在四川盛行，后由鲍超带到湘军。从将官到士兵，湘军中有不少人加入哥老会，尽管后来湘军大规模裁撤，但哥老会却依旧秘密存在。哥老会为朝廷所不容，湘军中的哥老会屡屡遭人告发，湖南官府也不得不做点表面文章。主持家政的曾家四爷不明究里，对查办湘军哥老会一事很积极。曾氏心里其实不满意老四的作为，但又不便说得太明白，于是只能说些"缓颊而保全"、"以生人为心"之类的话。

学郭子仪

□原文

古称郭子仪功高望重，招之未尝不来，麾之未尝不去。余之所处，亦不能不如此。

□译文

古时说郭子仪功高望重，尚且招之没有不来，挥之没有不离开。以我目前的处境，也不能不这样。

□评点

郭子仪功大位高而能持盈保泰，仗的是他不居功不自傲，始终对上司（皇上）谦恭尽职。曾氏很钦佩郭子仪，时时以郭为表率。

调度文书以少为好

□原文

以后调度文书，以少为好。昔胡文忠亦失之多，多则未有不纷乱者。殄灭等字，不可轻用也。

□译文

以后调度文书，以少为好。过去胡林翼也失在调度文书多，多则没有不纷乱的。殄灭这一类字，不可轻用。

□评点

调度文书多，不但纷乱，而且也减少下级的自主空间，不是好事。殄灭乃杀尽杀绝的意思，在曾氏看来，这样的话是说得过头了，也绝对了，因为事实上做不到，故而不可轻用。

从波平浪静处安身

□原文

嗣后奏事，宜请人细阅熟商，不可壹意孤行是己非人为嘱。弟克复两省，勋业断难磨灭，根基极为深固，但患不能达，不患不能立，但患不稳适，不患不峥嵘。此后总从波平浪静处安身，莫从掀天揭地处着想。吾亦不甘为庸庸者，近来阅历万变，一味向平实处用功，非萎靡也，位太高，名太重，不如是，皆危道也。

□译文

以后上奏言事，宜请人仔细阅读反复商量，不可一意孤行肯定自己指责别人，这是我的叮嘱。弟收复两个省城，勋业绝对难以磨灭，根基极为深固，只怕不能通达，不怕不能成立，只怕不稳妥，不怕不峥嵘。从此以后总要从波平浪静处安身，不要从掀天揭地处着想。我也是不甘于做一个平庸的人，只是因为近来阅历了许多变故，于是一味向平实处用功，这并不是精神萎靡，而是因为职位太高，名望太重，不如此，则都是危险的道路。

□评点

老九三月到武昌接任，八月便上疏参劾官文。官文在武昌做了十年的湖广总督，是个满人大学士，虽无能，却还能与胡林翼长期共事，没想到曾老九一来便与他闹翻了。且看老九是如何告状的。

老九为官文列了四条罪状：贪庸骄蹇、欺罔徇私、宠任家丁、贻误军政，并附官文劣迹事实。这些劣迹分为六个方面：滥支军饷、冒保私人、公行贿赂、添受陋规、弥缝要路、习尚骄矜。奏疏中还说官文"贿通肃顺"。肃顺是慈禧最恨的人，"贿通肃顺"便有肃党之嫌，这有点将官文往死里整的味道。这道弹章确实够厉害。老九之所以要弹劾官文，是因为官文贻误他的军情。曾氏虽然也讨厌官文，但他却不同意老九这样做。事前就表示异议，而老九不听劝告，一意孤行。

曾氏看到老九抄送的副本后，很生气。他在正月十七日给纪泽的信中说得很明白："沅叔劾官相之事，此间平日相知者如少泉、雨生、眉生皆不以为然，其疏者亦复同辞。闻京师物论亦深责沅叔而共恕官相，八旗颇有恨者。尔当时何以全不谏阻？顷见邸抄，官相处分当不甚重，而沅叔构怨颇多，将来仕途易逢荆棘矣。"五天后，曾氏给老九写信，此处所抄的这段话，几乎为该信的全部内容。"壹意孤行是已非人"八个字，已明确表示他不赞同老九的这份让内外议论纷纷的《劾督臣疏》。

疏语不可太坚

□原文

少荃屡言“疏语不可太坚，徒觉痕迹太重，而未必能即退休。即使退休，一二年而他处或有兵事，仍不免诏旨促行，尤为进退两难”等语，皆属切中事理。余是以反复筹思，迄无善策。

□译文

李少荃屡次说“奏疏中的话不可以说得太绝对，只能使人觉得做作工夫太重，而事实上也不能保证就能退休，即使退休，过一二年或许别的地方有战事，仍不免有圣旨催促前行，到那时尤为进退两难”等话，都属于切中事理的话。我于是反复筹思，迄今尚无良法。

□评点

李鸿章这句话，道出一种“人在江湖，身不由己”的无奈。官员食朝廷俸禄，是没有个人意志的，对朝廷说“太坚”的话，一无必要，二无可能。

富贵常蹈危机

□原文

大约凡做大官，处安荣之境，即时时有可危可辱之道，古人所谓“富贵常蹈危机”也。纪泽腊月信言宜坚辞江省，余亦思之烂熟，平世辞荣避位，即为安身良策，乱世辞荣避位，尚非良策也。

□译文

大约凡作大官，身处安适荣耀的境地，即时时有可能发生危险出现耻辱，这就是古人所说的“富贵常常导致危机”。纪泽腊月信里说宜坚决辞去两江总督职务，对此我也思之烂熟，承平时回避荣誉高位，即是安身的良策，混乱时回避荣誉高位，尚非良策。

□评点

大富大贵为许多人所羡慕所追求，其实，若不懂得善处富贵，则反而易招致危机。这是因为富贵容易转手，它不像智慧、才能等虽也为人所羡慕追求，但不易于转手。转手之际，原主便不免受危受辱。所以拥有富贵，不如拥有才智。

乱世为司命是人生之不幸

□原文

吾所过之处，千里萧条，民不聊生。当乱世，处大位而为军民之司命者，殆人生之不幸耳。弟信云英气为之一沮，若兄，则不特气沮而已，直觉无处不疼心，无日不惧祸也。

□译文

我所经过的地方，千里萧条，民不聊生，生逢乱世，身处主宰军队百姓性命的高位，真的是人生的不幸。弟信中说英迈之气因为此而沮丧，对于兄来说，则不仅仅是志气沮丧而已，简直觉得无处不使心里疼痛，无日不惧怕灾祸发生。

□评点

男儿英气多体现在军旅上，所以从古到今，许多男人都渴望杀敌建军功。然而，长年战争带给世界的是什么呢？正是曾氏所说的“千里萧条,民不聊生”。曾氏身为军营统帅,却认为这是“人生之不幸”,与那些以军功而沾沾自喜的人相比,的确展现出的是两个不同的人生境界。

处此乱世寸心惕惕

□原文

余意此时名望大损,断无遽退之理,必须忍辱负重,咬牙做去,待军务稍转,人言稍息,再谋奉身而退。处兹乱世,凡高位、大名、重权三者皆在忧危之中。余已于三月六日入金陵城,寸心惕惕,恒惧罹于大戾。弟来信劝我总宜遵旨办理,万不可自出主意。余必依弟策而行,尽可放心。祸咎之来,本难逆料,然惟不贪财、不取巧、不沽名、不骄盈四者,究可弥缝一二。

□译文

我认为这个时候名望大受损伤,绝对没有立即退休的道理,必须忍辱负重,咬紧牙关去做,待军情稍有变化,别人的指责稍有停止,再思考如何保全自身而退休。身处如此乱世,凡高位、大名、重权这三者都在忧虑危险当中。我已在三月六日进入金陵城,心里警惕,时常担心遭遇大祸。弟来信劝我总宜遵照圣旨办事,万不可自己出主意。我必会依照弟的计策而行事,尽可放心。灾祸的到来,本难预料,然而惟有不贪财、不取巧、不沽名钓誉、不骄傲自满这四者,究竟可以弥补一二。

□评点

拥有高位、大名、重权却常存警惕惧祸之心,这便是曾氏的与众不同之处。以修身来减轻灾祸,这是曾氏面临不测之局所采取的应对。

辞职难以允准

□原文

弟自任鄂抚不名一钱，整顿吏治，外间知者甚多，并非全无公道。从此反求诸己，切实做去，安知大蹶之后无大伸之日耶？

大局日坏，气机不如辛、壬、癸、甲等年之顺，与其在任而日日如坐针毡，不如引退而寸心少受煎逼，亦未始非福。惟余辞江督、筠仙辞淮运司，均不能如愿，恐弟事亦难必允准。至于官相入觐，第一日未蒙召见，圣眷亦殊平平。弟谓其受恩弥重，系阅历太少之故。大抵中外人心皆以弟之弹章多系实情，而圣意必留此公，为旗人稍存体面，亦中外人所共亮也。

世局日变，物论日淆，吾兄弟高爵显官，为天下第一指目之家，总须于奏疏中加意检点，不求获福，但求免祸。

□译文

弟自从出任湖北巡抚以来不贪污一文钱，整顿吏治，这些外间知道的人很多，并不是全无公道。从此以后多从自身检查，切实去做，怎么知道在经历大挫折之后没有大伸展的时候呢？

大局日益变坏，气机不如咸丰十一年，同治元年、二年、三年的顺利，与其在任而天天觉得如坐针毡，不如引退而心里少受煎逼，也未必不是福气。只是我辞江督、郭筠仙辞两淮盐运使，都不能如愿，恐怕弟的辞职也难以必定同意。至于官文进京陛见，第一天没有受到召见，可见皇上的眷顾也只是平平。弟说他受恩更重，这是因为阅历太少的原故。大抵朝野内外的人心认为弟的弹劾奏疏中所说的都是实话，但皇上的意思是必定要挽留他，为旗人稍稍保存体面,这也是京城内外的人所都能体谅的。

时局日益变坏,舆论日益混乱,我们兄弟高爵显官,为天下人的眼光所关注的第一家,总必须在奏疏中格外注意检点,不求得到福气,但求免去灾祸。

□评点

老九因战事不利而怪罪官文,但参劾官文后战事不仅没有得到好转,反而更坏,这让老九心里沮丧。何况皇上并不认为官文有什么不好,将他调离武昌后不久又任命他为直隶总督,这更让老九心中压抑。这几段话,便是此时做大哥的安慰与劝说。

此中透露一个对历史研究者颇有兴趣的信息,即当时外官入觐,皇上召见的早晚是圣眷浓淡的体现。这里所说的"第一日",应不是我们今天所说的"当天"的意思,而是抵京安顿后的第一日,实为第二日。同治七年底,曾氏奉调直隶总督,进北京的次日得蒙召见一事,可为佐证。

做一日和尚撞一日钟

□原文

诸事棘手焦灼之际,未尝不思遁入眼闭箱子之中,昂然甘寝,万事不视,或比今日人世差觉快乐,乃焦灼愈甚,公事愈烦,而长夜快乐之期,杳无音信,且又晋阶端揆,责任愈重,指摘愈多。人以极品为荣,吾今实以为苦恼之境。然时势所处,万不能置身事外,亦惟有做一日和尚撞一日钟而已。

阅历数十年,岂不知宦途有夷必有险,有兴必有衰?而当前有不能遽释者,但求不大干咎戾为宗族乡党之羞足矣。

宦途险巇,在官一日,即一日在风波之中,能妥帖登岸者,实不易易。

□译文

诸事棘手心里焦灼的时候,未尝不想躲进棺材里昂然酣睡,万事不管,或许比今天活在人世还要快乐,只是焦灼越厉害,公事越烦躁,而一死了之的快乐则遥遥无期,而且又晋升大学士,所负的责任更加重,指摘也更多。人们都以官做到极品为荣耀,我现在实在认为这是苦恼的境地。但处于现在这种时候,万万不能置身于事外,也只有做一天和尚撞一天钟而已。

阅历几十年,岂不知仕途有平顺就必有危险,有兴盛就必有衰减,而当前又有不能立即辞职的原故在,但求不遭遇大灾祸而让宗族乡党蒙羞就足够了。

仕途危险,在职一天,即一天在风波之中,能够稳当着陆,确实不容易。

□评点

这三段话,分别出自同治六年六月、同治十年八月、同治十年十一月曾氏给澄、沅两弟的信中,它比较真实地反映出晚年曾氏的为官心态。曾氏晚年,因为办事不顺、身体衰弱,故而心绪多不佳,对待工作和生活,他的态度颇为消极,即便是面对大学士这样的人臣最高职位,他也不以为荣,甚至还视为“苦恼之境”。当然,假若曾氏晚年办事顺心身体健康,他也可能在殊荣崇职的状态中,自我感觉会好一些。然而,即便如此,对一个夕阳暮年者来说,再好的荣职,大概也带不来发自内心的极大喜悦与快乐。任何外来的力量都阻挡不了生命力的日渐衰减,而这种生命力的衰减才是老年人心境苍凉的真正原因。财富改变不了,权力也改变不了,这是人类的悲哀;若换一个角度来看,这又是上帝对每一个人的最大公平之处。

以菲材居高位

□原文

自以菲材久窃高位，兢兢栗栗，惟是不贪安逸，不图丰豫，以是报国家之厚恩，即以是稍息祖宗之余泽。

□译文

我自认为是以菲薄之材而长久占据高位，战战兢兢，因而不贪安逸，不图丰豫，以此来报答国家的厚恩，也即以此来稍稍延长祖宗的余泽。

□评点

大凡做大官者都自以为才高，许多事便坏在这个自以为上。曾氏居高位却自以为才不高，故而有愧歉之感，心存谨慎，不贪享乐，于是能够持盈保泰。

查阅《清会典》及《明史》

□原文

凡经制之现行者查典，凡因革之有由者查事例。武职养廉，记始于乾隆四十七年补足名粮案内，文职养廉，记始于雍正五年耗羡归公案内。尔细查武养廉数目，即日先寄。又提督之官，见《明史·职官志》“都察院”条内，本与总督、巡抚等官，皆系文职而带兵者，不知何时改为武职？

□译文

凡现行的正常制度查典，凡有来由的变迁查事例。武职养廉事，记载始于乾隆四十七年补足名粮案内，文职养廉事，记载始于雍正五年耗羡归公案内。你细查武职养廉费的数目，即日先寄来。还有提督的官职，见于《明史·职官志》“都察院”条目内，本来与总督、巡抚一样都是文职而带兵的，不知何时改为武职？

□评点

同治四年十一月初，曾氏在徐州最后核定长江水师章程。考虑到提督、总兵以下至千总、把总每年养廉费的发放，身边无资料可查，于是写信叫金陵城里的纪泽查《清会典》。又让他查《明史》，借以弄清提督是何时由文职改为武职的。曾氏在叫儿子查书时，又告诉他怎样查。想必经过这样的查阅，纪泽对使用《清会典》《明史》的能力会有些提高。

清介谦谨

□原文

沿途州县有送迎者，除不受礼物酒席外，尔兄弟遇之，须有一种谦谨气象，勿恃其清介而生傲惰也。

□译文

沿途州县官员有送迎的，除不接受礼物和赴酒席外，你们兄弟遇到这种场合，必须有一种谦虚谨慎的态度，不要依恃自己的清介而生发出傲慢的情绪来。

□评点

清介固然好，而冷淡傲慢等态度又常常是它的伴生物，这种态度显然不好。故曾氏提醒儿子,在与官场打交道时,既要清介,又要谦谨。

以散员留营

□原文

余决计此后不复作官,亦不作回籍安逸之想,但在营中照料杂事,维系军心。不居大位享大名,或可免于大祸大谤,若小小凶咎,则亦听之而已。

□译文

我决定此后不再做官,也不作回原籍过安逸日子的想法,只在军营中照料杂事,维系军心。不居高位享大名,或许可以免去大灾祸大诽谤,至于小小的灾难指责,则也只有听之而已。

□评点

同治四年五月,曾氏奉旨离开金陵北上剿捻。与捻军在苏鲁豫鄂战场周旋了一年多,在军事上,曾氏几无成绩可言。咸丰五年八月,捻军冲破曾氏精心布置的防线,河防之策失败。曾氏自己很失面子,各方指责亦不少,加之身体病痛日增。十月中,曾氏上奏朝廷,请开协办大学士与两江总督之缺,并请另简钦差大臣接办军务,自己以散员身份留营效力。又请将所得封爵暂行注销,以表示自贬。十一月初,朝廷命曾氏回两江总督本任,授李鸿章为钦差大臣接办军务。此处所抄的这段话即出于这段时期曾氏给儿子的家书。

危难之际断不可吝于一死

□原文

余自咸丰三年募勇以来，即自誓效命疆场，今老年病躯，危难之际，断不肯吝于一死，以自负其初心。

□译文

我自从咸丰三年募勇以来，即自我发誓以性命效力于战场，现在已是老年又兼病躯，在国家危难的时候决不愿舍不得一死，而违背自己当初的心愿。

□评点

同治九年夏，天津城爆发大教案，正在休病假的直督曾氏，不顾自身的重病，决计奉旨赴天津处理此事。临行时，给两个儿子留下一封类似遗书的信件。其中便有上面的这几句话。其"效命疆场"的话，可参见黎庶昌编的曾氏年谱"咸丰三年"一节：曾氏"又以书遍致各府州县、士绅……其书中有'不要钱，不怕死'二语，公所自矢者，一时称诵之"。

外官有景况苦的

□原文

闻刘觉香先生言渠作外官景况之苦，愈知我辈舍节俭别无可以自立。若冀幸得一外官以弥缝罅漏，缺瘠则无以自存，缺肥则不堪问矣，可不惧哉？

□译文

听刘觉香先生说他做外官景况的苦处，越加知道我们这些人舍节俭外则没有别的办法可以自立。若希望侥幸得一个外官的缺来弥补银钱上的欠漏，遇到贫瘠的地方则无以自存，富裕的地方，则又不敢问津，难道不值得畏惧吗？

□评点

这是曾氏道光二十三年正月的一篇日记。此时曾氏供职翰林院，品衔为六品，属于小京官一类。清朝官员正俸并不高，养廉费及分外进贡是他们收入的主要部分。翰林院是一个没有实权的清闲衙门，正俸之外的收入不多，故而翰林多清贫。早期曾氏的家书中在谈到经济状况时，“借”“欠”“窘”这样的字眼时常出现。抄录一段道光二十二年十二月曾氏给诸弟信中的话，借以窥视其大概：“今年冬间，贺耦庚先生寄三十金，李双圃先生寄二十金，其余尚有小进项。汤海秋又自言借百金给我用。计还清兰溪、寄云外，尚可宽裕过年。统计今年除借会馆房钱外，仅借百五十金。岱云则略多些。岱云言在京已该账九百余金，家中亦有此数，将来正不易还。寒士出身，不知何日是了也！我在京该账尚不过四百金，然苟不得差，则日见日紧矣。”这封家信可以帮助我们理解这段日记。

居敬大有益于身心

□原文

自正月以来，日日颓放，遂已一月，志之不立，一至于此！每观此册，不知所谓，可以为人乎！聊存为吾朔之饩羊尔。

看书眼蒙如老人，盖安肆日偷，积偷之至，腠理都极懈弛，不复足以固肌肤束筋骸，于是风寒易侵，日见疲软。此不能居敬者之不能养小体也。又心不专一，则杂而无主，积之既久，必且忮求迭至，忿欲纷来。其究也，则摇摇如悬旌，皇皇如有所失。总之，曰无主而已，而乃酿为心病。此不能居敬者之不能养大体也。是故吾人行父母之遗体，舍居敬更无他法，内则专静纯一以养大体，外则整齐严肃以养小体。如是而不日强，吾不信也。呜呼，言出汝口，而汝背之，是何肺肠！

□译文

自从正月以来，日日颓唐放纵，已经一个月了，志向不立到了这种地步。每每看到这本日记册，不知说什么为好，能算是个人吗！姑且把它保存当作每月初一祭告祖宗的活羊。

看书时眼睛昏矇如同老人。这是因为安逸放纵每天偷懒，累积懒惰到了顶点，身上肌肤之间的空隙纹理都极为松懈，不再足以固束肌肤筋骸。于是风寒容易侵入，一天天疲软。这是不能庄敬自居而导致不能保养肢体。还有心不专一，则杂乱无主。积累久后，必定嫉妒贪求等各种欲望纷至沓来。追究其原，是因为心摇摆如高悬的旗帜，皇皇然若有所失。总之一句，叫做心中无主而已，于是酿为心病。这是不能庄敬自居而导致不能保养心境。所以，我们延续父母的遗体，舍除居敬则更无别的办法。内心则专静纯一，用来保养心境；外表则整齐严肃，以保养肢体。若这样还不能一天天强壮，我不相信。啊，话出自你的口中，而你又违背，这是什么样的心肺！

□评点

这两段话分别出自道光二十三年正月三十日、二月初一日两天的日期。此时他正跟随唐鉴，致力程朱理学，并身体力行，"居敬"是他日常的重要功课之一。曾氏认为，人一旦处于"敬"的状态，外则强身，内则纯心，于心身均大有益处。曾氏此时不过三十三四岁，却"看书眼蒙如老人"，这是不正常的。他归之于不敬的原故，其实，应归之于体弱。三十岁那年，他得肺病几于不治，看来至今尚未复原。

盛气与自是

□原文

见罗、瞿、江三县令,因语言不合理,余怒斥之甚厉,颇失为人上者泰而不骄、威而不猛之义。

九弟信言古称君有铮臣,今兄有诤弟。余近以居位太高,虚名太大,不得闻规谏之言为虑。若九弟果能随事规谏,又得一二严惮之友,时以正言相劝勖,内有直弟,外有畏友,庶几其免于大戾乎!居高位者,何人不败于自是?何人不败于恶闻正言哉?

□译文

见罗姓、瞿姓、江姓三位县令,因为说话不合道理,我愤怒斥责他们,态度很严厉,颇为有失处于上位者,应该安泰而不骄肆、威严而不猛烈之本义。

九弟信中讲,古人说君有铮臣,现在兄有诤弟。我近来所居的官位太高,虚名太大,以听不到规谏之言而忧虑。若是九弟果然能遇事规谏,又能得到一二个令我敬畏的朋友,时时以正言激励,内有直言的弟弟,外有令我敬畏的朋友,或许可以免去大过失!居高位者,何人不因自以为是而失败?何人不因讨厌听正直的话而失败?

□评点

咸丰十年四月,朝廷任命曾氏署理两江总督,很快又令他正式担任江督之职,并带兵火速救援苏南。这是曾氏带兵七八年来所日夜渴望的地方实职,但在不知不觉间,因为实职实权的到来又增加了曾氏的盛气凌人与自大自是之感。这两段写于咸丰十年九月及十一月的日记,便是他对自己这种所暗中滋生的情绪的反思,并因此总结出“自是”、“恶闻正言”是居高位者失败的主要原因。

睡梦缺好意味

□原文

古人言昼课妻子夜课梦寐,吾于睡中梦中总乏一种好意味,盖犹未免为乡人也。

□译文

古人说白天考核妻与子,夜晚考核梦境,我在睡梦中总缺乏一种好的意味,这是因为我依旧不免是个乡下人的原故。

□评点

曾氏此言有误。倘若他真的是一个纯粹乡下人,其睡梦一定香甜。他的睡眠不好,恰恰是他缺乏纯粹乡下人的单纯质朴的原故。

力戒争胜之心

□原文

夜因武宁杨令与郑奠互讦之案,颇为郁屈不平,继思谦抑之道,凡事须力戒争胜之心,痛自惩艾。

□译文

夜晚因武宁杨县令与郑奠互相攻讦之案而心中颇为郁闷,继而想到谦抑之道,凡事须力戒争强好胜之心,并对自己痛加惩戒。

□评点

因争强好胜而引起诉讼,实在是多出的事。曾氏在审理别人的案子后对自己加以警惕。

奄奄思睡

□原文

身体若有病者,奄奄思睡,或以积搁文牍太多,此心歉然,若有所负疚者而然与?

□译文

身体像是有病的样子,奄奄的老想睡觉,或是因为积压的文卷太多,心里有歉意,像是有负愧而引起的吗?

□评点

以曾氏的身体状况,他确实不能担负如此重大的担子,但他认为一个人的精力好比井中之水,是越汲越有,故而勉力去做。从精神上说固然可佳,但从健康上说则不宜提倡。

儒缓

□原文

少荃论及余之短处总是儒缓,与往年周弢甫所论略同。

□译文

李鸿章谈到我的短处往往体现在拘谨缓慢上，与往年周弢甫所说的大致相同。

□评点

李鸿章为人较为圆滑而果敢，所以对儒缓感觉敏锐。

诚中形外

□原文

诚中形外，根心生色。古来有道之士，其淡雅和润无不达于面貌。余气象未稍进，岂嗜欲有未淡邪？机心未消邪？当猛省于寸衷，而取验于颜面。

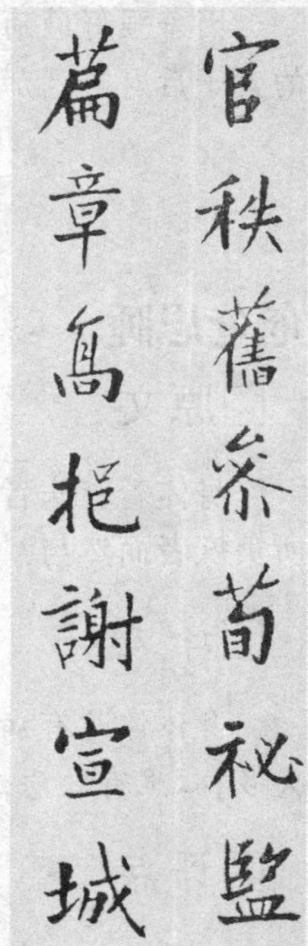

曾国藩手书联语

□译文

修诚于内则表现于外，札根于心则生色于面。古来有道的人，他的淡雅和润无不表现在外貌上。我的气色没有稍稍进步，难道是欲望没有淡薄吗？机心没有消除吗？应当在心中努力反省，并在颜面上表现出来。

□评点

人的内心与外表是紧密相联的。外表安详，内心多半宁静；外表灿烂，内心多半光明。曾氏以淡嗜欲消机心来增进自己的外在气象，可谓中的之举。

公私事繁

□原文

二日因作折，将公事抛荒未断。古人有兼人之材，余不特不能兼人，即一日兼治数事，尚有未逮。甚矣，余之钝也。

日内应酬繁多，神昏气乏，若不克支持者，然后知高官巨职，足以损人之智，而长人之傲也。

古人云其为人也多暇日者，其出人也不远矣。余身当大任，而月余以来，竟日暇逸不事事，公私废搁，实深惭惧。惟当迅速投劾去位，冀免愆尤耳。

是日应办奏稿，方不误次日发报之期。一念之惰，遂废本日之常课，又愆奏事之定期，乃知天下百病生于懒也。

近日省察自己短处：每日怠玩时多，治事时少。看书作字治私事时多，察人看稿治公事时少。职分所在，虽日读古书，其旷官废弛与废于酒色游戏者一也。庄子所谓臧穀所业不同，其于亡羊均也。本无知人察吏之才，而又度外置之，对京察褒嘉之语，殊有愧矣。

□译文

这两天因为拟奏折，将公事抛在一旁未了断。古人有兼人之材，我不仅不能兼人，即便一天里兼治几件事，尚有没完成的。我的鲁钝真是太严重了！

近日里应酬繁多，神气昏乏，就像不能支持了一样，亲身经历这种状况后才知道高官巨职,足以损伤人的才智,而助长人的骄傲。

古人说一个人若是有许多空余的时间,那么他高出别人的地方也就不多了。我身当大任,而一个多月来竟然每天悠闲无所事事,公事私事都贻误耽搁,实在是很惭愧。惟有立即上疏自劾离位,借以免去过失和指责。

今天应该办理奏稿,才不误第二天发报日期。这个念头一产生人便懒惰,于是耽误今天的常课,又延误了上奏的日期,于是知道天下百病都由懒而生发。

近日里反省自己的短处:每天怠慢玩逸的时间多,治事的时间少,看书写字治私事的时间多,察看别人审核文稿治公事的时间少。职责在这里,即便每天读古书,对官守的荒废与因酒色游戏所造成的后果是一样的。这就是庄子所说的臧榖所做的事不同,但他丢失羊的后果是一样的。本来就没有知人察吏的才能,而又将它置于度外,面对京察的褒奖之语,很是惭愧。

□评点

我们读这几段日记,可知曾氏当时在安庆两江总督衙门里的日常情形:公私事均多,精力不旺,神气昏惰,高任重权似乎并没有给曾氏本人带来什么乐趣。笔者想,凡责任心强的高级官员,其日常心情大概都不如普通百姓的悠闲自在。由此而悟到,官是做亦可,不做亦可。

大胜前的处境与心境

□原文

日内郁郁不自得愁肠九回者,一则饷项太绌,恐金陵兵哗,功败垂成。徽州贼多,恐三城全失,贻患江西。一则以用事太久,恐中外疑我擅权专利。江西争厘之事,不胜则饷缺而兵溃,固属可虑,胜则专利之名尤著,亦为可惧。反复筹思,惟告病引退,少息二三年,庶几害取其轻之义。若能从此事机日顺,四海销兵不用,吾引退而长终山林,不复出而与闻政事,则公私之幸也。

户部奏折似有意与此间为难,寸心抑郁不自得。用事太久,恐人疑我兵权太重,利权太大,意欲解去兵权,引退数年,以息疑谤,故本日具折请病,以明不敢久握重柄之义。

自古高位重权,盖无日不在忧患之中,其成败祸福,则天也。

因念家中多故,纪泽儿病未全愈,心中焦虑之至。而天气阴雨作寒,恐伤麦收,又不知兵事之变态何如,弥觉忧惶,不能自宁。因集古人成语,作一联以自箴曰:“强勉行道,庄敬日强。”上句箴余近有郁抑不平之气,不能强勉以安命,下句箴余近有懒散不振之气,不能庄敬以自奋,惜强字相同,不得因发音变读而易用耳。

□译文

近几天郁郁不自得而愁肠九曲的原因,一是军饷太短缺,担心围金陵的兵士哗变,功败垂成。徽州一带贼军多,当心三座城市都丢失,贻患江西。一是因为用事太久,担心朝廷内外怀疑我擅权专利。江西争厘金之事,官司打不赢则军饷缺失而引起兵溃,固然是可虑,打赢了则专利之名尤其显著,也可害怕。反复思量,惟有告病引退,稍稍休息二三年,或者可以做到两害相权取其轻。若能从此战事一天天顺利,四海罢兵不用,我退休而终老于山林,不再出山与闻政事,则于公于私都是幸事。

户部的奏折好像有意与我这里为难,心里郁郁不自得。用事太久,担心别人怀疑我兵权太重,利权太大,心里想解去兵权,引退几年,借以止息怀疑诽谤,故而今日上折请病假,借以表明不敢久掌重权的意思。

自古来高位重权的人，都无日不在忧患之中，他的成败祸福，只有听之于天。

因为念及家中多变故，纪泽儿病未完全好，心中焦虑得很。而天气又阴雨变冷，担心伤及麦收，又不知军事上的变数如何，尤其觉得忧愁惶恐而不能安静。故而集古人的成语，作一联语借以自箴：“强勉行道，庄敬日强。”上句规谏我近来所有的郁抑不平之气，不能做到强勉以安命，下句规谏我近来所有的懒散不振之气，不能做到庄敬以自奋。可惜的是两个强字相同，但因读音不同故而不再改用另外一个字。

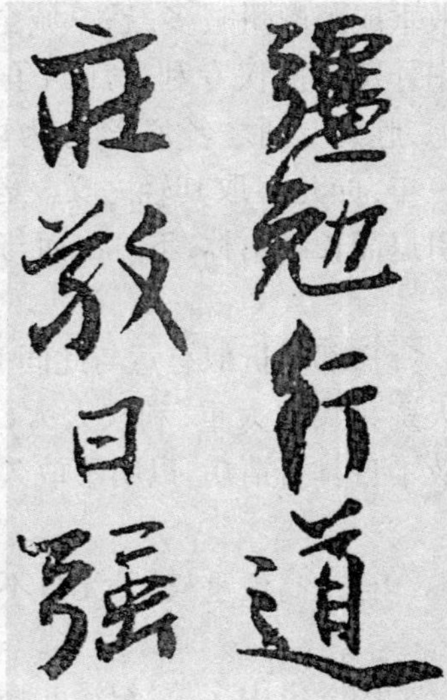

曾国藩手迹

□评点

这几段日记出自同治三年三、四月间。这正是金陵城将要攻破的前夕。大胜即将到来的时候，湘军统帅处境之艰难和心境之忧郁，或许都出于常人的想像。感谢曾氏当年的详细记录，它让我们由此推想到，历史上许多政治、军事的所谓大胜利，其风光的背后大约都有类似的情况。对于那些英雄心强烈的人来说，这无疑是一帖清醒剂。

老九谏大哥之短

□原文

沅弟谈久，稍发摅其抑郁不平之气，余稍阻止劝解，仍令毕其说以畅其怀。沅弟所陈,多切中事理之言,遂相与纵谈至二更。其谏余之短,言处兄弟骨肉之间,不能养其生机而使之畅,遂深为忠告曲尽。

□译文

沅弟说了很久,稍稍抒发他心中的抑郁不平之气,我稍加阻止劝解,还是让他说完,借以舒畅他的胸怀。沅弟所陈述的多切中事理,于是互相纵谈到二更天。他规谏我的不是处,说我处兄弟骨肉之间而不能使他们培养生机心情畅达,于是深以此言作为忠告且曲尽其意。

□评点

在曾氏自己的文字中,可以见到别人对他的批评,这是很值得重视的文字,只可惜这类记载太少了。保存在早年日记中的有朋友的批评,保存在早期家书中的有弟弟们的批评,到了后期,曾氏名位崇隆,这些批评便很少能当面说出,故而曾氏自己的文字中便见不到了。这段话出于同治三年九月初八日日记。南京刚刚收复不久,曾氏便将江督衙门从安庆迁到南京。安顿下来的次日,他去看望老九,兄弟俩长谈。老九批评大哥不能使兄弟之间生机舒畅,意谓大哥要求太严、限制太多,让诸弟在他面前不自在、不能畅述心怀。笔者以为老九的这个批评是很中肯的,不仅兄弟之间,恐怕是夫妻之间、父子之间也都会有这种沟通障碍。什么事都有其负面性,“不能养其生机而使之畅”,这大概就是曾氏理性为人所带来的负面。

修建富厚堂用钱七千串

□原文

闻家中修整富厚堂屋宇,用钱共七千串之多,不知何以浩费如此,深为骇叹。余生平以起屋买田,为仕宦之恶习,誓不为之,不料奢靡若此,何颜见人?平日所说之话,全不践言,可羞孰甚!

□译文

听说家中修整富厚堂房屋,用钱共七千串之多,不知何有这样大的花费,深为此事恐惧叹息。我平生将起屋买田视为官场的恶习,发誓不为,不料家里竟奢侈靡费如此,何颜面见人?平时所说的话,完全不实行,还有比这更羞愧的吗?

曾氏故居富厚堂全貌

□评点

同治五年,欧阳夫人率子女离开南京回湘乡。这年冬天,在家建成新居,名曰富厚堂。这座建筑规模宏大,至今大致保持完好。现在所说的曾氏故居,就是富厚堂,但实际上,曾氏本人从未在此住过。曾氏一向节俭,花这么多的钱起屋,是与他的作风相违背的。过几天曾氏给儿子写了封信,信上说:"富圫修理旧屋,何以花钱至七千串之多?即新造一屋,亦不应费钱许多。余生平以大官之家买田起屋为可愧之事,不料我家竟尔行之。澄叔诸事皆能体我之心,独用财太奢与我意大不相合。凡居官不可有清名,若名清而实不清,尤为造物所怒。我家欠澄叔一千余金,将来余必寄还,而目下实不能遽还。"可知富厚堂的修建,在家主事的老四起了很大的作用,并且还借给大哥家一千多两银子,当然,欧阳夫人和纪泽、纪鸿兄弟一定是热心操办者。由此可知,即便是曾氏这样的表率,要做到"刑于寡妻,以至于兄弟",也是很难的。

愧悔八两银子打造银壶

□原文

李翥汉言照李希帅之样打银壶一把，为炖人参燕窝之用，费银八两有奇，深为愧悔。今小民皆食草根，官员亦多穷困，而吾居高位骄奢若此，且盗廉俭之虚名，惭愧何地！以后当于此等处痛下针砭。

曾氏故居富厚堂大门上的竖匾

□译文

李翥汉说按照李希庵的样子打造银壶一把，作为炖人参燕窝之用，花费银子八两多，深为惭愧悔恨。眼下小老百姓都吃草根，官员也多穷困，而我身居高位骄奢如此，而且偷得廉洁节俭的虚名，惭愧何极！以后应当在这些地方痛加检讨。

□评点

历史上处曾氏权位的人，家中食用器皿全是金银的也不少，但曾氏却由八两银子打造银壶一事，想到食草根的小民，并因此而深为愧悔，的确难能可贵。

对德业和学业的愧悔

□原文

初到直隶，颇有民望，今诸事皆难振作，恐虎头蛇尾，为人所笑,尤为内疚于心,辗转惭沮,刻不自安。

日月如流,倏已秋分,学业既一无所成,而德行不修,尤悔丛集,自顾竟无湔除改徙之时,忧愧曷已。

梦在场中考试,枯涩不能下笔,不能完卷,焦急之至惊醒。余以读书科第官跻极品,而于学术一无所成,亦不能完卷之象也,愧叹无已。

余年来出处之间,多可愧者,为之踢蹐不安,如负重疚。年老位高,岂堪常有咎悔之事?

到江宁任又已两月余,应办之事全未料理,悠悠忽忽,忝居高位,每日饱食酣眠,惭愧至矣。

阅温公谨习疏,慨然有感。

□译文

初到直隶时较有民望,现在各种事情都难以振作起来,担心变成虎头蛇尾,为别人所讥笑,这点尤其让我心里内疚,辗转惭愧沮丧,一刻都不能自安。

日月如同流水,转眼已是秋分,学业既一无所成,德行上又不曾修炼,怨尤悔恨交集,自思竟然连消除改变的时候都没有了,忧伤惭愧不已。

梦见在科场上考试,文思枯涩不能下笔,不能完卷,非常焦急而惊醒。我靠读书得科名而位居极品,但在学术上一无所成,这也是不能完卷的征象,惭愧叹息不已。

我近年来在出与处上多有惭愧的地方,为之局促不安,如同负有深深的歉疚。年老而处高位,哪里能承受得了经常有的咎悔之事?

到江宁任上又已有两个多月,应办的事完全未料理,悠悠忽忽,不称职地占着高位,每天饱食酣眠,非常惭愧!

阅读司马温公谨习疏,慨然而有感。

□评点

这几段日记写于出任直隶总督及再任两江总督时期。对曾氏而言,已进入生命晚期。曾氏长年带病工作,这时身体已十分衰弱,同治九年的天津教案又让他雪上加霜。元气的散失,加之性格上的日益拘谨,使得曾氏晚年的心境在局面上呈现收缩的状态,其表现之一即常常愧悔,尤其是在德业和学业两个方面愧悔更多。此处所抄录的这几段日记即属于此类。

君主的用心用人

□原文

隋开皇之十二年,有司家府藏皆满,无所容,积于廊庑。曾不一纪,炀帝嗣位,东征高丽,南幸江都,遂至困穷。唐天宝之八载,帝观帑藏金帛充牣,古今罕俦。曾不数年,禄山反叛,九庙焚毁,六飞播迁,遂以大变。故国之富不足恃,独恃人主有兢兢业业之一心耳。

李牧在赵,匈奴不侵;汲黯在朝,淮南寝谋;林甫为相,阎凤反;卢杞柄政,李怀光叛。反叛,非其本心也,故人君谨置左右之臣,其益于人国者多矣。

□译文

隋开皇十二年,官员们家里的库房都是满的,库房装不下了,则堆积于走廊。但不到十二年,隋炀帝继位,东征高丽,南游江都,于是到了穷困地步。唐天宝八年,皇帝观看国库里充塞的金银财宝,古今少有可比。但不过几年时间,安禄山反叛,祖庙被焚烧,皇帝迁徙,于是出现大变故。故而国家的富裕不足以凭恃,独独可以依恃的是君主有兢兢业业的一颗心而已。

李牧在赵国,匈奴则不敢入侵;汲黯在朝,淮南王谋反的意图则止息;李林甫为相,阎凤造反;卢杞主持国政,李怀光叛乱。反叛,本不是阎、李等人的本性,故君主要谨慎地安置左右之臣,他们对人对国家的益处很多。

□评点

这里列举六个前朝事例,用来说明君主慎重用心用人的重要性。因为心思不正,国库里堆积如山的金银财货可以很快化为乌有,安定有序的社会可以立即陷于战乱。因为用人得当,敌国不敢入侵,国内不敢谋反;因为用人不当,则狼烟四起,反旗高举。君主毕竟一时只有一个,然而一省之主,一县之主,一单位之主,一家之主,却可以有数不清的数量,所主的范围虽然有大有小,但为人之主所应当遵守的原则却是一样的,用心用人都不可不慎重。

宰相妨功者多

□原文

陈汤斩郅支单于之首,匡衡抑其功,仅得封关内侯;郝灵荃得突厥默啜之首,宋璟抑其功,仅得授郎将。其后汤以非罪而流,灵荃以恸哭而死。宰相妨功,病能人之得伸于其志者多矣。

□译文

陈汤斩郅支单于的脑袋，匡衡压抑他的功劳，仅得到关内侯的封爵；郝灵荃获得突厥默啜的首级，宋璟压抑他的功劳，仅得郎将的授与。之后陈汤以无罪而流放，郝灵荃以恸哭而死。宰相妨碍别人的功劳，害怕能干人伸展他的志向，这种事例很多。

□评点

宰相乃人臣之极，他的职责为调和阴阳，用现代语言表述即为协调、平衡、整合国家大计。这种职能意味不必自己亲身建立多大的功业，而在于综合别人的功劳，于是宰相之选首在贤德。胸怀宽广，不忌贤妒能，便是贤德的重要内容。曾氏晚年官拜武英殿大学士，也就是宰相了。这段读史札记，显然意在以匡衡、宋璟为戒。

功高震主

□原文

唐宣宗之立，不能平于李德裕至毛发为之洒淅，此与霍光骖乘而宣帝芒刺在背者何以异？功高震主，或不无自伐之容，“公孙硕肤，赤舄几几”。此周公所以为大圣也。

□译文

唐宣宗继位时，因李德裕权势煊赫心中不平以至于毛发寒栗，这与因霍光陪同而使得汉宣帝有芒刺在背之感有什么不同？功高震主，免不了有自我矜耀的表现，如同《诗经》中所说的“公孙壮健威武，脚上赤鞋高高翘起”。这就是周公之所以为大圣人的原因。

□评点

功高震主，后果不妙。这一中国历史上常见的现象，翰林出身的曾氏是牢牢记在心中的，尤其在金陵打下后，他处处防患此一现象在他身上重演。曾氏为此给中国史册提供了一份成功避免功高震主现象再次出现的范例。

改进漕运的设想

□原文

裴耀卿置谕场于河口。河口，即汴水达于黄河之口也。南人舟运江淮之米，自汴以达河口。吴人不习海漕，便令输米于河口之仓而去，则吴人便矣。三门，即砥柱山，在洛阳之东，地最险，不可行舟，耀卿于三门之东西各置一仓，又凿山开车路十八里，以避三门之险。江淮之米既输于河口之仓矣，官为别雇舟，溯河漕至三门之东，视水可通，则径以舟过三门，水险则由车路挽过三门，输入三门以西之太原仓，然后入渭，以漕关中。自江淮至河口，自河口至三门，自三门入渭至长安，凡三次转搬，乃得达也。今天下之漕粮，概用长运，漕至袁浦，黄高于清，则百端营谋，行灌塘渡舟之下策。虞黄倒污湖之巨患，种种敝坏，未知所底。故鄙意常欲行搬运之法，于袁浦置仓，杨庄各仓亦修葺之，分天下之漕艘，半置河以南，半置河以北，每年各运两次。为河帅者，治河则不顾淮，治淮则不顾河，治运则不顾河淮，庶几易为力乎？

□译文

裴耀卿将谕场置于河口。河口，即汴水流入黄河的口道。南方人用船运江淮的稻米，从开封到达河口。吴地人不习惯从海道运漕粮，便令输送稻米到河口之仓库就回去了，这样吴地人就方便了。三门即砥柱山，在洛阳的东面，地势最为险阻，不可以行船，裴耀卿在三门的东面西面各设置一个仓库，又凿山开辟车路十八里，以避开三门的险阻。江淮之米既已输送到河口的仓库，官府再从别处雇船，溯河漕到达三门之东，看水势情况若可以通行，则直接用船载过三门，水势若险则由车路运过三门，输送到三门以西之太原仓库，然后进入渭水，将漕粮送到关中。从江淮到河口，从河口到三门，自三门进入渭水到长安，经过三次转搬，才得以到达。当今天下的漕粮一概用长途运输，漕运至袁浦，黄高于清，如此千方百计营谋，行的灌塘渡舟的下策，担心黄河水倒灌污坏湖水的大害，种种坏处，不知如何处置才到底。故而我常常思考若要实行搬运的办法，在袁浦设置仓库，杨庄各个仓库也修理好，将天下的漕船一半放在黄河以南，一半放在黄河以北，每年各运两次。做河道总督的，治理黄河则不顾淮河，治理淮河则不顾黄河，治理运河则不顾黄河淮河，这样就可以省力吗？

□评点

这是曾氏对改进漕运的设想。他引历史上的事例，说明当今概用长途运输的办法不好，宜分段转运。

天下大事十四宗

□原文

天下之大事，宜考究者，凡十四宗：曰官制，曰财用，曰盐政，曰漕务，曰钱法，曰冠礼，曰昏礼，曰丧礼，曰祭礼，曰兵制，曰兵法，曰刑律，曰地舆，曰河渠。皆以本朝为主，而历溯前代之沿革本末，衷之以仁义，归之以易简，前世所袭误者，可以自我更之，前世所未及者，可以自我创之。其苟且者，知将来之必敝，其至当者，知将来之必因，所谓“虽百世可知也”。

□译文

天下的大事宜于考究的有十四宗：官制，财用，盐政，漕务，钱法，冠礼，婚礼，丧礼，祭礼，兵制，兵法，刑律，地舆，河渠。都应以本朝为主，而追溯前代的沿革本末，从仁义出发，归结于简单易行。

前代所沿袭的错误，可以从我们这里予以更改，前世所没有涉及的，可以从我们这里创造。其中有苟且于一时的，则可知道后世一定出现弊病，那些很妥当的，则可知道后世一定沿用，这就是所说的“即便百世之后也可知晓”。

□评点

曾氏所说的天下大事十四件，在今天看来固然变更甚多，但他追根溯源详察流变，以此知其利弊的思路是很有道理的。他的革故鼎新的观点也值得肯定。

官员的养廉费

□原文

文官加养廉，始于雍正三年之耗羡归公，武官加养廉，始于乾隆四十六年之补缺额名粮。

□译文

文官增加养廉费，始于雍正三年的耗羡归公，武官增加养廉费，始于乾隆四十六年的补缺额名粮。

□评点

清代官员的收入分正薪和养廉费两块。养廉费极类似今天的年终奖，而其数额又远大于正薪。比如，清代的县令一年的正薪为四十五两银子，而养廉费视县的大小及治理的难易，为四百两至两千两不等。

用绅士之法

□原文

王霞轩来辞行，将以明日往南丰。余告以用绅士之法，宜少予以名利，而仍不说破，以养其廉耻。霞轩深以为然。

□译文

王霞轩前来辞行，将在明天去江西南丰县。我告诉他使用绅士的方法，宜少给予名利，给名利时也仍然不说破，以培护他的廉耻。王霞轩深以为然。

□评点

王霞轩即王必达，广西人，他去南丰是赴县令任的。当时，非官非民、亦官亦民的绅士在社会上起着重要的作用，曾氏很重视这类人，用他们办事。这类人的特点是比较看重自己的声望，曾氏提醒王在这方面用心思。

法立令行整齐严肃

□原文

温《循吏传》。太史公所谓循吏者，法立令行、能识大体而已。后世专尚慈惠，或以煦煦为仁者当之，失循吏之义矣。思为将帅之道，亦以法立令行、整齐严肃为先，不贵煦妪也。

□译文

温习《循吏传》。太史公司马迁说过所谓循吏，是指立定法规畅通命令、能识大体而已。后世专门崇尚慈惠，或者将和煦温暖仁慈的人看作循吏，这是失去循吏的本义。思考作为将帅的原则，也是以立定法则畅通命令、军容整齐严肃为先，不以和煦慈爱为贵。

□评点

仁爱是人类所追求的最高目标，但为政与治军者是通过法令来最终体现仁爱的。法令是严酷的，守法行令的过程应将仁爱排除在外。只有先严酷，才能后仁爱。

矫激得美名要结得民心

□原文

三代下，不矫激不足以得美名，不要结不足以得民心。

□译文

三代之下，不激励则不足以获得美名，不结纳则不足以获得民心。

□评点

在儒家理论中，尧、舜、禹三代时期风气最为淳良，种种不良风气则都是三代以下的产物。这两句话，是感叹世风的不纯朴，人心趋善非出自内心的需要，而是要靠外力的驱动。

人才以陶冶而成

□原文

人才以陶冶而成，不可眼孔甚高，动谓无人可用。

□译文

人才靠培养而成,不可以眼界很高,动不动就说没有人可以用。

□评点

这是曾氏人才思想的一个很重要的内容,即领导者要主动培养人才,他曾经说过"山不能为大匠别生奇木,天亦不能为贤主更生异人",而在于主事者去发现去培养。

所费与所报相差三四十倍

□原文

胡中丞言:"州县办上司衙门之差,差费不过百千,而其差总家丁开报,至三四千串之多。县令无所出,则于钱粮不解,积为亏空,皆天家受其弊。故湖北州县,现无丝毫差事,如有向例由州县办差者,皆由藩库发实银与州县,令其发给,不使州县赔垫分毫,其名则天家吃亏,其实则州县无可借口,钱漕扫数清解,为天家添出数十倍之利。"信为知言。

□译文

胡林翼中丞说:"州县办上级衙门的差事,差事的费用不过百把千钱,但差事总办家丁来报销,则至三四千串钱之多。县令无所支付,则将应解的钱粮不上解,积累下就是亏空,最后都是皇家接受这种舞弊。故而湖北州县现在没有丝毫的差事。如有成例由州县办差的,都是藩库发放现银给州县,令州县发给办差者,不让州县赔垫分毫。其名义上是皇家吃亏,其实则州县没有了借口,钱与漕粮全部清解,为皇家增加几十倍的利来。"确实是知下情者的话。

□评点

胡林翼是一个处理政事的干练之才。他之所以干练，其中一个重要原因是他谙熟人情、社情、下情。这里所说的便是胡对州县办差内情的熟悉。所报与所费竟然相差三四十倍，晚清官场财务上的混乱到了何等地步。

不与不终不胜

□原文

居高位之道，约有三端：一曰不与，《论语》所谓"巍巍乎舜禹之有天下也而不与焉"者，谓若于己毫无交涉也；二曰不终，古人所谓"日慎一日而恐其不终"，盖居高履危而能善其终者鲜矣；三曰不胜，古人所谓"懔乎若朽索之驭六马，栗栗危惧，若将陨于深渊"，盖惟恐其不胜任也。鼎折足，覆公𫗧，其形渥凶，言不胜其任也。方望溪言汉文帝之为君，时时有谦让，若不克居之意，其有得于"不胜"之义者乎？孟子谓周公有不合者，仰而思之，夜以继日，其有得于"惟恐不终"之义者乎？

□译文

身居高位之道约有三点：一叫做不与，《论语》所说"伟大啊舜禹拥有天下，却视这种权位与自己无关"，说的是好像与己毫无关联；二叫做不终，古人所说"每天谨慎，担心不能很好终结"，这是因为处高位脚踏危境而能善终的很少；三叫做不胜，古人所说"心里戒惧如同朽坏的绳索拉着六匹奔马，十分恐惧，好像就要掉入深渊"，这是因为惟恐不能胜任。《易经》上说鼎的脚折断，食物倾覆在地，情形凶险，说的是不胜其任。方苞说汉文帝做皇帝，时时存谦让之心，就像不够资格居此位的样子。他是领悟了"不胜"的精义吗？孟子说周公遇到不顺心的事，则仰而思索，夜以继日，他是领悟了“惟恐不终”的精义吗?

□评点

咸丰十年四月,曾氏就任两江总督,全面负责江南战事。就在六月十二日的日记中,他写上了上面这段话,提醒自己“不与”,意谓总督所带来的权益与自己无关;不终,时刻谨慎,不可翘尾巴;不胜,保持清醒的头脑,知道自己的能力不足以胜任如此大事。曾氏这“三不”,对于所有居高位者都有清冷剂的作用。

襟怀豁达与心力劳苦

□原文

盛时创业垂统之英雄,以襟怀豁达为第一义;末世扶危救难之英雄,以心力劳苦为第一义。

□译文

盛时创业打下江山的英雄,以襟怀豁达为第一等重要;末世扶危救难的英雄,以心力劳苦为第一等重要。

□评点

这是曾氏接合自身阅历的读史体会。创事业打江山,要集众人之力,故胸襟豁达最为重要。扶危救难是极辛苦艰难的事,故而身心两个方面的吃苦耐劳为第一等重要。

夜间功课

□原文

料理官事,摘由备查,一也;圈点京报,二也;注解揩拒,三也。此三者,夜间之功课,亦留心庶事之一法也。

□译文

料理公事,摘录事由以备查询,第一件事;圈点京报,第二件事;注解揩柜,第三件事。这三件事是夜间的功课,也是留心庶杂事务的一个办法。

□评点

这三件事情办下来,大概也要到十一二点钟了。如今的官员,夜间大多耗在交际宴饮娱乐场所里,像曾氏这样办公事的恐怕少之又少了。

文人空虚

□原文

沅弟信极论文士之涉于空虚,不可用其言,颇切当。

□译文

沅弟信中大谈文人言论空虚方面的毛病,不可以采用他们所说的话,颇为切当。

□评点

空虚而不着实处，是文人的通病，这是因为文人注重的是言与文，他们没有操作落实的责任，所以担负具体办事的人，对于文人所说的话只能抱着参考的态度来对待。第二天的日记中，曾氏又写道：“文人好为大言，毫无实用者，戒其勿近，与沅弟意若同。”

与李元度约法五章

□原文

李次青赴徽州，余与之约法五章：曰戒浮，谓不用文人之好大言者；曰戒过谦，谓次青好为逾恒之谦，启宠纳侮也；曰戒滥，谓银钱保举宜有限制也；曰戒反复，谓次青好朝令暮改也；曰戒私，谓用人当为官择人，不为人择官也。

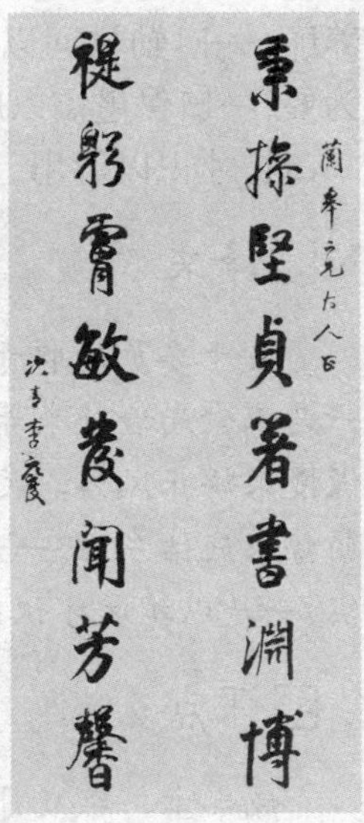

李元度手书联语

□译文

李次青到徽州去，我与他约法五章：戒浮，意思是说不用好说大话的文人；戒过谦，意思是说次青喜欢过分的谦虚，如此虽易得宠信，也易招致侮辱；戒滥，意思是说在银钱与保举上宜有限制；戒反复，意思是说次青喜欢朝令夕改；戒私，意思是说按官职的要求来选择人，不能为人来选择官职。

□评点

李元度这次的徽州之行是彻底失败了，不但丢失徽州府，而且临阵弃逃，直到二十多天后，才到祁门见曾氏。曾氏气得一纸参劾了他。李元度书读得好，又长于著述，尤善属联，从小便有“神对”

之称。若是专心致志治学作文,很可能有较大的成就,但他选择带兵的职业,结果给他一生带来很多挫折,最终也谈不上有多大的事业。

委员与绅士的职责

□原文

委员之道,以四者为最要,一曰习劳苦以尽职,一曰崇俭约以养廉,一曰勤学问以广才,一曰戒傲惰以正俗。绅士之道,以四者为要,一曰保愚懦以庇乡,一曰崇廉让以奉公,一曰禁大言以务实,一曰扩才识以待用。

□译文

关于委员的职责有四点最为重要:一是以能耐得劳苦来尽职,一是以崇尚俭朴来养廉,一是以勤学好问来广招人才,一是以戒除傲慢来矫正风俗。关于绅士的职责,有四点最为重要:一是为保护弱势来庇佑乡里,一是以崇尚廉耻来办公事,一是以禁止大话来务实,一是以扩展才识来做好委用的准备。

□评点

咸丰十一年八月十七日,担负江南战事最高统帅重任的曾氏,在日记中写下关于州县官员及带兵将领职责的四个要点。州县官员职责的要点为:整躬以治署内,明刑以清狱讼,课农以尽地力,崇俭以兴廉让。将领职责的要点为:戒骚扰以安民,禁烟赌以儆惰,勤训练以御寇,尚廉俭以率下。次日又写下关于委员和绅士的四点。后来,他将这些思考刊布出来作为条规,令他们一一照办。值得注意的是无论州县还是将官,无论委员还是绅士,有一点是共同的,即必须俭朴廉洁。

明不傍烛则严不中礼

□原文

九弟临别深言驭下宜严治事宜速。余亦深知驭军驭吏，皆莫先于严，特恐明不傍烛，则严不中礼耳。

□译文

九弟临别时很深入地谈到驭下宜严办事宜速这些方面。我也很懂得驾驭军队和官吏以严格为先的道理，只是担心没有蜡烛可借的光明，会使得严格却有失合情合理。

□评点

曾氏已经是够严够速的人了，而老九还要以此来规谏，可见老九带兵的作风，一定是特别严峻与雷厉风行。

一省风气依乎数人

□原文

治世之道，专以致贤养民为本。其风气之正与否，则丝毫皆推本于一己之身与心，一举一动，一语一默，人皆化之，以成风气。故为人上者专重修身，以下之效之者速而且广也。

一省风气，依乎督、抚、司、道及首府数人，此外官绅，皆随风俗为转移者也。周弢甫将赴上海催饷，禀辞畅谈。余勉之以维持风教，勿自菲薄，引顾亭林《日知录》“匹夫之贱与有责焉”一节以勖之。

□译文

治理社会的办法，一心以致贤养民为本。它的风气正还是不正，则点点滴滴都在于一己的身与心，一举一动，一句话一次沉默，别人皆受影响，以形成风气，故而处于众人之上者一心一意注重修身，以使得属下学习成效快而且广。

一个省的风气，依赖于总督、巡抚、两司、道员及首府几个人，此外的官吏绅士，都随风俗而转移。周弢甫将到上海催饷，前来辞行，彼此畅谈。我勉励他维持风俗教化，不要妄自菲薄，引顾炎武《日知录》中的"匹夫虽贱也有责任"一节来鼓励他。

□评点

古话说"贤者在位，能者在职"，在位者尤其是在高位者，不仅有决策和指导的作用，更有引导人心的作用。多数人心之所向，即为一时之风俗，所以处高位者贤德最为重要。

督抚之道与师道无异

□原文

为督抚之道，即与师道无异。其训饬属员殷殷之意，即与人为善之意，孔子所谓诲人不倦也；其广咨忠益，以身作则，即取人为善之意，孔子所谓为之不厌也。为将帅者之于偏裨亦如此，为父兄者之于子弟亦如此，为帝王者之于臣工亦如此，此皆以君道兼师道，故曰"作之君，作之师"，又曰"民生于三，事之如一"，皆此义尔。

□译文

做督抚与做教师，这中间的道理没有不同。他训饬下属的殷切之情，即是与人为善之意，也就是孔子所说的诲人不倦；他广泛咨询有益的忠告,以身作则,即是取人为善之意,也就是孔子所说的为之不厌。做将帅的对偏裨也是这样,做父兄的对于子弟也是这样,做帝王的对臣子也是这样。这都是以为君之道而兼为师之道,故而说"作为君王,作为教师",又说"民众对于君、亲、师,服事的心态是一样的",都是说的这个意思。

□评点

督抚与教师,有相同处,有不相同处。相同处即曾氏这段话中所说的,不同处是督抚握有大权,他可以使属下得到荣耀和俸禄,做教师的没有这个权,但做教师的通常对弟子有情义,而这一点做督抚的没有。曾氏之所以要将督抚与教师连在一起,即希望督抚也能像教师一样对属下有情义。曾氏自己做到了。人们称赞他对部属"有师弟督课之风,有父兄期望之意"。

办事的方法

□原文

为政之道,得人、治事二者并重。得人不外四事,曰广收、慎用、勤教、严绳;治事不外四端,曰经分、纶合、详思、约守。操斯八术以往,其无所失矣。

近日公事不甚认真,人客颇多,志趣较前散漫。大约吏事、军事、饷事、文事,每日须以精心果力,独造幽奥,直凑单微,以求进境。一日无进境,则日日渐退矣。以后每日留心吏事,须从勤见僚属、多问外事下手;留心军事,须从教训将领、屡阅操练下手;留心饷事,须从慎择卡员、比较入数下手;留心文事,须从恬吟声调、广征古训下手。每日午前于吏事、军事加意,午后于饷事加意,灯后于文事加意。以一缕精心,用于幽微之境,纵不日进,或可免于退乎!

每日应办之事，积搁甚多。当于清早，单开本日应了之件，日内了之，如农家早起分派本日之事，无本日不了者，庶积压较少。

□译文

处理政事的法则，是得人与治事二者并重。得人不外乎四件事，即广泛收受、谨慎使用、勤加教诲、严格管理；治事不外乎四点，即分析、综合、详细思考、简约把守。掌握这八种方法去处理政事，则不会有失手的。

近日里对公事不很认真，人客较多，志趣比以前散漫。大约吏事、军事、饷事、文事，每天必须以精心强力去独自走进幽深，直奔细微之处，以求得进一步的境地。一日没有进步，则一天天地渐渐退后了。以后每天留心吏事，必须从勤于接见僚属、多询外间事情下手；留心军事，必须从教训将领、多次检阅操练下手；留心饷事，必须从谨慎选择厘卡办事人员、比较进款下手；留心文事，必须从长吟声调、广泛征考古训下手。每天午前在吏事、军事上多加注意，午后在饷事上多加注意，上灯后在文事上多加注意，以一股子精心用在深入细致之处，即便不每天进步，或许可以免于退后吧！

每天应办的事积压很多，应当在一清早开出清单来，写明今天应了结的事，则本日内了结，好像农家早上起来分派今天的事情一样，没有今天不了结的，这样或许积压较少。

□评点

这三段日记说的是办事。曾氏每天面对的公务自然多得很，他怎么来处置呢？这里告诉我们：一要找出本职工作的最主要事情是什么，办这些事情的最重要的方法是什么。二是办好事情的实处应落在哪里。三要制定每天的工作指标。

保举太滥

□原文

国家以生杀予夺之权授之督抚将帅，犹东家以银钱货物授之店中众伙。若保举太滥，视名器不甚爱惜，犹之贱售浪费，视东家之货财不甚爱惜也。介之推曰："窃人之财，犹谓之盗，况贪天之功以为己力乎！"余则略改之曰："窃人之财，犹谓之盗，况假国家之名器，以市一己之私恩乎！"余忝居高位，惟此事不能力挽颓风，深为惭愧。

□译文

国家将生杀予夺的权力交给督抚将帅，好比东家将银钱财物交给店中的众伙计。若是保举太滥，不爱惜名器，好比贱卖浪费，对东家的财物不很爱惜。介之推说："偷别人的财物，都称之为盗窃，何况贪天之功据为己有哩！"我则略微改动，说："偷别人的财物，都称之为盗窃，何况借国家的名器，来换取别人对你一人的感激哩！"我忝居高位，惟有此事不能力挽颓风，深引为惭愧。

□评点

湘军军营的保举之风，曾泛滥到令人难以相信的地步。每打一仗，保举单内的人名多达数百，连从未进过军营的人也在保举之列，甚至刚生下来的小孩名字也造进去了。之所以如此，原因虽多种多样，但为了私利而败坏国家法规这一点是相同的，其结果是造成晚清吏治的腐败透顶。曾氏一人也无法扭转这股风气，作为湘军统帅，他只有惭愧而已。

全仗年丰民乐

□原文

是日在途中,见麦稼为旱所伤,高不过二三寸,节气已届收割,而吐穗极少。间有用人力施水灌溉者,高或六七寸,色青而穗亦可观。嵇康所云"一溉者后亡",信人力足以补天事之穷,然百分中不过二三分,余则立见黄槁,纵三日之内大雨,亦无救矣。目击心伤,不忍细看。

为疆吏者,全仗年丰民乐,此心乃可以自恬。若事事棘手,则竟日如在桎梏中矣。

□译文

今天在途中见麦苗被旱灾所伤害,高不过二三寸,节气已到收割时期,但吐穗极少。间或有人工施水灌溉的,高或六七寸,颜色青而且穗子也可观。嵇康所说"受过一次灌溉的后死亡",的确是人力足以弥补天事的不足,但不过百分之二三而已,其余的立即就会枯槁,纵使三天之内下大雨,也不可挽救了。目击而心里伤痛,不忍细看。

身为疆吏的,全仗年成丰收百姓快乐,自己这颗心才可恬适。倘若事事棘手,则每天好比生活在囚禁中一样。

□评点

身为一个地方的最高行政长官,该地方的一切都与他关联,这正是县令时期的郑板桥所说的"一枝一叶总关情"。至于地方上最大的事情,莫过于农事与治安,这两桩大事好了,即"年丰民乐",长官之心才可"自恬"。当然,这些都是对有责任心的长官而言,没有责任心的长官，即便是“路有冻死骨”，他也可以照样“朱门酒肉臭”。

读吴文镕批文

□原文

阅《吴文节公集》，观其批属员之禀，甚为严明，对之有愧。吾今日之为督抚，真尸位耳！

□译文

读《吴文节公集》，看他批写下属的禀帖很严明，面对这些批文感到惭愧。我今天做督抚，真是尸位素餐了。

□评点

吴文节公即吴文镕。他是当年曾氏会试时的座师。咸丰四年六月，太平军再次打下武昌，时任湖广总督的吴文镕自杀身亡。这年八月，湘军收回武汉三镇。不久，曾氏上折奏明吴文镕是被湖北巡抚崇纶忌害而死，并为吴说了不少好话。因为曾氏此折，朝廷罢免崇纶职务，又命有关方面逮捕他。崇纶得知后服毒自杀。

同治九年闰十月，曾氏在赴两江总督任途中，于扬州见到吴文镕的儿子吴丙湘。这部《吴文节公集》，估计即此时吴丙湘所赠送。

不轻于兴作

□原文

古圣王制作之事，无论大小精粗，大抵皆本于平争、因势、善习、从俗、便民、救敝，非此六者，则不轻于制作也。吾曩者志事，以老庄为体,禹墨为用,以不与、不遑、不称三者为法,若再深求六者之旨,而不轻于有所兴作,则咎戾鲜矣。

□译文

古代圣明君王关于制作方面的事无论大小精粗,大致都本着平争、因势、善习、从俗、便民、救敝六个原则,不属于这六点,则不轻于制作。我过去的想法是以老庄之道为体,以大禹墨子的行为为用,以不占有、不安逸、自认不称职为准则,若是再深为探求这六点的要旨而不轻于兴作,则获咎就少了。

□评点

曾氏一生崇尚俭朴,拒绝奢华。家中兴建房屋耗钱七千串,他深为恐骇。身处两江总督衙门,他偶至西花园观玩,便"深愧居处太崇,享用太过"(同治十年十一月二十九日记)。这段日记所说的"不轻于兴作",出于他一贯的作风。

苏州城里的官场特色

□原文

苏垣为仕宦鳞萃之场,以弟所闻,大抵挥霍者蒙卓声,谨守者沉散佚;生辣者鹊起,和厚者蠖伏;标榜者互相援引,务实者独守岑寂。揆斯三者,于吾兄俱未为谐叶,然君子之道,不汲汲于名望。

□译文

苏州为官员聚集之地,据我所听说,大致是挥霍者得到卓越的名声,谨守本分者则沉默无闻;厉害者声誉鹊起,和善厚道者则不为人知;好标榜者互相援助推引,务实者则独自守寂寞。对照这三个方面,于您都不很合适,然而君子所奉行的做人之道,是不汲汲于名利。

□评点

苏州既是当时江苏的省会,更是江南文化负面的典型代表:奢华、精明、标榜。作为谨守湖湘农耕文化,以俭朴务实为立身之本的曾氏,在这里明显地表示对此种风尚的不认同。

忍耐

□原文

耐乎!不为大府所器重,则耐冷为要;薪米或时迫窘,则耐苦为要;听鼓不胜其烦,酬应不胜其扰,则耐劳为要;与我辈者,或以声气得利,在我后者,或以干请得荣,则耐闲为要。安分竭力,泊然如一无所求者,不过二年,则必为上官僚友所钦属矣。此二年中,悉力讲求捕盗之法,催科之方,此两事为江南尤急之务。一旦莅任,则措之裕如。人见其耐也如此,又见其有为如彼,虽欲不彪炳,其可得乎?

□译文

忍耐吧!不为上司所器重,则以忍耐冷寂为要务;银钱上可能有时窘迫,则以忍耐清苦为要务;公事不胜其烦,应酬不胜其扰,则以忍耐劳累为要务;同辈的或许有以名声得利益,后进的或许有以巴结而得荣耀,则以忍耐闲散为要务。安于分内所得竭尽全力去做事,淡泊得好像一无所求的人,不过两年,则必定会被上司和同事所钦佩。这两年中,努力去讲求抓捕盗贼、催收钱粮的方法,这两件事在江南尤为急务。一旦到任视事,则会处置自如。别人见到这个人在忍耐上能那样,在办事上又能这样,即便不想有好名声,可能吗?

□评点

忍耐是什么？忍耐即接受自己所不愿意接受者。为什么要忍耐？因为忍耐可以给人带来好处。有些职业特别需要忍耐，而忍耐之后又能给人带来特别大的好处，做官便是一例，故而许多做官者或本身就具备或磨炼后再具备这种本事。有许多人天生没有这种本事，故而无论如何不进官场，王冕是个典型；也有许多人再怎么磨炼也炼不出这种本事，于是半途辞官，陶渊明是个典型。王冕、陶渊明被抬得很高，说他们人品高洁，其实，或许不是人品的问题，而是他们性格的问题，即他们性格上缺乏忍耐这一点。

这段话与上面所抄的那段话，都出自道光二十六年给黄廷赞的信。本书正篇在"耐冷耐苦，耐劳耐闲"一节中也予以部分摘抄。

璞玉之浑含

□原文

外吏之难，盖十倍于京辇。大约佩韦多休，佩弦多咎，而阁下尤为要务。语曰"察见渊中鱼者不祥"，愿阁下为璞玉之浑含，不为水晶之光明，则有以自全而亦不失已。

□译文

在地方上做官，其困难十倍于京官。大约是性子慢则事不成，性子急则多差错，而您尤其要注意这一点。古话说"把深水中的鱼看得很清楚则招致不祥"，愿您做浑含的璞玉，不做剔透的水晶，如此则可以自我保全而不会有过失。

□评点

曾氏认为君子所应具有的美德有八种，其一为浑，即浑含，也就是说有时需要模糊一点，不必时时事事都精明剔透。聪明固然好，但有时聪明反被聪明累。水晶固然耀眼，但过于耀眼者则易于遭损害，反不如藏在石头中的美玉能自爱自保。

持其大端

□原文

国家政体，当持其大端，不宜区区频施周罔，遮人于过。即清厘籍贯一事，亦谓宜崇宽大，未可操之太切，使人欲归不得，欲留不许，进退获尤，非盛朝宏采庶士之谊。

□译文

国家的体制应当注重掌握大计，不宜在小处频繁设置网罗，逮住别人的过失。即就清理籍贯一事而言，也应该推崇宽大的政策，不可操之太切，使人归留都不得许可，进退都获咎，这不是兴旺王朝对待普通士人的做法。

□评点

治理国家，当持大端，当取宽大，不宜过于苛严。这是由历史证明的经验。法家之所以不能长久，其失便在于“频施周罔”。

命数有定

□原文

命数有定。李林甫、秦桧，自以为得之人谋，而不知其纵不奔营，亦自得为宰相，徒枉为小人，丛诟骂也。

□译文

命数早有安排。李林甫、秦桧,自以为是得之于人的谋划,却不知即便不奔走钻营,也自然可以做宰相,白白地做了小人,遭受唾骂。

□评点

曾氏有拼搏自强的一面,也有极信命运的一面。到了晚年,后者更居主导地位。笔者很重视曾氏这种思想变化的过程,甚至也认为,人在五十岁之前应以拼搏自强为主,五十岁之后应以安于命数为主。

不收分外银钱

□原文

国藩近况本窘迫,然际此岁年,即更得江浙试学差,尚忍于廉俸之外丝毫有所取耶?外顾斯民,内顾身累,虽同一无可奈何,然当此之时,区区身家之困穷,奚足言哉?况困穷尚未甚耶!

□译文

我近来的经济状况是窘迫,但处在这样的年月,即便再得一次江浙一带的乡试主考或学政之差,还能够忍心于养廉费与俸禄之外收取丝毫银钱吗?外看看百姓,内看看自家,虽然都无可奈何,但在目前的情况下,区区一家的穷困又算得什么?何况穷困还不至于很厉害。

□评点

翰林时期的曾氏,收入来源不多,家境并不宽余,这是因为翰林院清闲无实权,翰林的额外收入主要靠外放主考或学差,凭此差事可以收取廉俸之外的银钱。曾氏认为,当此国困民穷的时期,若自己即便放差江浙富裕之地,也不应收分外之银钱。

书生血诚徒供唾弃之具

□原文

自客春求言以来,在廷献纳,不下数百余章,其中岂乏嘉谟至计?或下所司核议,辄以“毋庸议”三字了之,或者通谕直省,则奉行一文之后,已复高阁束置,若风马牛之不相及。如足下所条数事,盖亦不能出乎交议通谕之外,其究亦归于簿书尘积堆中,而书生之血诚,徒以供胥吏唾弃之具。每念及兹,可为愤懑。

□译文

自从去年春天皇上下诏求言以来,在朝官员的建言不少于数百余篇,其中岂没有很好的意见?有该发到有关衙门审议的,动辄以“毋庸议”三个字了结,或有该通知各省的,则接到文件之后便置之高阁,彼此好像风马牛不相及。譬如您所条列的几件事,大概也不外乎交给审议或通知外省,最终也归之于灰尘堆积的档案里,至于书生的一番血诚,则白白地成为胥吏们所唾弃的对象。每每想到这里,心里愤怨。

□评点

道光三十年正月,道光皇帝去世,二十岁的皇四子奕詝继位,即咸丰皇帝。刚登基的咸丰帝也颇思有所作为,下诏文武大臣献策建言,时任礼部侍郎的曾氏为此先后写了五道奏疏,内容涉及汰兵、平银价、民生疾苦及向皇上本人提意见等等,这五道奏疏除为曾氏赢来直言的美名外,于国事无任何补益,因为它根本就没有付诸现实。大清王朝的国家机器此时已锈迹斑斑,运转不灵,加之接踵而来的东南战事,曾氏的奏疏与所有其他人的献纳一样,都被束之高阁。他这个书生的血诚,也毫无例外地徒供胥吏唾弃之具。

三大患

□原文

国藩尝私虑以为天下有三大患,一曰人才,二曰财用,三曰兵力。

□译文

我曾私下考虑到天下有三大忧患,一为人才,一为财用,一为兵力。

□评点

曾氏的私下忧虑,后来公开地向咸丰皇帝陈述。道光三十年三月,他在《应诏陈言疏》中说:"今日所当讲求者,惟在用人一端耳。"又说:"将来一有艰巨,国家必有乏才之患。"咸丰元年三月,他在《议汰名疏》中说:"臣窃维天下之大患,盖有两端:一曰国用不足,一曰兵伍不精。"国用即财用,故而他接下来说:"至于财用之不足,内外臣工,人人忧虑。"不久的事实便充分证明曾氏指出的这三点,正是当时最为要紧的三大弊端。

捐去陋伪

□原文

簪绂之荣,骄人之态,虽在不肖,犹能涤此腥秽。足下乃以衔版见投,毋乃细人视我而鄙为不足深语,今亦不复相璧。但求捐此陋伪,而时以德言箴我,幸甚无量!

□译文

仗着高官的荣耀，露出骄人的态度，即便是我这样的不肖者也能洗去这种恶习。你将我的信件再装好寄回，岂不是以小人看待我，鄙视我不足以与你深谈吗？我现在也不把你的信退还，请去掉这种丑陋的虚伪，而时常以道德良言规劝我，那将是太好的事了。

□评点

清代的习俗，对于达官贵人的来信要退回，意味我不敢收受你的信件。曾氏视此为“陋伪”，劝友人今后再不要这样做。

非好为高论

□原文

“有所畏而不敢言者，人臣贪位之私心也；不务其本而从言其末者，后世苟且之学也”四语，国藩读之尤复悚感。盖古之君子，不鄙其君为不可与语尧舜之道，不薄其友为不足与言孔孟之学，不自非其身不可为圣贤，而姑悠悠浮沉于庸众之中。岂好为高论哉，非此则不完其本然之量，是不敬其君不敬其友，而自蹈其身于僇辱之途者也。

□译文

“有所畏惧而不敢直言这种现象，出于人臣贪恋官位的私心；不去致力于研究本体而跟从别人谈论枝节，这是后世草率之学”这四句话，我读后尤其感到惶恐。古时的君子，不鄙视他的君王为不可与之语尧舜治国之道，不轻薄他的朋友为不足与之言孔孟修身之学，不妄自菲薄他自身不可以做圣贤，从而姑且随心浮沉于普通民众中。哪里是喜好说大话啊，是因为非此则不能使他本来的胸襟完好保存，非此则不尊敬他的君王他的朋友，而让自己走上自身受辱的道路。

□评点

曾氏进京后拜唐鉴为师，研习程朱理学，眼界和心胸从而大为拓展，人的精神境界进入一个新的领域。这段话其实是一段夫子白道，道的是他自身的体会。他这段时期给诸弟的家信和日记，也大多谈的是自己修身立志上的体会。譬如道光二十二年二月的家信中说："君子之立志也，有民胞物与之量，有内圣外王之业，而后不忝于父母之生，不愧为天地之完人。故其为忧也，以不如舜不如周公为忧也，以德不修学不讲为忧也。是故顽民梗化则忧之，蛮夷猾夏则忧之，小人在位贤才否闭则忧之，匹夫匹妇不被己泽则忧之，所谓悲天命而悯人穷。"这些话，若不是出自心扉，则流为高论大言，然对于曾氏来说，的确是肺腑之语。

乱世须用重典

□原文

方今之务，莫急于剿办土匪一节。会匪、邪教、盗贼、痞棍数者，在在多有，或啸聚山谷，纠结党羽，地方官明明知之而不敢严办者，其故何哉？盖捜其巢穴，有拒捕之患；畏其伙党，有报复之惧；上宪勘转，有文书之烦；解犯往来，有需索之费。以此数者踌躇于心，是以隐忍不办。幸其伏而未动，姑相安于无事而已。岂知一旦窃发，辄酿成巨案，劫狱戕官，即此伏而未动之土匪也。然后悔隐忍慈柔之过，不已晚哉？自粤匪滋事以来，各省莠民，常怀不肖之心，狡焉思犯上而作乱，一次不惩，则胆大藐法，二次不惩，则聚众横行矣。

刻下所急，惟在练兵、除暴二事。练兵，则犹七年之病，求三年之艾；除暴，则借一方之良，锄一方之莠。故急急访求各州县公正绅耆，佐我不逮，先与以一书，然后剀切示谕之。

自知百无一能，聊贡此不敢畏死之身，以与城中父老，共此患难。

义不敢潜身顾私，以自邻于退缩畏死者之所为。

三四十年来，一种风气，凡凶顽丑类，概优容而待以不死，自谓宽厚载福，而不知万事堕坏于冥昧之中，浸渍以酿今日之流寇，岂复可暗弱宽纵，又令鼠子锋起？

三四十年来，应杀不杀之人，充满山谷，遂以酿成今日流寇之祸，岂复可姑息优容，养贼作子，重兴萌蘖而贻大患乎？

二三十年来，应办不办之案，应杀不杀之人，充塞于郡县山谷之间。民见夫命案、盗案之首犯，皆得逍遥法外，固已藐视王章而弁髦官长矣。又见夫粤匪之横行，土匪之屡发，乃益嚣然不靖，痞棍四出，劫抢风起，各霸一方，凌籍小民而鱼肉之。鄙意以为宜大加惩创，择其残害于乡里者，重则处以斩枭，轻亦立毙杖下。戮其尤凶横者，而其党始稍戢，诛其尤害民者，而良民始稍息。但求于孱弱之百姓少得安恬，即吾身得武健严酷之名，或有损于阴骘慈祥之说，亦不敢辞。

世风既薄，人人各挟不靖之志，平居造作谣言，幸四方有事而欲为乱，稍待之以宽仁，愈嚣然自肆，白昼劫掠都市，视官长蔑如也。不治以严刑峻法，则鼠子纷起，将来无复措手之处，是以壹意残忍，冀回颓风于万一。书生岂解好杀，要以时势所迫，非是则无以锄强暴而安我孱弱之民。

□译文

当今的要务，莫急于剿办土匪一事。会党、邪教、盗贼、痞棍等等，各地多有，或者啸聚于山林之中，纠合结成党羽，地方官明明知道而不敢严厉办理，原因在哪里呢？这是因为搜查他们的巢穴，则有拒捕的担心；害怕他们的同伙，则是恐惧于他们的报复；上司查勘，则有文书往返的麻烦；押解罪犯，则会有银钱的开支。有这几点在心里考虑，于是隐瞒忍耐而不办理。庆幸他们潜伏而未犯事，则姑且彼此相安无事。谁知一旦发作，辄酿成大案，那时的劫牢房杀官吏，就是现在潜伏未动的土匪。然而到时后悔隐忍仁慈的过失，不是已经晚了吗？自从粤省匪徒闹事以来，各省坏人常怀不测之心，狡诈地想着要犯上作乱，一次不惩办，则胆大藐视法律，二次不惩办，则聚众横行霸道了。

眼下所急的，惟在练兵与除暴两件事。练兵，则好比患了七年的老病，要求取长了三年的艾蒿；除暴，则是借一方之良才，锄一方之莠草。所以急切访求各州县的公正绅士耆宿，对我的能力所不及处予以帮助，先给各位一封信，然后再恳切地告谕大众。

曾氏故居富厚堂窗棂

我自知百无一能，姑且贡献这具不敢怕死的身躯，借以与城中父老共度患难。

受道义责备不敢隐居山乡只顾一己之私，从而与畏缩怕死者的作为相近。

三四十年来已形成一种风气，凡是凶狠顽梗的坏人，一概优容对待不杀，自以为是宽厚载福，而不知万事都坏在不知不觉中，逐渐积累而酿成今天的流寇，怎么能再加以软弱宽纵，又令鼠辈涌起呢？

三四十年来，应该诛杀却没有诛杀的人，充满山林，于是酿成今日的流寇之祸，怎么可以再姑息优容，养贼作子，重新生发新芽而贻下大患吗？

二三十年来，应该办理而没有办理的案件，应该诛杀而没有诛杀的人，充塞于府县山林之中，百姓看到那些命案、盗案的首犯们都得以逍遥法外，已经是藐视王法而看不起官长了。现在又看到粤匪的横行霸道、土匪的屡屡闹事，于是更加气势嚣张，痞子四处活动，抢劫成风，各霸一方，欺凌百姓，将他们当作砧板上的鱼肉看待。我的意思是应该大加惩处，选择那些残害乡里者，重则杀头示众，轻则立即用棍子打死。杀戮那些特别凶恶横蛮的，他的党羽便会稍稍收敛；诛杀那些特别危害民众的，则良民才可得到稍稍安息。但求孱弱的老百姓稍微得到一点安宁，即便我一人得严酷好用刑戮的名声，或者招来有损于阴德与慈祥的指责，也不敢推辞。

世风既已浇薄，人人各自挟着不安宁的心愿，平日里制造谣言惑众，侥幸四方闹事而乘机作乱，稍稍以宽仁相待，则愈加嚣张不已，大白天抢劫都市，无视官长的存在。若不以严刑峻法治理，则鼠辈群起，将来则找不到下手之处，于是一意孤行残忍，希望能挽回颓风于万分之一。哪里是书生喜好杀人，的确是为时势所迫，不如此则无以锄去强暴而安定我孱弱民众。

□评点

这几段话均出自于咸丰二年十二月至咸丰三年二月间曾氏的书信。这些书信有的是致友人的私信，有的是致州县官吏的公信。咸丰二年十二月，曾氏几经思考后，终于奉旨出山，担任湖南的团练大臣。当时的背景是，太平军于五月间从广西进入湖南，一路北上，七月抵达长沙城外，攻城八十多天未下，不得已放弃长沙，绕道益阳、岳州，大军于十一月离开湖南占领武汉。经过半年战争的破坏，旧秩序遭受致命冲击，面临着摇摇欲坠的形势，各种旧秩序的反对者毫无顾忌地纷纷出动，湖南的局面尤其是乡村的局面完全失控。处在这种形势下，初出山的曾氏决心以申韩法家之术来整治社会，即严刑峻法，大开杀戒。即便由此招来指责，他亦在所不惜。所录的这几段话说的都是这个大宗旨。

慎行保甲制

□原文

保甲之法，诚为善政，然刊定科条散布乡愚，求能行法之人不苛敛于民间，盖或百里而不得一贤焉。世教既衰，人人各逞其亡等之欲，鱼肉孱民而刀匕之，官司布一甲令，徒以供若辈横索暴敛之名目。故团练保甲为今日之要务，而鄙人妄谓皆不可卤莽以行，灭裂以举，人心陷溺，固已抵此。独严缚匪党，动与磔死，差令乡里善良，得以伸彼之气而应吾之令耳。

□译文

保甲之法，固然是好措施，但制定科目条款通告乡民，能够求到执法而又不从民间苛刻聚敛的人，或许方圆百里都得不到一个贤者。教化既已衰败，人人都各自强烈表现他的不安分，甚至将百姓视为鱼肉而用刀砍，官府公布一个甲令，白白提供这班人横征暴敛的名目。故而团练与保甲是今天的要务，但我认为都不可卤莽草率举行，人心沉沦，的确已到这般地步。独独严厉捕捉匪党，抓到则杀头，勉强可以使得乡村良民得以伸口气，而使我的命令得到响应。

□评点

朝廷命令江南各县办团练,行保甲制度,借以安定社会,但曾氏并不太主张这样做。他的理由是乱世中人心变坏,办事者只会借机勒索百姓而达不到预期效果,只有严办匪徒才是安定社会的正途。

内持定见外广延纳

□原文

集思广益,本非易事,而施之于城会之内,尤易为人欺蔽。日之抵吾门者,或上书献策,或面陈机宜,大抵不出尊书三端之外,抑所谓阳鲚者也。然因此而尽废吐握之风,则又不可,要当内持定见而六辔在手,外广延纳而万流赴壑,乃为尽善。我思古人殆应如此,而区区则未逮矣。

□译文

集思广益,本不是容易的事,而在都市里实行,更加容易被人欺骗。每天到我这里来的,或是上书献策,或是当面陈说机宜,大抵不出您信中所说的三点之外,这些或许就是所谓的阳鲚一类人。但也不能因此就废掉招贤纳言的作风,重要的是自己内持定见像六匹马的绳子都握手里一样,外而广为延纳如同万水流向沟壑一样,才是最好。我想古人大概是这样的,只是我尚未做到。

□评点

这段话与上段话一道出自于咸丰三年二月给欧阳兆熊的信。曾氏认为,宜内持定见而外广延纳。的确,这种态度比一味地集思广益要好得多。

去害安民

□原文

方今民穷财困,吾辈势不能别有噢咻生息之术,计惟力去害民之人,以听吾民之自孳自活而已矣。

□译文

当今民众穷苦财物困难,我们势不能另外有创造财富的办法,惟有竭力锄去害民之人,借以让百姓自己休养生息而已。

□评点

除暴则良民自安。

严而有律

□原文

用法从严,非漫无条律一师屠伯之为,要以精微之意行吾威厉之事,期于死者无怨,生者知警,而后寸心乃安。

□译文

执法从严,也不是漫无条律而专学屠伯的作为,重要的是以精微之意来推行我的威厉之事,期望达到所杀的人无怨言,活着的人知道警惕,而后才心安。

□评点

此时的曾氏因杀人多而得“曾剃头”之骂名。这段话说他在行严法时并非毫无节制，是有条律限制的。

劝捐

□原文

劝捐一事，此间亦自有藩篱。过尔浅易，则小民有以朝廷之陋而视名器为无足轻重。捐输本非民所乐从，即奏请别树一帜，遍札州县委员守催，官样愈多，去题愈远。不若择好友较多、地方较富之县，以鄙人肫肫之意，宣布于人，精卫填海，杜鹃泣血，或者谅我寸诚，犹有一二起而应者，亦未可知。绅以通其情，官以助其势。其并无交好，官亦隔阂之县，则不复过而相问，非爱惜道学门面，亦实见官样文章之不足集事。刍狗已陈，斯民之厌弃也久矣。

□译文

劝捐之事，我这里也自有规矩。过于浅显容易，则民众中有人因为朝廷的陋规而视官职官衔为无足轻重。捐输这事本不是民众所乐意听从的，即便奏请另行一套，到处写信叫州县官委派人去守着催促，官样形式愈多，离开正题则愈远。不如选择好友较多、地方较富的县，将我的诚意告诉别人，学精卫填海，效杜鹃泣血，或者能体谅我的至诚，能有一二个响应者，也未可知。借绅士来沟通情感，靠官吏来助长气势。那些既没有好朋友、官吏也无联系的县，则用不着去过问。并非爱惜道学家的面子，也是看到官样文章实在是不足以成事。形式已经陈旧，民众也早已厌倦了。

□评点

正式的公文不中用，要靠私人的关系去办事。

成败利钝付之不问

□原文

今大局糜烂至此，不欲复执守制不出之初心，能尽一分力，必须拼命效此一分，成败利钝，付之不问。

□译文

现在大局已烂到这个地步，不想再坚持守制不出的初心，能尽一分力量，则拼命去做一分事，至于成败利钝，则置之一旁不去问。

□评点

咸丰二年十二月十三日，曾氏接到命他办团练的谕旨，他以守制为由草疏推辞。疏未发，得知武汉已丢人心惶恐，于是不再犹豫，遂毁疏于十七日启程赴任。

刲骨和羹

□原文

家有父兄病势沉重，众子弟祷神求医，昼夜拯治。不得谓子弟愚陋，遂不使与闻医药之事，亦不得令愚陋之子弟攘臂专主乱投药剂。国藩亦子弟中之愚陋者也。攘臂乱投，则吾岂敢？若刲股和羹，吁诚请代之事，则亦尝闻古人之风。跛者未尝不思千里，眇者未尝不慕离朱也。

□译文

家中父兄病势沉重，子弟们祷告神灵求访医生，日夜医治。不能说子弟愚陋，就不让他们参与医治之事，也不能令愚陋子弟自己做主乱投医。我也是子弟中的愚陋者，做主乱投医，我哪里敢？至于割肉熬汤，请求自代去死这些事，也曾听说过古人的风范。脚跛者未尝不想走千里，眼瞎者未尝不羡慕离朱的眼睛明亮。

□评点

这段话的意思是说，靖难是自己不可推卸的责任，虽无本事，但可贡献血诚，也极想做成大事。

痛恨不白不黑不痛不痒之风

□原文

二三十年来，士大夫习于优容苟安，揄修袂而养姁步，倡为一种不白不黑不痛不痒之风，见有慷慨感激以鸣不平者，则相与议其后，以为是不更事，轻浅而好自见。国藩昔厕六曹，目击此等风味，盖已痛恨刺骨。今年承乏团务，见一二当轴者，自藩弥善，深闭固拒，若惟恐人之攘臂而与其间也者。欲固执谦德，则于事无济，而于心亦多不可耐，于是攘臂越俎诛斩匪徒，处分重案，不复以相关白。方今主忧国弱，仆以近臣而与闻四方之事，苟利民人，即先部治而后上闻。岂为一己自专威福，所以尊朝廷也。

国藩从宦有年，饱阅京洛风尘，达官贵人，优容养望，与在下者软熟和同之象，盖已稔知之而惯尝之。积不能平，乃变而为慷慨激烈轩爽肮脏之一途，思欲稍易三四十年来不白不黑不痛不痒牢不可破之习而矫枉过正，或不免流于意气之偏，以是屡蹈愆尤，丛讥取戾。而仁人君子，固不当责以中庸之道，且当怜其有所激而矫之之苦衷也。大局糜烂至此，志士仁人，又岂宜晏然袖视，坐听狂贼之屠戮生灵，而不一省顾耶？

□译文

二三十年来,士大夫习惯于优裕苟且偷安,崇尚宽袍大袖而修养和悦舒缓的步履,提倡一种不白不黑不痛不痒的风气,看到有慷慨激昂打抱不平的人,则互相议论于后,以为这是不懂事轻薄疏浅而好表现。我先前任职六部,眼见这种风气,已痛恨刺骨。今年办理团练,看到一二个负重责者,自我防范甚严,深自封闭顽固拒绝他人,好像惟恐别人奋臂在他的辖地似的。倘若固执谦虚美德,则于事无补,而自己的心也多有不可忍耐,于是奋臂越俎代办诛杀匪徒,处理重大案件,不再通告有关衙门。当今皇上忧愁国势孱弱,我以天子近臣而参与地方之事,只要于民众有利,即先部署处治而后报告朝廷。哪里是想自己一人专断威福,是为了尊重朝廷啊!

我做官多年,饱阅京城风俗,对于达官贵人过着优裕而培养声望的日子,与下属们和和气气抱成团的现象,已经很清楚并且经常体会到。长久的不平积于胸中,于是变而为慷慨激烈轩昂刚直一路,想稍稍改变三四十年来不白不黑不痛不痒又牢不可破的习俗,于是矫枉过正,或者不免有些意气用事,因为此屡次招致罪责埋怨,以及讥讽谩骂。至于仁人君子,本不应该以中庸之道来责备,而且应当怜悯他是有所逼激而矫枉过正的苦衷。大局糜烂到这种地步,志士仁人又岂能安然袖手旁观,坐视狂贼屠杀生灵而不一顾念呢?

□评点

这两段话都写在咸丰三年十二月,一是写给龙启瑞的,一是写给黄淳熙的。这年七月,曾氏离开长沙移署衡州府。为什么离开省城呢?原来,曾氏因行严刑峻法而与长沙文武官场不和,当时的湖南巡抚骆秉章又偏袒对方,令曾氏心中压抑愤懑。刚到衡州府不久,曾氏给骆写了一封信。信中说:“侍今年在省所办之事,强半皆侵官越俎之事。以为苟利于国苟利于民,何嫌疑之可避,是以贸然为之。自六月以来,外人咎我不应干预兵事。永顺一案,竟难穷究。省中文武员弁皆知事涉兵者，侍不得过而问焉。此语揭破，侍虽欲竭尽心血，果何益乎？是以抽掣来此。”当时官场的风气便是不白不黑不痛不痒，长沙作为湖南的省会，此种风气尤为明显，曾氏终于孤掌难鸣，遂避走衡州。然此心耿耿，这两段话便是对朋友的内心发泄。

战时人道

□原文

伪军帅旅帅之怙恶者，鄙意诛其身，不必及其孥，戮其人，不必焚其屋。大江南北，陷入贼中数十州县，每县污伪命受伪职者，不下千家，每家皆有亲党，有仇怨。亲党则谓其被胁可怜，仇怨则言其从逆可诛。欲一一宥过刑故，情真罪当，实非易易。

□译文

伪军帅旅帅之作恶者，我的意思是杀他本人，不必牵连到他的妻子，砍他的头，不必烧他的房屋。大江南北，陷于贼人手中的有数十州县，每县受伪职伪命的不下千家，每家都有亲戚，有仇家。亲戚则说他是被胁迫的可怜，仇家则说他从逆该杀。想一一按情罪予以审判定刑，实在不容易。

□评点

人道必须讲，即便是打仗这种专门杀人的事，它也有人道，譬如缴枪不杀、不杀降等等，就是交战时的人道。曾氏这里所说“诛其身不必及其孥，戮其人不必焚其屋”也是一种人道。

以戒惧惕厉为先

□原文

时事愈艰，则挽回之道，自须先之以戒惧惕厉。

□译文

时事愈加艰难，则挽回的办法，自然必须以心存警戒危惧为先。

□评点

这是典型的理学家的思维方式：由自身而及外物。曾氏早年在京中按程朱理学修炼人格，其中强调一个敬字。曾氏认为，"敬"是应付大事危局的良方。戒惧惕厉，敬也。

无地方实权不能带兵

□原文

"讨贼则可，服官则不可"，义正辞严，何能更赞一语？惟今日受讨贼之任者，不若地方官之确有凭借。晋宋以后之都督三州、四州、六州、八州军事者，必求领一州刺史。唐末之招讨使、统军使、团练使、防御史、处置应援等使，远不如节度使之得势，皆以得治土地人民故也。

□译文

"讨伐贼军则可，做官则不可"，义正辞严，何能再说一句话呢？只是今日接受讨贼之任的人，不如地方官的确有依凭。晋、宋以后的统率三州、四州、六州、八州军事者，必定请求担任一州刺史。唐末的招讨使、统军使、团练使、防御使、处置应援等使，远不如节度使的得势，都是因为刺史、节度使直接治理土地人民的原故。

□评点

这是咸丰八年九月给胡林翼信中的一段话。这年七月，胡之老母病逝，胡辞职回原籍守丧。身任鄂抚之职的胡林翼关系重大，许多人都劝他夺情起复，曾氏更是盼望胡早日回任。胡回信给曾，说"讨贼则可，服官则不可"。针对这两句话，曾氏发表了自己的看法，认为若不任实职，则讨贼多受掣肘。曾氏引前史为例，实际上吐的是自己的苦水。曾氏领军多年，至今仍无地方实职，诸多不便。咸丰七年六月，在籍守职的曾氏，向朝廷讲述他带湘军五年来的难处，最后总结为："以臣细察今日局势，非位任巡抚有察吏之权者，决不能以治军。"

非从利者可从权

□原文

细绎孔子所称"从其利者，吾弗知也"，似苟非从其利者，圣人犹将许其舍礼而行权，后世不讲于此心之谋利与否，而概援一权字以自覆，往往为史氏所讥，或称阴规起复，或称风某某奏请起复。覆轨相寻，虽以安溪之贤，而彭古愚弹章，不能无登于青简。

□译文

细细地体会孔子所说"从其利益的人，我不知道"这句话，好像假若不从其利益的人，圣人还允许他暂将礼教放弃而行权宜之事，后世则不讲这颗心是不是在谋利，而一概引一个权字来自我掩盖，往往为治史者所讥讽，或者说偷偷规划起复，或者说风闻某某奏请起复，掩盖的法子互相追寻，虽以李光地的贤良，而彭古愚的参劾，也不能不载于史册。

□评点

这是咸丰八年十月给张曜孙信中的话，说的仍是胡林翼的起复事。曾氏从孔子的话中找来根据，说若不是为自己谋利，是可以舍礼而从权的，所以此信接下来便说："鄙人去岁迟疑审慎，盖亦自虑其从利也。胡公之关系安危，百倍于鄙人，若因皖北之挫而强起，则非从利者皎然无疑。"

先乱是非而后政治颠倒

□原文

窃观自古大乱之世，必先变乱是非，而后政治颠倒，灾害从之。屈平之所以愤激沉身而不悔者，亦以当日是非淆乱为至痛，故曰"兰芷变而不芳，荃蕙化而为茅"，又曰"固时俗之从流，又孰能无变化"，伤是非之日移日淆，而几不能自主也。后世如汉、晋、唐、宋之末造，亦由朝廷之是非先紊，而后小人得志，君子有皇皇无依之象。推而至于一省之中，一军之内，亦必是非不诡于正，而后其政绩少有可观。赏罚之任，视乎权位，有得行，有不得行。至于维持是非之公，则吾辈皆有不可辞之任，顾亭林先生所称"匹夫与有责焉"者也。

□译文

我私下观察自古来大乱之世，必定首先乱了是非，而后政治颠倒，灾害跟从而来。屈原之所以因激愤投江而不后悔，也是以当时是非淆乱为最大痛苦，故而说"兰芷变得不芳香，荃蕙化为茅草"，又说"时俗是随从大流的，又怎能不变化"，哀伤是非一天天变化淆乱，自己几乎不能做主。后世如汉、晋、唐、宋之末世，也是因为朝廷的是非先混乱，而后小人得志，君子则有皇皇无依附的感觉。推而至于一省之中、一军之内,也必定因是非不正,而后政绩少有可观。赏罚的执行,要看权与位,有的得以行,有的不得以行,至于维持是非的公道,则我们都有不可推卸的责任,这就是顾炎武所说的“匹夫有责”也。

□评点

这是咸丰八年十一月写给沈葆桢的信,此时沈在江西做广信知府。沈能干而性情狷介,与流俗不合。大约他向曾氏述说遭遇是非不公等等,曾氏遂写了这样一封谈是非的信。信中所说大乱之世必先乱是非而后政治颠倒,的确乃不刊之论。这实际上是把乱的责任推到当政者身上。

再次出山改变做法

□原文

国藩昔年锐意讨贼,思虑颇专,而事机未顺,援助过少。拂乱之余百务俱废,接人应事恒多怠慢,公牍私书,或未酬答。坐是与时乖舛,动多龃龉。此次再赴军中,销除事求可功求成之宿见,虚与委蛇,绝去町畦,无不复之缄咨,无不批之禀牍,小物克勤,酬应少周,借以稍息浮言。

□译文

我过去锐意征讨贼军,思虑上颇为专一,但事机不顺,援助很少。不顺心时百务俱废,接人待物多有怠慢,公牍私函,有的也没酬答。因为此而与时乖舛,动辄多龃龉。此次再次领军,消除事情求办好功业求获得的成见,虚情假意应付,根除心中的芥蒂,没有不回复的信件,没有不批答的禀牍,小事上都做到勤勉,应酬稍微周到,借以略为止息浮言闲语。

□评点

曾氏领军五年，挫折多多。咸丰七年二月回籍守父丧期间，痛定思痛，终于大悔大悟，其原盖因过于刚直，过于操之急迫。咸丰八年六月再度出山时，遂一改旧习，着力在人事关系上下工夫。其好友欧阳兆熊称他是从申韩之学变为老庄之学。

用人

□原文

取利多而民怨，参劾多而官诽，有以此见告者，非不当自省，但不宜以郁畜心中耳。吾辈所慎之又慎者，只在用人二字上，此外竟无可着力之处。古人云："若从流俗毁誉上讨消息，必至站脚不牢。"侍平日短处，亦只是在毁誉上讨消息，近则思在用人当否上讨消息耳。

□译文

从百姓中获取利润多则民众怨恨，参劾别人多则官员诽谤，有将这方面消息来告知者，不是不应当自我反省，只是不宜将郁闷之情长留心中。我们慎之又慎的，只在用人二个字上，此外竟然没有可致力之处。古人说："若是从流俗的毁与誉上来思考，必然会导致站不牢脚跟。"我平日里的不足之处，也只是在毁与誉上思考，近日则在用人当否上思考。

□评点

凡做事的官员必定会招来指责，所以当有"不从流俗毁誉上讨消息"的气度，不过，做事的动机和目的都应当是正大光明的。这个宗旨明确之后，剩下第一须注意的便是用人。倘若用个歪嘴和尚念经，再好的经书也会被他读歪了。

仪文与真意

□原文

迩来仪文弥加检点，而真意反逊于前。将求一中行之道而从事，又不可以遽几，盖嗛然也。

□译文

近来形式上的东西比先前更加检点，但戮力做事的真意反不如先前。打算探求一条中行之道来办事，又不可以立刻做到，故而惭愧。

□评点

复出之后，在行事待人上，曾氏有较大的变化。他自己感觉到在形式上是注意多了，但真意有所减退。这究竟是好还是不好且不去说，有一点可以肯定，即毕竟几年后曾氏因此获得成功。

宦途人情薄如纸

□原文

宦途人情，薄本似纸，不独苏省为然，即他省亦如出一辙，不独节寿各例款为然，即借出之项，赔出之款，一旦本官物故，便尔百呼罔应。

□译文

官场上的人情本来就像纸一样的薄，不独江苏省这样，即使别的省也一个样，不独过节祝寿各项例款是这样，即使是借款赔款，一旦经手的官员去世，便随之百呼不应。

□评点

人情薄如纸，本是人世通例，然在官场上，这点尤为明显。这是因为官场是通过权势来运作利益的。此人听从彼人，并非出自于情感上的敬或爱，而是由于利益的驱使，若彼人不能再给此人利益，此人也便不需再听从彼人了。通常造成这种情形的出现，是因为彼人权势的失落。故而做官者一旦失去权势，便立刻门前冷落车马稀，乃是最正常不过的事了。

人心日非吏治日坏

□原文

惟志所规，实不克践，推之齐家、治身、读书之道，何一不然？故弟近不课功效之多寡，但课每日之勤惰，来示企望鄙人于将来者，即以此语卜之。自揣此后更无可望，但当守一勤字以终吾身而已。至于千羊之裘，非一腋可成，大厦之倾，非一木可支，今人心日非，吏治日坏，军兴十年，而内外臣工惕厉悔祸者殆不多见，纵有大力匡持，尚恐澜狂莫挽，况如弟之碌碌乎！

曾氏故居富厚堂内放置的太师椅

□译文

只是心中所规划的，实在是不能实现，推之于齐家、治身、读书方面的道理，哪一样不如此？故而我近来不去考查功效的多少，但考查每天的勤惰，来信对我将来的期望，也用这句话来预作安排。自我揣测以后更没有可指望的,只是守定一个勤字以终生罢了。至于千张羊皮缝就的大袍,不是一个腑窝的羊皮所能成就的,一座大厦将要倾倒,不是一根木头可以支撑的,现在人心日非,吏治日坏,战争爆发十年,而朝廷内外的官员警惕忏悔者不多见,纵有大力来扶持,尚且或许不能挽回狂澜,何况像我这样的碌碌无为者呢!

□评点

这是咸丰九年十二月写给吴廷栋的一段话。吴是曾氏当年在京师时的好朋友,一起研习程朱理学。对这样的老朋友,曾氏说的是推心置腹的话。曾氏认为时局不可挽回,其原因是“人心日非,吏治日坏”。将人心与吏治联系起来考虑是很有道理的。倘若人心已非而吏治不坏的话,时局还是有指望的,因为有好的管理者,混乱的秩序和纲纪还可以重新整治;若吏治一坏即管理者自身混乱的话,则天下就将大乱不已,要想再澄清,便只有来一番彻底改造,也就是说整个的管理系统要全盘更换。

屏去虚文力求实际

□原文

方今东南糜烂,时局多艰,吾辈当屏去虚文,力求实际,或者保全江西、两湖,以为规复三吴之本。整躬率属,黜浮崇真,想阁下亦有同情也。

□译文

当今东南一带已完全烂掉,时局多艰,我们应当去掉虚华形式,力求实际,或者可以保全江西及湖南湖北,作为收复三吴的根本。整治自身率领部属,罢除浮华崇尚本真,想必您对此亦有同感。

□评点

咸丰十年闰三月，太平军一举荡平江南大营，并乘胜连下丹阳、常州、无锡、苏州、江阴等城市，这就是曾氏所说的“东南糜烂”。四月下旬，朝廷命曾氏署理两江总督，迅速带兵赶赴苏南。五月中旬，曾氏写信给湘军水师统领杨岳斌，说他将要到水师去考察，“请阁下告诫各营，无迎接，无办席，无放大炮，除黄石矶三五里外，上下游各营，均不必禀见”，接下来便有了上录的这段话。其要旨为，时局艰难，当办实事而力去虚文。

留意人才

□原文

三年之艾，不以未病而不蓄；九畹之兰，不以无人而不芳。至要至要！

□译文

三年长成的艾蒿，不能因为未生病而不蓄养；二三百亩的兰草，不会因为无人而不芳香。至要至要！

□评点

咸丰十年六月，曾氏写信给昔日好友而今任职地方的毛鸿宾，告诉他乱世地方官亦须主持军事，故宜留意人才，以备不时之需。这两句话，前句说的是未雨绸缪，后句说的是真正有才干的人总会显露圭角的。

有操守而无官气多条理而少大言

□原文

道光十九年，在汉口长沙会馆见抽船厘，收者出者皆卖买微贱之人，坦然交易，无诈无虞。今虽以官抽济饷，仍须带几分卖买交易气象，不宜多涉官气，牙帖尤卖买场中鄙琐之事，尤不可经衙门人手。“减冗员，裁浮费”二语似迂，而关系极巨。批中所谓坐支者少，即去浮费也。

楚材晋用，但当礼罗江西贤绅，兼进并收，不宜过示偏重，使豫章才俊有向隅之感。其自湘来者，先给薪水，优加礼貌，不必遽授以事。收之欲其广，用之欲其慎，大约有操守而无官气，多条理而少大言。本此四者以衡人，而于抽厘之道思过半矣。

□译文

道光十九年，在汉口长沙会馆看见抽取货船厘金，收的出的都是做小买卖的人，坦然交易，毫无欺诈。现在虽然以官府名义抽厘金接济军饷，仍要带有几分买卖交易的气象，不宜多涉官气。中介商行的行为尤其是买卖场中鄙陋琐碎的事情，尤其不可以由衙门人经手。“减掉冗员，裁除浮费”两句话虽近于迂腐，但关系极大。批文中所谓坐支薪水者少，即去浮费的意思。

楚材晋用，但应当以礼罗致江西的贤绅，一并收取，不宜过分显出偏重，使得江西才俊有向隅而泣之感。那些从湖南来的，先给薪水，给以优厚的礼貌，却不必立即将事情交付。收取上宜广泛，使用时宜谨慎，大致说来应有操守而无官气，多条理而少说大话。依据这四点来衡量人，则于抽厘之道得到多半了。

□评点

咸丰十年六月七月,曾氏两次写信给在江西办厘务的李瀚章,谈关于厘金方面的事。这里谈到的识人用人,虽是对厘局而言,实际上可广而用之。有操守而无官气,多条理而少大言,是曾氏人才观的一个重要内容,他多次提到过。身为官场中的重要角色,却非常厌恶官场中的一套做法,这是曾氏头脑清晰的表现。

朴实廉介为人之好本质

□原文

如有文可为牧令、武可为将领者,望无惜时时汲引,冀收拔茅连茹之效。若无实在出色之处,介乎有用无用之间,则可不必多荐,以不收则空劳往返,收之则渐成冗员也。大抵观人之道,以朴实廉介为质,有其质而更傅以他长,斯为可贵,无其质则长处亦不足恃。甘受和,白受采,古人所谓无本不立,义或在此。

军兴太久,地方糜烂,鄙意一面治军剿贼,一面择吏安民,二者断断不可偏重。择吏之道,亦不外乎"有操守而无官气,多条理而少大言"二语。

细观今日局势,若不从吏治人心上痛下工夫,涤肠荡胃,断无挽回之理。

次青擅长过人处极多,惟弟与阁下知之最深,而短处,则患在无知人之明。于在高位者,犹或留心察看,分别贞邪,至于位卑职小出己之下者,则一概援善善从长之义,无复觉有奸邪情伪,凡有请托,无不曲从,即有诡状发露,亦必多方徇容。此次青之短,将来位望愈高,终不免为其所累。

□译文

若有文可以为知府县令、武可为将领的,希望不要吝惜您的精力而时时引进,借以收拔茅草带出根部的效果。若无实在的出色地方,在有用无用之间,则不必多推荐,因为不收取则空劳往返,收取则慢慢地就成了冗员。大致说来,观人之道,以朴实廉洁耿介为本质。有这个本质而加以其他的长处,这就可贵,没有这个本质,则长处也不足以依恃。甘草可以调和诸药,白质可以接受多种色彩。古人所谓无本则不立,意义或许就在这里。

仗打得太久,地方糜烂,我的想法是一面治军剿贼,一面择吏安民,二者绝对不可偏重。选择官吏的原则,也不外乎"有操守而无官气,多条理而少大言"两句话。

细看今日局势,若不从吏治与人心两个方面痛下工夫,洗心革面,天下绝无挽回的道理。

李元度所擅长所过人的地方很多,惟有我与您知之最深,至于短处,则表现在无知人之明上。对于处高位的,或许尚留心察看,分别优劣;至于职位卑小在自己之下的,则一概援引善待良善发挥长处的意义,不觉得有奸邪巧伪存于其中,凡有请托,无不曲意依从,即使有诡诈发露,也必定多方包容。这是李元度的短处,将来位望越来越高,终究免不了成为他的牵累。

□评点

这几段话谈的都是人事。除重申"有操守而无官气,多条理而少大言"两句话外,又强调人的质地,即人的品性的重要。李元度用人过于仁厚而不识奸伪,这也是曾氏所反对的。

想学战又想读书

□原文

吾辈均属有志之士，亦忍辱耐苦之士，所差者，咬文嚼字习气未除，一心想学战，一心又想读书，所谓鼯鼠五技而穷也。

□译文

我们都属于有志之士，也是能够吃苦耐劳之士，所欠缺的，是咬文嚼字的习气未除掉，一心想学习打仗，一心又想读书，正所谓鼯鼠有五种技能而最后无出路。

□评点

此乃书生带兵的另一面。

宁取乡气不取官气

□原文

求人之道，须如白圭之治生，如鹰隼之击物，不得不休。又如蚨之有母，雉之有媒，以类相求，以气相引，庶几得一而可及其余。大抵人才约有两种，一种官气较多，一种乡气较多。官气多者，好讲资格，好问样子，办事无惊世骇俗之象，语言无此防彼碍之弊。其失也，奄奄无气，凡遇一事，但凭书办、家人之口说出，凭文书写出，不能身到、心到、口到、眼到，尤不能苦下身段，去事上体察一番。乡气多者，好逞才能，好出新样，行事则知己不知人，语言则顾前不顾后。其失也，一事未成物议先腾。两者之失，厥咎维均。人非大贤，亦断难出此两失之外。吾欲以劳苦忍辱四字教人，故且戒官气而姑用乡气之人,必取遇事体察,身到、心到、口到、眼到者。赵广汉好用新进少年,刘晏好用士人理财,窃愿师之。

□译文

寻求人才的法则,必须像白圭的经商,像老鹰的夺物,不得到决不休止。又好比青蚨的有母,雉类的有雉媒,以类属互相追求,以声气互相吸引,如此或许得一个而可旁及其余。大抵人才有两种类型,一种是官气较多,一种是乡气较多。官气多的,好讲资格,好在乎表面模样,办事无惊世骇俗的表现,说话没有伤及别人的弊病。他的缺失,在于奄奄无气,凡遇到一件事,仅凭秘书、家人的话为定,依靠文书来办公文,不能自己身到、心到、口到、眼到,尤其不能放下身段去吃苦,去为此事体验一番。乡气多者,好逞才能,好出新样,做事则只知道自己不顾别人,说话则顾前不顾后。其缺失在一事未成则外界的议论已蜂起。两者在缺失上都差不多。人不是大贤,也绝对难出这两个缺失之外。我希望以劳苦忍辱四个字教人,所以且戒官气而姑且用乡气之人,必须用遇事能亲身体察,能身到、心到、口到、眼到者。赵广汉好用新进少年,刘晏好用士人理财,我愿意师从他们。

□评点

曾氏将人才分为官气与乡气两大类。所谓官气,即官场习气。所谓乡气,即乡野习气。沾染官气的人,虽有稳重、圆熟的优点,却有天生不愿亲身吃苦办事的大缺点。曾氏组建湘军,其目的在于办实事,尽管乡气者也有许多缺点,却有肯任事的优点,故而他宁愿用乡气者。

不可背后攻人之短

□原文

公事知而不言，坐视成败，自非所宜。阁下今补赣南实缺，尤可不必过涉客气。凡正话实话，多说几句，久之人自能谅其心，即直话亦不妨多说，但不可以讦为直，尤不可背后攻人之短。除二戒外，概宜知无不言、言无不尽。

□译文

对于公事，采取知而不言坐视成败的态度，自然不合适。你现在已补赣南道实缺，尤其不必过于客气。凡正话实话，多说几句，久而久之，别人自然能体谅你的用心，即使是直话，也不妨多说，只是不可以攻讦作为直话，尤其不可以背后攻击别人的短处。除这两点应戒除外，一概应取知无不言、言无不尽的态度。

□评点

李瀚章放江西赣南道员，曾氏针对李为人较为圆滑的缺点，告诫他多说正话实话，不要太客气，不要怕得罪人。

高明者与卑琐者

□原文

大抵人才约有两种。高明者好顾体面，耻居人后，奖之以忠，则勉而为忠，许之以廉，则勉而为廉。若是者，当以吾前信之法行之，即薪或稍优，夸许稍过，冀有一二人才出乎其间，不妨略示假借。卑琐者本无远志，但计锱铢，驭之以严则生惮，防之稍宽则日肆。若是者，当以两君此信之法行之，俾得循循于规矩之中。以官阶论，州县以上类多自爱，佐杂以下类多算细。以厘务论，大卡总局，必求自爱之士，宜用鄙信之说，小卡分局不乏算细之员，宜用来信之说。

□译文

大抵人才约有两种。高明者喜好顾全体面，耻于居别人之后，以忠来奖励，则勉强而为忠，以廉来赞许，则勉强而为廉。若是这一类，应当以我前信的办法实行，即薪水稍微多点，夸奖稍微过头点，希望能有一二个人才出于其间，不妨略微示以假借。卑琐者本来就没有远大的志向，只斤斤计较。管得严则有畏惧，防备稍宽则日益放肆。若是这一类，应当以你们两位这封信的办法去实行，以便使他们循规蹈矩。从官阶来说，州县以上的官员大多自爱，佐杂以下的吏员大多爱计较。从厘务来说，大卡总局，必须寻求自爱之士，宜用我信上所说的办法，小卡分局有不少爱计较者，宜用来信所说的办法。

□评点

这段话也是写给李瀚章的。这里又说了两类人，一类是自尊自爱者，一类是斤斤计较于利益者。曾氏认为，对于前者，宜用宏奖；对于后者，则宜用严管。

儒生气象

□原文

尝熟思袁绍之诛除宦竖，陈元礼之迫胁马嵬，虽一时快心之举，然岂稍有儒生气象者所能为哉？又岂有儒生气象者所应为哉？

□译文

曾经仔细思考过袁绍诛除宦官势力、陈元礼在马嵬迫胁唐玄宗杀杨玉环这两件往事，虽然是一时心里痛快的举动，但这又哪里是稍有点儒生气象的人所能做的事？又哪里是具有儒生气象者所应该做的事？

□评点

非常之时当用非常之法。人们常说儒者迂缓，便是指的当非常之时，儒者因顾虑多而乏应急机变之才。曾氏自认有迂缓之病，故而他有这样的思考，至于袁绍、陈元礼等人，本就不是儒生，他们行事之时也便根本没有此种思考。

在乎得人而不在乎得地

□原文

中兴在乎得人，不在乎得地。汉迁许都而亡，晋迁金陵而存，拓拔迁云中而兴，迁洛阳而衰，唐明皇、德宗再迁而皆振，僖宗、昭宗再迁而遂灭，宋迁临安而盛昌，金迁蔡州而沦胥。大抵有忧勤之君贤劳之臣，迁亦可保，不迁亦可保，无其君无其臣，迁亦可危，不迁亦可危。鄙人阅历世变，但觉除得人以外，无一事可恃。

□译文

中兴在于得人，而不在于得地。东汉迁都许昌而亡，东晋迁都金陵而存，拓拔迁都云中而兴，迁都洛阳而衰，唐明皇、唐德宗两次迁徙而都振兴，唐僖宗、唐昭宗两次迁徙而遭灭亡，南宋迁都临安而盛昌，金迁都蔡州而沦亡。大抵有忧患勤政的君王贤良耐劳的大臣，迁都也可保全，不迁都也可保全，没有这样的君这样的臣，迁都也危险，不迁都也危险。我阅历世变，只觉得除得人之外，无任何一件事可以依恃。

□评点

这是咸丰十一年正月，曾氏写给方翊元的一段话。当时的情况是，因英法联军攻打北京，咸丰帝匆匆离京逃往承德避暑山庄。尽管此时英法军队已退出京城，但咸丰帝惊魂未定，仍不愿回銮。于是许多人建议迁都长安，方也持此说。曾氏不同意迁都，并历数前代史实，来论证其“中兴在乎得人，不在乎得地”的观点。当然，后来并没有迁都，看来朝廷最高层也不同意迁都。

成败无定

□原文

汉晁错建议削藩，厥后吴楚七国反，景帝诛错而事以成；明齐泰、黄子澄建议削藩，厥后燕王南犯，建文诛齐、黄而事以败。我朝米思翰等议削藩，厥后吴、耿三叛并起，圣祖不诛米思翰而事以成。此三案者最相类，或诛或宥，或成败，咸参差不一。士大夫处大事决大疑，但当熟思是非，不必泥于往事之成败，以迁就一时之利害也。

唐昭宗以王室日卑，发愤欲讨李茂贞，责宰相杜让能专主兵事。杜让能再三辞谢，言他日臣徒受晁错之诛，不能弭七国之祸。厥后李茂贞进逼兴平，禁军败溃，京师大震。茂贞表请诛让能。让能曰：“臣固先言之矣。”上涕下不能禁，曰：“与卿诀矣。”是日贬让能梧州刺史，寻赐自尽。斯则无故受诛，其差有甚于晁错、齐泰、黄子澄。昭宗既强之于前，复诛之于后。此所以为亡国之君也。国藩在军时，有一时与人定议，厥后挫败，或少归咎于人，不能无稍露于辞颜者，亦以见理未明之故耳。

后唐潞王虑石敬瑭之将反，李崧、吕琦劝帝与契丹和亲，薛文遇沮之。帝欲移石敬瑭镇郓州，文遇力赞成之。厥后敬瑭果反，引契丹大破唐兵，唐王见薛文遇曰："我见此物肉颤，几欲抽佩刀刺之。"大抵事败而归咎于谋主者，庸人之恒情也。

□译文

西汉晁错建议削减诸侯王国的封地，此后吴楚七国反叛，景帝杀晁错而叛乱平定。明代齐泰、黄子澄建议削减藩王封地，此后燕王南攻，建文帝诛齐、黄但失败了。我朝米思翰等建议削去藩王封地，此后吴三桂、耿精忠等三个叛王并起，康熙不杀米思翰而叛乱平息。这三个案子最为相似，或诛杀或宽宥，或成或败，参差不一。士大夫处置大事，决释大疑，只应当仔细思考是非，不必拘泥往事的成与败，从而迁就一时的利害。

唐昭宗鉴于王室日益卑弱，发愤想讨伐李茂贞，责令宰相杜让能专门主持军事。杜让能再三辞谢，说："日后臣徒徒遭受晁错那样的诛杀，而不能消弭吴楚七国的祸乱。"此后李茂贞进逼兴平，禁军败溃，京城大为震动。李茂贞请皇上杀杜让能。让能说："我确实早就说了。"皇上流泪不止，说："与你永诀了！"这一天贬杜让能为梧州刺史，不久即命他自尽。这是无故受诛，他的冤屈又超过晁错、齐泰、黄子澄。唐昭宗既逞强于前，又诛杀于后。这就是他之所以为亡国君的缘故。我在军中时，有时与人商定的决议，此后失败或受挫，或许稍稍归咎于别人，不能做到一点都不在辞色上表露出来，也是因为见理不明彻的缘故。

后唐潞王考虑石敬塘将要反叛，李崧、吕琦劝皇上与契丹和亲，薛文遇阻止。皇上想将石敬塘调到郓州，薛文遇极力赞成。此后石敬塘果然反叛，引契丹兵大破唐兵。唐王见到薛文遇时说："我看到此人肉发颤，几乎想抽出佩刀刺他。"大抵事情失败后而归咎于主谋者，是平庸人的常情。

□评点

这是曾氏的一则读史笔记。谋划一桩事，由主谋者提出方案，主事者最后拍板定夺。事有可能成，也有可能不成，无论成与不成，主要责任都应由主事者承担。但古往今来，许多主事者，当事成时则将功劳归于己，事败则将责任推给主谋者。这种主事者乃庸人，汉景帝、明建文帝、唐昭宗、后唐潞王即此类庸人；相比之下，康熙则是明君。曾氏检讨自己在这点上也有不完美处。

劝诫浅语十六条

□原文

劝诫州县四条（上而道府，下而佐杂，以此类推）

一曰治署内以端本

宅门以内，曰上房，曰官亲，曰幕友，曰家丁，头门以内，曰书办，曰差役。此六项者，皆署内之人也。为官者，欲治此六项人，须先自治其身，凡银钱一分一毫一出一入，无不可对人言之处，则身边之人不敢妄取，而上房、官亲、幕友、家丁四者皆治矣。凡文书案牍，无一不躬亲检点，则承办之人不敢舞弊，而书办、差役二者，皆治矣。

二曰明刑法以清讼

管子、荀子、文中子之书，皆以严刑为是，以赦宥为非。子产治郑，诸葛治蜀，王猛治秦，皆用严刑以致乂安。为州县者，苟尽心于民事，是非不得不剖辨，谳结不得不迅速。既求迅速，不得不刑恶人以伸善人之气。非虐也，除莠所以爱苗也，惩恶所以安良也。若一案到署，不讯不结，不分是非，不用刑法，名为宽和，实糊涂耳懒惰耳，纵奸恶以害善良耳。

三曰重农事以厚生

军兴以来，士与工商，生计或未尽绝，惟农夫则无一人不苦，无一处不苦。农夫受苦太久，则必荒田不耕，军无粮则必扰民，民无粮则必从贼，贼无粮则必变流贼，而大乱无了日矣。故今日之州县，以重农为第一要务。病商之钱可取，病农之钱不可取，薄敛以纾其力，减役以安其身，无牛之家，设法购买，有水之田，设法疏消，要使农夫稍有生聚之乐，庶几不至逃徙一空。

四曰崇俭朴以养廉

近日州县廉俸入款，皆无着落，而出款仍未尽裁，是以艰窘异常。计惟有节用之一法，尚可公私两全。节用之道，莫先于人少。官亲少，则无需索酬应之繁，幕友、家丁少，则减薪工杂支之费。官厨少一双之箸，民间宽一分之力。此外衣服饮食，事事俭约，声色洋烟，一一禁绝，不献上司，不肥家产，用之于己者有节，则取之于民者有制矣。

劝诫营官四条(上而统领，下而哨弁，以此类推)

一曰禁骚扰以安民

所恶乎贼匪者，以其淫掳焚杀扰民害民也；所贵乎官兵者，以其救民安民也。若官兵扰害百姓，则与贼匪无殊矣。故带兵之道，以禁止骚扰为第一义。百姓最怕者，惟强掳民夫、强占民房二事。掳夫则行者辛苦，居者愁思，占房则器物毁坏，家口流离。为营官者，先禁此二事，更于淫抢压买等事一一禁止，则造福无穷矣。

二曰戒烟赌以防惰

战守乃极劳苦之事，全仗身体强壮，精神完足，方能敬慎不败。洋烟、赌博二者，既费银钱，又耗精神，不能起早，不能守夜，断无不误军事之理。军事最喜朝气，最忌暮气，惰则皆暮气也。洋烟瘾发之人，涕泪交流，遍身瘫软，赌博劳夜之人，神魂颠倒，竟日痴迷，全是一种暮气。久骄而不败者容或有之，久惰则立见败亡矣。故欲保军士常新之朝气，必自戒烟赌始。

三曰勤训练以御寇

训有两端：一曰训营规，二曰训家规。练有二端：一曰练技艺，二曰练阵法。点名演操，巡更放哨，此将领教兵勇之营规也；禁嫖赌，戒游惰，慎语言，敬尊长，此父兄教子弟之家规也。为营官者，待兵勇如子弟，使人人学好，个个成名，则众勇感之矣。练技艺者，刀矛能保身能刺人，枪炮能命中能及远，练阵法者，进则同进，站则同站，登山不乱，越水不杂，总不外一熟字。技艺极熟，则一人可敌数十人；阵法极熟，则千万人可使如一人。

四曰尚廉俭以服众

兵勇心目之中，专从银钱上着意。如营官于银钱不苟，则兵勇畏而且服；若银钱苟且，则兵勇心中不服，口中讥议，不特扣减口粮、缺额截旷而后议之也，即营官好多用亲戚本家，好应酬上司朋友，用营中之公钱，谋一身之私事，也算是虚糜饷银，也难免兵勇讥议。欲服军心，必先尚廉介，欲求廉介，必先崇俭朴。不妄花一钱，则一身廉，不私用一人，则一营廉，不独兵勇畏服，亦且鬼神钦伏矣。

劝诫委员四条（向无额缺，现有职事之员，皆归此类）

一曰习勤劳以尽职

观于田夫农父终岁勤劳而少疾病，则知劳者所以养身也；观于舜、禹、周公终身忧劳而享寿考，则知劳者所以养心也。大抵勤则难朽，逸则易腐，凡物皆然。勤之道有五。一曰身勤。险远之路，身往验之；艰苦之境，身亲尝之。二曰眼勤。遇一人必详细察看，接一文必反复审阅。三曰手勤。易弃之物，随手收拾；易忘之事，随笔记载。四曰口勤。待同僚则互相规劝，待下属则再三训导。五曰心勤。精诚所至，金石亦开，苦思所积，鬼神亦通。五者皆到，无不尽之职矣。

二曰崇俭约以养廉

昔年州县佐杂，在省当差，并无薪水银两，今则月支数十金，而犹嫌其少；昔年举贡生员，在外坐馆，不过每月数金，今则增至一两倍而嫌其少。此所谓不知足也。欲学廉介，必先知足。观于各处难民，遍地饿殍，则吾辈之安居衣食已属至幸，尚何奢望哉？尚敢暴殄哉？不特当廉于取利，并当廉于取名，毋贪保举，毋好虚誉，事事知足，人人守约，则气运可挽回矣。

三曰勤学问以广才

今世万事纷纭，要之不外四端：曰军事、曰吏事、曰饷事、曰文事而已。凡来此者，于此四端之中，各宜精习一事。习军事则讲究战攻、防守、地势、贼情等件，习吏事则讲究抚字、催科、听讼、劝农等件，习饷事则讲究丁漕、厘捐、开源节流等件，习文事则讲究奏疏、条教、公牍、书函等件。讲究之法，不外学、问二字。学于古则多看书籍，学于今则多觅榜样。问于当局则知其甘苦，问于旁观则知其效验。勤习不已，才自广而不觉矣。

四曰戒傲惰以正俗

余在军日久，不识术数占验，而颇能预知败征，大约将士有骄傲气者必败，有怠惰气者必败。不独将士然也，凡委员有傲气者亦必偾事，有惰气者亦必获咎。傲惰之所起者微，而积久遂成风俗。一人自是，将举国予圣自雄矣；一人晏起，将举国俾昼作夜矣。今与诸君约：多做实事，少说大话，有劳不避，有功不矜。人人如此存心，则勋业自此出，风俗自此正，人材亦自此盛矣。

劝诫绅士四条（本省乡绅、外省客游之士，皆归此类）

一曰保愚懦以庇乡

军兴以来，各县皆有绅局，或筹办团练，或支应官军，大抵皆敛钱以集事，或酌量捐资，或按亩派费，名为均分匀派，实则高下参差。在局之绅耆少出，不在局之愚懦多出；与局绅有声气者少出，与局绅无瓜葛者多出，与局绅有夙怨者，不惟勒派多出，而且严催凌辱，是亦未尝不害民也。欲选绅士，以能保本乡愚懦者为上等。能保愚懦，虽伪职亦尚可恕，凌辱愚懦，虽巨绅亦属可诛。

二曰崇廉让以奉公

凡有公局，即有专管银钱之权，又有劳绩保举之望，同列之人，或争利权而相怨，或争保举而相轧，此不廉也。始则求县官之一札以为荣，继则大柄下移，毫无忌惮，衙门食用之需，仰给绅士之手，擅作威福，藐视官长，此不逊也。今特申戒各属绅士，以敬畏官长为第一义。财利之权，归之于官；赏罚之柄，操之自上。即同列众绅亦互相推让，不争权势。绅士能洁己而奉公，则庶民皆尊君而亲上矣。

三曰禁大言以务实

以诸葛之智勇，不能克魏之一城，以范、韩之经纶，不能制夏之一隅，是知兵事之成败利钝，皆天也，非人之所能为也。近年书生侈口谈兵，动辄曰克城若干，拓地若干，此大言也。孔子曰："攻其恶，无攻人之恶。"近年书生，多好攻人之短，轻诋古贤，苛责时彦，此亦大言也。好谈兵事者,其阅历必浅,好攻人短者,其自修必疏。今与诸君子约,为务实之学,请自禁大言始;欲禁大言,请自不轻论兵始,自不道人短始。

四曰扩才识以待用

天下无现成之人才,亦无生知之卓识,大抵皆由勉强磨炼而出耳。《淮南子》曰:“功可强成,名可强立。”董子曰:“强勉学问,则闻见博;强勉行道,则德日起。”《中庸》所谓:“人一己百,人十己千。”即勉强工夫也。今士人皆思见用于世,而乏用世之具。诚能考信于载籍,问途于已经,苦思以求其通,躬行以试其效,勉之又勉,则识可渐进,才必渐充。才识足以济世,何患世莫己知哉?

以上十六条,分之则每一等人各守四条,合之则凡诸色人皆可参观。圣贤之格言甚多,难以备述,朝廷之律例甚密,亦难周知。只此浅近之语,科条在此,黜陟亦在此,愿我同人共勉焉。咸丰十一年九月曾国藩识。

□译文

劝诫知州县令四条(上至道员、知府,下至佐杂吏员,以此类推)

一,整治官署内部以端正根本

宅门以内的上房、官亲、幕友、家丁;头门以内的书办、差役,这六类,都是官署内部的人。为官者要想整治这六类人,必须先整治自身。凡银钱一分一毫一出一入,没有不可以对别人说的,则身边人不敢乱取,于是上房、官亲、幕友、家丁四类人都治理好了。凡文书案牍,没有一件不亲身检点,则经办人不敢舞弊,于是书办、差役两类人都治理好了。

二,明了刑法以清理官司

管子、荀子、文中子的书,都以严刑为是,以赦免宽宥为非。子产治理郑国,诸葛亮治理蜀国,王猛治理前秦,都用严刑,以至于社会安定。为州县官员的,倘若尽心于民事,是非则不得不剖析辨别,官司结案不得不迅速。既求迅速结案,不得不惩办恶人,以伸展善人的心气。这不是残虐,除掉莠草是为了爱护禾苗,惩办恶人是为了安宁良民。若是一个案子到官署,不审讯不了结,不分是非,不用刑法,名义上是宽和,实则糊涂懒惰,是纵容奸恶来残害善良。

三,重视农事以培厚民生

战争爆发以来,士人与工商者生计或许没有完全断绝,惟独农夫则无一人不苦,无一处不苦。农夫受苦太久,则必定田地荒芜而不耕种,军队无粮则必扰乱民众,民众无粮则必定依附贼人,贼人无粮则必定变为流寇,于是大乱就没有了结的时候了！故今日的州县官员,以重视农业为第一要务。伤害商人的钱可获取,伤害农民的钱不可获取。薄赋税以宽舒农民之力,减徭役以安定农民之身,没有牛的农家,设法为之购买,有水的田地,设法为之疏通,要让农民稍有一点活着的快乐,这样才不至于逼他们逃徙一空。

四,崇尚俭朴用以保养廉洁

近日州县官员的养廉费及俸禄,这些收入都没有着落,而支出依旧没有裁减,故而非常艰难窘迫。思量惟有节省花费这个办法,尚可以做到公私两全。节省花费的原则,莫先于人少。官亲少,则没有索求应酬的频繁;幕友家丁少,则减少薪水杂支等开销。官府厨房少一双筷子,民间则宽松一分气力。此外衣服饮食,事事都俭约,声色洋烟,一一皆禁绝,不向上司贡献,不增加自家财产,使用在自身上有所节省,则取之于民的就有所制约了。

劝诫营官四条(上至统领,下至哨长,以此类推)

一,禁止骚扰以安定民心

贼匪之所以该憎恶,是因为他们淫掳焚杀,扰民害民。官兵之所以可贵,是因为他们救民安民。若是官兵扰害百姓,则与贼匪没有区别了。故带兵的原则,以禁止骚扰为第一要务。百姓最怕的,惟有强掳民夫、强占民房两件事。掳民夫则随行的辛苦,在家的愁思;占民房则器物损坏,家中人口流离。做营官的,先要禁止这两件事,再加上奸淫抢掠强买等事一一禁止,则造福无穷了。

二,戒除鸦片赌博以防止懒惰

战与守都是极劳苦的事,全仗身体强壮,精神完足,才能庄敬慎重而不败。吸食鸦片、赌博这两桩事,既花费银钱,又损耗精神,使人不能起早,不能守夜,绝对没有不耽误军事的道理。军事最喜朝气蓬勃,最忌讳暮气沉沉,懒惰则都是暮气。鸦片瘾发作的人,涕泪交流,浑身瘫软,赌博熬夜的人,神魂颠倒,整天神情痴迷,都是一种暮气。长期骄傲而不失败的或许有,长期懒惰则立刻就会失败灭亡。所以要想保全军士常新之气,必定从戒除烟赌开始。

三,勤奋训练以防御敌寇

训有两点:一为训军营规则,二为训家庭规则。练有两点:一为练技艺,二为练阵法。点名演操,巡更放哨,这是将领教兵勇的军营规则。禁止嫖赌,戒除游荡懒惰,谨慎言语,敬重尊长,这是父兄教导子弟的家规。为营官的,待兵勇如同子弟,使得他们人人学好,个个成名,则兵勇们都感激。练习技艺,则能使用刀矛保身刺人,能使用枪炮命中及远。练习阵法,使得兵勇们进则同进,站则同站,登山不乱,涉水不杂,总之不外乎一个熟字。技艺极为熟练,则一个可敌数十人;阵法极为熟练,则千万人可令步伐一致如一个人。

曾氏故居富厚堂内放置的官轿

四,崇尚廉俭以服众

兵勇心目中只是着意于银钱,如果营官在银钱上不苟且,则兵勇们畏惧而且佩服;如果在银钱上苟且,则兵勇们心中不服,口里讥议,不仅仅因为克扣口粮、缺额裁旷而后才议论,即使营官喜欢多用亲戚本家,喜欢应酬上司朋友,用军营里的公款来办自身的私事,也算是虚糜军饷,也难免兵勇们讥议。想要军心佩服,必须先崇尚廉洁贞介;想要求得廉洁贞介,必先崇尚俭朴。不乱花一文钱,则一身廉洁;不用一个私人,则一个军营廉洁;不仅仅兵勇畏惧佩服,而且鬼神钦伏。

劝诫委员四条(一直没有得过实缺,现在有职事在身的人,都归于此类)

一,习于勤劳以尽职责

看种田的农民一年到头勤劳而少疾病,则知劳动是可以养身的。看舜、禹与周公一辈子忧劳而享高寿,则知劳动是可以养心的。大抵勤劳则难朽,安逸则易坏,所有的物体都如此。勤劳之道有五点。一为身勤。危险遥远之路,亲身去体验;艰苦的环境,亲身去品尝。二为眼勤。遇见一个人,必须详细察看,接到一卷公文,必须反复审阅。三为手勤。容易丢弃的物品,随手收拾;容易忘记的事,随笔记载。四为口勤。对待同事则互相规劝,对待下属,则再三训导。五为心勤。精诚所至,金石亦开,苦苦的思索积累下来,即便是鬼神那里也可以获得通过。五种勤都到场,没有什么职责不可以尽。

二,崇尚俭约以养廉

过去州县的辅助临时人员,在省衙门里承当差使,并无薪水银两,现在则每月支取数十两银子,还嫌少;过去举人、贡生、秀才在外面做塾师,每月不过几两银子,现在则增加一二倍还嫌少。这叫做不知足。想要学习廉洁贞介,必定先要知足。看看各处难民,看看遍地饿殍,则我们安居且有衣有食已属至幸,尚有何奢望呢?尚敢暴殄天物吗?不仅仅应当在获取利益上廉洁,也应当在获取名誉上廉洁,不要贪求保举,不要爱好虚荣,事事知足,人人守约,则国家的气运可以挽回。

三,勤求学问以拓宽才能

当今万事纷纭,重要的不外乎四个方面,即军事、吏事、饷事、文事而已。凡是来到这里的,于此四个方面中,各人宜精习一个方面。习军事则要讲究攻战、防守、地势、贼情等等。习吏事则要讲究安抚民众及催征赋税、断审官司、奖劝农桑等等。习饷事则要讲究征收丁粮漕粮、厘务、捐务及开源节流等等。习文事则讲究草拟奏疏、条款教义及公牍、书函等等。讲究的办法,不外乎学与问两个字。向古代学习，则多看书籍，向今时学习，则多寻找榜样。向当局者求问，则知道其中的甘苦，向旁观者求问，则知道它的效应。勤奋学习不已，才识自然宽广而不自觉。

四，戒除骄傲懒惰以矫正习俗

我在军队中时间很久，不识术数与占验，却比较能预知失败的征兆。大约将士们有骄傲之气的必败，有怠慢懒惰之气的必败，不仅仅将士们，凡委员有骄傲之气的也必定坏事，有懒惰之气的必定会遭遇灾祸。傲惰刚出现时表现在小事上，久而久之于是成为风俗。一个人自以为是，则举国皆自以为圣贤英雄；一个人晚起床，则举国皆将白天当作黑夜。现在与各位约定：多做实事，少说大话，有劳作不躲避，有功绩不矜夸。每个人若都这样存心，则勋业便会从这里产生，风俗便会从这里矫正，人才也会从这里而茂盛。

劝诫绅士四条（本省的乡绅，外省来的客游之士，都归于此类）

一，保护弱势以庇佑乡里

战争爆发以来，各县都有绅士团体。它们或筹办团练，或支应官军，大抵都靠收集银钱来办事。或者视情况捐资，或者按田亩分摊费用，名为均匀分派，实则高下很有不同。在团体内的绅士少出，不在团体的弱势者多出；与团体内的绅士有联系的少出，与团体内的绅士没有瓜葛的则多出；与团体内的绅士有夙怨的不仅强行勒索多出，而且严加催逼凌辱，这也未尝不是残害民众。若要挑选绅士，应以那些能够保护本乡弱势者为上等。能够保护弱势，即便任过伪职也还可宽恕；凌虐弱势，即便是大绅士也属可诛。

二，推崇廉洁谦让以奉公

凡有公共团体，便有经管银钱的权利，又有劳绩保举的声望。同一个序列的人，或者因争夺利权而互相怨恨，或者因争夺保举而互相倾轧，此为不廉洁。开始是求得县官一函书札为光荣，继而大权下移，就毫无忌惮。衙门食和用的需求，仰仗绅士之手，于是擅自作威作福，藐视官长。这是不谦逊。现在特为申诫各属绅士，以敬畏官长为第一义。财物利益的权力，归于官府；赏罚的权柄，由上面操纵。即便是同列的绅士们，也要互相推让，不争权势。绅士能做到自己廉洁而奉公,那么普通百姓都能做到尊君而亲上。

三,禁止说大话以务实

以诸葛亮的智勇,不能攻克魏国的一个城池;以范仲淹、韩琦的经纶,不能制服西夏的一方边隅。由此可知兵事的成败利钝,都由天意所定,不是人力所能为的。近年书生信口谈兵,动辄说攻克城池若干座,拓展土地若干里。这是大话。孔子说:"攻击那些丑恶的东西,但不要攻击有丑恶的那个人。"近年书生喜好攻击别人的短处,轻易诋毁古代的贤者,苛责时下的才俊。这也是大言。喜好谈兵事的人,他的阅历必浅;喜好攻击别人短处的,他的自修必定粗疏。现在与各位君子相约为务实之学,请从禁止大言开始。想要禁止大言,请从不轻易论兵开始,从不说人短处开始。

四,扩展才识以待使用

天下没有现成的人才,也没有生来就有知识的卓异,大抵都从勉强磨炼而产生。《淮南子》说:"功绩可从强力中成就,名望可从强力中出来。"董子说:"强勉去求取学问,则闻见广博;强勉去按大道行事,则德性一天天培植。"《中庸》所说的"别人为一自己则为百,别人为十自己则为千",这就是勉强工夫。当今士人都想为世所用,但却缺乏为世所用的才具。真正能从书籍中考求征信,从已往的历史中寻找途径,苦苦思索以求取畅通,亲身实行以检验效应,勉之又勉,则见识可逐渐长进,才能也能逐渐充裕。才识足以济世,又何必担心世人不知道自己呢?

以上十六条,分开则每一类型的人各自守住四条,综合起来则凡这几类人都可互相参观。圣贤的格言很多,难以完全述说,朝廷的律例很多,也难做到都知晓。只这些浅显易懂的话一条条规范在此,罢黜与迁升的依据也在此,但愿我的同事们共同勉励。咸丰十一年九月曾国藩记。

□评点

咸丰十年四月,曾氏被任命为两江总督,从此开始他握有地方军政实权的晚年岁月。曾氏一向认为,国家的混乱是源于吏治的混乱,故而他在执掌实权之后,除倾力于军事外,更倾心于吏治的整顿,甚至期望能培养一批好官种子,撒向全国各地,试图挽回吏治上的颓风。这里所抄录的十六条劝诫浅语,应视为他整顿吏治事业中的一个重要内容。笔者在阅读中有一个发现,即不管对哪个类型人的劝诫,其中有一点是共同的,那就是关于俭朴廉洁方面的要求。无论州县营官,还是委员绅士,都是社会的上层人,都是有权者,也就是说都具备谋私的可能,故而对他们来说最大的自律便是廉洁;要想廉洁,首要俭朴。俭朴者花费较少,靠官俸足以度日,不必再在银钱上打主意,廉洁的官守便容易保住;相反,奢华挥霍欲求过多,则官俸不足以维持,则易产生分外捞钱的想法,而掌握权力的人容易使这种想法变为现实。于是,一个公务员便成了贪官。所以,俭朴实为廉洁的源头。

笔者还有一个强烈的感觉:作为高级官员,曾氏具备极强的综合能力和深入浅出的表达能力。针对四种不同类型的管理者,曾氏分别提出四条不同的要求,这四条即为该类型管理者的基本职守,以及导引此职守得以履行的正确途径。这些都需要由高度的综合而产生。如何表达,也极为重要。对道理的阐述,有各种各样的方式,即便是最深奥的大道理,也可以用最浅显的语言表达出来,关键在于表达者本人对道理理解的程度如何。有时候恰恰是那些最深刻的理解者,才能用最浅显易懂的语言来表达。这十六条劝诫语以及曾氏其他一些文字(如《爱民歌》《保守平安歌》《水师得胜歌》《陆军得胜歌》等)都浅近而易读易懂易记,这都需要很圆熟的表达能力。当然,浅出乃源于深入。

治　军

训诫军中要务

□原文

一、“营中吃饭宜早。”此一定不易之理，即现在粤匪暴乱，为神人所共怒，而其行军，亦系四更吃饭，五更起行。营中起太晏，吃饭太晏，是一大坏事，营规振刷不起，即是此咎。

一、扎营一事，男每苦口教各营官，又下札教之，言“筑墙须八尺高，三尺厚，壕沟须八尺宽，六尺深。墙内有内壕一道，墙外有外壕二道或三道，壕内须密钉竹签”云云。岳州之溃败，即系未能扎营之故。嗣后当严戒各营也。

一、“调军出战，不可太散。”此后不敢分散。然即合为一气，而我军仅五千人，贼尚多至六七倍，拟添募陆勇万人，乃足以供分布耳。

一、破贼阵法，平日男训诫极多，兼画图训诸营官。二月十三日，男亲画贼之莲花抄尾阵，寄交璞山。璞山并不回信。寄交季弟。季弟回信，言贼了无伎俩，并无所谓抄尾阵。寄交杨名声、邹寿璋等，回信言当留心。慈训言当用常山蛇阵法，必须极熟极精之兵勇，乃能如此。昨日岳州之败，贼并未用抄尾法，交手不过一个时辰，即纷纷奔退，若使贼用抄尾法，则我兵更胆怯矣。若兵勇无胆无艺，任凭好阵法，他也不管，临阵总是奔回，实可痛恨。

一、拿获可疑之人，以后必严办之，断不姑息。

□译文

一、“军营中吃饭要早。”这是一定的不能改变的道理，即便是现在粤匪暴乱,为神人所共怒,但他们行军时,也是四更吃饭,五更起行。军营中起床太晚,吃饭太晚,是一大坏事。军营规矩不能振兴,便是因为这个原因。

一、扎营一事,儿每每苦口教导各营官,又下文教导他们,说“筑墙必须要有八尺高,三尺厚,壕沟必须八尺宽,六尺深。墙内有内壕一道,墙外有外壕两道或三道,壕内必须密密地钉下竹签”等等。岳州的溃败,就是未能扎下坚实营盘的缘故。今后当严厉训诫各营。

一、“调动军队出去打仗,不可太分散。”此后不敢再分散。但是即便合在一起,我军仅五千人,贼军还多到六七倍,打算增募陆勇万人,才足以供分布。

一、破贼军的阵法,平日里儿训诫极多,还兼带画图教导各位营官。二月十三日,儿亲自画贼军的莲法抄尾阵寄给王璞山。璞山并不回信。寄给季弟。季弟回信,却说贼军没有什么伎俩,并没有所说的抄尾阵。寄给杨名声、邹寿璋等,回信说当留心。父亲信上说应当用常山蛇阵法,但必须要极为精熟的兵勇才能布下此阵。昨天岳州的失败,贼军并没有用抄尾法,交战不到一个时辰,便纷纷奔退,假若贼军用抄尾法,则我军士兵更加胆怯了。兵勇若是无胆无艺,任凭好阵法,他也顾不上,临阵总是往回逃,实在可痛恨。

一、捉到可疑的人,以后必定严办,绝不姑息。

□评点

咸丰三年八月下旬,曾氏从长沙来到衡州府,短短的四个多月里,他将湘军扩大为陆军十营、水师十营,共一万人,加上夫役七千多,号称二万人马。咸丰四年正月,曾氏率领这支人马出师北上。三月初,湘军在岳州城外遭遇不利,中旬,再次失利,遂由岳州退回长沙。本月二十二日,曾氏接到他的父亲曾麟书从家中写来的信,信中谈到军营中的几点要务。二十五日,曾氏回禀父亲,对父信中所谈的几点一一作了答复。此处所抄的这段话即出于此信。

曾麟书乃一乡村塾师。太平军起事后,他名为湘乡县的团练老总,实则未参与其事,对于军营,他是一个真正的外行。他所说的这几点，一半出自于阅读，一半出自于日常经验，并非亲历戎行所得。应该说这几点，对于曾兼任过兵部侍郎且又有一年多办团练经历的曾氏来说，并无新意，但曾氏却郑重其事地一一回复。这一则出于对父亲的尊重，二则这几点本身既有道理，加之经父亲提示后则更宜注意。值得后人记取的是，曾氏在后来领导湘军十多年的日子里，一以贯之地推行“吃饭宜早”、“扎营宜硬”两条父训，使之成为湘军成功的两条重要原因。

何必与兵事为缘

□原文

大乱之弭，岂尽由人力，亦苍苍者有以主之耳。

余食禄有年，受国厚恩，自当尽心竭力办理军务，一息尚存，此志不懈。

此事登场甚易，收身甚难。锋镝至危，家庭至乐，何必与兵事为缘？兵，犹火也，易于见过，难于见功。

□译文

大乱的平定，哪里完全由得人力，也是由上天所主持的。

我食朝廷俸禄多年，受国家的厚恩，自然应当尽心竭力办理军务，只要一口气尚在，这个志向不会懈怠。

这件事上场很容易，体面下场却很难。刀锋箭镝很危险，家庭生活很快乐，何必要与军事扯上关系？用兵打仗，好比玩火，容易犯过错，难于见功效。

□评点

这三段话，出自于咸丰五年及六年这段时期，曾氏给诸弟的家信。三段话表达出一个共同的心态，即对战争的畏惧。曾氏的畏惧，既有普通人恋生怕死的成分在内，也含有他对人类这种互相残杀行为的深刻认识；同时，还与他所拥有的社会资源有关。他的弟弟们并没有听从他的劝告，一个个铤而走险。他们何尝不知道锋镝至危家庭至乐，但他们更需要名利权位！

用兵种种

□原文

扎营不可离城太近，宁先远而渐移向近，不可先近而后退向远。

多则不悍，悍则不多。盖贼多，则中有裹胁之人。彼亦有生手，彼亦有破绽，吾转得乘隙而入矣。

军中器械，其略精者，宜另立一簿，亲自记注，择人而授之。古人以铠仗鲜明，为威敌之要务，恒以取胜。

进兵须由自己做主，不可因他人之言，而受其牵制。非特进兵为然，即寻常出队开仗，亦不可受人牵制。应战时，虽他营不愿，而我营亦必接战；不应战时，虽他营催促，我亦且持重不进。若彼此皆牵率出队，视用兵为应酬之文，则不复能出奇制胜矣。

余昔在营中，诫诸将曰："尔可数月不开一仗，不可开仗而毫无安排算计。"

扎营不可离城太近。盖地太逼，则贼匪偷营，难以防范，奸细混入，难于查察。节太短，则我军出队，难于取势，各营同战，难于分股。一经扎营之后，再行退远，则足馁士气，不如先远之为愈也。牵率出队之弊，所以难于变革者，盖此营出队之时，未经知会彼营，一遇贼匪接仗，或小有差挫，即用令箭飞请彼营前来接应，来则感其相援，不来则怨其不救；甚或并未差挫，并未接仗，亦以令箭报马，预请他营来接应。习惯为常，视为固然，既恐惹人之怨憾，又虑他日之报复，于是不敢不去，不忍不去。夫战阵呼吸之际，其几甚微，若尽听他营之令箭，牵率出队，一遇大敌，必致误事。弟思力革此弊，必须与各营委曲说明，三令五申，又必多发哨探，细侦贼情，耳目较各营为确，则人皆信从，而前弊可除矣。

□译文

扎营不可以离城池太近，宁可先扎在远处，再逐渐移近，不可以先扎在近处而后再退向远处。

人多则不精悍，精悍则人不多。贼军人多，是因为其中有裹胁之人。他们也有生手，他们也有破绽，我们反而可以乘隙而入。

军营中的器械，那些略微好一些的，宜另立一个登记簿，亲自登记，有所选择地发给别人。古人将铠仗鲜明作为威慑敌人的要务，常常靠此而取胜。

进兵必须由自己做主，不可听别人的话而受他的牵制。不只进兵是这样，即平时出队打仗，也不可受人牵制。应该战时，即便别人的军营不愿参战，我自己的军营也必须开仗；不该应战时，即便别人的军营催促，我自己的军营也必须持重不进。若彼此都因互相牵率而出队打仗，如此则将用兵视为应酬虚文，那就不能出奇制胜了。

我过去在军营中，告诫诸将说："你可以几个月不打一仗，但不可打仗而毫无安排算计。”

扎营不可以离城池太近,这是因为距离太逼近,则贼军偷营难以防范,奸细混入难以盘查。相距太短,则我军出队难于取势,几个营一同作战则难以分股。一经扎下之后再来退往远处,则足以使士气受馁,不如先在远处扎营为好。互相牵率出队的弊端,之所以难于改变,是因为此营出队之时,没有先告知彼营,一遇到与贼军接仗,或者有点小差挫,即用令箭飞马去请彼营前来接应,彼营来则感谢援救,不来则怨恨不援救;甚至并未遇到差挫,并未接仗,也以令箭报马预先请别人的营哨来接应。习惯为常,视为应当之事,既害怕别人的怨恨,又顾虑他日的报复,于是不敢不去,不忍不去。战场上打仗的变化乃是瞬间的工夫,其中的机奥甚为微妙,若是尽听别人军营的令箭而被牵着出队,一遇大敌,必然误事。弟想法力革此弊,必须委婉地与各营说明白,三令五申,又一定要多发哨探,细细侦察贼情,耳目要比其他营准确,则别人都信从,于是先前的弊病可除去了。

□评点

咸丰六年,江西大部分府县落入太平军手,身处江西战场的曾氏军事十分不利。这年八月,湖南人黄冕被任命为江西吉安知府。黄冕出资请曾国荃募勇救吉安,吉字营因此而起。初募仅两千人,时国荃三十三岁。面对初领兵的九弟,大哥有责任传授自己这些年来的经验体会。此处所抄录的这几段话,全是曾氏在咸丰六年十一月至咸丰七年十月这一年里写给吉字营统领曾老九的。所说的扎营不要离敌人的城池太近,打仗不可被别人牵着走,不打无准备之仗,不必怕敌军人多以及军营宜铠仗鲜明等等,均是亲历戎行的体会之谈,对于刚刚放下笔墨的老九来说,自是十分宝贵。

军气与将才

□原文

凡军气宜聚不宜散，宜忧危不宜悦豫。人多则悦豫，而气渐散矣。营虽多，而可恃者，惟在一二营；人虽多，而可恃者，惟在一二人。如木然，根好株好，而后枝叶有所托；如屋然，柱好梁好，而后椽瓦有所丽。遇小敌时，则枝叶之茂，椽瓦之美，尽可了事；遇大敌时，全靠根株培得稳，柱梁立得固，断不可徒靠人数之多，气势之盛。倘使根株不稳，柱梁不固，则一枝折而众叶随之，一瓦落而众椽随之，败如山崩，溃如河决，人多而反以为累矣。

凡将才有四大端，一曰知人善任，二曰善觇敌情，三曰临阵胆识，四曰营务整齐。吾所见诸将，于三者略得梗概，至于善觇敌情，则绝无其人。古之觇敌者，不特知贼首之性情伎俩，而并知某贼与某贼不和，某贼与某伪主不协，今则不见此等好手矣。贤弟当于此四大端下工夫，而即以此四端察同寮及麾下之人才。第一、第二端，不可求之于弁目散勇中，第三、第四端，则末弁中亦未始无材也。

□译文

大凡军中之气宜聚合不宜流散，宜忧虑危惧不宜欢悦安逸。人一多则欢悦安逸，而气便逐渐流散了。营虽多，而可依恃者只在一二个营；人虽多，而可依恃只有一二个人。像树木样，根好干好然后枝叶才有所依托；像房屋样，柱好梁好然后椽和瓦才有所附丽。遇到小股敌人，则以茂盛的枝叶、完好的椽瓦便足可以了事；遇到大股敌人，则全靠根与干培植得稳当，梁与柱立得坚固，绝不可只靠人数之多，气势之盛。倘若根与干不稳当，柱与梁不坚固，则一枝损折而众叶随折，一片瓦坠落而众椽随落，像山崩一样地失败，像河决一样地溃流，人多则反以为拖累了。

大凡将才有四个大的方面。一为知人善任，二为善察敌情，三为临阵有胆识，四为营务整齐。我所见的各位将领，在其他三个方面略微懂得些梗概，至于善察敌情，则绝无其人。古时察看敌情的人，不但知道贼人头领的性情才能，而且还知道某贼与某贼的不和，某贼与某主帅的不允协，现在却见不到这样的好手了。贤弟应当在这四个大方面下工夫，即以这四点来端察同僚及部下中的人才。第一、第二两点，不可以在军中低级人员中求到，第三、第四两点，则小头目中也未尝没有这种人才。

□评点

这两段话均出自咸丰七年十月二十七日给老九的家信。此时曾氏在原籍为父亲守丧。这年九月，老九赴江西吉安军营。老九因不是朝廷官员，所以不必在家守丧三年。此信的要点便是此处所抄录的这两段。前段谈的是军气，即军营中的气氛。曾氏认为，军事乃肃杀之事，宜聚不宜散，宜忧不宜喜。聚则有力，散则松劲，忧则警惕，喜则大意。其实，不仅军队应如此，大凡担当大任的团队都应如此。后段说的是对将才的要求。曾氏一向极为重视人才，战乱时期最重要的人才便是将才。曾氏为湘军物色和提拔了一大批将才，这是湘军成功的根本。从曾氏所列四点来看，似乎他本人更关注的是善觇敌情的人才，而当时湘军各营所缺乏的也是这类人才。

八点经验之谈

□原文

打仗之道，在围城之外。节太短，势太促，无埋伏，无变化，只有队伍整齐，站得坚稳而已。欲临机应变，出奇制胜，必须离城甚远，乃可随时制宜。凡平原旷野开仗，与深山穷谷开仗，其道迥别。去城四十里，凡援贼可来之路，须令哨长、队长轮流前往该处看明地势，小径小溪，一丘一洼，细细看明，各令详述，或令绘图呈上，万一有出隘迎战之时，则各哨队皆已了然于心。古人忧学之不讲，又曰明辨之，余以为训练兵勇，亦须常讲常辨也。

气浮而不敛，兵家之所忌也。偶作一对联云："打仗不慌不忙，先求稳当，次求变化；办事无声无臭，既要精到，又要简捷。"

治军总须脚踏实地，克勤小物，乃可日起而有功。凡与人晋接周旋，若无真意，则不足感人，然徒有真意，而无文饰以将之，则真意亦无所托之以出，《礼》所称无文不行也。余生平不讲文饰，到处行不动，近来大悟前非。

屯兵城下，为日太久，恐军气渐懈，如雨后已弛之弓，三日已腐之馔，而主者安然，不知其不可用，此宜深察者也。附近百姓，果有骚扰事情否，此亦宜深察者也。

治军之道，总以能战为第一义。倘围攻半岁，一旦被贼冲突，不克抵御，或致小挫，则令望隳于一朝，故探骊之法，以善战为得珠。能爱民为第二义，能和协上下官绅为第三义。愿吾弟兢兢业业，日慎一日，到底不懈，则不特为兄补救前非，亦可为吾父增光于泉壤矣。

凡扑人之墙，扑人之濠，扑者客也，应者主也。我若越濠而应之，则是反主为客，所谓致于人者也。我不越濠，则我常为主，所谓致人而不致于人也。稳守稳打，彼自意兴索然。

今年军事，沅弟缄言稳扎稳打，机动则发，良为至论。然机事殊不易审，稳字尤不易到。

未有主帅晏而将弁能早者也，犹之一家之中，未有家长晏而子弟能早者也。

□译文

打仗的办法，在围城之外去摸索。距离太短，形势太逼，不能有埋伏，不能有变化，只有做到队伍整齐，脚跟站得坚稳而已。想要临机应变出奇制胜，必须离城很远，才可随时调整。凡在平原旷野打仗，与在深山穷谷中打仗，其中的学问大有区别。离城四十里，凡是援贼可能来的道路，必须令哨长、队长轮流前往该处看明地势，小路小溪，一丘一洼都要细细看明，令他们在弟的面前详细叙述，或者令他们画图呈上。万一有出队迎战的时候，则各哨各队都已了然于心。古人忧虑学问的不讲述，又说当明白辨析，我认为训练兵勇，也必须常常讲常常辨。

军气浮散而不聚敛，这是兵家所忌讳的。偶尔作一副联语："打仗不慌不忙，先求稳当，再求变化；办事无声无息，既要精到，又要简便。"

治军总须脚踏实地，能勤于小事，才可能日益兴起而获得功效。凡与人交往周旋，若是没有真意，则不足以感人；但仅只有真意而没有文饰以配合，则真意也没有依托来表现，这就是《礼记》中所说的言而无文则行之不远。我生平不讲文饰，故而到处行不通，近来大为领悟过去的不是。

屯兵于城下，时间太久，担心军气会逐渐松懈，好比雨后已经疲软的弓弦，过了三天已腐败的菜肴，然而主事者依旧安之若素，不知已不可使用。这一点宜深察。对附近的百姓，确实有骚扰的事情发生吗？这也是应当深察的。

治军的原则，总以能打仗为第一义。倘若围攻半年，一旦被贼军冲突出去，不能抵御，或是招致小挫，则好名声毁于一朝。故而好比探骊一样，以能打仗为探得骊珠。能够爱民为第二义，能和协上下官绅为第三义。愿我弟兢兢业业，日慎一日，一直到底都不松懈，则不但替兄补救以前的不是，也可以为我们的父亲在九泉之下增光。

凡攻打别人的壁墙，攻打别人的濠沟，攻打者是客，回应者是主。我若是越过濠沟去应战，则是反主为客，所谓被人招致。我不越过濠沟，则我常为主，所谓招致别人而不被别人招致。稳守稳打，他自然意兴索然无趣了。

今年的军事，沅弟信中说稳扎稳打，机会来了则出击，的确是最好的观点，但事机极不容易辨别，稳当尤其不容易做到。

未有做主帅的起床晚而将士们能早起的，好比一家之中，未有家长起床晚而子弟能早起的。

□评点

这几段话，也绝大部分是写给顿兵吉安城下的老九的。其中有两条宜格外提出，一为曾氏所说的“文饰”，应是指的接人待物的形式。只有真意还不够，还要注意形式。一为对主与客的论说也很有意思。本是主，若过线了，则反主为客，从有利变为不利。有志在世上做点事的人，当咀嚼此中三味。

不宜以命谕众

□原文

季弟言“出色之人，断非有心所能做到”，此语确不可易。名位大小，万般由命不由人，特父兄之家教，将帅之训士，不能如此立言耳。季弟天分绝高，见道甚早，可喜可爱！然办理营中小事，教训弁勇，仍宜以勤字作主，不宜以命字谕众。

□译文

季弟说"出色的人，绝对不是只要有心就能做到的"，这话的确不可移易。名位的大小，万般由命不由人，只是父兄的家教，将帅的教训士兵，不能这样立言。季弟的天分特别高，领悟道理很早，可喜可爱！但办理军营中的小事，教训下层士兵，依然应以勤字为主，不应当以命字来告谕大众。

□评点

成就大事，靠的是天赋、勤奋与机遇，三者缺一不可。然天赋不可改变，机遇不可预测，勤奋才是可由自己掌握的因素。所以，想要成大事，必须从勤奋始。但勤奋并非就一定能成就大事，这是因为或许在天赋与机遇二者上有所缺失。父兄教子弟、领导训部属，只能谈人力所能做到的勤奋，若过早谈论天赋与机遇，则很可能使子弟或部属放弃勤奋，苟如此，则断无成就可言。

稳

□原文

即挖长濠，切不可过濠打仗，胜则不能多杀贼，挫则不能收队也。

贼初来之日，不必出队与战，但在营内静看，看其强弱虚实，看得千准万确，可打则出营打仗，不可打则始终坚守营盘，或有数分把握。

现讲求守垒之法，贼来则坚守以待援师；倘有疏虞，则志有素定，断不临难苟免。回首生年五十，除学问未成有遗憾外，余差可免于大戾。

凡军行太速，气太锐，其中必有不整不齐之处，惟有一静字可以胜之。不出队，不呐喊，枪炮不能命中者不许乱放一声。

□译文

既已挖好长濠，就切不可越过濠沟去打仗。打胜了不能多杀敌，受挫折则不能收队回营。

敌军刚到的时候，不必出队作战，只在营内静静地观看。看他的强弱虚实，看得千准万确，可以打则出营打仗，不可以打则始终坚守营盘，或者这样才有几分把握。

现在讲求的是把守营垒的办法，贼军来则坚守营垒借以等待援师；倘若有疏忽，则心中早定有素志，绝对不会临难苟且保命。回首生年五十，除学问未成有遗憾外，其余的勉强可以免于大错谬。

凡是行军的速度太快，气势太锋利，其中则必有不整齐之处，惟有一个静字可以制胜。不出队，不呐喊，枪炮若不能命中的则不许乱放一声。

□评点

这几段军营经验，可以概括为一个字，即稳。稳，可谓曾氏治事的一个大特点。大凡办大事治大业立长久之基建传世之功者，皆须有一稳字在心。稳的另一种表述，即谨慎。诸葛一生惟谨慎，曾氏也常常说自己“无他法，惟谨慎耳”。

人力与天事

□原文

吾兄弟无功无能，俱统领万众，主持劫运，生死之早迟，冥冥者早已安排妥帖，断非人谋计较所能及。只要两弟静守数日，则数省之安危，胥赖之矣。至嘱至要！

曾国荃手书联语

凡办大事，半由人力，半由天事。如此次安庆之守，濠深而墙坚，稳静而不懈，此人力也，其是否不至以一蚁溃堤，以一蝇玷圭，则天事也。各路之赴援，以多、鲍为正援集贤之师，以成、胡为后路缠护之兵，以朱、韦为助守墙濠之军，此人事也，其临阵果否得手，能否不为狗酋所算，能否不令狗酋逃遁，此天事也。吾辈但当尽人力之所能为，而天事则听之彼苍而无所容心。弟于人力，颇能尽职，而每称"擒杀狗酋"云云，则好代天作主张矣。

□译文

我们兄弟无功无能，却能统领万众，主持劫难时期的国运，生死之早与迟，冥冥者早已安排好了，绝对不是人谋所能及的。只要两位弟弟静守几天，则几个省的安危便全得依赖了。至嘱至要！

凡是办大事，一半由人力做主，一半由天事做主。比如这次安庆围师的守住，濠沟深而围墙坚，军营稳静而不懈怠，这属于人力。

它是否不至于因一蚁之穴而溃堤，以一只苍蝇而玷污玉圭，则属于天事。各路赶赴的援军，以多隆阿、鲍超为援救集贤关的正师，以成大吉、胡林翼为后路护卫之师，以朱品隆、韦志俊为助守墙濠之师，这些都是人事。至于他们临阵能否得手，能否不为陈玉成所算计，能不能不令陈玉成逃走，这些都是天事。我们只应当尽人力之所能做的，而天事则听之于天，自己不要存于心中。弟对于人力颇能尽职，但每每说"擒杀陈玉成"云云，则是喜好代天做主张了。

□评点

世上的事，有小事、大事之分。小事，因为简单，因为不与世间牵连，则可以由自己一人做主。大事，因为复杂，因为与世间多有牵联，自己一个人是不能完全做得主的。曾氏所说的"办大事，半由人力，半由天事"说的便是这个意思。当然，"半"只是个概数。有的大事，人力或许占多半因素，天事只占少半因素；相反，有的大事则天事所占的"半"又要多一些。

看地势察敌情及其他

□原文

凡看地势察贼势，只宜一人独往，所带极多不得过五人。如贼来追抄，则赶紧驰回，贼见人少，亦不追也。若带人满百，贼来包抄，战则吃贼之亏，不战而跑回，则长贼之焰，两者俱不可。故近日名将看地势者，相诫不带队伍也。又两相隔在五里以外，不可约期打仗。凡约期以号炮为验，以排枪为验，以冲天火箭为验者，其后每每误事。余所见带队百余人以看地势，及约期打仗，二事致败者累矣。

攻城攻垒，总以敌人出来接仗，击败之后，乃可乘势攻之。若敌人静守不出，无隙可乘，则攻坚徒损精锐。

用兵人人料必胜者，即伏败机；人人料必挫者，中即伏生机。庄子云两军相对，哀者胜矣。

大凡初扎险地，与久经扎定者迥乎不同。久经扎定者，濠已深，墙已坚，枪炮已排定，虽新勇亦可隐守。初扎险地者，虽老手亦无把握。久扎者千人守之而有余，初扎者二千人守之而不足。

凡军事，做一节，说一节，若预说几层，到后来往往不合。论兵事，宜从大处分清界限，不宜从小处剖析微芒。如鲍军或打南岸，或留北岸，此大处也。往返动须二月，调度不可错误。北岸或扎集贤关，或攻宿松，南岸或援江之瑞、义，或援鄂之兴、冶，此小处也，往返不过十日，临时尚可更改。

盛暑酷热，若出队站立烈日之中，历二三个时辰之久，任是铁汉，亦将渴乏劳疲。若挂车河官军作坚守之计，任贼诱战搦战，总不出队与之交仗，待其晒过数日之后相机打之，亦一法也。

□译文

凡是察看地形敌情，只宜一人独往，所带的随从最多不超过五个人。若敌人来追抄，则赶紧回营，敌见人少，也不会再追。若带人过一百，敌人来包抄，战则吃敌之亏，不战而跑回，则又长敌之气焰，两者都不可。故近来名将看地势的，互相告诫不带队伍。又两营相隔在五里之外的，不可约定日期打仗。凡是约定日期以号炮为准，以排枪为准，以冲天火箭为准的，到后来常常误事。我所见带队百余人看地势，以及约定日期打仗，因这两桩事招致失败的很多。

攻城也好攻垒也好，总以让敌人出来接仗为是，击败之后，乃可乘势进攻。若敌人静守不出，无隙可乘，则攻坚只是白白地损耗精锐。

出兵打仗,人人料定必胜的,即潜伏败机;人人料定必受挫的,其中即潜伏着生机。庄子说两军相对,有哀戚之容的一方将取胜。

大凡刚刚驻扎险地,与久经扎定者完全不同。久经扎定者,濠沟已挖深,围墙已坚固,枪炮已排定,即便是新兵也可稳守。刚刚驻扎险地的,即便老手也无把握。久扎者一千人守之而有余,初扎者两千人守之而不足。

凡军事上的事情,做一节,说一节,若预先说几层,到后来往往不相符合。论兵事,宜从大处上分清界限,不宜从小处上剖析细微。比如说鲍超的军队或打南岸,或留北岸,这是大处。往返一次动辄需要两个月,调度上不可出错。留在北岸,或扎集贤关,或攻宿松,打南岸或援江西的瑞州、义宁,或援湖北的兴国、大冶,这是小处。往返一次不过十天,临时还可更改。

盛暑酷热,若出营站在烈日之中历两三个时辰之久,任是铁汉,也要干渴疲乏。如挂车河官军作坚守的打算,任敌诱战挑战,总不出营与他们交战,等他们晒过几天之后再相机攻打,也是一个法子。

□评点

这几段话也全出自给老九的家信,谈的也是平日所积累的用兵打仗的点滴体会。有的前面已提过,比如不能约期出兵,军中不宜悦豫等;也有的是不亲临前敌所不知者,如查看地形不宜多带兵马等。至于兵事大处小处的对待,与其他大事小事的处置一样,彼此机宜是相通的。

无以多杀为悔

□原文

既已带兵，自以杀贼为志，何必以多杀人为悔？此贼之多掳多杀，流毒南纪，天父天兄之教，天燕天豫之官，虽使周孔今生，断无不力谋诛灭之理。既谋诛灭，断无以多杀为悔之理。

□译文

既然已经带兵，自然以杀敌为志向，何必以多杀人为后悔？这股贼人的多杀受掳，流毒南方，他们天父天兄的教义，天燕天豫一类的官爵，即使周公孔子生于今世，绝对没有不力图诛灭的道理。既然力图诛灭，绝对不应该有因多杀而后悔的道理。

□评点

这是咸丰十一年六月中旬，安庆破城前夕，曾氏写给沅、季两弟信中的话。这几句话历来颇遭非议。的确，即便是战争年代，为将帅者，也应存少杀人为念，多杀戮总是不好的。但自古以来都是“一将成名万骨枯”，若要成功，又的确不能后悔多杀人。这正是两难之选。还是曾氏自己对此有清醒的认识，他多次说过，带兵打仗，“是择术不慎”。人类真正的大仁大智，是要永远根除战争。

学周瑜的冷静

□原文

当此酷暑，贼以积劳之后远来攻扑我军，若专守一静字法，可期万稳，多公亦宜用静字法。此贼万无持久之道，弟不必虑多军之久困也。我所谓静者,不焦急耳!昔曹操八十万人自荆州东下,吴以五万人御之,而周瑜策其必败者,一料曹兵不服水土,二料刘表水师新附,不乐为用,三料暑热久疲。其后赤壁之役,果不出周郎之所料。

□译文

处在眼下酷暑季节,敌人以积劳之后从远方来攻扑我军,若专守住一个静字办法,可以期待万稳不失。多隆阿也宜用静字办法。此股敌人万无持久之法,弟不必顾虑多隆阿军的长久受困。我所谓的静,即不焦急罢了。从前曹操八十万人从荆州东下,吴国以五万人抵御,但周瑜预计曹军必败,一是料定曹兵不服水土,二是料定刘表的水师是新近依附的,不乐意为曹操所用,三是料定暑热时久则疲。后来赤壁之战,果然不出周瑜之所料。

□评点

冷兵器时代,武器的效应不大,于是参战人员的多少,便成为战争胜负的第一重要因素。但自古以来,便有以少胜多的特例。魏吴赤壁之战,乃以少胜多的典范战例。周瑜此时不过三十出头,强敌当头,能有如此冷静而准确的分析,实为军事天才。曾氏以周瑜的冷静教诫久顿安庆城下的老九。果然,十多天后,安庆城被攻破。

布袋与火把的使用

□原文

布袋、草把,此二者,皆余阅历之事。余攻九江,办布袋万个,为填壕之用,令每人装土于袋,负之丢于壕中。乃十二月朔日进攻,每袋仅一寸厚,千余袋不能填得一丈宽,而千余人断不能站在一处,每处数十人,竟未能填一尺厚。是日伤人最多,此布袋之难用也。攻瑞州时,刘峙衡以稻草填壕,已填一丈宽,过濠十余人矣,贼以火蛋抛出，稻草悉燃，烧死数十人。第二次峙衡用湿稻草，贼以枪炮击之，官兵亦不如前次之踊跃，遂不能过濠。瑞州濠深不盈丈，尚且如此，此稻草之难也。

□译文

布袋、草把，这两样东西，都是我所阅历的事。我攻九江城，置办布袋一万个，作为填濠沟之用，令每人装土于袋中，背着丢进濠沟中。于是在十二月初一日进攻九江，每个袋子仅装一寸厚的土，千多个袋子不能填满一丈宽的濠沟，而千多人是绝对不能站在一个地方的。每个地方几十个人，竟然未能填得一尺厚。这一天伤人最多。这是布袋的难用。攻瑞州时，刘峙衡以稻草填濠沟，已填一丈宽，冲过濠沟十多人了，敌人以火蛋抛出，稻草全部燃烧，烧死几十个人。第二次刘峙衡用湿稻草，敌人以枪炮射击，官军也不如上次的踊跃，于是不能越过濠沟。瑞州城外的濠沟深不满一丈，尚且如此。这是稻草的难用。

□评点

有些事情，在屋子里设想，觉得很好，但临到实际，却大不然。若是通常状况，依据实际修改就好了，而打仗却非比一般，所付出的学费乃是鲜血与生命。所以，阅历二字，对指挥打仗的将官来说，就显得更为重要。

水师骄傲

□原文

水师向本骄傲，又得数次小胜，则全是矜情躁气，偶然小挫，则怯态毕露。欲调度水师，无但取其长而忘其短，总以看明支河小汊为第一义。

□译文

水师向来骄傲,又获得几次小胜利,于是全是骄矜浮躁,偶然遭遇小挫折,则胆怯心态毕露。想要调度水师,不要只看到它的长处而忘记短处,总以看清楚支流小汊为第一义。

□评点

湘军水师,系曾氏咸丰三年秋冬之际在衡州府创建,是他的嫡系部队,攻打武汉及东进战役中,水师都立下赫赫战功。曾氏是很看重这支部队的。但水师恃功而骄,非曾氏及其统领彭玉麟、杨载福,其他人不能染指。打下安庆的老九想调度水师,曾氏去信言此事的困难性,暗示他不要插手其间。

早进与晚进

□原文

机已灵活,势已酣足,早进可也,否则不如迟进。与其顿兵城下,由他处有变而退兵,不如在四处盘旋作势,为一击必中之计。

□译文

机括已灵活,气势已酣足,则早进可也,否则不如迟进。与其顿兵于城下,由于别处有变化而退兵,不如在远离城外四处盘旋造势,为日后的一击必中作考虑。

□评点

咸丰十一年八月初一,曾老九攻破安庆城池。安庆是当时的安徽省会,乃长江下游的一个重要码头。这是继咸丰四年八月打下武汉之后,湘军的又一重大胜利。老九因此而名声大振。曾氏本拟派老九乘胜率兵救援上海,但老九不愿意,他的眼睛盯在南京，想要夺此天下第一功。这段话，便是对老九进兵南京的答复：早进迟进，由机与势来定，他不遥控。细细琢磨这段话，可知一向慎重的曾氏还是认为以迟进为好，但性格躁竞的老九立功心切，很快便扎营南京城外。

招降及驾驭悍将

□原文

剿抚兼施之法，须在军威大振之后。目下各路俱获大捷，贼心极涣，本可广为招抚，第抚以收其头目散其党众为上；收其头目，准其略带党众百人为次；收其头目，准其带所部二三千，如韦军者为又次；若准其仍带全部，并盘踞一方，则为下矣。

此辈暴戾险诈，最难驯驭。投诚六年，官至一品，而其党众尚不脱盗贼行径。吾辈待之之法，有应宽者二，有应严者二。应宽者，一则银钱慷慨大方，绝不计较，当充裕时，数十百万，掷如粪土，当穷窘时，则解囊分润，自甘困苦。一则不与争功。遇有胜仗，以全功归之，遇有保案，以优奖笼之。应严者，一则礼文疏淡，往还宜稀，书牍宜简，话不可多，情不可密；一则剖明是非，凡渠部弁勇，有与百姓争讼，而适在吾辈辖境及来诉告者，必当剖决曲直，毫不假借，请其严切惩治。应宽者，利也，名也；应严者，礼也，义也。四者兼全，而手下又有强兵，则无不可相处之悍将矣。

□译文

剿灭与招抚兼施这种办法，须在军威大振之后才能采取。眼下各路军队都获大胜，敌之军心极为涣散，本可广为招抚，但招抚以收其头目解散其同伙为上；收其头目，同意头目略带同伙百来人为次；收其头目，同意头目带领同伙二三千人，如同韦志俊那样为又次；若同意头目仍带领全部人马，并盘据一方，则为下了。

此人暴戾险诈，最难驾驭。投降六年，官至一品，而他的同伙还不脱盗贼行径。我们对待他的办法，有应当宽宥的两点，有应当严厉的两点。应当宽宥的，一为银钱上慷慨大方，绝不计较，在银钱充裕时，数十百万，送给他如同掷粪土，在银钱穷窘时，则拿出一部分分送，宁愿自己困苦些；一为不与他争功。遇到和他一起打了胜仗，则将功劳全归于他；遇有保举时，以优厚的奖励来笼络他。应当严厉的，一为礼仪上要疏淡，来往宜稀少，书牍宜简单，话不可多，感情上不可亲密；一为剖明是非，凡是他军队中的下级官兵，有与老百姓发生纠纷，而又恰好在我们所管辖的地方以及有来诉告的，必定要剖决曲直，毫不留情，请他严加惩治。应当宽宥的是利与名，应当严厉的是礼与义。四者兼备，而手下又有强兵，则没有不能相处的骄悍将领。

□评点

南京曾国荃祠

这两段话均出自给带兵东进南京的老九及季洪即国葆的家信，写于同治元年四月间。前段谈的是招抚敌军的办法，最忌的是全盘照收并予以立足之地。这样做的后果，是让投降者完整地保存实力，并能与地方保持联系，若一旦不合，最易再叛。后段话说的是一支降军投诚后的状况。这支降军乃李世忠的部队。李世忠原名李昭寿，河南固始人，咸丰三年在家乡组织捻军，后投降安徽皖南道员何桂珍。不久杀何复叛，参加太平军。八年再降胜保，改名世忠，官至江南提督。李一贯横行霸道，无法无天，光绪七年为安徽巡抚裕禄捕杀。曾氏一向讨厌李，这里教老九待李的宽严之道，为处上位者如何驾驭骄悍而又有能力的部属提供借鉴。

蚁穴与冲要等

□原文

万里长濠,大众公守,最易误事,一蚁蛰堤,全河皆决。

地方虽宽,分别极冲、次冲究无多处。前围城贼当冲者,不过数处,后拒援贼当冲者,亦不过数处。于极冲、次冲之地,择人守之,则他处虽有劣营,亦可将就支持。

临战之际,预先爱惜士卒精力,以备届时辛苦熬夜,犹考试者场前静养也。

□译文

万里长濠,许多人一同来守,最容易误事,一只蚂蚁蛰伏堤内,整个河道将有可能溃决。

所据的地方虽然宽广,但分别极为冲要、次等冲要的部分毕竟没有多处,前面包围城中之敌所当的冲要地,不过数处,后面抗拒援助之敌所当的冲要地,也不过数处。在极为冲要、次等冲要的地方,选择稳妥人守卫,则其他部分即便有战斗力差的军营,也可以将就支持。

临战之时,预先爱惜士卒的精力,以备届时辛苦熬夜,好比参加考试的人考前静养。

□评点

所说的虽都无关高深与机密,但是,由一个具有相当资望的人出来说话,予以提醒,从而引起主事者的认真注意,说不定恰恰就变为军事成功中的关键。

选将及将兵

□原文

大约选将以打仗坚忍为第一义，而说话宜有条理，利心不可太浓，两者亦第二义也。

凡善将兵者，日日申诫将领，训练士卒，遇有战阵小挫，则于其将领，责之戒之，甚者或杀之，或且泣且教，终日絮聒不休，正所以爱其部曲，保其本营之门面声名也。不善将兵者，不责本营之将弁，而妒他军之胜，己不求部下之自强，而但恭维上司、应酬朋辈以要求名誉，则计更左矣。

□译文

挑选将官，大致说来，以打仗坚忍为第一义，而说话宜有条理，好利之心不可太浓，这两点也是第二义。

大凡善于带兵的，都会每天申诫将领，训练士卒，遇有战场上的小挫败，则对他的将领责备训斥，甚至杀头，或者是边哭边教，一天到晚絮絮叨叨不止，这正是爱护他的部属，保护他的军营的门面名声。不善于带兵的，不责备本营的将士，而嫉妒他营的胜利，自己不求部下自强，而只是恭维上司、应酬朋辈来邀名求誉，那么这种想法就更离谱了。

□评点

这两段说的都是为将者所应注意的，一是打仗要坚忍，二是说话要有条理，好利之心不可太浓厚。再就是要严责本营而不要去嫉妒别人。这几点，应是针对当时湘军以及其他作战部队将领们的普遍弱点而言的。

死里求生与相机

□原文

身居绝地,只有死中求生之法,切不可专盼多军,致将卒始因求助而懈弛,后因失望而气馁也。

待贼疲乏散漫之时,猛然出队力战。如用此法,总须善于相机,第一要看贼散布在我营外最近之处,第二要看贼疲乏思归之时,第三要辨得贼之强枝安在,弱枝安在,乃可交手。

□译文

身处绝地,只有死里求生的办法,切不可一门心思盼望多隆阿的部队,以至于将士们初因可以求助而松懈,后来因失望而气馁。

等待敌军疲乏散漫的时候,猛然出队力战。这种用兵的方法,总是要善于寻找机会。第一要看敌人散布在我的军营最近的地方,第二要等敌人疲乏思归的时候,第三要分辨得出敌人的强部在哪里,弱部在哪里,才可下手。

□评点

前段说的是即使到了绝境,也只能靠自己死里求生,后段谈的相机,即寻找瞄准于我有利于敌不利的时机。这两点,不只是对打仗而言,换成做别的事也一样。

气敛局紧

□原文

凡用兵最重气势二字。此次弟以二万人驻于该处,大不得势。兵勇之力,须常留其有余,乃能养其锐气,缩地约守,亦所以蓄气也。

既不能围城贼,又不能破援贼,专图自保,自以气敛局紧为妥,何必以多占数里为美哉?及今缩拢,少几个当冲的营盘,每日少用几千斤火药,每夜少几百人露立,亦是便益。气敛局紧四字,凡用兵,处处皆然,不仅此次也。

□译文

凡用兵,最重的是气势两个字。这一次弟以两万人驻于南京城外雨花台,大不得势。兵勇的力量,须得经常保留积余,才能养其锐气,紧缩所守的地盘,也就是为了蓄气。

既不能包围城中的敌人,又不能攻破援救的敌军,专门谋求自保,自以气势收敛局面紧缩为妥,何必以多占几里为好呢?现在赶快缩拢,减少几个面临冲要的营盘,每天少用几千斤火药,每夜少几百个人在露水中站立,也是便益之事。气敛局紧四个字,凡用兵打仗,则处处都如此,不仅是这一次。

□评点

气与势是两个既抽象又实在的字,一般人不大去想它用它,故而一般人都做不成大事。凡欲成大事者,必须琢磨透这两个字。笔者喜欢思索这两个字,但限于天分及阅历,至今仍不能透悟。粗略地想,气多指主体的精神状态,势则多指客体所形成的现实状态;故气要靠主体去培植,势则要靠善于借取。这就是人们所常说的养气与得势。

在人而不在器

□原文

制胜之道,实在人而不在器。鲍春霆并无洋枪洋药,然亦屡当大敌。前年十月、去年六月,亦曾与忠酋接仗,未闻以无洋人军火为憾。和、张在金陵时,洋人军器最多,而无救于十年三月之败。弟若专从此等处用心,则风气所趋,恐部下将士,人人有务外取巧之习,无反己守拙之道,或流于和、张之门径而不自觉,不可不深思,不可不猛省。真美人不甚争珠翠,真书家不甚争笔墨,然则将士之真善战者,岂必力争洋枪洋药乎?

□译文

制胜之道,确实在于人而不在于兵器。鲍超并无洋枪洋火药,然而也屡次面对大股敌军。前年十月、去年六月,也曾与李秀成接仗,并没有听说以无洋人的军火为遗憾。和春、张国樑在南京时所拥有的洋人军器最多,却不能挽救咸丰十年三月的失败。弟若是专门从这方面去用心思,则风气的发展下去,担心部下将士,人人都会有用心于本业之外偷巧的习气,没有反过来求于自身坚守朴拙实诚的正道,或许会走和、张一样的路子而不自觉,不可不深思,不可不猛省。真正的美人不大争珠玉翡翠,真正的书法家不大争好笔好墨,而将士中真正善于打仗的,难道还有必要去力争洋枪洋火药吗?

□评点

制胜之道在人而不在器。这句话,自然是从整体上立论的。世间的事只有人才是决定的因素。这是放之四海置之千秋而皆准的真理。因为即便是器，也是人所制造也要靠人去使用，何况两军对垒，一方拥有先进武器，也只能一次取胜，却不能保证下次取胜。因为下次另一方也很可能就拥有同样的武器了。但在局部上，在某次战役中，拥有先进武器的人，很可能就占上风。正因为此，曾氏和他的军事同行们，在那个时代比其他所有人都重视器具。咸丰十年十一月，曾氏就向朝廷指出："目前资夷力以助剿济运，得纾一时之忧，将来师夷智以造炮制船，尤可期永远之利。"洋务运动之所以由曾氏等人发轫，就因为他们是当时的军事统帅。

兵无常法及宁拙毋巧等等

□原文

凡危急之时，只有在己者靠得住，其在人者皆不可靠，恃之以守，恐其临危而先乱，恃之以战，恐其猛进而骤退。

兵无常法，弟不可泥左之法以为法，拘左之机以为机，然亦可资参采。大约与巨寇战，总须避其锐气，击其惰气，乃为善耳。

凡长濠以内，总须主兵强于客兵，一切皆由弟作主，号令归一而后不至偾事。至嘱至嘱！

凡兵勇须有宁拙毋巧、宁故毋新之意，而后可以持久。弟莫笑我为老生迂谈也。

一蚁溃堤，此等最险之着，只可一试再试，岂可屡屡试之，以为兵家要诀乎？望弟早早定计，贼不解围，则忍心坚守，贼若解围，则以追为退，不着痕迹。行兵最贵机局生活。

□译文

凡危急之时，只有存在于自身的因素才靠得住，那些存在于别人身上的因素都不可靠，依靠他们坚守，担心他们临危先乱，依靠他们作战，担心他们猛进而又骤然后退。

用兵无固定的法则，弟不可拘泥左宗棠的法则为法则，拘泥左宗棠的机宜为机宜，但也可从左的用兵中获得参考。大约与巨寇作战，总必须避开他的锐气，打击他的惰气，才是好的做法。

凡是在长濠以内，总必须主兵强过客兵，一切都由弟作主，号令归一之后才不至于坏事。至嘱至嘱！

凡兵勇必须有宁拙毋巧、宁故毋新的意念，而后才可以持久，弟莫笑我这话是老生的迂腐之谈。

一蚁之穴而导致大堤崩溃，这种最为危险的做法，只可试一二次，哪能屡屡去试，作为兵家的要诀呢？希望弟早早定下计划。敌军不解除包围，则忍下性子坚守，敌军若解除包围，则以追为退，不露痕迹。用兵打仗，最可贵的是在运筹局面上的灵活。

□评点

这几段话，亦是兄弟俩关于用兵打仗的心腹谈话。为兄的，性格较为持重，好处在于稳，不好处在于迂。为弟的，争斗之心更为强烈，好处在于狠，不好处在于躁。

审机审势与审力

□原文

吾兄弟既誓拼命报国，无论如何劳苦，如何有功，约定终始不提一字，不夸一句，知不知一听之人，顺不顺一听之天而已。审机审势，犹在其后，第一先贵审力。审力者，知己知彼之切实工夫也。弟当初以孤军进雨花台，于审力工夫微欠。自贼到后，一意苦守，其好处又全在审力二字，更望将此二字直做到底。古人云兵骄必败，老子云两军相对哀者胜矣。不审力，则所谓骄也，审力而不自足，即老子所谓哀也。

□译文

我们兄弟既已发誓拼命报国，则无论如何劳苦，如何有功，互相约定始终不说一个字，不自我夸耀一句话，知与不知一概听之于别人，顺利与不顺利一概听之于天而已。审机审势，还在之后，第一先贵在审力。审力，即知己知彼的切实工夫。弟当初以孤军进驻雨花台，在审力工夫上略有欠缺。自从敌军到后，一意苦守，其好处又完全用在审力工夫上，更希望将这两个字一直做到底。古人说军队骄傲必定失败，老子说两军相对有哀戚的一方将会胜利。不审力，即所谓骄傲，审力而不自我满足，即老子所说的哀。

□评点

打仗须审机审势，还须审力，曾氏认为审力应在审机审势之先。审力，即弄清楚敌我双方的力量。老九以二万兵力围南京城，许多人都说他自不量力，曾氏也颇为赞同此说。老九后来将兵力增至五万，相对于九十里城墙的南京来说，也还是远不够。但最终南京还是被老九拿下来了，这是机与势所起作用的结果，即在同治三年六月那个时候，机与势已十分有利于老九而不利于太平军。

以抬鸟刀矛为根本

□原文

我军仍当以抬鸟刀矛及劈山炮为根本，譬之子弟于经书、八股之外，兼工诗赋杂艺则佳，若借杂艺以抛经书、八股，则浮矣。

□译文

我军仍然应当以抬枪鸟枪大刀长矛以及劈山炮为根本，好比子弟们在经书、八股之外，兼工诗赋杂艺则更好，若借杂艺来抛弃经书、八股，则为飘浮。

□评点

当时拥有较多洋枪洋炮的是李鸿章的淮军，吉字营所用的武器多为旧式刀枪，故只能以此为主，这其实是没有更好选择的事。

湘军将领用过的剑

蓄留气力忌讳名声及变化不测

□原文

凡行兵须蓄不竭之气，留有余之力。《左传》所称“再衰三竭”，必败之道也。弟营现虽士气百倍，而不肯浪战，正所谓留有余之力也。孤军驻雨花台，后无退路，势则竭矣。吾欲弟于贼退后，趁势追贼,由东坝进溧阳、宜兴,所谓蓄不竭之势也。

凡行军最忌有赫赫之名,为天下所指目,为贼匪所必争,莫若从贼所不经意之处下手,既得之后,贼乃知其为要隘,起而争之,则我占先着矣。

吾辈当一面顺天意,一面尽人事,改弦更张,另谋活着。古人用兵,最重变化不测四字。

□译文

凡用兵必须积蓄不会竭止的士气,留有丰裕的力量。《左传》上所说的"第二次则衰落第三次则竭尽",是必定失败的做法。弟营现在虽然士气百倍,却不愿随随便便开仗,正是所谓的留下丰裕的力量。孤军进驻雨花台,无后退之路,从势上来说是竭尽了。我希望弟在敌军退后,趁势追赶,由东坝进入溧阳、宜兴,所谓积蓄不会竭止的士气。

凡用兵最忌讳的是有赫赫名声,为天下所瞩目,为敌军所全力必争,不如从敌军所不在意的地方下手,得到之后,敌人才知道此为要隘之地,再起兵来争夺,那时我方已占先着了。

我们应当一面顺从天意,一面尽力人事,改弦更张,另谋盘活之处。古人用兵,最看重变化不测四个字。

□评点

这里所说的三点,即积蓄气力、低调、变化不恻,皆用兵之艺术,也是一切争斗领域里的艺术,经商办公司何尝不这样!

全军为上

□原文

用兵之道,全军为上,保城池次之。弟自行默度,应如何而后保全本军,如不退而后能全军,不退可也,如必退而后能全军,退可也。

□译文

用兵的原则,以保全军队为上,保守城池为次。弟自己默默地揣摸,应当怎样做才能保全自己的军队。如果不撤退而能保全军队,不退可以,如果必须撤退才能保全军队,则退也可以。

□评点

全军为上。这是一个很重要的军事思想。有了军队,才会有城池,若为了一个城池而损失大量军力,则城池虽得也必将于全局不利。这个道理说来容易,但临事之际,有些将领却并不能清醒地认识到这一点。

不可贪多而无实

□原文

凡读文太多,而实无心得者,必不能文者也。用兵亦宜有简练之营,有纯熟之将领,阵法不可贪多而无实。

□译文

凡读文章很多而实际并无自己心得的,必定是不能为文的,用兵也宜有简练的军营,宜有指挥纯熟的将领,布阵之法不可贪多而无实际效应。

□评点

贪多是人的本性之一。其实,世上许多东西都不在乎多而在乎精。不贪,属于智慧的范畴。

军事机宜若干条

□原文

宜多用活兵,少用呆兵,多用轻兵,少用重兵。进退开合,变化不测,活兵也;屯宿一处,师老人顽,呆兵也;多用大炮辎重,文员太众,车船难齐,重兵也;器械轻灵,马驮辎重,不用车船轿夫,飙驰电掣,轻兵也。弟军积习已深,今欲全改为活兵、轻兵,势必不易,姑且改为半活半呆半轻半重,亦有更战互休之时。

大炮守墙,余嫌太笨,现在劈山炮,专为守墙之用。弟以后宜少用笨重之物,此陆军第一要诀。

余所以不愿多立新营者,一则饷项极绌,明年恐有断炊之虞;二则局面愈大,真气愈少,和、张晚年覆辙,只是排扬廓大,真意消亡,一处挫败,全局瓦裂,不可不引为殷鉴。

雨花台老营,须十分坚固,能于最冲地方,筑石垒数处,宜以五百人守者,可以三百人守之而无虑,宜用劲旅守者,可以次等守之而无妨,则临分兵之时,便益多矣。

军中消息甚微,见以为旺,即寓骄机。老子云两军相对,哀者胜矣,其义最宜体验。

中外皆称向兵为天下劲旅，而余不甚以为然者，以其不能从大处落墨、空处着笔也。弟用兵之规模，远胜于和，而与向相等。杏、云甫成一枝活兵，而又急于调回，则空处全不着笔，专靠他军，可尽恃乎？

只要水路无接济进城，陆路纵有接济文报，贼亦终无可久之道。若必围得水泄不通，恐困兽犹将死斗，一蚁溃堤，全局皆震，不可不防。

傍城而战，例为彼此杀伤相当之局，以后若非贼来扑营，似不必常寻贼开仗，盖贼粮路将绝，除开仗别无生路，我则断粮路为要者，不在日日苦战也。

□译文

宜多用可灵活调动的兵，少用呆板的兵，多用轻捷的兵，少用携带重型器具的兵。进与退、开与合能够变化不测，即活兵；长期驻扎一处，部队疲惫兵员僵持，即呆兵；多使用大炮及随军物品多、文员太众，车船难以配齐的，即重兵；器械轻灵，辎重由马即可驮运，不需要用车船轿夫，军行快速，即轻兵。弟的军队积习已深，现在想完全改为活兵、轻兵，必定不容易，姑且改为半活半呆半轻半重，也好有轮番休假的时候。

用大炮守围墙，我嫌它太笨，现在劈山炮专门作守围墙用。弟以后适宜少用笨重武器，这是陆军的第一要诀。

我之所以不愿意多立新营，一则是因为军饷极为紧缺，明年恐怕有断炊的忧虑；二则规模越大，元气越少，和春、张国樑晚年的前车之鉴，只是因为排场阔大，元气消亡，一处遭到挫败，全局随之瓦解，不可不引为借鉴。

雨花台的指挥部必须十分坚固，能够在最冲要地方构筑几处石垒,适宜以五百人守的,可以三百人守之而无忧虑,适宜用劲旅守的,可以次一等的哨队守之而无妨碍,则临到分兵之时,就方便多了。

军营中的消落与长息甚为微妙,眼睛看到的是兴旺,即暗寓骄傲的可能。老子说两军相对,有哀戚的一方将会获胜,其中的道理最宜体味。

朝野都称赞向荣的军队是天下劲旅,而我不大以为然的原故,是因为向荣不能从大处落墨、空处着笔。弟用兵的规模,远胜过和春而与向荣相等。彭杏南、刘南云刚刚成为一支活兵,而又急于调回,则空处完全不着笔,专靠他军,可一味依恃吗?

只要水路没有接济物品进城,陆路纵使有接济文报进去,敌人也终究无长久存在的道理。若是必须要包围得水泄不通,担心困兽犹将死斗,一个蚁穴导致大堤崩溃,全局都因此震动,不可不防备。

靠着城池作战,照例是彼此杀伤差不多的局面。以后若不是敌军来扑营,似乎不必要主动与敌军开仗。这是因为敌军粮路将断,除开打仗外别无生路,我则以截断粮路为主要,不在于每天苦战。

□评点

此处所抄录的这几段话,均出自于同治元年十月至同治二年七月这段时期,曾氏给老九的家信,所谈者尽皆曾氏的用兵之见。对于大哥的这些指点,老九有的听,有的并不听。应该说,老九的这种态度是对的。俗话说"将在外,君命有所不受",其原因正是曾氏本人所说的"军中消息甚微"。数百里外的人,即便再精明再富有经验,也不可能事事符合战场上的实际情况。

识主才辅人半天半

□原文

凡办大事,以识为主,以才为辅;凡成大事,人谋居半,天意居半。往年攻安庆时,余告弟不必代天作主张。墙濠之坚,军心之固,严断接济,痛剿援贼,此可以人谋主张者也。克城之迟速,杀贼之多寡,我军士卒之病否,良将之有无损折,或添他军来助围师,或减围师分援他处,或功隳于垂成,或无心而奏捷,此皆由天意主张者也。譬之场屋考试,文有理法才气,诗不错平仄抬头,此人谋主张者也;主司之取舍,科名迟早,此天意主张者也。若恐天意难凭而广许神愿,若恐人谋未臧而多方设法,皆无识者之所为。弟现急求克城,颇有代天主张之意,愿弟常存畏天之念,而慎静以缓图之,则善耳。

□译文

凡办大事,以见识为主,以才能为辅;凡成就大事,人的谋划居半,天意居半。往年围攻安庆城,我对弟说不必代天作主张。墙濠、军心的坚固,严格断绝接济,痛剿来援敌军,这些都可以由人的谋划来决定。攻克城池的迟与速,杀贼的多与少,我军士卒的病与否,良将有无损折,或增添其他军队来帮助围师,或减去一部分围师分援他处,或功败于垂成,或无心而获得成功,这些都由天意来做主。好比科场中的考试,文章有章法才气,诗的平仄抬头等不出错,这些是人的谋划做主的。主考者取与不取,科名的迟与早,这是由天意做主的。若是担心天意难于依靠而广许神愿,若是担心人谋未成而多方设法,这都是无见识者的作为。弟现在急于克城,颇有点代天做主的意思,但愿弟常存畏惧天意之念而谨慎安静从容图谋,则好了。

□评点

这段话中的两个“凡”，可谓名言。后半部分人谋、天意各居其半的提法，前面已见过，前半部分的识主才辅的提法是新出现的。曾氏认为，做大事，更重在见识上，才能尚在其次。曾氏的观点很有道理。所谓大事，是指那些牵涉面宽、影响大、难度高的事情，办这些事更需要卓越的见识。比如说，面临一件大事，办与不办，便取决于见识；怎样办，难点在哪里，办的过程中需要解决哪些大的问题，这些所谓决策也都属于见识范畴，比起具体的才能来，毫无疑问，它们更为重要。

呆兵围城及使用大炮等

□原文

古人用兵，最贵变化不测。吾生平用兵，失之太呆，弟亦好从呆处着想。霆军五月从燕子矶南渡，本是呆着，挖地道则更呆。此际皖南危急，不能不调之使活耳。

大凡办一事，其中常有曲折交互之处，一处不通，则处处皆窒矣。

盖大致米粮难入，则城中强者可得，弱者难求，必有内变争夺之事。若合围太紧，水泄不通，无分强弱，一律颗粒难通，则反足以固其心，而无争夺内变、投诚私逃之事矣。

古来大战争、大事业，人谋仅占十分之三，天意恒居十分之七。往往积劳之人，非即成名之人；成名之人，非即享福之人。

大炮守垒，只可偶一用之，多用则可不必。吾在水营多年，深知大炮之长短。凡炮火之利有二,曰及远,曰命中。大炮之大子可以及远而难以命中,谓其愈远则行愈迟慢,且有声可以回避,又往往自上落下,不能横穿也。其群子则以命中而难以及远。包得合膛,筑得极紧,可及二三箭之远,否则仅及一箭而已。群子所能及之处,先锋包亦几能及之。军兴日久,各弁勇事事外行,徒慕大炮之名,见贼在二三里外,纷纷开大炮大子击之,喜其响之震、烟之浓而已。见贼不畏炮而排进如故,则以为凶悍无匹,而不知大子实不伤人。昔余在水营时,教将弁专用群子"包得圆,筑得紧,开得近"三语者,内湖各营,罕能做到,外江间有做到者,便是无敌之将。

□译文

古人用兵,最看重的是变化不测。我生平用兵,缺失在于太呆,弟也爱从呆处着想。鲍超的霆军五月份从燕子矶南渡,本是呆着,挖地道则更呆。眼下皖南危急,不能不将军队调度以便让它活起来。

大凡办一件事,其中常有曲折交错之处,一处不通,则处处都窒息不通了。

这是因为大致说来米粮难以进城,则城中强者可以得到,弱者难以求取,必然会有争夺等内变发生。若是合围太紧,水泄不通,不分强弱,一律颗粒难入,则反而使城中人心志坚固而无争夺内变、投降私逃的事情了。

古来大战争、大事业,人的谋划仅占十分之三,天意常居十分之七。往往长期辛劳之人,却不是成名之人;成名之人,却不是享福之人。

用大炮守堡垒,只可偶尔一次用之,多用则可不必。我在水师多年,深知大炮的长处短处。凡炮火之长处有两点,一为能打得远,一为能打得中。大炮的大子可以打得远但难以命中,这是因为越远则行动越迟慢，而且有声音可以回避，又往往是从上落下，不能横着穿行。大炮的群子则能命中但难以及远。包得合膛，压得极紧，可以打得两三个箭程之远，否则仅只有一个箭程而已。群子所能打到的地方，先锋包也几乎能打到。战争打得时间长了，官勇们事事都外行，只羡慕大炮的威名，见敌军在两三里外，便纷纷开大炮大子去射击，喜欢大炮响声震撼、烟气浓烈罢了。见敌人不怕炮而成排照旧推进，则认为敌人凶悍无比，而不知道大子其实并不伤害人。过去我在水师时，教导将官专用关于使用群子的三句话"包得圆，压得紧，发得近"传授兵勇，水师内湖各营少有能做到的，水师外江各营间或有做到的，便是无敌之将。

□评点

这又是几点关于用兵之见。老九也是有的听，有的不听。比如曾氏说"挖地道则更呆"，老九最后便是以地道破的南京城。好在曾氏一贯不遥控，他只说出自己的意见，听不听则并不多管。

部曲断断不能全撤

□原文

四五万人同时遣散，必无许多银钱，而坐轿者愿息，抬轿者不肯，其中又有许多人情物理，层次曲折。勇退是吾兄弟一定之理，而退之中，次序不可凌乱，痕迹不可太露。

□译文

四五万人同时遣散，一定没有许多银钱，坐轿的愿意休息，抬轿的却不肯停下来。这中间还有许多人情物理，方方面面的曲折复杂。撤退勇丁是我们兄弟一定要做的，只是在撤退中要让秩序不可凌乱，痕迹不可太暴露。

□评点

这段话写在同治三年二月，离打下南京还有四个月，曾氏兄弟已在商讨成功后撤退勇丁的事了。按道理，湘军不是国家经制部队，是临时招募的，打下南京后，遣撤回籍是顺理成章的事。但在这段话的前面，曾氏写道："金陵果克，弟之部曲不能全数遣散。一则江西是管辖之境，湖南是桑梓之邦，必派劲旅防御保全。"按照此时曾氏的想法，是要保留吉字营的相当部分的。但后来十撤其九，看来非曾氏本愿，乃形势所迫。

安慰吉字营

□原文

凡子弟生徒，平日懒惰，场文荒谬而不售者，则当督责之；至平日劳苦，场文极佳而不售者，则当奖慰之。弟所统诸将，皆劳苦佳文之生徒也。

□译文

凡子弟学生徒弟，平日里懒惰，科场中文章荒谬而不取者，则应当督责；至于平日里劳苦用功，科场中的文章很好而不取者，则应当奖励安慰。弟所统领的各位将领，都是劳苦又写出好文章的学生徒弟。

□评点

同治三年五月下旬，围攻南京城已到白热化程度，仗打得异常艰苦与残酷。湘军以挖地道的方式来炸轰城墙，太平军则无数次破坏已挖到墙边的地道，双方的伤亡都极大。老九的吉字营围南京已届两年，压力不小，眼看将破的城池却始终拿不下，将士们也颇为气沮。曾氏这番话应是安慰之语。

与捻军作战

□原文

捻匪长处，在专好避兵，不肯轻战，偶尔接战，亦复凶悍异常。好用马队，四面包围，而正兵则马、步夹进。马队冲突时，多用大刀长棒，步队冒烟冲突时，专用长矛猛刺。我军若能搪此数者，则枪炮伤人较多，究非捻匪所可及，劈山炮尤为捻匪所畏。

各军得悉萃于西南山多田多之处，剿办当稍易为力，恐其半过沙河以南，半留沙河以北，则尤疲于奔命耳。

百战之寇，屡衰屡盛，即仅存数十人，尚是巨患，况数万乎！人心日伪，大乱方长，吾兄弟惟勤劳谦谨，以邀神佑，选将练兵，以济时艰而已。

此贼故智，有时疾驰狂奔，日行百余里，连数日不少停歇，有时盘于百余里之内，如蚁旋磨，忽左忽右。贼中相传秘诀曰："多打几个圈，官兵之追者自疲矣。"僧王曹县之败，系贼以打圈之法疲之也。吾观捻之长技，约有四端。一曰步贼长竿，于枪子如雨之中，冒烟冲进。二曰马贼周围包裹，速而且匀。三曰善战而不轻试其锋，必待官兵找他，他不先找官兵，得粤匪初起之诀。四曰行走剽疾，时而数日千里，时而旋磨打圈。捻之短处，亦有三端。一曰全无火器，不善攻坚，只要官吏能守城池，乡民能守堡寨，即无粮可掳。二曰夜不扎营，散住村庄，若得善偷营者，乘夜劫之，协从者最易逃溃。三曰辎重、妇女，骡驴极多，若善战者与之相持，而别出奇兵，袭其辎重，必大受创。此吾所阅历而得之者。

余与少荃皆坐视贼太轻，以致日久无功，弟则视贼尤轻。庄子云两军相对,哀者胜矣。咸丰三年以前,粤匪为哀者,咸丰十年以后,官军为哀者。今捻匪屡胜,而其谨畏如故,官军屡败,而其骄蹇如故,是哀者尚在捻也。可虑孰甚?

□译文

捻军的长处,在于专门喜欢躲避官兵,不肯轻易交战,偶尔交战又异常凶悍。喜好用马队,四面包围,而正兵则马、步夹进。马队若与对方正面冲突时,则多用大刀长棒,步队在快速正面冲突时,则专用长矛猛刺。我军若能挡住这几点,则枪炮射伤人较之于刀矛更多,究竟不是捻军所可及的,劈山炮尤其为捻军所畏惧。

各路军队得知捻军全部集中于西南山多田多之处,剿办应当稍为易于着力,担心他们一半过沙河以南,一半留沙河以北,则更加疲于奔命了。

有百战经历的强寇,屡次衰败又屡次兴盛,即使仅存数十人,尚是巨大的隐患,何况数万人!人心日益虚伪,大乱方长,我们兄弟惟有勤劳谦谨,以获得神的保佑,选将练兵,以拯救时艰而已。

这批捻军一惯的做法:有时快速奔跑,日行百余里,一连几天不大停歇,有时在百余里地之内盘旋,如同蚂蚁围着磨盘旋转,忽左忽右。捻军中互相传授的秘诀是:"多打几个圈圈,追赶的官军自然疲乏了。"僧王曹县的失败,就是捻军以打圈的方法来使官军疲乏的结果。我看捻军技法的长处大约有四点。一是步兵手执长竿,在如雨的枪弹中冒烟冲进。二是骑兵周围包裹,快速而匀称。三为善于作战又不轻易试锋芒,一定要等官军先找他,他不先找官军,得到太平军初起时的秘诀。四是行军剽疾,时而几天走一千里,时而围着打圈圈。捻军的短处也有三点。一是完全没有枪炮,不善于攻坚,只要官吏能守住城池,乡民能守住堡寨,即掳不到粮食。二是夜晚不扎营盘,分散住在村庄里,若有善于偷营的,乘夜偷劫,协从者最容易逃走。三是辎重、妇女、骡驴极多,若有善于打仗的与他们相对持时，而另出奇兵，袭击他们的辎重，必然使他们受到重创。这些都是我从阅历中得到的。

我与李少荃都因为将捻军看得太轻，以至于日久无功，弟则将捻军看得更轻。庄子说两军相对，哀戚一方获胜。咸丰三年前，太平军为哀者。咸丰十年以后，官军为哀者。现在捻军屡次获胜，但他们谨慎畏惧之心还像先前样，官军屡次失败，但骄傲偃蹇也像先前样。这样看来哀者是捻军。还有什么比这更值得忧虑呢？

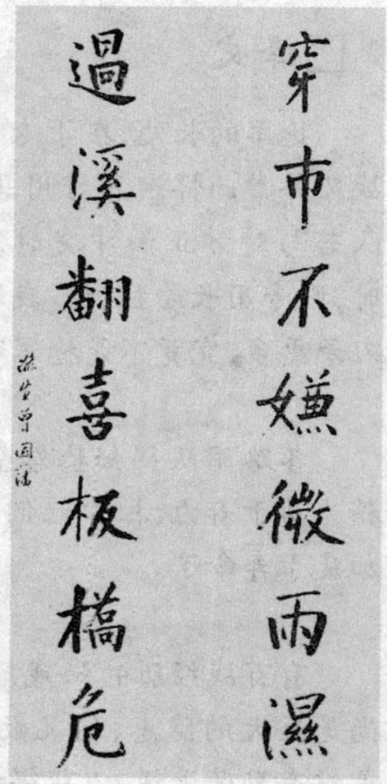

曾国藩手书联语

□评点

同治四年四月，清朝廷委派的与捻军交战的统帅僧格林沁被捻军打死在山东曹州。五月初，曾氏被任命为钦差大臣，接替僧格林沁。月底，曾氏离开南京北上。同治五年正月，在原籍休养的曾国荃被任命为湖北巡抚。老九在长沙募集六千新湘军，带至湖北与捻军作战。同治六年三月，曾氏奉旨离开军营回到江督本任，由李鸿章接替他统率与捻交战的湘淮军。这年十一月，老九亦辞去鄂抚之职回原籍。在与捻军交战的期间，曾氏兄弟都是失败者。捻乱的平息，最后止于李鸿章。同治六年底，东捻覆没于李鸿章手中。同治七年七月，李鸿章与左宗棠联合全歼西捻。此处所抄录的这几段话，均出自于捻战期间曾氏写给老九的信。

但有志即可奖成

□原文

淮勇不足恃，余亦久闻此言，然物论悠悠，何足深信！所贵好而知其恶，恶而知其美。省三、琴轩均属有志之士，未可厚非。申夫好作识微之论，而实不能平心细察。余所见将才杰出者极少，但有志气，即可予以美名而奖成之。

□译文

淮军不足以依靠，我也很早就听到这种说法了，但社会上议论各种各样，怎么可以过分相信！值得贵重的是这样的思维，即对之怀好感的要知道其中有丑恶，对之有恶感的也要知道其中有美好的一面。刘省三、潘琴轩都属于有志之士，未可厚非。李申夫喜欢从细微处见大事，然而他确实不能以平允之心细察。我所见的将领，杰出者极少，只要有志气，即可以美名送他，以奖劝的办法让他有所成绩。

□评点

这是同治五年九月，写给两个儿子家信中的一段话。淮军与湘军比，有很多不同之处，主要表现在带兵将领的文化修养上，两军差距较大。所以淮军从建军之初，便物论悠悠。这暂且不说。这段话有两点值得重视，一为“好而知其恶，恶而知其美”。这句话颇有点辩证意识，即看人看事不要绝对化。二为“将才杰出者极少，但有志气，即可予以美名而奖成之”。其实，岂只军事领域，各个领域都一样，杰出者本都极少，故而当领导的不要衡人太高，若太高，则天下将无人才了，关键在于处上者的引导。曾氏身边为什么人才那么多，这应是其原因之一。

骄惰最误事

□原文

傲为凶德，凡当大任者，皆以此字致于颠覆。用兵者最戒骄气惰气，做人之道，亦惟骄惰二字误事最甚。

□译文

骄傲是恶劣的习性，凡是担当大任的，都因这个字而招致大失败。用兵的人最要戒除骄气惰气，做人之道，也只有骄惰两个字最为误事。

□评点

无论什么人，无论做什么事，骄、惰两个字都是危害最大的。平常人、普通事，因为其成也无过亮闪光，其挫也无过大损折，世恒忽视罢了；而带兵之人、打仗之事则非比一般，因这两个字所造成的后果也就非同小可了。

主客正奇

□原文

凡用兵，主、客、奇、正，夫人而能言之，未必果能知之也。守城者为主，攻者为客；守营垒者为主，攻者为客；中途相遇，先至战地者为主，后至者为客；两军相持，先呐喊放枪者为客，后呐喊放枪者为主；两人持矛相格斗，先动手戳第一下者为客，后动手，即格开而戳者为主。中间排队迎敌为正兵，左右两边旁抄出为奇兵；屯宿重兵，坚扎老营，与贼相持者为正兵，分出游兵，飘忽无常，伺隙狙击者为奇兵；意有专向，吾所恃以御寇者为正兵，多张疑阵，示人不测者为奇兵；旌旗鲜明，使敌不敢犯者为正兵，羸马疲卒，偃旗息鼓，本强而故示以弱者为奇兵；建旗鸣鼓，屹然不轻动者为正兵，佯败佯退，设伏而诱敌者为奇兵。忽主忽客，忽正忽奇，变动无定时，转移无定势，能一一区而别之，则于用兵之道，思过半矣。

□译文

凡用兵，对于主、客、奇、正这些术语，人人都能说，但未必能真正知道。守城的为主，攻城的为客；守营垒的为主，攻营垒的为客；半路相逢，先到战地的为主，后到的为客；两军相对，先呐喊放枪的为客，后呐喊放枪的为主；两人持长矛格斗，先动手戳第一下的为客，后动手，即将对方长矛格开而再戳者为主。正面排队迎敌的为正兵，左右两边从旁包抄的为奇兵；安屯大队人马，扎下坚固指挥营盘，与敌人相对持的是正兵，分出一股游动的兵，飘忽不定、伺机狙击的为奇兵；目标专一，我所赖以御寇的为正兵，张布疑阵，让人猜测的为奇兵；旗帜鲜明，使敌人不敢侵犯的为正兵，瘦马疲卒，偃旗息鼓，本来强大却故意示以弱小的为奇兵；插旗鸣鼓，屹然不轻动的为正兵，假装失败撤退，设下埋伏而引诱敌人的为奇兵。忽而为主兵忽而为客兵，忽而为正兵忽而为奇兵，变动无一定的时候，转移无一定的形势，能做到一一区别得宜，则于用兵之道，有多半的思考了。

□评点

这是一段关于用兵的思索，具体思索的是主兵与客兵、正兵与奇兵之间的关系。重在“无定时”、“无定势”，而依当时形势而决定，若一味死守成法，则变为书呆子打仗，必败无疑。

士气的激励

□原文

兵者，阴事也，哀戚之意，如临亲丧，肃敬之心，如承大祭，庶为近之。今以羊牛犬豕而就屠烹，见其悲啼于割剥之顷，宛转于刀俎之间，仁者将有所不忍，况以人命为浪博轻掷之物！无论其败丧也，即使幸胜，而死伤相望，断头洞胸，折臂失足，血肉狼藉，日陈吾前，哀矜之不遑，喜于何有？故军中不宜有欢欣之象。有欢欣之象者，无论或为和悦，或为骄盈，终归于败而已矣。

田单之在即墨，将军有死之心，士卒无生之气，此所以破燕也。及其攻狄也，黄金横带而骋乎淄渑之间，有生之乐，无死之心，鲁仲连策其必不胜。兵事之宜惨戚，不宜欢欣，亦明矣。嘉庆季年，名将杨遇春屡立战功，尝语人曰："吾每临阵，行间觉有热风吹拂面上者，是日必败；行间若有冷风，身体似不禁寒者，是日必胜。"斯亦肃杀之义也。

田单攻狄，鲁仲连策其不能下，已而果三月不下。田单问之，仲连曰："将军在即墨，坐则织蒉，立则仗锸，为士卒倡，将军有死之心，士卒无生之气，闻君言，莫不挥涕奋臂而欲战，此所以破燕也。当今将军，东有夜邑之奉，西有淄上之娱，黄金横带而骋乎淄渑之间，有生之乐，无死之心，所以不胜也。"

余尝深信仲连此语，以为不刊论。同治三年，江宁克复后，余见湘军将士骄盈娱乐，虑其不可复用，全行遣散归农。至四年五月，余奉命至河南、山东剿捻，湘军从者极少，专用安徽之淮勇。余见淮军将士，虽有挥奋之气，亦乏忧危之怀，窃用为虑，恐其不能平贼。庄子云两军相对，哀者胜矣。仲连所言以忧勤而胜，以娱乐而不胜，亦即孟子"生于忧患死于安乐"之旨也。其后余因疾病疏请退休，遂解兵柄，而合肥李相国卒用淮军削平捻匪，盖淮军之气尚锐。忧危以感士卒之情,振奋以作三军之气,二者皆可致胜,在主帅相时而善用之已矣。余专主忧勤之说,殆知其一而不知其二也。聊志于此,以识吾见理之偏,亦见古人格言至论,不可举一概百,言各有所当也。

□译文

打仗这种事属于阴事,情绪哀戚,如同面临亲人的丧失,心怀肃敬,如同接受大型祭典,诸如此类氛围较为接近。现在牵出牛羊猪狗来宰杀烧煮,眼见它在被割肉剥皮时的悲啼,肉骨在刀俎之间移动,仁慈者都心里有所不忍,何况以人命作为随便博掷的赌具!不要说失败丧师,即使侥幸获胜,眼看着伤者望着死者、砍掉头颅洞穿胸膛、失掉手脚、血肉狼藉的情景天天摆在面前,哀痛还来不及,哪里来的喜悦呢?故而军队中不宜有欢欣之现象。有欢欣之现象的,不管是和悦还是骄盈,到头来终归是失败而已。

田单在即墨时,将军有战死的决心,士卒无生还的想法,这就是之所以攻破燕国的原因。到了他攻打狄国时,已经是腰佩黄金带,游走于淄渑之间,有生存于世上的享乐,没有死在战场上的决心,鲁仲连预计他必定不会胜利。用兵之事宜惨戚,不宜欢欣,这个道理通过田单的故事也就明白了。嘉庆末年,名将杨遇春屡立战功。他曾经对别人说:"我每临战场,行走时觉得有热风吹到脸上时,这一天必败;行走时若有冷风,身上似有寒冷不止的感觉,这一天必胜。"这也是肃杀的意思。

田单攻打狄国时,鲁仲连估计他打不下,后来果然三个月不能攻下城池。田单问他原因,鲁仲连说:"您在即墨时,坐下来则编草筐,站起来则拿着锸铲土,以身作则。您有战死的决心,士卒无生还的想法,听您说话,莫不流泪挥臂而希望打仗。这就是为什么能攻破燕国的原因。而现在将军您,东边有夜邑的俸禄,西边有淄上的娱乐,黄金做的带子横在腰间,奔走于淄渑之间,有生存的享乐,无战死的决心,所以不能获胜。"

我深信鲁仲连这番话,视为不刊之论。同治三年,江宁城克复后，我见湘军将士骄盈娱乐，担心他们不可再用，全部遣散回到农村。到了同治四年五月，我奉命去河南、山东剿捻，湘军跟从的极少，专用安徽的淮军。我见淮军将士，虽然有挥臂奋战的气概，但缺忧危的胸怀，暗地里焦虑，担心他们不能平定捻军。庄子说两军相对，哀戚一方将获胜。鲁仲连所说的以忧勤而胜，以娱乐而不胜，也就是孟子所说的“生于忧患死于安乐”的旨意。以后我因病奏请退休，于是解除兵权，而合肥李鸿章相国终于用淮军削平捻军，这是因为淮军的士气尚锋利，用忧危来感动士卒的情怀，以振奋来鼓舞三军的气概，二者都可以致胜，在于主帅依时而善于运用。我专门主张忧勤之说，是仅知其一而不知其二。姑且记在这里，以看出我见理的偏颇，也可见古人的格言至论，不可以一而概百，所言各有它的道理。

□评点

这也是两段对兵事思考的文字，载于曾氏全集中的《杂著》。曾氏很信奉老庄“哀兵必胜”的说法，认为军营中不能有欣悦欢豫的气氛。打下南京的湘军过于骄盈，曾氏全撤不用。他认为淮军也缺乏忧危意识，故而对淮军平大乱也不太抱希望。他指挥淮军与捻军作战，结果铩羽而归，但淮军领袖李鸿章却最终靠这支队伍平定捻乱。面对着这个事实，曾氏对自己的主张予以反思。反思使他进一步认识到，忧危可以感动士气，振奋也可调动士气，二者都可以致胜。显然，李鸿章用的是“振奋”一条。拿什么振奋？无非名利二字。虽然缺哀肃之气，但用更大的名和利，仍然可以激励军营斗志。笔者以为，曾氏的认识到了这个地步，算是较为全面了。回顾人类历史上数不清的获胜军队，其士气的激发大致在两个方面，一为真理正义，一为名利。前者可归于“忧危”一类，后者可归于“振奋”一类。

《史记》叙兵事有误

□原文

《史记》叙韩信破魏豹,以木罂渡军,其破龙且,以囊沙壅水,窃尝疑之。魏以大将柏直当韩信,以骑将冯敬当灌婴,以步将项它当曹参,则两军之数,殆亦各不下万人。木罂之所渡几何?至多不过二三百人,岂足以制胜乎?沙囊雍水,下可渗漏,旁可横溢,自非兴工严塞,断不能筑成大堰雍水,使下流竟绝。如其宽河盛涨,则塞之固难,决之亦复不易。若其小港微流,易雍易决,则决后未必遂不可涉渡也。二者揆之事理,皆不可信。叙兵事莫善于《史记》,史公叙兵,莫详于淮阴传,而其不足据如此!孟子曰尽信书则不如无书,君子之作事,既征诸古籍,诹诸人言,而又必慎思而明辨之,庶不至冒昧从事耳。

□译文

《史记》叙述韩信破魏豹,是以木罐渡的军队,韩信破龙且,是以袋子装沙堵水。我曾经怀疑,魏豹以大将柏直抵挡韩信,以骑将冯敬抵挡灌婴,以步将项它抵挡曹参,如此则两支军队的人数,恐怕也各自不下万人,木罐能渡得多少人?最多不过二三百人,哪里足以制胜?沙袋子堵水,下面可以渗漏,旁边可以横溢,若不是严谨施工,绝对不能筑成大堤堵水,使得下游竟然绝流。如果是水面宽阔河水盛涨,则堵住固然难,开通也不容易。若是小港小流,易堵易通,则开通后未必就不可涉渡。这两方面按理来说都不可相信。叙述兵事的书,无好过《史记》,太史公叙述兵事的文章又莫详过于淮阴侯的传记,但它的不足为据竟这样!孟子说尽信书则不如无书,君子做事,既征之于古籍,听之于别人之说,但又必须慎思而明辨,或许不至于冒昧从事。

□评点

这是一则读史笔记,亦载于曾氏全集《杂著》中。尽信书不如无书。孟子这句话说得好极了,曾氏以自己的阅历再次证明孟子此话的真理性。笔者相信,古今中外,许多写打仗的书都会有不少错谬,这是因为其中的绝大部分作者未曾亲历兵事,包括司马迁在内。司马迁当时写《淮阴侯列传》大概没有想得那么仔细,曾氏若不是后来做了湘军统帅,大概也不会对木罂渡军、沙囊壅水表示异议。

治兵的体会与感悟

□原文

约期打仗,最易误事,然期不可约,信则不可不通也。

治军之道,以勤字为先。身勤则强佚则病,家勤则兴懒则衰,国勤则治怠则乱,军勤则胜惰则败。惰者,暮气也,常常提其朝气为要。

凡打仗,一鼓再鼓,而人不动者,则气必衰减。凡攻垒,一扑再扑,而人不动者,则气必衰减。

守城煞非易事,银米、子药、油盐,有一不备,不可言守备矣,又须得一谋勇兼优者为一城之主。

军中须得好统领营官。统领营官,须得好真心实肠,是第一义。算路程之远近,算粮仗之阙乏,算彼己之强弱,是第二义。二者微有把握,此外良法虽多,调度虽善,有效有不效,尽人事以听天而已。

兵者，不得已则用之，常存一不敢为先之心，须人打第一下，我打第二下。

近年从事戎行，每驻扎之处，周历城乡，所见无不毁之屋，无不伐之树，无不破之富家，无不欺之穷民。大抵受害于贼者十之七八，受害于兵者亦二三。目击心伤，喟然私叹行军之害民，一至此乎！故每于将官委员告诫，总以禁止骚扰为第一义。

军事有骄气、惰气，皆败气也。孔子之“临事而惧”则绝骄之源，“好谋而成”则绝惰之源，无时不谋，无事不谋，自无惰时矣。

□译文

约好日期打仗，最容易误事，但日期不可约定，信函则不可不通。

治军的方法，以勤字为先。身体勤动则强壮，安逸则易生病；家庭勤劳则兴旺，懒散则衰败；当国者勤政则平安，怠慢则出乱子；军营勤操练则打胜仗，懒惰则失败。惰，是暮气，常常将它提升为朝气乃紧要。

曾国藩手书联语

凡打仗，一鼓再鼓，但别人不动，则气必衰减。凡攻垒，一扑再扑，而别人不动，则气必衰减。

守城很不容易，银钱米粮、炮子炸药、油盐，有一样不备好，不可言守备，又必须有一个谋与勇都优秀的人为一城之主。

军队中必须有好的统领营官。统领营官，必须要有好的真实心肠，这是第一义。计算路程的远近，计算粮草甲仗的缺乏，计算彼此的强弱，这是第二义。这两点于主观上稍微要有些把握，此外良法虽多，调度虽善，有的有效有的无效，那些都只是尽人事而听天命而已。

打仗，是不得已而用之，常存一个不敢为天下先的心思，必须要待别人打出第一下后，我才打第二下。

近年从事军旅事，每在驻扎处周历城乡，所见无不遭毁坏的房屋，无不遭砍伐的树木，无不遭受破产的富家，无不受欺负的穷人。大抵受害于贼人的占十之七八，受害于官兵的也占十之二三。眼睛看到后心里伤痛，喟然而私自叹惜行军的害民竟然到了这等地步！故而每每告诫将官委员，总以禁止骚扰百姓为第一义。

军事上有骄气、惰气，这都是致败之气。孔子说的"临事而惧"则是绝断骄气的源头，"好谋而成"则是绝断惰气的源头，无时不谋，无事不谋，自然没有惰气了。

□评点

这几段文字，都出自于曾氏的日记，说的是自己治兵的体会及感悟。这些体会与感悟，他在很多场合中都有所流露，故前面多有说到，此处就不再赘言了。

威克厥爱

□原文

古人有言曰作事威克厥爱，虽小必济。娄敬所谓逆取顺守，亦此意也。军营用民夫，其先则广取之，虐役之，其后则体恤必周，给钱必均，法可随处变通，总须用人得当耳。

□译文

古人说过,做事严明胜过慈爱,虽小事也能办成。娄敬所谓反向进取顺向守护,也是这个意思。军营用民夫,先是广泛收取,劳作繁重地使用,之后则体恤一定要周到,给钱必定要均匀。法是可以随处变通的,总在于用人的得当。

□评点

曾氏的言谈,绝大多数都立足于正道,很少涉及到权术。曾氏若是一个纯粹的学者,可以专言正道而不言权术,但曾氏首先是一个政治家,其次是一个军事统帅,最后才是学者、诗文家,故而曾氏是决不能不讲权术的。这一段便是说的权术:先威后恩。

军营日常要务

□原文

洋烟为坏营规之最,尽行汰去,不可稍存姑待之意。黎明点名,卯正辰初,即可点毕。嗣后每早或查营,或点名,或看操,三者总行其一,不专行查营一事也。

练勇之道,必须营官昼夜从事,乃可渐几于熟,如鸡伏卵,如炉炼丹,未宜须臾稍离。

战阵之事,须半动半静,动如水,静如山。

军事不可无悍鸷之气,而骄气即与之相连;不可无安详之气,而惰气即与之相连。有二气之利而无其害,有道君子尚难养得恰好,况弁勇乎!

凡用兵之道,本强而故示敌以弱者多胜;本弱而故示敌以强者多败。敌加于我,审量而后应之者多胜;漫无审量,轻以兵加于敌者多败。

凡修垒以壕深为妙。木城及外墙,均有流弊,恐反为贼遮蔽炮子也。

修碉之事,军士四出征剿,有老家以为基址,亦行军一法也。择地有两法,有自固者,有阨贼者。自固者,据高山,择要隘;阨贼者,择平坦必经之路,择浅水津渡之处。嗣后每立一军,则修碉二十座,以为老营,环老营之四面,方三百里,皆可往来梭剿,庶几可战可守,可奇可正,得四军可靠者,则变化无穷。于景镇作一榜样,而他军效法行之,可得也;但不知何为法术,亦可得见乎?

□译文

鸦片最坏营规,全部清除,不可稍存姑息之念。黎明点名,卯正辰初时分即可点完。以后每天早上或查营,或点名,或看操,三者总要做一项,不专门做查营一件事。

训练勇丁的办法,必须得营官不分昼夜地做这件事,才可以做到逐渐熟练,如同母鸡伏蛋,如同火炉炼丹,不能一刻离开。

战场上的事,必须动静各半,动则如水,静则如山。

军事上不可无凶悍威鸷之气,然而骄气即与之相连;不可无安宁祥和之气,然而惰气即与之相连。有悍鸷、安详二气的利而无其害,有很高修炼工夫的君子尚且难养得恰当好处,何况下级官兵呢!

凡用兵的方法,本来强大而故意示敌人以弱小的多胜;本来弱小而故意示敌人以强大的多败。敌人向我挑战,审查双方的力量而后应之的多胜；完全不审查，轻率出兵向敌人挑战的多败。

凡修筑堡垒以壕沟深为妙。木头垒起的墙壁及筑外墙，都有弊病，担心它们反而为敌人遮蔽炮子。

修筑碉堡这件事，兵士们四出征剿，有一处老家作为根基，这也是用兵的一个作法。选择地址有两种方法，有用来作为自固的，有用来阨敌军的。自固的，依据高山，选择要隘；阨敌军的，选择平坦必经之路，选择水浅渡口之处。今后每设立一个军营，则修筑碉堡二十座，作为老营，环绕老营的四面八方三百里，都可往来出剿。如此或许可战可守，可奇可正，能使四面军队都为可靠，则可以做到变化无穷。在景德镇树立一个榜样，而使其他军队仿效实行，这是可以做到的；但不知道什么是好的方法，能看到哪支军队做到了吗？

□评点

这里所说的多为治理军营的日常要务。今日治军者日常所要办的事，与当年湘军相比，自然是大不相同，但曾氏的有些思考，仍有启迪性，如战阵之事的动静结合，倡悍而防骄，处安而戒惰等等。

团练无益

□原文

与李少荃、许仙屏言团练之无益于办贼，直可尽废，如必欲团练，则不可不少假以威权。

□译文

与李少荃、许仙屏谈团练对付敌军的毫无益处，简直可以尽行废除，若必须办团练，则不能不稍微给它以威权。

□评点

这两句话道出了曾氏成功的机奥！咸丰二年年底，清朝廷在江南任命四十三个团练大臣，但最后成大事的只有曾氏一人，其原因便在于曾氏办的不是团练，而是军队。

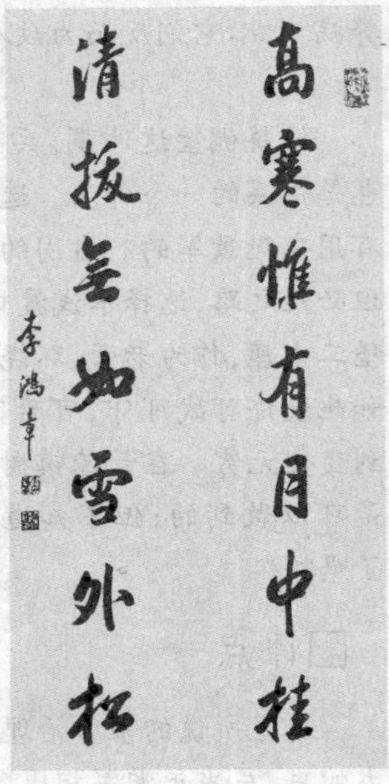

李鸿章手书对联

恩与仁威与礼

□原文

近年驭将，失之宽厚，又与诸军相距过远，危险之际，弊端百出。然后知古人所云作事威克厥爱，虽小必济，反是乃败道也。

持之以敬，临之以庄，无声无形之际，常有懔然难犯之象，则人知威矣。孟子曰君子以仁存心，以礼存心。守是二者，虽蛮貊之邦可行，又何兵勇之不治哉？

带勇之法，用恩莫如用仁，用威莫如用礼。仁者，即所谓欲立立人，欲达达人也。待弁勇如待子弟之心，尝望其成立，望其发达，则人知恩矣。礼者，即所谓无众寡，无大小，无敢慢，泰而不骄也。正其衣冠，尊其瞻视，俨然人望而畏之，威而不猛也。持之以敬，临之以庄，无形无声之际，常有懔然难犯之象，则人知威矣。守斯二者，虽蛮貊之邦行矣，何兵勇之不可治哉？

□译文

近年来管理将领，缺失在过于宽厚，又与各军相距太远，危险的时候，弊病百出。因此才懂得古人所说的做事严明胜过慈爱，虽是小事也有成效，反之是失败的做法。

持身敬慎，临事庄重，在无声无息之中，常保持懔然不可侵犯的气象，则别人知道畏惧。孟子说君子以仁慈存于心，以礼节存于心。守住这两点，即便是蛮荒之地都可通行，又有什么样的兵勇不可治理呢？

带勇的方法，用恩不如用仁，用威不如用礼。仁，即所谓自己想成立而使别人成立，自己想畅达而使别人畅达。对待官兵如同对待自己的子弟，希望他能成立，能畅达，则别人将会感恩。礼，即所谓无论面对的是众还是寡，是大还是小，都不敢怠慢，舒泰而不骄傲。端正衣冠，举止尊贵，别人一看就敬畏，威严而不凶猛。持身敬慎，临事庄重，在无声无息之中，常保持懔然不可侵犯的气象，则别人知道畏惧。守住这两点，即便是蛮荒之地都可通行，又有什么样的兵勇不能治理呢？

□评点

将恩、威上升到仁、礼，这才是儒将治兵的本色。现代社会常说儒商，许多读过几本书的商人也爱称自己是儒商。其实，大多数所谓儒商，可能并没有领会此中真谛。依笔者看，以礼取之于社会，以仁报之于社会。这才是儒商做生意的本色。

碾制火药

□原文

余至武昌火药局，看造火药之法。以铜为轮，以铁为碾，圜地为大磨盘，以牛碾之。盘大径二丈三尺，周围七丈许，每盘用四牛，每牛速曳两轮。盘外周围沟槽，约宽八寸许，火药在槽内，牛行槽外，驭牛之人行槽内，每牛以一人驭之，每两牛四轮之后，则有铲药者一人，随之执铜铲，于槽内铲动，庶碾过之后，火药不患太紧也。又有小磨盘磨矿，与磨麦相似，仅用一人，又有柜筛矿筛炭。其法绝精绝，非图说不能明。

□译文

我到武昌火药局看如何制造火药。以铜做轮，以铁做碾子，圆形的铺在地上的是大磨盘，以牛来碾。磨盘直径为二丈三尺，周长七丈多，每个磨盘用四条牛，每条牛牵引两个轮子。磨盘外周围是沟槽，大约有八寸多宽，火药在槽内，牛走在槽外，赶牛的人走在槽内，每条牛用一个人赶。每两条牛四个轮子的后面，则有铲药者一人，跟随着手执铜铲，在槽内铲动，使得碾过之后火药不至于太紧。还有小磨盘磨矿石，与磨麦相似，只用一个人。又有柜筛矿筛炭。办法极为精绝，不用图说不能明了。

□评点

曾氏这段文字，为我们留了一则手工碾制火药的资料。

树人与立法等等

□原文

营务处之道，一在树人，一则立法。有心人不以不能战胜攻取为耻，而以不能树人立法为耻。树人之道有二，一曰知人善任，一曰陶熔造就。

凡军骄气，则有浮淫之色；惰气，则有晻滞之色。须时时察看而补救之。

带兵之道，勤、恕、廉、明四字，缺一不可也，但兵以力作主，巧作客。

军务须从日用眠食上下手。

吕蒙诛取铠之卒，魏绛戮乱行之仆。古人处此，岂以为名，非是则无以警众。

窄路打胜仗，全系头敌数人，若头敌站不住，后面虽有好手，亦被人挤退了。

出青之法，即《汉书·赵充国传》所谓“就草”。

□译文

营务处的宗旨，一在树人，一在立法。有心人不因为不能战胜攻取为耻，而以不能树人立法为耻。树人的方针有两点，一为知人善任，一为培养造就。

凡军队有骄气，则会出现浮躁盈满的现象；有惰气，则有昏暮凝滞的现象。必须时时察看，而予以补救。

带兵的原则，是勤、恕、廉、明四个字缺一不可，但用兵以实力为主，奇巧为客。

军务必须从日常睡觉吃饭上着手。

吕蒙诛杀私取铠甲的士兵，魏绛杀戮乱走乱动的仆人。古人这样做，哪里是为了博取名声，是因为不如此则不足以警诫众人。

窄路上打胜仗，全在于处在前头面对敌人的几个人。若前头面对敌人的人站不住，后面虽有能打仗的，也被败下来的挤退了。

出青的办法，即《汉书·赵充国传》中所说的“就草”。

□评点

曾氏认为治理军营，重在人与法两个方面，即树人与立法，不把某一次打仗的胜败放在第一位。这是曾氏军事思想的要点，帅才与将才的区分，此亦为分野。

去庸俗之见可与言道

□原文

天下之人，稍有才智者，心思有所见，以自旌异于人，好胜者此也，好名者亦此也。同当兵勇，则思于兵勇翘然而出其类；同当长夫，则思于长夫中翘然而出其类；同当将官，则思于将官中翘然而出其类；同为主帅，则思于众帅中翘然而出其类。虽才智有大小浅深之不同，其不知足不安分，则一也。能打破此一副庸俗之见，而后可与言道。

□译文

天下的人稍有才智的，心里便想着要被人发现，以自我表现来异于他人，好胜的是这类人，好名的也是这类人。一道当普通兵勇，则想着要在兵勇中出类拔萃；一道当长夫，则想着要在长夫中出类拔萃，一道当将官，则想着要在将官当中出类拔萃；一道做主帅，则想着要在众帅中出类拔萃。虽然才智有大小深浅的不同，但在不知足不安分这一点上，则是一致的。能打破这一种庸俗的见识，而后才可以相与谈人世间的大道理。

□评点

在一则名为《气节·傲》的读书笔记中，曾氏这样写道：“裴子野曰：夫有逸群之才，必思冲天之据。盖俗之量，则偾常均之下。

其能守之有道，将之有礼，殆为鲜乎？大抵怀材负奇，恒冀人以异眼相看。若一概以平等视之，非所愿也。”咸丰八年四月，他在给九弟的信中说：“其阘冗者虽至亲密友不宜久留，恐贤者不愿共事一方。”这两段话说明，曾氏是很能理解，并充分照顾这种“异于人”的心思的。但在所录的这段话中，曾氏把这种心思视为“庸俗之见”。应当怎样来看待曾氏的自相矛盾呢？笔者认为，在曾氏的眼中，“异于人”的心思，从境界上来说还是属于“庸俗”这个层面的，正因为是庸俗，所以是大多数人的想法，在办世俗大事时，是绝对不能无视大多数人的观念的，否则世俗大事必办不成。政治、军事、经济，这都是世俗大事，都得循大多数人的观念。但从更高的层面，即从“道”的层面来说，则必然要去掉这些庸俗之见；当然，能进入这个层面的人是很少很少的。

用兵与声律相通

□原文

古人以用兵之道通于声律，故听音乐而知兵之胜败，国之存亡。余生平于音律算法二者一无所解，故不能知兵耳。

□译文

古人认为用兵与声律在道理上有相通之处，故听音乐而知兵之胜败，国之存亡。我生平对于音律算术这两门学问一无所知，所以不能知兵。

□评点

古代有不少良将精通声律，最有名的莫过于周瑜，所谓“曲有误，周郎顾”也。曾氏那个时代，带兵的将领普遍不通声律，当代大概也差不多。

见人危而不能救

□原文

用兵之难，莫大于见人危而不能救。

□译文

打仗的难处，莫大于见别人遭遇危难而不能相救。

□评点

其实这何止是打仗的难处，更是做人的难处！人世间也常有这样的事，即想救人危难却无法相救或不敢相救，只是相比之下，战场上此类事更多罢了。

挡牌与炮子

□原文

明戚继光《纪效新书》中有立牌，即古之盾也，有圆牌，即今之藤牌也，统谓之曰挡牌。又有所谓刚柔牌者，其法以生漆牛皮蒙于外，而以湖绵搓成小团，及头发装于内，盖戚氏自以巧思制造，非有师于古也。古之干盾，所以捍御矢石，今之挡牌，所以捍御炮子。炮子所当，无坚不破，岂矢石所可同年而语哉！

国藩初办水师时，尝博求御炮子之法，以渔网数层，悬空张挂，炮子一过即穿，不能御也。以絮被渍湿张挂，炮子一过即穿，不能御也。以生牛皮悬于船旁，以藤牌陈于船梢，不能御也。以此而推，戚氏之刚柔牌，不足以御炮子明矣。鸟枪子如梧子大者，或有法以御之。抬枪子、劈山炮子，凡大如黄豆以上者，竟无拒御之法。

近时杨军门载福等，深知炮子之无可御，遂屏弃渔网、水絮、牛皮等物，一切不用，直以血肉之躯，植立船头，可避者避之，不可避者听之，而其麾下，水师弁勇，亦相率而植立直前，无所回避。明于此义，而古来干盾橹牌诸器皆可废矣。友人刘腾鸿峙衡治军，刁斗森严，凛不可犯，临阵则伏根行首，坚立如山，有名将之风，惟过于自熹。在武昌时，尝独立城下，呼贼以炮子击之，贼发十余炮不中，坚坐良久乃还。在瑞州时亦如是，卒以徇难。殒我壮士，人百莫赎！此则刚毅太过，于好谋而成之道少有违耳。

余初不解造群子之法，以生铁令铸工铸之，渣滓未融，经药辄散，且多蜂眼，鸣而不能及远。乃与吴坤修（竹庄）商，用熟铁打造。其法以铁先炼成直条，每条烧红其端，截出半寸，打成圆颗，又烧其端，又打成颗。每颗如葡萄大。后至江西，商之姚镶，以此法打造。姚君又作为铁模半涡，截铁条之端，置之模中，宛转锤炼，圆滑可爱，于是及远较多一里有奇也。今湖南、湖北、江西三省，打造群子，均用此法。每炮用百余颗，多者或三四百颗，喷薄而出，如珠如雨，殆无隙地，当之辄碎。不仁之器，莫甚于此矣。然流疆尚未靖谧，此其亟宜讲求者也。

□译文

明代戚继光的《纪效新书》中有立牌，即古时的盾牌，有圆牌，即今时的藤牌，统称为挡牌。又有所谓刚柔牌的。方法是以生漆牛皮蒙在外面，而以湖棉搓成小团，加上头发装在里面。这是戚继光自己的巧妙思考造出来的，并不是从古人那里学来的。古时的干盾用来抵挡箭头石子，今时的挡牌用来抵挡炮子。炮子所向，无坚不破，哪里是箭头石子所能相提并论的！

我初办水师时，曾经广求抵御炮子的办法，以渔网数层悬空张挂，炮子一碰上就穿过了，不能抵挡。以棉被浸湿张挂，炮子也是一碰上就穿过了，不能抵挡。以生牛皮悬于船旁，以藤牌插在船头，也不能抵挡。以此推想，戚氏的刚柔牌不足以抵挡炮子。鸟枪子像梧子大的，或者有办法可以抵挡。抬枪子、劈山炮子，凡是像黄豆大的，竟然没有抗拒的办法。

近来杨载福军门等人深知炮子的无可抵挡，于是丢开渔网、水浸棉被、牛皮等物品，一切都不用，直接以血肉之躯笔直站立船头，可避则避，不可避则听天由命，而他的部下水师官兵也互相看齐笔直立在船头，无所回避。明白此中意义，则古来的干盾橹牌都可废弃了。友人刘腾鸿治军，号令森严，凛不可犯，临阵则昂首挺胸，像山峰一样地坚立，有名将之风，只是过于炽烈。在武昌时，曾经一个人独立城下，呼喊着要敌人开炮打他，敌人连发十多炮不中，坚挺地坐了很久才回营。在瑞州时也这样，最终因此殉难。损失我一个壮士，百个人都不能赎回！这样做则是刚毅太过，于好谋而成的道理稍微有所违背。

我起初不理解制造小炮子的方法，用生铁令铁工铸造，渣滓没有熔化，一旦接触火药则散开，而且多蜂眼，响却不能射远。于是与吴坤修（字竹庄）商量，用熟铁打造。他的办法是将铁先炼成直条，每条烧红它的顶部，截断半寸，打成圆颗粒状。再烧红剩下的顶部，再打成圆颗粒状。每颗像葡萄大小。后到江西，与姚镶商量，用这个方法打造。姚君又做成半涡型的铁模，截断铁条的顶端放在模子中，翻来覆去锤炼，打出的炮子圆滑可爱，于是射出去较之先前要远一里多。现在湖南、湖北、江西三省打造小炮子都用这个办法。每炮用百多颗，多的或三四百颗，喷薄而出，如珠如雨，大概没有空隙处，碰到则粉碎。不仁慈的武器，莫超过这种了，但国土尚未安静，这也是极应该讲求的。

□评点

这里记叙的是关于湘军使用挡牌和制造小炮子的情形，读者当作史料读可也。

越寨攻敌

□原文

行军之道,有依次而进者,有越敌人所守之寨而先攻他处者,姑以《通鉴》所纪兵事言之。

宋明帝泰始二年,晋安王子勋之乱,诸军与子勋将袁颛相拒于浓湖,久未决。龙骧将军张兴世建议曰:"贼据上游,兵强地胜,我虽持之有余,而制之不足。若以奇兵数千潜出其上,因险而壁,见利而功,使其首尾周遑,进退疑阻。中流既梗,粮运自艰,此制贼之奇也。钱溪江岸最狭,去大军不远,下临洄洑,船下必来泊岸,又有横浦可以藏船。千人守险,万夫不能过,冲要之地,莫出于此。"沈攸之、吴喜并赞其策,乃选战士七千、轻舸二百配与兴世。

兴世率其众溯流稍上,寻复退归,如是者屡日。贼将刘胡闻之,笑曰:"我尚不敢越彼下取扬州,张兴世何人,欲轻据我上!"不为之备。一夕四更,值便风,兴世举帆直前,渡湖白,过鹊尾。胡既觉,乃遣其将胡灵秀将兵于东岸,翼之而进。戊戌夕,兴世宿景洪浦,灵秀亦留。兴世潜遣其将黄道标帅七十舸径趋钱溪立营寨。己亥,兴世引兵进据之,灵秀不能禁。庚子,刘胡自将水步二十六军,来攻钱溪,将士欲迎击之,兴世禁之曰:"贼来尚远,气盛而矢骤。骤既易尽,盛亦易衰,不如待之。"令将士治城如故。俄而胡来转近,船入洄洑,兴世命寿寂之、任农夫帅壮士数百击之,众将相继并进,胡收兵而下,兴世遂于钱溪立城。

国藩按:是时官军在下游赭圻,贼军袁颛等在上游之浓湖,刘胡等又在上游之鹊尾,更上乃为钱溪。越浓湖、鹊尾两寨而上,立城于钱溪,此险途也。厥后贼屡攻钱溪不胜,粮运中梗,而鹊尾、浓湖并以溃降。此越寨进攻而得胜者也。

泰始三年,魏尉元上表言:"贼向彭城,必由清泗过宿豫,历下邳;趋青州,亦由下邳、沂水,经东安。此数者,皆为贼用兵之要。

今若先定下邳，平宿豫，镇淮扬，戍东安，则青、冀诸镇可不攻而克。若四城不服，青、冀虽拔，百姓狼顾，犹怀侥幸之心。臣愚以为宜释青、冀之师，先定东南之地，断刘彧北顾之意，绝愚民南望之心。如此，则淮北自举，暂劳永逸。”

国藩按：宋与魏历世兵争，有青州、历城、徐州诸镇，远在海岱，与魏接畛，而下邳、宿豫、沂水、东安四城，乃在淮南，去魏尚远。魏越青州诸镇，而进攻四城，此险途也。厥后四城破，而青州、历城、徐州诸镇相继没于魏。此越镇进攻而胜者也。

梁简文帝二年，侯景之变，郢州刺史萧方诸以徐文盛军在西阳，不设备（西阳即今黄州）。侯景以江夏空虚，使宋子仙、任约帅精骑四百，由淮内袭郢州。丙午，大风疾雨，天色晦冥，子仙等入城，方诸迎拜，遂擒鲍泉、虞豫，送于景所。景因便风，中江举帆，遂越徐文盛等军直上入江夏。文盛众惧而溃。

国藩按：侯景与徐文盛皆在黄州，夹江筑垒，乃越徐军而上入江夏，此险途也。而江夏以无备而破，徐军以失势而溃。此越寨进攻之胜者也。

陈文帝天嘉元年，王琳屯西岸之栅口，侯瑱屯东岸之芜湖，相持百余日，旋均出江外，隔洲而泊。二月丙申，西南风急，琳引兵直趋建康，瑱等徐出芜湖，蹑其后，西南风翻为瑱用。琳掷火炬以烧陈船，皆反烧其船。瑱发拍以击琳舰，又以蒙冲小船击其槛，琳军大败，军士溺死什二三，余皆弃舟登岸。

国藩按：王琳与侯瑱同屯芜湖之上，琳乃越瑱军而直下金陵，此险途也。而瑱军自后蹑之，反为所破。此越寨进攻之败者也。

唐贞观十九年，太宗亲征高丽，即拔辽东盖牟诸诚，至安市，将决战，高丽、靺鞨合兵为阵，长四十里。江夏王道宗曰：“高丽倾国以拒王师，平壤之守必弱，愿假臣精兵千，覆其本根，则数十万之众，可不战能降。”上不应。后攻安市，竟不能拔。降将请先攻乌骨城，众议不从，遂自安市班师。

国藩按：道宗请越安市而进攻平壤，此虽险途，而实制胜之奇兵也，太宗不从，无功而返。此不能越攻而失者也。

安史之乱，李泌请命建宁王倓为范阳节度大使，并塞北出，与李光弼南北犄角，以取范阳（胡三省注曰：泌欲使建宁自灵夏并丰胜、云朔之塞直捣妫檀，攻范阳之北，光弼自太原取恒定，以攻范阳之南），覆其巢穴，贼退则无所归，留则不获安，然后大军四合而攻之，必成擒矣。上悦，已而不果行。

国藩按：是时大军在扶风，郭子仪在冯翊，李光弼在太原，势宜先取两京，李泌欲先捣范阳贼巢，此亦制胜之奇兵也。事不果行，致史思明为关洛之患。此亦不能越攻而失者也。

元和十二年，淮蔡之役，李佑言于李愬曰："蔡之精兵皆在洄曲及四境拒守，守州城者，皆羸老之卒，可以乘虚直抵其城。比贼将闻之，元济已成擒矣。"愬然之。十月辛未，李愬、李佑、李忠义、李进诚军出，东行六十里，夜至张柴村，尽杀其戍卒及烽子，据其栅，命士少休，食干粮，整羁靮，留义成军五百人镇之，以断洄曲及诸道桥梁。复夜引兵出门，时大风雪，旌旗裂，夜半雪愈甚，行七十里，四鼓愬至蔡州城下，无一人知者。李佑、李忠义镬其城为坎，以先登。愬入居元济外宅，以槛车送元济诣京师。

国藩按：元济精兵尽在洄曲董重质麾下，李愬越之而直入蔡州。此越寨进攻而胜者也。

朱梁均王四年，楚岳州刺史许德勋将水军巡边。夜分南风暴起，都指挥使王环乘风趋黄州，以绳梯登城，径趋州署，执吴刺史马邺，大掠而还。德勋曰："鄂州将邀我，宜备之。"环曰："我军入黄州，鄂人不知，奄过其城，彼自救不暇，安能邀我?"乃展旗鸣鼓而行，鄂人不敢逼。

国藩按：楚之岳州，东北与吴为邻，嘉鱼、陆口等处，吴必立寨设备，乃王环越之而直趋黄州。此越寨进攻而胜者也。

后唐同光元年，后唐与朱梁相拒于杨刘、德胜之间，时梁将段凝军临河之南（即澶渊，今开州），王彦章进逼郓州（今东平府）。唐臣李绍宏等，请弃郓州与梁约合，帝独召郭崇韬问之。对曰："降者皆言大梁无兵，陛下若留兵守魏，固保杨刘，自以精兵长驱入汴，彼城中既空虚，必望风自溃。苟伪主授首，则诸将自降矣。"帝曰："此正合朕意。"冬十月壬申，帝大军自杨刘济河。癸酉至郓州。甲戌围中都城，破之，擒王彦章。帝召诸将问进退之计，诸将请先下东方诸镇城，然后观衅而动，康延孝、李嗣源请亟取大梁，从之。乙亥帝发郓州中都。丁丑至曹州。己卯至大梁，灭梁。壬午段凝将其众五万，自滑州济河入援，解甲请降。

国藩按：郭崇韬之初议直取大梁也，时梁将王彦章军在郓州，段凝军在河上，越两寨而进攻，此险途也。厥后破中都，擒王彦章，而段凝犹在河北，越一寨而进攻，亦险机也。然段凝隔于河北，若自白马南济，则阻于大河，若自下游直济，一阻于大河，再阻于新决之护驾水，势难入援，遂得直取汴梁以成大功。此越寨进攻而胜者也。

以上九事：张兴世之据钱溪，宋子仙之取郢州，许德勋之下黄州，皆水路越攻而胜，王琳之下金陵，以水路越攻而败。尉元之取下邳四城，李愬之入蔡州，郭崇韬之策汴梁，以陆路越攻而得之，李道宗之策平壤，李泌之策范阳，以陆路不越攻而失之。成败得失，固无一定之轨辙也。

咸丰四年十月十一日，贼目陈玉成据蕲州，秦日纲据田家镇，我舟师越蕲州而直下。十三日，攻破田家镇。十四日，蕲州之贼亦溃。此越寨进攻而胜者也。十一月十五日，水陆各军会于九江。时贼目林启荣据九江，黄文金据湖口，石达开、罗大纲等同在湖口，我舟师彭玉麟等十六日越九江而下攻湖口，陆军罗泽南等十二月初五日下攻湖口。十二日，水师败挫，二十四日，陆军亦无利而归。此越寨进攻而败者也。咸丰六年五月初二日，武汉、黄州未破，杨载福以舟师驶下，直至九江。七年九月二十八日，九江、安庆未破，杨载福以舟师驶下，直至旧县，往来如飞。此越寨进攻而胜者也。故知胜败无常，视将才为转移耳。当时越九江而下攻湖口之策，发于国藩，定于罗君罗山、刘君孟容二人，事败之后，或深咎此策之失，且专归罪于刘君者，非事实也。

□译文

用兵的法则，有顺着次序推进的，有越过敌人所守之寨而先攻进他处的，姑且以《资治通鉴》所记载的兵事来说说这一点。

宋明帝泰始二年，晋安王刘子勋作乱，诸军与子勋部将袁𫖮对持于浓湖，很长时间而未决个胜负。龙骧将军张兴世建议说："敌人占据上流，兵力强大地势优胜，我虽然相持有余，制胜他却力不足。若以奇兵数千人潜伏而行出现在他的上流，凭借险要的地形为壁垒，遇到有利的机会而出动，使敌人首尾惊遑不定，进退都怀疑遇阻。中流水路既然梗阻，粮食的运输自然艰难。这是制服敌人的奇着。钱溪江岸最狭窄，离大军不远，下面临着洄洑，船下来必然停泊岸边，又有横浦可以藏船。一千个人守住险要，一万个人也不能过去。冲要之地，莫超过此处。"沈攸之、吴喜都赞成这个计策。于是挑选战士七千人、轻便小船二百条配合张兴世。

张兴世率领部卒溯江稍稍上行，很快又退回，像这样的一连几天。敌将刘胡听后，笑着说："我尚且不敢越过他们而下取扬州，张兴世何人，想轻易据我之上！"于是不因为此而作准备。一天夜里四更时，正好遇到便利的风向，张兴世升帆直向前进，渡过湖白、鹊尾。刘胡发觉后，派遣部将胡灵秀带兵在东岸跟随着前进。戊戌夜，张兴世宿营景洪浦，胡灵秀也留宿。张兴世暗地里派遣部将黄道标统率七十条战船直奔钱溪，立下营寨。己亥，张兴世引兵进驻这里，胡灵秀无法禁止。庚子，刘胡亲自率领水陆二十六军来攻钱溪，将士打算迎面攻击，张兴世制止说："敌人刚来隔得尚远，士气旺盛军锋凌厉。凌厉则容易消失，旺盛则容易衰落，不如等待一下。"命令将士依旧如常修缮城池。不久刘胡的军队转向靠近，战船进入洄洑。张兴世命令寿寂之、任农夫率领壮士数百人攻击，众军相继并进。刘胡收兵退向下游。张兴世于是在钱溪立下城池。

国藩按：当时官军在下游赭圻，敌军袁颛等在上游的浓湖，刘胡等又在上游的鹊尾，更上才是钱溪。越过浓湖、鹊尾两寨而上，立城池于钱溪。这是一条险路。此后敌军屡攻钱溪而不胜，粮路中途受梗，而鹊尾、浓湖都因此溃降。这是越寨进攻而获得胜利的一个战例。

泰始三年，北魏尉元上书说："敌军趋向彭城，必由清泗过宿豫，经下邳；趋向青州，也由下邳、沂水经东安。这几点，都为敌军用兵的要点。现在若先平定下邳、宿豫、镇服淮阳、东安，则青州、冀州诸镇可不攻而克。若这四个城不服，青州、冀州即便攻拔，百姓四处奔逃，仍然怀着侥幸之心。臣认为宜放弃青州、冀州的用兵，先平定东南之地，断绝刘彧的北顾念头，断绝老百姓南望之心。如此则淮北将自举，一时的辛劳可换来永久的安逸。”

国藩按：宋与北魏世代以兵相争，宋有青州、徐州诸镇远在海岱，与北魏接界，而下邳、宿豫、沂水、东安四城却在淮南，离北魏还远。北魏越过青州诸镇而进攻四城。这是一条险路。此后四城被攻破，而青州、历城、徐州诸镇相继被北魏吞没。这是越镇进攻而获胜的战例。

曾国藩手书联语

梁简文帝二年，侯景叛乱，郢州刺史萧方诸将徐文盛的军队驻在西阳，不设备（西阳即现在的黄州）。侯景鉴于江夏空虚，派遣宋子仙、任约统率精锐骑兵四百，由淮内袭击郢州。丙午，狂风暴雨，天色晦暗，宋子仙等进城，萧方诸跪拜迎接，于是擒获鲍泉、虞豫，送到侯景所在地。侯景趁着有利的风向，在江中升帆开船，于是越过徐文盛等军直上进入江夏。徐文盛的部众畏惧而溃败。

国藩按：侯景与徐文盛都在黄州，沿江构筑堡垒，越过徐文盛的军队而上进入江夏，这是一条险路，但江夏因无防备而被攻破，徐军因为失势而溃败。这是越过敌寨进攻而获胜的战例。

陈文帝天嘉元年，王琳屯兵西岸的栅口，侯瑱屯兵东岸的芜湖，相持百余日，接着都离开河岸而出船江外隔着水洲停泊。二月丙申，刮起迅急西南风，王琳引兵直趋建康，侯瑱等慢慢从芜湖走出，不露声色地跟在王琳的后面，西南风反而为侯瑱所用。王琳投掷火炬来烧陈的兵船，都反过来烧了自己的船。侯瑱发拍来攻击王琳的栏杆，又以蒙冲小船来冲击王琳的栏杆。王琳的军队大败，军士淹死者十之二三，其余的都弃舟登岸逃走。

国藩按:王琳与侯瑱同屯兵芜湖之上,王琳越过侯瑱的军营而直下金陵,这是一条险路。而侯瑱的军队跟在后面,反而为侯瑱所破。这是越寨进攻而失败的战例。

唐贞观十九年,太宗亲自征讨高丽,在攻拔辽东盖牟诸城后到了安市,将要决战。高丽与靺鞨联合组成一个阵势,长四十里。江夏王李道宗说:"高丽倾全国之力抗拒王师,平壤的防守必然虚弱,请借给我精兵千人,颠覆它的根本,如此则数十万敌众可不战而投降。"太宗不同意。后来攻打安市,竟然打不下。投降的高丽将领请求先攻打乌骨城,众人讨论不同意,于是从安市班师回朝。

国藩按:李道宗请求越过安市而进攻平壤,这虽是险路,其实是制胜的奇兵。唐太宗不听从,以至于无功而返。这是不能越城进攻而导致失败的战例。

安史之乱时,李泌请求任命建宁王李倓为范阳节度使,合并众军从北面出兵,与李光弼构成南北犄角,以攻取范阳(胡三省注释:李泌想使建宁王从灵夏合并丰胜、云朔的军队,直捣妫檀,攻打范阳的北面;李光弼从太原进取恒定,以攻打范阳的南面),倾覆敌军的巢穴,敌军退兵则无归宿,留下则不获安宁,然后大军四面包围而进攻,必定擒获。皇帝赞赏,但后来却未能达到目的。

国藩按:当时大军在扶风,郭子仪在冯翊,李光弼在太原,从形势上来说宜于先取长安、洛阳。李泌想先捣毁范阳敌军的窝点,这也是制胜的奇兵。事情没有达到目的,使得史思明再次成为关洛之患。这也是不能越地进攻而失利的战例。

唐元和十二年淮蔡之役时,李佑对李愬说:"蔡州的精兵都在洄曲以及四境拒守,守州城的都是老弱之兵,可以乘虚直接开进蔡州城,待敌将知道时,吴元济已经抓到了。"李愬赞同。十月辛未,李愬、李佑、李忠义、李进诚的军队出发,向东走六十里,夜里到达张柴村,全部杀掉这里的守兵及点烽火报信的人,占据栅栏,命令军士稍稍休息,吃干粮,整理马队,留下义成军五百人镇守,借以截断洄曲及各条路上的桥梁,然后在夜间发兵出门。时逢大风雪,旌旗被冲破,半夜时雪更大。走了七十里,四更天时李愬来到蔡州城下,城里没有一个人知道。李佑、李忠义以大锄头挖城墙为坎,借以先登。李愬进城后住在吴元济的外宅，以槛车押送吴元济到京师。

国藩按：蔡州的精兵全在洄曲董重质麾下，李愬超越董军而直接进入蔡州。这是越寨进攻而获胜的战例。

朱氏后梁均王四年，楚地岳州刺史许德勋率领水军巡边。夜间南风突然大作，都指挥使王环乘风攻打黄州，用绳梯登城，直接奔向州衙门，捉住吴地刺史马邺，大肆抢掠而返回。许德勋说："鄂州将会邀击我，宜防备。"王环说："我军进入黄州，鄂州人不知道。急遽通过鄂州城，他们自救尚来不及，怎么会邀击我？"于是举旗击鼓而行，鄂州人不敢逼近。

国藩按：楚地的岳州，东北面与吴地为邻。嘉鱼、陆口等处，吴地必立寨防备，而王环越过而直奔黄州。这是越寨进攻而获胜的战例。

后唐同光元年，后唐与朱梁相持于杨刘、德胜之间，当时后梁的将领段凝军临近黄河的南岸（即澶渊，现在的开州），王彦章进逼郓州（现在的东平府），后唐大臣李绍宏等建议放弃郓州，与后梁讲和。皇帝单独召见郭崇滔询问。郭回答："投降的人都说开封城里无兵，陛下若留兵守魏，固保杨刘，自然应当以精兵长驱入开封，它的城中已经空虚，必定将望风溃败，假若伪主被斩获，则诸将自当投降了。"皇帝说："这正合我的心意。"冬十月壬申，皇帝率领大军渡过济河，癸酉到达郓州，甲戌围中都城，攻破该城，抓获王彦章。皇帝召集诸将询问进退方略，诸将建议先拿下东方诸镇城，然后伺机而动。康延孝、李嗣源建议立即攻取开封，皇帝同意。乙亥皇帝在郓州中都发兵，丁丑至曹州，己卯至大梁，灭后梁。壬午段凝率领部卒五万自滑州渡河来援救，也放下武器请求投降。

国藩按：郭崇滔最初建议径直攻取开封的时候，后梁将领王彦章的军队在郓州，段凝的军队在河上，越过两寨而进攻，这是一条险路。此后攻破中都，擒获王彦章时段凝还在河北，越过一寨而进攻，也是一个险着。但是段凝隔在河北，若从白马南渡，则被黄河所阻，若从下游直接渡过，则同样第一次被黄河所阻，第二次被新决开的护驾水所阻，势必难以入援，于是得以直取开封，成就大功。

这是越寨进攻而获胜的战例。

以上九个战事:张兴世的占据钱溪,宋子仙的攻取郢州,许德勋的拿下黄州,都是水路上越过敌军营寨进攻而获胜;王琳的直下金陵,从水路上越过敌军营寨进攻而失败,尉元的攻取下邳等四城,李愬的进入蔡州,郭崇滔的谋取开封,都是从陆路上越过敌军营寨进攻而得手;李道宗的谋取平壤,李泌的谋取范阳,都是从陆路上不敢越过敌军营寨而丢失战机。成败得失,的确无一定的规律。

咸丰四年十月十一日,敌军头目陈玉成占据蕲州,秦日纲占据田家镇,我水师越过蕲州而直下,十三日攻破田家镇,十四日蕲州的敌军也溃散。这是越过敌军营寨进攻而获胜的。十一月十五日,水陆各军会于九江。当时敌军头目林启荣占据九江,黄文金占据湖口,石达开、罗大纲等同在湖口,我水师彭玉麟等十六日越过九江而下攻打湖口,陆军罗泽南等在十二月初五日下攻湖口,十二日水师失败受挫,二十四日陆军也无利而归。这是越寨进攻而失败的。咸丰六年五月初二日,武汉、黄州未攻破,杨载福率领水师直下九江。七年九月二十八日,九江、安庆未破,杨载福率领水师直下旧县,往来如飞。这是越过营寨而获胜的例子。因此知道胜败无常,以将才为转移而已。当时越过九江而下攻湖口的谋划,发轫于我曾国藩,拍板于罗罗山先生、刘孟容先生二人,战事失败之后有人深为指责这个谋划的失策,并且完全归罪于刘先生,这不是事实。

□评点

这一大段读书笔记,载于曾氏全集的《杂著》,以《越寨攻敌》为题。越寨,指越过敌军的营寨,即敌军的所在地。这种用兵有它很大的危险性,因为很可能遭受所要越过的敌军的半途拦劫,所以曾氏视之为"险途"。但此险途常常要走,于是曾氏很用心地研究《资治通鉴》上的九则此类的战事。其中有胜者有败者,结合湘军自身的战例,曾氏得出此险途"胜败无常,视将才为转移"的结论。当然,这里的将才就不仅仅只是会指挥自己的军队,还包括懂敌情懂天时懂地形等等。

由此我们可以知道，曾氏很重视《资治通鉴》这部书中的战例。胡林翼也很重视此书。咸丰九年，时任湖北巡抚的胡林翼召集张裕钊等一批文人，从《春秋》《资治通鉴》两书中摘取有关兵事，汇编成四十六卷，名曰《读史兵略》，其中四十四卷出自《资治通鉴》。看来，《资治通鉴》这部书是当年书生出身的湘军高级将领们的重要军事教科书。

疆场磨炼豪杰

□原文

疆场之役，所以磨炼豪杰之资也，前代如王伯安、孙高阳，其初亦不过讲求地利耳，其后遂为儒将，岂不贵乎阅历哉？

□译文

练兵打仗，这是磨炼豪杰的资历，前代如王伯安、孙高阳，开始也不过只是讲求地利而已，以后成为儒将，岂不是贵在阅历吗？

□评点

湘军筹建之初，包括曾氏在内一大批带勇的营官哨官，都是未经兵火的书生，是两军对持的实战让他们后来大半成了通晓军事的将领。曾氏之所以敢于用书生带兵，便是他相信实战可以磨炼出豪杰。

对团练和额兵的认识

□原文

壮勇贵精而不贵多,设局宜合而不宜分。湘潭、宁乡两县各交界之所,不必另立练局,但在城内立一总局,两处多设探报,贼至则风雨疾驱,仍可御于境上。城内总局人数亦不必多,但得敢死之士四百人,则可以一战。要须简择精严,临阵不至兽骇鸟散,则虽少亦决其有济。

就现在之额兵练之而化为有用,诚为善策,然习气太盛,安能更铸其面目,而荡涤其肠胃?恐岳王复生,半年可以教成其武艺,孔子复生,三年不能变革其恶习。故鄙见窃谓现在之兵,不可练之而为劲卒,新募之勇,却可练之使补额兵。

乡村宜团而不宜练,城厢宜练而不宜团,如此立说,明知有日就懈散之弊,然懈散之弊尚少,若一意操切行之,则新进生事者,持札四出,讹索逼勒,无所不至。功无尺寸,而弊重丘山,亦良可深虑也。

今日将欲灭贼,必先诸将一心万众一气,而后可以言战,而以今日营伍之习气,与今日调遣之成法,虽圣者不能使之一心一气,自非别树一帜,改弦更张,断不能办此贼也。鄙意欲练乡勇万人,概求吾党质直而晓军事之君子将之,以忠义之气为主,而辅之以训练之勤,相激相劘,以庶几于所谓诸将一心万众一气者,或可驰驱中原,渐望澄清。

□译文

兵勇贵在精而不贵在多,设局宜于合而不宜于分。湘潭、宁乡两县的交界之地,不必另立练勇的局,只要在城内立一个总局,两处多设立探报,坏人一来则无论风雨皆迅疾驱驰,仍然可以抵御于本境上。城内总局的人数也不必多,只要得到敢死之士四百人,则可以一战。重要的是必须选择精严,临阵不至于像鸟兽样惊恐逃散,则即使少也一定有作用。

就现在的额兵训练而转化为有用的军队,固然为善策,但军营习气太盛,怎样才能重新打造面目,并且洗涤肠胃?恐怕是岳飞复生,半年内可以教成他们的武艺,而孔子复生,三年内不能改变他们的恶习。故而我的意见是现在的兵,不可能经训练而为劲卒,新招募的勇丁,却可以经过训练后补入额兵。

乡村宜于结团而不宜于练勇,城厢宜于练勇而不宜于结团。如此立论,明知有使团练日就松懈解散的弊病,然而松懈解散的弊病尚且少,若是一意急切推行,则新进这批人中的生事者,将会拿着委札四出讹索勒逼,无所不至。功劳没有一点点,而弊病将重于山,也确实是可值得深虑的。

当今要想灭掉敌人,必须先要做到诸将一心万众一气,然后才可以说到打仗,但是以今天军营的习气,与今天调遣的制度,既使是圣贤也不能使诸将一心万众一气,自非别树一帜,改弦更张,决不能对付这种敌人。我的想法是训练乡勇万人,完全寻求我的家乡中质直和懂军事的君子来统领,以忠义之气为主,而以勤奋训练为辅,相互激励切磋,逐步达到所谓的诸将一心万众一气,或许可以驰驱中原,渐渐看到天下澄清。

□评点

这几段话都出自于曾氏出山办团练之初给友人的书信。咸丰二年十一月,曾氏被任命为团练大臣,与后来相继所委任的团练大臣相比,曾氏是当时对时局及团练认识最为清晰的一位,这种清晰认识是他后来事业成功的基础。这几段话中所说的,诸如现在的兵士已不可用，须得重新募集，办团练须得谨慎，人数宜少，须提防有人借机营私等等，都是他的清晰认识中的一部分。

绿营败不相救

□原文

今日之兵，极可伤恨者，在败不相救四字，彼营出队，此营张目而旁观，哆口而微笑。见其胜则深妒之，恐其得赏银，恐其获保奏；见其败则袖手不顾，虽全军覆没，亦无一人出而援手拯救于生死呼吸之顷者。以仆所闻，在在皆然。盖缘调兵之初，此营一百，彼营五十，征兵一千，而已抽选数营或十数营之多，其卒与卒已不相习矣，而统领之将，又非平日本营之官。一省所调若此，他省亦如之。即同一营也，或今年一次调百人赴粤，明年一次调五十赴楚，出征有先后，赴防有远近，劳逸亦遂乖然不能以相人，败不相救之故，半由于此。又有主将远隔，不奉令箭不敢出救者，又有平日构隙，虽奉令箭故迟回不往救者。至于兵与勇遇，尤嫉恨次骨，或且佯为相救，而倒戈以害勇，翼蔽以纵贼。

□译文

当今的军队，极可伤恨的，在败不相救四字，一个军营出队打仗，另一个军营张大眼睛在一旁观望，裂开嘴巴而笑。见别人打胜仗则深为嫉妒，恐怕别人得赏银，恐怕别人获保举；见别人失败则袖手不顾，即使全军覆没也没有一个人出来帮助拯救别人在生死呼吸之际。以我所听说的，处处都这样。这是因为当初调兵的时候，这个营一百，那个营五十，征集兵员一千人，被抽调的军营已达几个甚或十几个之多，兵士与兵士之间本已不熟习了，而统领的将官又不是平时本营的将官。一个省的抽调是这样，其他省也是这样。即使是同一个军营，或者今年一次调一百人赴粤，明年一次调五十人赴楚，出征有先后，赴防有远近，劳逸也就相应不均。败不相救的缘故，一半由于此。还有主将隔得远，未奉令箭不敢前去救援的，还有平日有嫌隙，虽奉令箭却故意迟迟不去援救的。至于兵与勇相遇，尤嫉恨入骨，有的装作相救的样子，其实则反戈来害勇，保护敌人逃走。

□评点

这是咸丰三年八月，写给江忠源的一段话。江忠源是湖南新宁人，曾氏很赏识他。道光三十年，曾氏奉旨推荐人才，江忠源即为所荐五人之一。太平天国起事时，江忠源正在家乡新宁，他随即在新宁办起了团练，后又带着这支团练在全州蓑衣渡与太平军交战时取得佳绩，由此而被朝廷重视。此时江正带领新宁勇在湖北一带作战。胜则争功，败不相救，是当时绿营的普遍现象，也是他们打不赢太平军的主要原因。湘军以血缘、地缘、业缘为纽带组建军营便是针对此而来，这也是湘军获胜的一个重要原因。

团与练

□原文

团练二字，当分为两层。团即保甲之法，清查户口，不许容留匪人，一言尽之矣。练即养丁，请师，制旗造械，为费较多，乡人往往疑畏不行。今练或择人而举，团则宜遍地兴办，总以清查本境土匪以绝勾引为先务，遂设一审案局。

□译文

团练两个字，应当分为两层。团即保甲之法，清查户口，不许容留坏人，一句话就把它的职责说清楚了。练即养壮丁，请教头，制造旗帜与器械，耗费较多，乡人往往怀疑畏惧而不想实行。现在，练或许要择人而推举，团则宜于遍地兴办，总以清查本境的土匪与杜绝勾引坏人为先，于是设立一个审案局。

□评点

人们常将团练两字连起来说，其实二者是很有区别的。从曾氏的解释来看，团相当今日的联防组织，以清查为职责，练则要训练，类似于“文革”中的基干民兵。

秋毫无犯

□原文

民间倡为谣言，反谓兵勇不如贼匪之安静。国藩痛恨斯言，恐民心一去，不可挽回，誓欲练成一旅，秋毫无犯，以挽民心而塞民口。每逢三八操演，集诸勇而教之，反复开导至千百语，但令其无扰百姓。

□译文

民间谣言盛传，反而说兵勇还不如贼匪的安静。我痛恨这句话，担心民心一旦失去，则不可挽回，发誓要练成一支军队，于老百姓秋毫无犯，借以挽回民心而堵塞民口。每逢三逢八操演时，集合勇丁而教训，千言万语反复开导，但令他们不要骚扰百姓。

□评点

曾氏组建湘军之初，就非常注重军队与百姓之间的关系，除逢三逢八的训导外，后来还亲自撰写《爱民歌》，指出“行军先要爱百姓”，告诉大家“爱民之军处处喜，扰民之军处处嫌”，并提出“军士与民如一家”的重要观点。他要求兵勇“日日熟唱爱民歌”，以收时时敲击之效。

改弦更张

□原文

近时各营之兵，东调一百，西拨五十，将与将不和，卒与卒不习，胜则相忌，败则不相救，即有十万众在我麾下，亦且各怀携贰，离心离德。居今之世，用今之兵，虽诸葛复起，未必能灭此贼也。鄙意必须万众一心诸将一气，而后改弦更张，或有成功之一日。

□译文

近时各营的士兵，东调一百，西拨五十，将官与将官不和，士卒与士卒不熟，打仗胜了则互相嫉妒，打败了则互不救援，即便有十万人在我的麾下，也会各自怀着二心，离心离德。处在当今这个世界，指挥当今这些士兵，即使诸葛亮复出，也未必能消灭这股敌人。我的想法是必须万众一心诸将一气，然后改弦更张，或许有成功的一天。

□评点

这是咸丰三年九月写给友人彭洋中、曾毓芳的，重申八月给江忠源信中的观点。

对将官的四点要求

□原文

带勇之人，第一要才堪治民，第二要不怕死，第三要不急急名利，第四要耐受辛苦。治民之才，不外公、明、勤三字，不公不明，则诸勇必不悦服，不勤，则营务细巨皆废弛不治，故第一要务在此。

不怕死,则临阵当先,士卒乃可效命,故次之。为名利而出者,保举稍迟则怨,稍不如意则怨,与同辈争薪水,与士卒争毫厘,故又次之。身体羸弱者,过劳则病,精神短缺者,久用则散,故又次之。四者似过于求备,而苟阙其一,则万不可以带勇,故弟尝谓,带勇须智深勇沉之士,文经武纬之才。

□译文

带领勇丁的人,第一要才能可以治理民众,第二要不怕死,第三要不急于求取名利,第四要耐得辛苦。治理民众之才,不外公、明、勤三个字。不公不明,则勇丁们必定不会心悦诚服,不勤,则大小营务都会废弛不管,故而第一要紧的在这里。至于不怕死,则是因为临阵走在前面,士卒才可能做到效命,所以排在第二。为着名利而出来的,保举稍迟便会埋怨,稍有不如意处也会埋怨,与同辈争薪水,与士卒斤斤计较,所以将它排在第三。身体病弱的,劳累过度则会病倒,精神短缺的用力过久则神散,故而排在第四。这四点看起来好像过于求取完备,但若是缺少其中一点,则万万不可以带勇。所以我曾经说过,带领勇丁必须得智勇深沉之士、文武经纬之才。

□评点

这段话与上段话出于同一封信。曾氏在此提出选择湘军将官的四点要求,即治理之才、不怕死、不急于名利、耐得辛苦。在这段话之后,曾氏接着写道:“大抵有忠义血性,则四者相从以俱至;无忠义血性,则貌似四者,终不可恃。”由此可知,除这四点外,还有最重要的一点便是忠义血性。

因量器使

□原文

带勇之人,不苛求乎全材,宜因量以器使,然血性为主,廉明为用，三者缺一。若失輗軏，终不能行一步也。

□译文

带领勇丁的人，不要苛求是全才，宜于因量器使，然血性为主，廉明为用，三者缺一，就像车辆失去控制的横木，最终不能行走一步。

□评点

因量器使，是曾氏用人的一个重要观点。所谓因量，即指依据对方所具备的长处；器使，即像使用器具一样地发挥人的才干。他在一则名为《才用》的笔记中说："虽有良药，苟不当于病，不逮下品；虽有贤才，苟不适于用，不逮庸流。梁丽可以冲城，而不可以窒穴，犀牛不可以捕鼠，骐骥不可以守闾。千金之剑以之析薪，则不如斧，三代之鼎以之垦田，则不如耜。当其时当其事，则凡材亦奏神奇之效，否则钼铻而终无所成。故世不患无才，患用才者不能器使而适宜也。"这段话可为各级领导者鉴。

得士卒之心

□原文

古来名将得士卒之心，盖有在于钱财之外者。后世将弁，专恃粮重饷优，为牢笼兵心之具，其本为已浅矣，是以金多则奋勇蚁附，利尽则冷落兽散。

□译文

古来名将得士卒之心，有在钱财之外的原因。后世将官，专门依仗粮饷丰厚，作为笼络兵心的工具，它的根本已浅了，所以金银多则兵勇依附，钱财尽则冷落如鸟兽四散。

□评点

从古以来,钱财都是笼络士卒的最主要东西,当然也不是惟一的。曾氏此语,固然是圣贤之心,但也是书生之迂,老九打南京,最终也是以城中“金银如海,财货如山”作为诱饵的。这段话本书正篇“书信”部分也予以收录,此处再赘言几句,作为补充。

练勇精强器械精致

□原文

练卒宜十分精强,器械宜十分精致,乃可卧薪尝胆,艰难百战,不然,则不教之卒,窳败之器,何省不可骤办,而必出自湖南万里长征多费饷项哉?

各勇不穿着软料衣服,止许穿布衣,不许穿鞋,止许穿草鞋,哨长亦然。打仗同进同退,不许独后,亦不许独先,割首级,夺旗帜,亦无赏。

练勇之道,必须营官昼夜从事,乃可渐几于熟,如鸡伏卵,如炉炼丹,未宜须臾稍离。前与璞山面议,每营有文武兼备之营官,始克照料一切。

此次募勇,成军以出,要须卧薪尝胆,勤操苦练,养成艰难百战之卒,预为东征不归之计。若草率从事,驱不教之士,执窳脆之器,行三千里之远,以当虎狼百万之贼,未与交锋,而军士之气固以馁矣,虽有一二主者忠义奋发,亦无以作其众而贞于久也。

□译文

受训练的士卒宜十分精强,军营器械宜十分精致,才可以做到卧薪尝胆，艰难百战，否则，没有受过训练的士卒，粗劣的武器，哪个省不能立即办理，而必定要出自湖南行军万里以至于多费军饷?

勇丁们不穿软料衣服，只许穿布衣，不许穿布鞋，只许穿草鞋，哨长也得这样。打仗同进同退，不许单独在后面，也不许单独走在前，单独行动即便割取首级夺得旗帜，也无赏。

训练勇丁的方法，必须要营官日夜都费心，才可望渐渐达到熟练，好比母鸡孵蛋，好比火炉炼丹，不能一刻离开。先前与王璞山面议，每营有文武兼备的营官，才能够照料好一切。

这次召募勇丁，组成军队开出，必须卧薪尝胆，勤苦操练，培养成为经受百战艰难的士卒，预先作东征不归的想法。若草率从事，驱赶没有经过训练的士卒，手执粗劣的武器，行军三千里之远，以抵挡百万虎狼之敌，还没交锋，而士气一定就会萎靡，虽有一两个忠义奋发的带头人，也不可能振作众人而持之以久。

□评点

这里说的是对士卒与武器的要求。湘军初创时期，有的营官功利心切，仓卒成军，仓卒出征，曾氏极为反对此种做法。咸丰三年九月，他在给湖南巡抚骆秉章的信中说:“杨承义在省招勇，闻上半日招募，下半日即起行。其人不知何许人?”这几段话反复强调的就是士卒要训练，武器要精良。

岂能贵耳贱目

□原文

国藩立朝有年，更事孔多，曾不能以泛悠之毁誉，定伦类之优劣，岂有军务所关，不揆事理之当否，而徒贵耳贱目，逞我私臆乎!

□译文

我在朝廷做官多年，经历事情很多，过去没有以泛泛所谈的毁与誉来决定人事的优劣，军务关系重大，岂有不依据事理的当否而重所听轻所见，来意气用事吗？

□评点

王鑫是个很有能力也很有抱负的人，但也是个功利心极强的人，他所招募的军营正犯曾氏所指的仓卒成军的毛病，于是曾氏命令他裁汰部分人员。王鑫对此不满，外界对此也不满。咸丰三年十一月，曾氏写信给夏廷越，请夏"告璞山，急急沙汰，择其尤精者简办四营"。

水陆并进

□原文

阵法原无一定，然以一队言之，则以鸳鸯、三才二阵为要；以一营言之，则一正两奇、一接应、一设伏，四者断不可缺一。此外听足下自为变化。将多人以御剧寇，断不可无阵法也。

江中鏖战之船须二百号，其余雇备民船随助声势者须八百号。战船之中，每号配水勇二十人，民船之中，凡煤米油盐百货之需，无不装载，技艺工匠杂流之人，无不备具。船行中流，两岸陆兵，夹江而下，兵勇所得之银换舟中之钱，所用之钱即买舟中之货，庶兵勇所至，无米盐缺乏之患，无昂贵数倍之苦，而展转灌输，其银钱仍不出乎水陆两营之外。

两岸陆路之勇，夹江而下，兵勇所得之口粮银两，即换舟中之钱，所用之钱即买舟中之货，庶无盐米缺乏之患，无昂贵数倍之苦，而银钱展转灌输，仍不出水陆两营之外。否则，陆勇数千，贸然一行，九江以下千里萧条，无食可买，无钱可换，虽有忠奋凌霄，亦只得向江水而痛哭耳！是以国藩私计，总须舟载食物，水陆并进。

水勇佳者难得，然不难于放炮，而难于荡桨使舵。国藩之意，拟即专雇水手，盖水勇不可遽学为水手，水手却能即学为水勇。

水路有战船，必须两岸劲兵夹江护行。

□译文

阵法原本无一定的成法，但以一队而言，则鸳鸯阵、三才阵两个阵法为重要；以一营而言，则一正两奇、一接应、一设伏，这四个方面决不能缺一。此外则听你自己来变化。指挥许多人来抵御强寇，决不能没有阵法。

江面上作战的船须得二百只，其余雇用跟随以助声势的民船须得八百只。每只战船配水勇二十人，民船里，凡煤米油盐百货等日用品无不装载，技术工匠及勤杂人员无不具备。船行在江中，两岸陆兵夹岸而下，兵勇所得到的银子换成舟中所载的钱，所要花费的钱就买船上所载的货物，这样兵勇所到之处，没有缺乏米盐的顾虑，也没有买昂贵几倍货物的苦恼。银钱转来转去，仍然不流出水陆两营之外。

两岸陆勇沿江而下，兵勇所得的口粮银子，即换取船上所载的钱，所用的钱即买船上所载的货物，如此则无盐米缺乏的担忧，也无买贵数倍价格货物的苦恼，而银钱转来转去，仍不出水路两营之外。否则，陆勇数千贸然独自行军，九江以下千里萧条，无食品可买，无钱可换，虽然有冲天的忠奋，也只能对着江水痛哭而已！所以我私下考虑，还是应该以船来载食物，水陆并进。

水勇优秀的难得，但不难于放炮，而是难于荡桨使舵。我的想法是，打算专门雇请水手，这是因为水勇不可以很快学成为水手，水手却能立即学成为水勇。

水路上有战船，必须得有两岸劲兵挨着江边沿途护行。

□评点

水陆并进，不只是在军事上可以互为依靠，而且可以提供军需上的保障，又可达到银钱不外流的目的。曾氏书生出身，且长期在朝廷做官，无地方办具体事的经验，但一办实事，便能有如此周密的部署，足见此人有经世之才。

不用营兵镇将

□原文

岳王复生，或可换孱兵之筋骨，孔子复生，难遽变营队之习气，虽语涉谐谑，实痛切之言也。今欲图谋大局，万众一心，自须别开生面，崭新日月，专用新招之勇，求忠义之士将之，不杂入营稍久之兵，不用守备以上之将。

国藩数年以来，痛恨军营习气，武弁自守备以上，无一人不丧尽天良，故决计不用营兵，不用镇将。

□译文

岳飞复生，或许可以改换孱弱士卒的筋骨，孔子复生，却难以很快改变军营中的习气，这话虽近于谐谑，其实是痛切之言。当今要想图谋大局，万众一心，自当别开生面，焕然一新，专用新招募的勇丁，寻求忠义之士统领，不混杂在军营中呆得稍久的人，不用守备以上的将官。

我数年以来就痛恨军营习气,武官自守备以上无一人不丧尽天良,故而决计不用营兵,不用镇将。

□评点

道光三十年三月,曾氏上疏咸丰帝,说今天的官场是京官退缩、琐屑,外官敷衍、颟顸,“但求苟安无过,不求振作有为,将来一有艰巨,国家必有乏才之患”。当时有这等清醒认识的高级官员,可谓凤毛麟角。正因为此,待到曾氏自己来办事的时候,他文则少用朝廷命官,而大量启用绅士委员,武则不用营兵镇将,而重新招募乡勇,寻觅将官,用他的话来说,即“另起炉灶”、“赤地新立”、“别开生面”等等。应该说,这是曾氏成功的一个关键原因。

履之后艰

□原文

平昔訾人出征迟滞,或咎人军兴浪费。及身膺斯责,则其迟滞尤久,而其浪费更多。履之后艰,于兹益信。

□译文

过去常指责别人出征迟缓,或者埋怨别人军务上浪费,待到自己亲身处在这个位置上,迟缓的时间更长,浪费更多。亲自践履后才知艰难,这句话从此后更加相信了。

□评点

看人挑担不费力。这是人之常情,不过,更要知道这是人的弱点。所以我们要常常提醒自己,要常常想到设身处地、易地而处等,不应轻易指责别人。

扎营哨探等

□原文

扎营宜深沟高垒，虽仅一宿，亦须为坚不可拔之计，但使能守我营垒，安如泰山，纵不能进攻，亦无损于大局。

哨探严明。离贼既近，时时作敌来扑营之想，敌之来路，应敌之路，埋伏之路，胜仗追贼之路，一一探明，切勿孟浪！

未经战阵之勇，每好言战，带兵者亦然。若稍有阅历，但觉我军处处瑕隙，无一可恃，不轻言战矣。

进则争前，退则散乱，三五人保住阵脚，即是劲旅，无此三五人者，则其初每成先胜后败之局，其后遂为屡北不振之师，此盖军旅强弱之恒态。

□译文

扎营宜深挖壕沟高筑壁垒，即使住一夜，也要作坚不可拔的考虑，只要安如泰山般地守住我的营垒，纵使不能进攻，也无损于大局。

哨探要严明。离敌军已很近，时时作敌军来扑营的考虑，敌人的来路，应对敌人的路线，埋伏的地方，打胜后追赶敌人的道路，一一探明，切勿随便！

未经战场的勇丁，每每喜欢谈论战事，带兵者也这样。若稍有阅历，便会觉得我军处处有瑕疵空隙，无一处可恃，于是不轻易言战。

进攻时争着向前，退后时则散乱，能有三五人保住阵脚，即为劲旅。没有这样的三五人，则初期每每是先胜后败的局面，以后便成为屡败不振的部队。这是军队强弱的常态。

□评点

扎营、哨探、不轻言战、保持阵脚，这些都是属于军营中的具体事项。曾氏是统帅，却能于军事说得如此细，足见他办事的实在。另一方面，我们从这些话中也可看出他性格上的谨慎。

不可以寻常行墨困倔奇男子

□原文

卫青人奴，拜将封侯，身尚贵主。此何等时，又可以寻常行墨困倔奇男子乎！

□译文

卫青为人家奴，后来拜将封侯，娶公主为妻。现在是什么时候，怎能以寻常准则来使倔奇男子受困呢？

□评点

卫青是出身低贱而最终建立大功出人头地的典型人物。但卫青之所以成功，一靠其姊，二靠战争，若缺乏这两者，要想成功则障碍重重。有姊为皇后，不是一般人所能遇到的，如果碰上战乱时期，却可以让千千万万出身低微的人面临一个大机遇，它将有可能使人改变境况。这就是自古以来，战争不止的重要原因之一。

军事以气为主

□原文

凡善弈者,每于棋危劫急之时,一面自救,一面破敌,往往因病成妍,转败为功,善用兵者亦然。

己无声而后可以听人之声,己无形而后可以伺人之形,抚贼之备物太甚者,其中盖有所不足也。以精心察之,冷眼窥之,无乘以躁气,无淆以众论,自能觑出可破之隙。若急于求效,杂以浮情客气,则或泰山当前不克见。以瓦注者巧,以钩注者惮,以黄金注者昏,外重而内轻,其为蔽也久矣。

用兵无他妙巧,常存有余不尽之气而已。孙仲谋之攻合肥,受创于张辽,诸葛武侯之攻陈仓,受创于郝昭,皆初气过锐,渐就衰竭之故。惟荀蕾之拔逼阳,气已竭而忽振,陆抗之拔西陵,预料城之不能遽下,而蓄养锐气,先备外援,以待内之自敝,此善于用气者也。足下忠勇内蕴,迈往无前,惟猛进有余,好谋不足。吾愿足下学陆抗气未用而预筹之,不愿学荀蕾气已竭而复振之,愿算毕而后战,不宜具战而徐算。

士卒不许有一人闲言闲语,稍触别营,不特宜戢本营六营,兼宜小心和协别营之将领。兵,犹火也,勿戢将自焚也。

军事以气为主,瀹去旧气,乃能重生新气。若不改头换面,长守此坚壁,以日夜严防而不得少息,则积而成陈腐之气,如败血之不足养身也。

濠中之土,宜覆于墙上,不可覆于外濠,宜壁立斗绝,不可斜坡陁下。

日中则昃,月盈则亏,故古诗“花未全开月未圆”之句,君子以为知道。自仆行军以来,每介疑胜疑败之际,战兢恐惧上下怵惕者,其后常为大胜;或当志得意满之候,各路云集,狃于屡胜,将卒矜慢,其后常有意外之失。

□译文

凡善于下棋的,每每在危急的时候,一面自救,一面破敌,往往因此而转危为安,由失败转为成功,善于用兵者也这样。

自己不发出声音而后才可以听到别人发出的声音,自己的形体隐藏后才可以窥伺到别人的形体。抚州的敌人准备物品太多,是因为其中有所不足。以精心、冷眼来观察,不要仗着躁气,也不要被众论混淆,如此自然能看出可以攻破的隙缝。若急于求成,杂以虚浮骄气,则或许有可能泰山在前都看不到。以瓦片投注者手能巧,以钩投注者心胆怯,以黄金投注者头发昏。外重而内轻,思虑被蒙蔽已经很久了。

用兵没有别的巧妙,常常保存有丰裕而用不尽的士气而已。孙仲谋攻合肥,受挫于张辽,诸葛亮攻陈仓,受挫于郝昭,都是开始时士气过于锋锐,后来慢慢衰竭的缘故。惟有荀罃拔取逼阳,士气已衰竭而又忽然振作,陆抗攻拔西陵,预料城池不能很快拿下,于是蓄养锐气先准备外援,以等待城内的自我变乱。这是善于使用士气的例子。你蕴藏忠勇,一往无前,只是猛进有余,好谋不足。我愿你学陆抗士气未用而预先筹备着,不愿你学荀罃已衰竭而后再振作,愿你算计好后再开仗,不宜已开仗而后再慢慢算计。

士卒不许一个人有闲言闲语稍稍触犯别的部队,不仅应当约束本军六营,还要小心翼翼地和协其他部队的将领。用兵好比烧火一样,不约束则将自焚。

军事上以精神气象为主，疏散旧的气象，才能重生新的气象。若是不改变，长期死守这个坚固壁垒，日夜严防，士卒不能稍稍休息，则将会堆积成陈腐的气象，如败血那样不能滋养身体。

濠沟中的土宜覆盖于墙垒上，不可覆盖于外濠。墙垒应当壁陡，不可筑成斜坡状。

太阳到了中午则西偏，月亮盈满后则会亏缺，故而古诗中“花未全开月未圆”的句子，君子认为这是悟道的话。我自从办理军务以来，每处于对胜败存疑的时候，从而战战兢兢心怀恐惧，之后常会获大胜；而当处于志得意满的时候，各路军队云集，因为屡胜，将士们骄慢，之后则常有损失。

□评点

此处所抄录的这几段话，出自于咸丰六年正月至九月间，给罗泽南、李元度、罗萱等人的书信，谈的都是关于用兵打仗方面的思考。作为一个曾经潜心研习程朱之学的理学家，曾氏十分看重军营中的士气，并注意培养和保存这种士气；当然，曾氏心中的士气，不仅只是锋锐的战胜攻取的斗志，还有谦谨稳重的军营气象。

知识与经验种种

□原文

军行，以水泉甘洁为最难得之境，其无活水清泉之处，不可驻也。

用兵之道，与读书同，不日进则日退，须“日知其所亡，月无忘其所能”为妙。

目下贼氛正盛，我军宜蓄锐以俟时，沉几以观变，如必须退兵，则不妨少退以蓄势，待得机然后再进。兵法有进有退，古名将非全无退时也，望斟酌行之。

崖角岭一冲太长，进冲甚易，退回甚难，此行兵者忌也。此时审几度势，但宜稳扎，不宜轻进，名将以救败为第一难事。

凡兵勇太少则军威不壮，太多则弱者间或反为强者之累，弟之不肯轻用团勇，亦执是故。若能借其人多以助我之势，而临阵又不为其所累，则有益而无损，到处乡团皆可用矣。

□译文

军队的行动，以有甘洁的水源为最难得的地方，那些无活水清泉的地方不可驻扎。

用兵的道理与读书相同，不一天天前进则将一天天后退，必须做到“每天知道所未知的，每月温习所已知的”为好。

眼下敌军气势正盛，我军宜积蓄锐气以等待时候，静心审视机遇以观察变化，若必须退兵则不妨少退以积蓄气势，等待有机会时再进。兵法有进有退，古时的名将并不是完全无后退时，望斟酌而行。

崖角岭一带冲太长，进冲很容易，退回很困难。这是用兵者所忌讳的。此时审察情势，只宜稳扎，不宜轻进，名将以挽救失败为最难的事。

凡兵勇太少则军威不壮，太多则其中弱者反成为强者的拖累。我之所以不愿轻用团勇，也是因为此。若是能借取他的人多来助我的声势，而临阵又不为他所拖累，则有益而无损。若这样，则随处的乡团都可以有用了。

□评点

这几段说的也是带兵者的知识和经验,如择水而驻扎,进时须想到退时,团勇之可用与不可用等等。作为统帅,在书信中随时提醒部属,也是关心与爱护的一种表现。

不善临阵

□原文

国藩平日不善临阵,故友人相戒,但宜在远处调度,不宜至近处对敌,恐各统领营官分心以护卫鄙人,转不能冲锋应变,出奇制胜也。

□译文

我平日不善于临阵指挥,故而朋友们告诉我,只在远处调度,不宜在近处面对敌人,惟恐各统领营官分心来保护我,反而不能冲锋应变,出奇制胜。

□评点

曾氏是有名的只能将将不能将兵的人。湘军初出征时,曾氏亲自指挥过几次战役,均以失败告终。他由此看出自己的弱点,从那以后就再不充当战场指挥官了。军事是一门包罗很广的学问,不能为战场上的将或兵,并不意味着不能涉足军事。不能为将可为帅,不能为兵可为军中文职人员,这些人都是在为军事服务。

湘军归农及其他

□原文

连日各处募勇者甚多，应募者渐少，卒之择将甚于将之择卒，朝秦夕楚，轻去其主，辛苦教练，甫觉可用，转瞬已失其所在矣。或在此营当散勇，则贪易一营以充什长，甫得什长，又思易一营以充哨长。若兵则一列尺籍，终身不改，鄙意欲借兵呆板之风，稍变勇浮动之习。

吏治有常者也，可先立法而后择人。兵事无常者也，当先求人而后立法。求人以统领为最难，营官亦颇不易得。

耳不两听而聪，目不两视而明。兵勇愚蠢，自须专习一途，以一其心志。上岸杀贼、洗足上船之说，当筑濡须坞时，已知其不可行矣。

军家之一胜一败，其炎凉意态，往往出素所亲爱之人，若更事稍多，亦自见惯不惊。

两次挫失之后，弁勇心目中，不无轻疑主将之意。田单拜神人为师，亦以势弱恐下不我信也。望于士卒前少存不自足之怀，无当大股，无贪奇功，得小小胜仗数次，则士气渐转而可有为矣。

防守之统领，已属难得，游击之统领，尤为可遇而不可求。阁下静能生明，专在人材上用心，犹为费力少而收效多，何如？

将来贼平之后，勇则归农，弁目之精强者，则得缺归伍，亦销患之一道也。

承询选将一节，猥以湖湘俊彦朋兴推求汲引之原，鄙人瞀瞀，奚足以言衡鉴？风云际遇，时或使之，生当是邦，会逢其适，于鄙钝初无与也。抑又窃疑古人论将，神明变幻，不可方物，几于百长并集，一短难容，恐亦史册追崇之辞，初非当日预定之品。要以衡才不拘一格，论事不求苛细，无因寸朽而弃连抱，无施数罟以失巨鳞。斯先哲之恒言，虽愚蒙而可勉。

稳扎坚守，严纪律而爱百姓，尚属人力之所能勉，行之不懈，亦弭谤之一端也。

古来义士仁人，行军用兵之道，专重救人之急，解人之围，是以义声播于遐迩。

来教"分制援贼，包打胜仗"等语，无乃期许过奢。鄙人教练之才，非战阵之才也，守黄梅、守石牌或可竭力任之，拒援贼，则敬谢不敏。人贵自知，不敢不确陈其短耳。

□译文

连日来各地招募勇丁的很多，应募者渐渐减少，士卒选择将领要超过将领选择士卒，朝秦夕楚，轻易离开主人，辛苦教练，刚觉得可用，转眼便换了地方。或者在此营当散勇，则想换一个营去充当什长，刚当到什长，又想着换一个营去充当哨长。若是兵，则一旦列在簿册上，则终身不改变。我的意思是想借鉴兵不变动的呆板作法，稍稍改变勇丁的浮动习气。

吏治是有常规可寻的，可以先立法而后择人。兵事是无常规可寻的，应当先择人而后立法。择人以择统领为最难，营官也颇为不容易得到。

耳朵不同时听两种声音才能聪，眼睛不同时看两样东西才能明。兵勇愚蠢，自然须得专门学习一项，借以使他们的心志专一。

上岸杀敌、洗好脚上船这些说法，在修筑濡须坞的时候，便已知不可实行了。

军事家的一胜一败，他的喜悦与悲痛情绪，往往是冲着平素所亲近的人而发的，若历事稍多，也自然会见惯不惊了。

两次挫败之后，将士们的心目中，不会没有轻视怀疑主将的想法。田单拜神人为师，也是因为自己处于弱势担心部下不相信的原故。希望你在士卒前少存不自信的心思，不要面对大股敌人，不要贪图奇功，获得几次小小胜仗，则士气慢慢将转变而可为了。

防守的统领已属于难得，游击的统领尤为可遇而不可求。你静能生明，专在人才上用心思，尚且是费力少而收效多的事，何不试一试？

将来这股贼匪平定后，勇丁则回乡务农，低级武官中的精强者，则遇缺补进军营，也是消除隐患的一种办法。

承蒙询问选将一事，因为得到湖湘才俊之士们的推荐互相吸引影响的原故，我是个昏庸之人，哪里能说上衡鉴将才？风云际会，时代使然，生在这个地方，恰好遇到这个机会，于我这个见识鄙陋者本无关系。我又私下怀疑古人谈论将才，神明变幻，不可企及，几乎是百长集于一身，一点短处都没有，恐怕也是史册的追逐崇拜之辞，本不是当时的情形。要紧的是，衡量人才要不拘一格，论事要不求苛严细微，不能因为有一寸长的地方朽烂了而放弃一棵大树，不要撒网过多反而失去大鱼。这是先哲常说的话，即便是愚蒙也可以此勉励。

稳扎稳打，严明纪律而爱护百姓，这些尚属于人的力量所能勉强做到的，行之而不松懈，也是消弭谤言的一种方法。

古来的仁人义士，打仗用兵之道，专注重救人的急难，解除人的受围，故而义声播于远近。

来信中的教导如“分制援贼，包打胜仗”等话，可能期望太高。我是一个教练之才，并不是战场指挥之才，守黄梅，守石牌或许可以竭力担任，抗拒援敌，则我的力量做不到。人贵有自知之明，不敢不明确说明自己的短处。

□评点

这些话，也都是曾氏在与各路将领的通信中说的。值得注意的是，早在湘军创建初期，曾氏便想到了勇丁日后的回归农村。使用“销患”一词，可见曾氏对军队本质的认识之深刻。

无人情百求不应

□原文

近年军中阅历有年，益知天下事，当于大处着眼，小处下手。陆氏但称先立乎其大者，若不辅以朱子铢积寸累工夫，则下梢全无把握。故国藩治军，屏去一切高深神奇之说，专就粗浅纤悉处致力，虽坐是不克大有功效，然为钝拙计则犹守约之方也。所最难者，近日调兵、拨饷、察吏、选将，皆以应酬人情之道行之，不问事势之缓急，谕旨之宽严。苟无人情，百求罔应。即举劾赏罚，无人情则虽大贤莫荐，有人情则虽巨憝亦释，故贼焰虽已渐衰，而人心殊未厌乱。每独居深念，憾不得与阁下促膝密语，一摅积愫。

□译文

近年来在军营中阅历较久，愈加知道天下事应当从大处着眼，从小处下手。陆氏只说先立其大者，若是不以朱子所谓积铢累寸工夫以辅助，则下梢部位全无把握。故而我治理军队，屏除一切高深神奇的说词,专门就粗处浅处细微处致力,虽然因为此而不能大有功效,然而作为钝拙之计则还可以说得上是守约的方子。所最难的是,近日调兵、拨饷、察吏、选将,都以应酬人情的办法来办理,不去问事情的缓与急,谕旨的宽与严。如果没有人情,百求不应,即便是保举弹劾及赏与罚等,没有人情则虽大贤而不能获得保荐,有人情虽大恶也能被释放,所以敌人的气焰虽然渐渐衰息,但人心却深未厌乱。每独居细想,遗憾不能与您促膝密谈,一舒积郁。

□评点

笔者深憾当今社会的人情大于法理,却不料一百多年前的曾氏办事也同受人情的掣肘。呜呼!这是人类社会不可改易的本性呢,还是中国传统文化的强烈负面影响呢?

愈易愈简愈妙

□原文

凡临敌观气色,有二可虑:骄气,则有浮淫之色(淫溢也,大也,漫也);惰气,则有晻滞之色(晻,晦也,暗也),望体察而补救之。

骄气惰气等语,却不宜与人说及,此等默察之而默救之耳!凡与诸将语,理不宜深,令不宜烦,愈易愈简愈妙也。不特与诸将语为然,即吾辈治心治身,理亦不可太多,知亦不可太杂,切身日日用得着的,不过一两句,所谓守约也。

□译文

凡临战时看气色,有两点值得忧虑:有骄气,则有浮淫的气氛(这种气氛表现在情绪上的浮躁、溢满、自大、散漫);有惰气,则有晻滞的气氛(晻,即晦涩,阴暗),希望能体察并予以补救。

骄气、惰气等话,却不宜对别人说及,这些都只能默默地观察与补救而已!凡与各位将领说话,道理不宜太高深,军令不宜太繁琐,越容易越简单越好。不仅与诸将说话是这样,即便是我们自己治心治身,道理也不可太多,知识也不可太杂,切身而且日日能用得上的,不过一两句,这就是所谓守约。

□评点

世间的物与事,若从学问的角度来研究,都应该做到至深至细至繁,若从操作的角度来要求,则应该力求简单方便;对于人本身和人的群体即社会来说也一样。古往今来,人文研究的著述浩如烟海,但普通人对人文的认识,则应如曾氏所说的"愈易愈简愈妙"。

治军所感所得

□原文

鄙意欲仿六年八月鲁家港御石逆之法,直待贼来扑营,坚壁不出,待其惰归而后出击,亦不远追。如是二日,彼之锐气少沮,我之识力稍定,然后设法击之,则真贼与裹雇者,情状分明矣。

河淮以北之民,赋性刚劲,耐寒习苦,囊裹干粮,且行且食,以该处之兵,办本地之贼,必可得力。若敝部皆衡湘之士,狃于南方风气,不惯面食,冬至风帽皮衣,炭盘手炉,刻不能离,罗、李名将,亦不免于冬烘气象。

凡兵勇与百姓交涉者,总宜伸民气而抑兵勇,所以感召天和者在此,即所以要获名誉者亦在此。望阁下实心行之,幸勿视为老生常谈也。至于战胜攻取,虽无把握,若守之必固,则可以人力操其权。

军事有骄气惰气皆败气也。孔子云"临事而惧",则绝骄之源,

“好谋而成”，则绝惰之源，平日无时不谋，无事不谋，自无惰时矣。外间或言阁下好笼罩人，己所不知者，以言铦人使言之，人言未毕，则又以己意承接而引伸之，好以聪明绌人而不以至诚待人。国藩久闻此语，未便遽进箴规，今既受统领重任，务祈绌己之聪明，贬己之智术。凡军中大小事件，殷殷请教于朱云崖，处处出于至诚，则人皆感悦而告之以善矣。

早夜站墙，日日操练，断不可闲。勤字为人生第一要义，无论居家居官行军，皆以勤字为本。黎明早起，勤字中之一端也。

用兵久，则骄惰自生，骄惰则未有不败者。勤字所以医惰，慎字所以医骄，此二字之先，须有一诚字以立之本。立志要将此事知得透办得穿。精诚所至，金石亦开，鬼神亦避，此在己之诚也。人之生也直，与武员相交接，尤贵乎直。文员之心，多曲多歪多不坦白，往往与武员不相水乳，必尽去歪曲私衷，事事推心置腹，使武人粗人坦然无疑，此接物之诚也。以诚字为之本，以勤字慎字为之用，庶几免于大戾，免于大败。

楚军水陆之好处，全在无官气而有血性。若官气增一分，则血性必减一分。八、九两年，余过湖口时，彼此皆不免有官气，此次余与厚庵、阁下，皆当力戒以挽风气。

今大难之起，无一兵足供一割之用，实以官气太重，心窍太多，漓朴散醇，真意荡然。湘勇之兴，凡官气重心窍多者，在所必斥，历岁稍久，亦未免沾染习气。

军事是极质之事，《廿三史》除班马外，皆文人以意为之，不知甲仗为何物，战阵为何事，浮词伪语，随意编造，断不可信。仆于《通鉴》中之不可信者，皆用笔识出矣。退庵若以编辑《廿三史》成书为治军之蓝本，则门径已差，难与图功。阁下与之至交，须劝之尽弃故纸，专从事于点名、看操、查墙子诸事也。

鄙人近岁在军，不问战事之利钝，但课一己之勤惰，盖战虽数次得利数十次得利，曾无小补，不若自习勤劳，犹可稍求一心之安。

□译文

我的想法是仿照咸丰六年八月鲁家港抵御石达开的办法，一直到敌军前来扑营时都坚守不出，等到他们疲惰退回时才出击，也不远追。如此两天，他们的锐气稍为沮丧，我的识力稍为坚定，然后设法攻击，则真正的敌人与被裹胁雇佣的人便分清楚了。

黄河淮河以北的民众，性格刚劲，耐寒习苦，背囊里装着干粮，边走边吃，用该地的兵办理该地的贼，必定可以得力。像我的部众都是湖南人，局限于南方风气，吃不惯面食，冬天时则戴风帽穿皮衣，炭盘手炉，一刻都不能离开，罗泽南、李续宾这些名将，也免不了一副冬烘先生模样。

凡兵勇与老百姓打交道的时候，总宜于伸展民气而压抑兵勇，之所以能感召天和者在这点上，之所以能获得好名声者也在这点上。希望您能实心执行，幸勿视为老生常谈。至于战胜攻取方面虽无把握，若是守之必固，则可以人力来操纵。

军队中有骄气惰气，都是败气。孔子说："临事而惧"，则是断绝骄气的源头；"好谋而成"，则是断绝惰气的源头，平时无时不谋划，无事不谋划，自然无懒惰的时候了。外间有人说您喜欢笼罩别人。自己所不知道的，用话引来别人说出，别人话未说完，则又以自己的意思接下来加以引申，喜欢以聪明来压抑别人，而不是以至诚来待人。我久已听到这些话，不便立即规劝，现在既已受统领重任，务必请压抑自己的聪明，贬退自己的智术。凡军中大小事情，都殷勤向朱云崖请教，处处出于至诚，则别人都会感动欣悦而以善言相告。

早晨夜间站岗，每天操练，决不可偷闲。勤字为人生的第一要义，无论在家过日子还是做官办军务，都以勤字为本。黎明时早起床，是勤字中的一点。

曾国藩墓前石柱

用兵久，则骄与惰自然产生，骄与惰则没有不失败的。勤字用来医治惰，慎字用来医治骄，这两个字之先，须得有一个诚字作为根本。立志要将这一件事懂得明白，办得透彻。精诚所至，金石为开，鬼神也避，这全在于自己的诚意。人的一生应当直爽，与武员打交道，尤贵在直爽。文员的心，多曲折多歪斜多不坦白，往往与武员不相融洽，必须完全去掉歪曲私心，事事推心置腹，使武人粗人坦然无疑，这是待人接物的诚恳。以诚字为本，以勤字慎字为用，或许可以避免大乖戾，避免大失败。

湘军水师陆师的好处，全在于无官气而有血性。若官气增加一分，则血性必减少一分。咸丰八、九两年，我过湖口时，彼此之间都不免有官气。此次我与杨厚庵及您，都应当力戒官气以挽风气。

当今大难发生，无一个兵卒可供一次打仗所用，实在是因为官气太重，心眼太多，原本的朴实变得浅薄、醇厚被离散，真情真意荡然无存。湘军兴起时，凡官气重心眼多的，一律排斥，现在经历时间久了，也未免沾染社会习气。

军事是极为质实的事情，《廿三史》除班固、司马迁外，都是文人凭自己的想像来写的，不知甲杖器械为何物，不知战场布阵为何物，浮词伪语，随意编造，断然不可相信。我于《资治通鉴》中不可相信的，都用笔标出了。退庵若是将《廿三史》编辑成书作为治军的蓝本，则入口处已错，难得成功。您与他是至交，须得劝他完全丢掉故纸堆，专门从事点名、看操、查墙子等具体事务。

我近年在军营，不问战事的顺利与不顺，只是督察自己的勤与惰，这是因为战事虽几次得利甚至几十次得利，但没有多大的补益，不如自己习于勤劳，还可稍稍求得一己之心安。

□评点

此处所抄录的十段话，也都是曾氏与各路将领谈治军的所感所得。归纳起来大致有如下内容，即避敌锐气，防己骄气惰气官气；治军当以诚为本，以勤慎为用；《廿三史》皆文人之作，其中所谈之军事不可相信等等。今人治军者，甚或治公司团体者，都可引为借鉴。

行军禁止骚扰

□原文

家世寒素，深知一粒一丝之匪易。近年从事戎行，每驻扎之处，周历城乡，所见无不毁之屋，无不伐之树，无不破之富家，无不欺之穷民。大抵受害于贼者十之七八，受害于兵者亦有二三，喟然私叹行军之害民一至此乎！故每与将官委员告戒，总以禁止骚扰为第一义。虽行之未必有效，差幸与阁下来示意趣相同。

□译文

家世清贫卑微，深知一粒米一丝布来之不易。近年来从事军务，每驻扎之处，四处查看城市乡村，所见没有不遭毁坏的房屋，没有不遭砍伐的树木，没有不破产的富家，没有不受欺负的穷人，大抵被贼人伤害的占十之七八，被官兵伤害的也有十之二三，喟然感叹战争伤害民众到了这等地步！故而每每告诫将官委员，一定要以禁止骚扰民众为第一义。虽然执行上未必有效果，但庆幸与您来信中所说的意趣相同。

□评点

曾氏农家出身，做了大官后非但不以自己家世寒素为耻，反而念念不忘告诫子弟要保持寒士家风，做了军事统帅之后，又由己及人，力诫将士不得扰民，部属虽未必全听，但约束与放纵所带来的后果还是截然不同的。

择地筑垒种种

□原文

主守则专守，主战则专战，主城则专修城，主垒则专修垒，切不可脚踏两边桥，临时张皇也。

战时无他妙巧，大约队伍不错乱，枪炮不早发，二者即操可胜之权。贼若凭坚城而守，我军仰攻，断难得手。

大抵平日非至稳之兵，必不可轻用险着；平日非至正之道，必不可轻用奇谋。然则稳也，正也，人事之力行于平日者也；险也，奇也，天机之凑泊于临时者也。

布置须四路照顾，不可挤在一处。贼若来时，当头敌者，须择一好手，窄路打仗，胜败全系头敌数人，若头敌站不住，后面虽有好手，亦被人挤退了。

治军之道，以勤字为先。身勤则强，佚则病；家勤则兴，懒则衰；国勤则治，怠则乱；军勤则胜，惰则败。惰者，暮气也。求阁下以身率之，常常提其朝气为要。

治军以勤字为先,实阅历而知其不可易。未有平日不早起而临敌忽能早起者,未有平日不习劳而临敌忽能习劳者,未有平日不能忍饥耐寒而临敌忽能忍饥耐寒者。徽防挈眷扰民,习气已深,实难挽回。吾辈共当习勤劳,先之以愧厉,继之以痛惩。阁下若有志斯事,或零招一二哨训练,绳以敝处营规,尽变徽防积习,如果可用,则逐渐增加,以是保卫珂乡,即以是共维大局。

凡打仗,一鼓再鼓而人不动者,则气必衰减;凡攻垒,一扑再扑而人不动者,则气必衰减。

择地有两法,有自固者,有扼贼者。自固者,择高山,择要隘;扼贼者,择平坦必经之路,择浅水津渡之处。嗣后每立一军,则修碉二十座以为老营,环老营之四面方三百里,皆可往来梭剿,庶几可战可守,可奇可正,得四军可靠者,则变化无穷。

凡用兵之道,本强而故示敌以弱者多胜,本弱而故示敌以强者多败;敌加于我,审量而后应之者多胜,漫无审量,轻以兵加于敌者多败。阁下常犯此二忌,嗣后望勤加训练,不患无交战之时,但患无能战之具耳。

石垒之法,约二丈二尺高,在土内基址砌四尺,出土外者一丈八尺,厚如修敦仁碉之式。一丈以上安门,门上不过一二尺耳,大可容一哨人(合勇夫不过百二十人),断不可再大。内作四舱。火药舱、水舱上不住人,子弹舱、米盐舱上可住人。墙不甚厚,则守垛者无子墙可站,宜于砌至丈五六尺时,用横木砌于砖石之内,架板于横木挑之上,如栈道然,以备站墙之用。

凡出队,有宜速者,有宜迟者。宜速者,我去寻贼,先发制人者也;宜迟者,贼来寻我,以主待客者也。主气常静,客气常动,客气先盛而后衰,主气先老而后壮。故善用兵者,最喜为主,不喜作客。或我寻贼去先发制人,或贼寻我以主待客,总须审定乃行,切不可于两层一无所见,贸然一出也。

□译文

决定坚守,则专心专意守,决定作战,则专心专意备战;决定依靠城墙,则专心专意修城墙,决定依靠堡垒,则专心专意修堡垒,切不可脚踏两边船,临时张皇失措。

作战时没有别的巧妙,大约队伍不错乱,枪炮子不早发射,做到这二者即可操胜券。敌军若是凭借坚城而死守,我军仰攻,断然难以得手。

大抵平时不是极稳重的队伍,必不可轻用险着;平时不是行极正派的法则,必不可轻用奇谋。然而稳、正,是行之于平时的人事,险、奇是临时凑泊的天机。

布置上须得四路都照顾到,不可挤在一处。敌军若来时,最先与敌军接触的,必须选择一个好手,窄路打仗,胜败全系在最先接触敌军的那几个人,若这些人站不住,后面虽有好手,也被别人挤退了。

治理军营的方法,以勤字为先。身体勤则强壮,安逸则病;家庭勤则兴盛,懒惰则衰;国家勤则治,荒怠则乱;军务勤则胜,散漫则败。惰,是暮气。请您以身作则,常常提升军营的朝气为紧要。

治理军营以勤字为先,亲身阅历后才知道这是不可变易的。没有平时不早起而临到打仗时忽然能早起的,没有平时不习劳苦而临到打仗时忽然能习劳苦的,没有平时不能忍耐饥寒而临到打仗时忍耐饥寒的。徽州府的防兵携带家眷骚扰民众,习气已很深,实在难以挽回。我们应当共同习于勤劳。先要以徽防军营习气为惭愧,继而应予以严惩。您若有志于此事,或零散招募一二哨勇丁训练,以我处的营规为准绳,完全改变徽防军营的旧习。如果可用，则逐渐增加，以此保卫您的家乡，也以此来共同维护大局。

凡打仗，一鼓再鼓而别人不动的，则士气必然衰减；凡攻垒，一扑再扑而别人不动者，则士气必然衰减。

选择驻地有两种，有用以自我固守的，有用来扼塞敌军的。自我固守的，选择高山，选择要隘；扼塞敌军的，选择平坦必经的道路，选择浅水渡口。以后每成立一支军队，则修筑碉堡二十座作为大本营，环绕大本营方圆三百里都可以往来出动，这样则可战可守，可奇可正，得到四支可靠的军队，则将变化无穷。

凡用兵的办法，本来强大却故意示敌以弱小的多获胜，本来弱小而故意示敌以强大的多失败。敌人向我挑战，审查敌人的力量而后应之的多获胜，全不审查力量轻率向敌人挑战的多失败。您常犯此二忌，此后希望能勤加训练，不怕没有打仗的时候，只是怕没有做好能够打胜仗的准备。

筑石垒的方法，垒约二丈二尺高，在泥土内砌基础四尺，出土外高一丈八尺，厚度如修敦仁碉的式样。一丈高以上安装门，门上不过一二尺罢了，大小可容下一哨人（连勇夫在内不过一百二十人），决不可再大，里面分作四个舱。火药舱、水舱上不住人，子弹舱、米盐舱上可以住人。墙若不太厚，则守垛者无子墙可以站，宜于在砌到一丈五六尺时，用横木砌于砖石之内，再架木板在横木挑出部分之上，像栈道样，以备站墙用。

凡出队打仗，有宜快的，有宜慢的。宜快的，我去找敌人，这叫做先发制人；宜慢的，敌人来找我，这叫做以主待客。为主则气常静，为客则气常动。为客之气先盛而后衰，为主之气先老而后壮。所以善于用兵的，最喜为主，不喜为客。或者我去找敌先发制人，或者敌来找我，我以主待客，总是要审查好后才行动，切不可于这两层上一无所见，便贸然出队打仗。

□评点

所抄录的这十一段话，都出自于曾氏的书信中。曾氏所说的这些话，在先前也曾以类似的语言表叙过。值得我们注意的是，曾氏在书信中居然详细介绍修筑石垒的方法。以湘军统帅之尊，却不惜絮絮叨叨讲工匠行话。此中透露的不只是曾氏做事的细致扎实，也体现他的性格。早年在京师做官，他便希望家书越详细越好。他对诸弟说："吾每作书与诸弟，不觉其言之长，想诸弟或厌烦难看矣，然诸弟苟有长信与我，我实乐之，如获至宝。人固各有性情也。"（道光二十二年十月二十六日致诸弟）

军歌三首

□原文

一、陆军得胜歌

三军听我苦口说，教你陆战真秘诀。第一扎营要端详，营盘选个好山冈。不要低洼潮湿地，不要一坦太平洋。后有退步前有进，一半见面一半藏。看定地方插标记，插起竹竿牵绳墙。绳子围出三道圈，内圈略窄外圈宽。六尺墙脚八尺壕，壕要筑紧墙要牢。正墙高要七尺满，子墙只有一半高。烂泥碎石不坚固，雨后倒塌一缸糟。一营只开两道门，门外逐驱闲杂人。周围挖些好茅厕，免得热天臭气熏。三里以外把个卡，日日守卡夜夜巡。

第二打仗要细思，出队要分三大支。中间一支且扎住，左右两支先出去。另把一支打接应，再要一支埋伏定。队伍排在山坡上，营官四处好瞭望。看他那边是来路，看他那边是去向。看他那路有埋伏，看他那路有强将。那处来的真贼头，那边做的假模样。件件看清件件说，说得人人都胆壮。他呐喊来我不喊，他放枪来我不放。他若扑来我不动，待他疲了再接仗。起手要阴后要阳，出队要弱收队强。初交手时如老鼠，越打越强如老虎。打散贼匪四山逃，追贼专从两边抄。逢屋逢山搜埋伏,队伍切莫乱分毫。

第三行路要分班,各营队伍莫乱参。四六队伍走前后,锅帐担子走中间。不许争先太拥挤,不许落后太孤单。选个探马向前探,要选明白真好汉。每日先走二十里,一步一步仔细看。遇着树木探村庄,遇着河水探桥梁。遇着岔路探埋伏,左边右边都要防。遇着贼匪来迎敌,飞马回报不要忙。看定地势并虚实,迟报一刻也不妨。前有探马走前站,后有将官押尾帮。过了尾帮落后边,插他耳箭打一千。

第四规矩要肃静,有礼有法有号令。哨官管兵莫太宽,营官也要严哨官。出营归营要告假,朔日望日要请安。若有公事穿衣服,大家出来站个班。营门摆设杖和枷,闲人进来便锁拿。不许吸烟并赌博,不许高声大喧哗。奸淫掳掠定要斩,巡更传令都要查。起更各哨就安排,传齐夫勇点名来。营官三夜点一次,哨官每夜点一回。任凭客到文书到,营门一闭总不开。衣服装扮要料峭,莫穿红绿惹人笑。哨官不许穿长衣,兵勇不许穿软料。脚上草鞋紧紧穿,身上腰带紧紧缠。头上包布紧紧扎,英雄样子都齐全。

第五军器要整齐,各人制件好东西。杂木杆子溜溜圆,又光又硬又发绵。常常在手摸得久,越摸越熟越值钱。锚头只要六寸长,要出杨家梨花枪。大刀要轻腰刀重,快如闪电白如霜。枪炮钻洗要干净,铅子个个要合膛。生漆皮桶盛火药,勤翻勤晒见太阳。锄锹镢子要粗大,斧头要嵌三分钢。火球都要亲手制,六分净硝四分磺。旗帜三月换一次,红的印心白的镶。统领八面营官四,队长一面哨官双。树树摇出似飞虎,对对走出如鸳鸯。

第六兵勇要演操,清清静静莫号嘈。早习大刀并锚子,晚习扒墙并跳壕。壕沟要跳八尺宽,墙子要扒七尺高。树个靶子十丈远,火球石子手中抛。闲时寻个宽地方,又演跑队又演枪。鸟枪手劲习个稳,抬枪眼力习个准。灌起铅子习打靶,翻山过水习跑马。事事操习事事精,百战百胜有名声。这个六条句句好,人人唱熟是秘宝。兵勇甘苦我尽知,生怕你们吃了亏。仔细唱我得胜歌,保你福多又寿多。

二、爱民歌

三军个个仔细听，行军先要爱百姓。贼匪害了百姓们，全靠官兵来救人。百姓被贼吃了苦，全靠官兵来作主。第一扎营不要懒，莫走人家取门板。莫拆民房搬砖石，莫踹禾苗坏田产。莫打民间鸭和鸡，莫借民间锅和碗。莫派民夫来挖壕，莫到民间去打馆。筑墙莫拦街前路，砍柴莫砍坟上树。挑水莫挑有鱼塘，凡事都要让一步。

第二行路要端详，夜夜总要支帐房。莫进城市占铺店，莫向乡间借村庄。人有小事莫喧哗，人不躲路莫挤他。无钱莫扯道边菜，无钱莫吃便宜茶。更有一句要紧书，切莫掳人当长夫。一人被掳挑担去，一家啼哭不安居。娘哭子来眼也肿，妻哭夫来泪也枯。从中地保又讹钱，分派各团并各都。有夫派夫无派钱，牵了驴马又牵猪。鸡飞狗走都吓倒，塘里吓死几条鱼。

第三号令要严明，兵勇不许乱出营。走出营来就学坏，总是百姓来受害。或走大家讹钱文，或走小家调妇人。邀些地痞做伙计，买些烧酒同喝醉。逢着百姓就要打，遇着店家就发气。可怜百姓打出血，吃了大亏不敢说。生怕老将不自在，还要出钱去陪罪。要得百姓稍安静，先要兵勇听号令。陆军不许乱出营，水军不许岸上行。在家皆是做良民，出来当兵也是人。官兵贼匪本不同，官兵是人贼是禽。官兵不抢贼匪抢，官兵不淫贼匪淫。若是官兵也淫抢，便同贼匪一条心。官兵与贼不分明，到处传出丑声名。百姓听得就心酸，上司听得皱眉尖。上司不肯发粮饷，百姓不肯卖米盐。爱民之军处处喜，扰民之军处处嫌。我的军士跟我早，多年在外名声好。如今百姓更穷困，愿我军士听教训。军士与民如一家，千记不可欺负他。日日熟唱爱民歌，天和地和又人和。

三、解散歌

莫打鼓来莫打锣，听我唱个解散歌。如今贼多有缘故，大半都是掳进去。掳了良民当长毛，个个心中都想逃。官兵若杀胁从人，可怜冤枉无处伸。良民一朝被贼掳，吃尽千辛并万苦。初掳进去就挑担，板子打得皮肉烂。又要煮饭又搬柴，上无衣服下无鞋。看看头发一寸长，就要逼他上战场。初上战场眼哭肿，又羞又恨又懵懂。向前又怕官兵砍，退后又怕长毛斩。一年两载发更长，从此不敢回家乡。一封家信无处寄,背地落泪想爷娘。被掳太久家太贫,儿子饿死妻嫁人。半夜偷逃想回家,层层贼卡有盘查。又怕官军盘得紧,跪求饶命也不准。又怕团勇来讹钱,抢去衣服并盘缠。种种苦情说不完,说起阎王也心酸。

我今到处贴告示,凡是胁从皆免死。第一不杀老和少,登时释放给护照。第二不杀老长发,一尺二尺皆遣发。第三不杀面刺字,劝他用药洗几次。第四不杀打过仗,丢了军器便释放。第五不杀做伪官,被胁受职也可宽。第六不杀旧官兵,被贼围捉也原情。第七不杀贼探子,也有愚民被驱使。第八不杀捆送人,也防乡团捆难民。人人不杀都胆壮,各各逃生寻去向。贼要聚来我要散,贼要掳来我要放。每人给张免死牌,保你千妥又万当。往年在家犯过罪,从今再不算前账。不许县官问陈案,不许仇人告旧状。一家骨肉再团圆,九重皇恩真浩荡。一言普告州和县,再告兵勇与团练。若遇胁从难民归,莫抢银钱莫剥衣。

□评点

这三首军歌,用的都是通俗晓畅的白话,故不再翻译,相信读者都能看得懂。曾氏全集的《杂著》中收有他所写的七首歌。其中《保守平安歌》三首,作于咸丰二年在家乡守丧期间。这三首歌又分别名为《莫逃走》《要齐心》《操武艺》,系为身处战乱中的湘乡百姓所写。另有《水师得胜歌》一首,作于咸丰五年江西南康水营,系为水师将士所写。另外三首即以上所抄录的《陆军得胜歌》《爱民歌》与《解散歌》。《陆军得胜歌》系于咸丰六年江西南昌为陆军将士而作,《爱民歌》系于咸丰八年江西建昌为所有的朝廷官军将士而作。《解散歌》,作于咸丰十一年安徽祁门大营,所针对者乃太平军营垒中的人。这七首歌共同的特点是一看就明白,一听就清楚,实际上不过是押韵的口语而已。这些七字一句的歌,看起来像诗,但曾氏不将它视为诗,故而它不能编入诗文集,只能列在杂著中。

曾氏是个翰林,能写典雅清丽的诗赋不足奇,但他却可以写出这等下层人都能懂能诵的歌行,则令人惊奇。这事给笔者的第一感觉是,此老乃真正地进入了化境。惟有真入化境,方可出以自然。真正参透最高深道理的人,才能以最平易的语言表达出来。我们读《朱子语类》,那都是一些再实在不过,再浅显不过的话,但它所要解释的却又都是极深奥的大道理。又譬如《论语》《孟子》,个别的文字似乎有点难解,但在两千年前的春秋战国时代,那也都是妇孺皆懂的白话。曾氏能写出这种歌行,这说明他真把书读通了,真把人世间的道理悟透了,也真把文字的技巧发挥到家了。

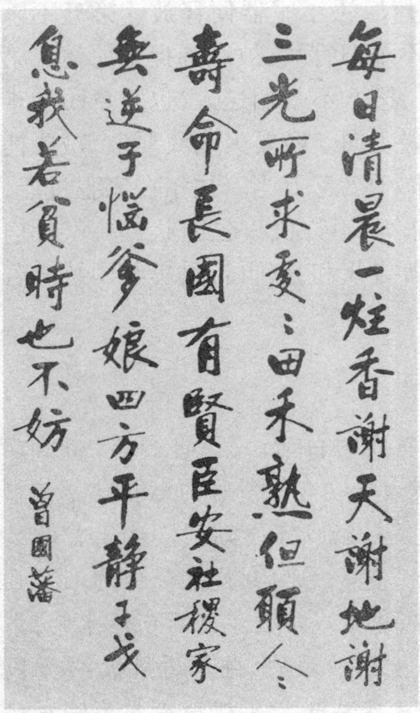

曾国藩手迹

其次,由此可以看出曾氏深知立军的本质。人类社会为什么要有军队?将最精壮的劳力挑选出来,不事生产而靠人养着,这样做,究竟是为了什么?这个问题看似简单,实际上许多统治者却并不明了。在他们眼里,军队只是夺取财产和权利的工具,是看护自家庭院的鹰犬。一个庄稼汉一旦丢掉农具换上军装,他们中的许多人也就自我迷失了,仿佛以血汗供养他们是天经地义的,而他们欺负供养者也是天经地义的。尽管历来治军者不乏明白人,也知道不能欺压民众的道理,但以军歌的形式,将“军民一家”的观念牢牢地灌输到每一个兵士的脑中心中,曾氏即便不是惟一者,也是对近代中国军界影响最大者。